物业基础管理与服务指南

物业规范化管理全案

福田物业项目组 —— 组织编写

实战精华版

化学工业出版社

·北　京·

本书从实际操作的角度对于物业管理工作中应知应会的内容进行了系统的归纳和整理，具体包括物业管理的规范化、物业公司组织架构与岗位职责、物业管理流程规范、物业管理制度规范、物业管理表格规范等内容。本书具有一定的行业代表性，具有极强的可读性和实际操作性，提供了大量来自国内知名物业公司的范本供读者参考使用。本书采用图表和文字结合的方式，便于读者学习理解。

本书可以满足不同物业岗位培训需求，也可为从事相关物业管理的人员提供帮助。

图书在版编目（CIP）数据

物业规范化管理全案/福田物业项目组组织编写. —北京：化学工业出版社，2020.6（2022.11重印）
（物业基础管理与服务指南）
ISBN 978-7-122-36435-7

Ⅰ.①物…　Ⅱ.①福…　Ⅲ.①物业管理-标准化管理-指南
Ⅳ.①F293.347-62

中国版本图书馆CIP数据核字（2020）第039792号

责任编辑：辛　田　　　　　　　　　　文字编辑：冯国庆
责任校对：刘　颖　　　　　　　　　　装帧设计：尹琳琳

出版发行：化学工业出版社（北京市东城区青年湖南街13号　邮政编码100011）
印　　装：北京捷迅佳彩印刷有限公司
787mm×1092mm　1/16　印张26¼　字数594千字　2022年11月北京第1版第3次印刷

购书咨询：010-64518888　　　　　　　售后服务：010-64518899
网　　址：http://www.cip.com.cn
凡购买本书，如有缺损质量问题，本社销售中心负责调换。

定　　价：88.00元

前　言

物业管理与服务已成为我国社会发展最快的行业之一，物业客户服务质量及客户管理水平直接影响到客户对物业管理与服务的满意程度，直接影响到物业服务企业的经营效益。目前，物业服务类型已涉及住宅、写字楼、商业场所、工业区、医院、学校、酒店等，物业服务面积达数百亿平方米。在物业行业推广精细化管理与服务，是一个发展趋势。

经过改革开放40多年来的高速发展，人们生活水平大幅提升，居民对服务质量的要求明显提升，居住、家政、养老等高端化、个性化、服务化需求快速增长，更加注重商品和服务质量，更加注重品牌和美誉度，更加注重消费体验和精神愉悦，更加注重人与自然和谐共生，更加注重文明进步和环境保护，更加注重公平、公正、法治，消费结构发生深刻变化。

物业管理，管理的是物，服务的是人，通过对物的管理，实现对人的服务。只有在这种理念的支配下，才能真正做好物业管理工作。抓好服务质量，提高业主满意率。"把温馨留给业主"，为业主营造一个优雅、舒适、温馨的生活环境，使业主心理上感受到文明、热情的服务，这是社会发展对物业管理行业提出的新要求。

物业管理是行业发展的根本，在巩固根基的基础上，要以高水平的科技创新作为支持，推动互联网、大数据、人工智能和行业的深度融合；要以人力资源培育为支撑，为行业转型升级提供符合需要的各类高素质和实用型人才，用人力资本提升弥补劳动力总量下降的不足；要以金融资本为支点，更好地发挥资本市场、风险投资、并购投资等金融工具的功能，为行业集中度提升和资源整合，提供高效便捷、功能多样、成本合理的融资服务。

"物业基础管理与服务指南"丛书就是围绕不同类型业态和不同类型企业，将专业理论与物业管理实践相结合，针对物业管理项目实操提出了标准化解决方案，对项目管理质量提升乃至行业服务质量提升都具有积极意义。本丛书的编写，不仅可以固化行业内优秀的物业管理和服务理念及方式方法，也必将为物业管理行业提升标准化工作意识，强化行业标准化工作氛围奠定基础。

"物业基础管理与服务指南"丛书就是引导企业将"为业主营造美好生活"的愿景，融入物业管理日常工作中，努力提供专业化、标准化、精细化和多元化的服务内容，不断提升业主的幸福感和获得感，助力建设和谐社区。

本丛书由福田物业项目组组织编写，深圳市福田物业发展有限公司（简称福田物业）成立于1992年，是国家一级资质物业管理服务企业、中国百强物业管理服务企业、中国物业管理协会常务理事单位、深圳市物业管理协会监事长单位、重合同守信用企业、中国质量承诺诚信经营企业。

丛书的编写，具有一定的行业代表性，具有极强的可读性和实际操作性；丛书从实操的角度对于物业管理与服务工作中应知应会的内容进行了系统的归纳和整理，提供了大量的范本和案例供读者参考使用；丛书采用图表和文字结合的方式，便于读者学习理解；丛书对物业企业服务全流程进行系统讲解，满足各个岗位培训需求，为企业提升专业水平提供帮助。

《物业规范化管理全案》包括物业管理的规范化、物业公司组织架构与岗位职责、物业管理流程规范、物业管理制度规范、物业管理表格规范等内容。

本书由李文秀对全书相关内容进行了认真细致的审核，最后由匡仲潇、滕宝红完成统筹、定稿。

由于笔者水平有限，加之参考资料有限，书中难免出现疏漏与缺憾，敬请读者批评指正。同时，部分内容引自互联网媒体，其中有些未能一一与原作者取得联系，请您看到本书后及时与笔者联系。

编者

目录

第二部分 物业管理流程规范

03

第三部分　物业管理制度规范

04

第四部分　物业管理表格规范

物业管理的规范化

企业管理是一个系统工程，要使这个系统工程正常运转，实现高效、优质、高产、低耗，就必须运用科学的方法、手段和原理，按照一定的运营框架，对企业的各项管理要素进行系统的规范化、程序化、标准化设计，然后形成有效的管理运营机制，即实现企业的规范化管理。

一、企业规范化管理概念

（一）企业管理规范化

企业管理规范化，是指依据企业开展管理事务的规范运营框架或流程（包括战略、营销、财务、生产、人力资源、组织结构等框架，也可以是计划、组织、领导、控制等流程），形成统一、规范和相对稳定的管理体系，并在管理工作中按照这些组织框架和运营流程进行实施，以期达到管理动作的井然有序和协调高效。

（二）企业规范化管理

企业规范化管理建立在企业管理规范化的基础上，依照企业的运营流程或框架对组织体系进行建设和管理，解决企业管理中的集权与分权、人治与法治；要求对企业运营的流程形成制度化、流程化、标准化、表单化以及数据化。要求企业建立以责、权、利对等为基础的管理框架，通过这种规范化的建设，使企业常规的事件纳入制度化、数据化、流程化的管理，以形成统一、规范和相对稳定的管理体系，以此提高工作质量和工作效率，达到保障企业的正常运营的目的。

二、企业规范化管理的内容

规范化管理在企业运作上涉及多个方面：战略规划与决策程序、组织机构、业务流程、部门和岗位设置、规章制度和管理控制等方面。规范化的内容简单地说就是"五化"：制度化、流程化、标准化、表单化、数据化。

（一）战略规划和决策的规范化

在我国的很多中小企业里，有些企业人员对未来的发展方向以及前途没有一个统一的、清晰的认识，对企业发展的预期充满了不确定性。在这种情况下，必须要有一个科学、规范、务实的企业战略分析系统，对于企业未来的发展机会、威胁、弱势和优势进行有效的分析，确定企业的理念和文化，进行经营定位、行业定位、产品定位和市场的定位，以此来明确公司战略，随后"量体裁衣"，制定企业的竞争战略和各职能层战略。

决策程序化，不仅意味着要在内容体系完整的基础上进行决策，而且要运用科学方法进行决策，并把决策活动约束在既定的程序中，避免企业决策受决策人的知识结构、情绪波动、感情冲动、价值偏好的影响，使企业的任何决策，都是一种推动企业发展的最优选择。

（二）组织结构的规范化

组织结构是关于企业在运营过程中涉及的目标、任务、权力、操作以及相互关系的系统。具体内容包括企业各部门之间的结构、岗位设置、岗位职责以及岗位描述等。目的在于协调好企业部门与部门之间、人员与任务之间的关系，使员工明确自己在公司中应有的权、责、利，以及工作形式、考核标准，有效地保证组织活动开展，最终保证组织目标实现。

组织结构决定着组织行为，直接影响企业战略的执行，所以必须依据企业的实际情况，为企业设计与其相匹配的组织结构，达到顺畅地发挥企业能力的目的。组织结构规范化强调组织架构的设计，应该建立在系统思考的基础上。各单位、部门和岗位，都必须从系统的角度出发，对应于企业的目标来界定自己工作的内容、标准和要求，以及所能支配的资源，使之按照既定要求和标准，对所获得的资源的配置方式进行选择，行使决策权力，并承担相应决策的责任。

（三）运营流程的规范化

一般企业在对某个部门内部的管控体系都有一定的管理办法，但对于部门之间的衔接却很难有较好的管控方法，所以，越是界定部门之间的权责，问题就越多。这时就需要对企业运营的流程进行明确，使部门纳入流程中，成为企业流程中的一个结点；流程一般包括岗位工作流程、系统业务流程、企业组织流程；在进行流程规范化的时候，必须先明确企业的战略方向和目标、识别流程及其现状，然后确定企业的各个流程，并对流程进行科学的规划和设计，使企业运营达到效率最优。

（四）规章制度的规范化

管理制度是规范化管理的有效工具，可以对各个部门、岗位和员工的运行准则进行很好的界定，它能够使整个公司的管理体系更加规范，使每个员工的行为受到合理的约束与激励，做到"有规可依、有规必依、执规有据、违规可纠、守规可奖"。其主要内容包括管理体系的规范化、行为准则界定的规范化、绩效管理标准的规范化、违规行为处罚的规范化等。

（五）资料信息体系规范化

从有利于信息化、有利于信息共享、有利于减轻基层负担出发，根据新流程、新制度的要求，按照格式模板统一、填写标准统一、资料共享及归档要求统一、检查指导要求统一、评分考核要求统一、绩效兑现要求统一的标准，完善台账、记录、报表，完善内部共享资料数据库，推进基础资料信息化管理，推进流程关键点的过程控制，为量化考核、追溯责任和绩效考核提供依据。

（六）管理控制的规范化

企业的规模越大，作为管理者对企业的管理难度就越大。这就需要企业有一套有效的管理控制系统，管理者可以通过这套规范化的系统，对企业的战略、营销、生产、财务、人力资源、技术开发、供应链、产品的品质等模块进行有效的管理和控制，来实现管理者的意图。使企业的每一个岗位、每一个活动、每一份资产、每一个时刻，都处于受控之中。

通过对企业这几个方面进行的规范化，最终使企业决策程序化、考核定量化、组织系统化、权责明晰化、奖惩有据化、目标计划化、业务流程化、措施具体化、行为标准化、控制过程化。

第一部分

物业公司组织架构与岗位职责

第一章

物业公司组织架构

　　物业公司组织架构是物业公司的全体成员为实现企业目标，在管理工作中进行分工协作，在职务范围、责任、权利方面所形成的结构体系，是表明公司内各部分排列顺序、空间位置、聚散状态、联系方式以及各要素之间相互关系的一种模式，是整个管理系统的"框架"。

　　公司组织架构因公司的功能不同而表现出不同的模式。如物业公司的主要功能是为业主服务和对物业进行维护保养，所以物业公司所有部门都是围绕着物业来进行的。

一、大型物业公司组织架构

　　大型物业公司组织架构如下图所示。

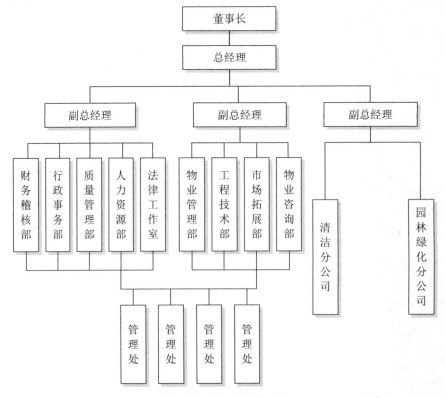

大型物业公司组织架构

二、中型物业公司组织架构

中型物业公司组织架构如下图所示。

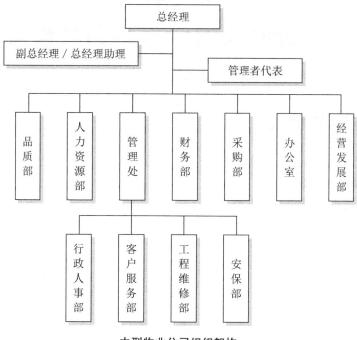

中型物业公司组织架构

三、小型物业公司组织架构

小型物业公司组织架构如下图所示。

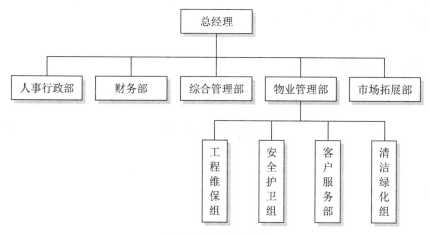

小型物业公司组织架构

第二章
人力资源部的职能与岗位设置

一、人力资源部的职能

人力资源部是企业人力资源规划、人事安排的核心部门，也是市场拓展、服务开展的辅助部门，其主要职能如下。

① 建立和完善公司的人力资源开发及管理体系，起草、修订、维护《人力资源管理手册》。

② 制订公司人力资源发展规划及人力资源管理计划。

③ 负责组织公司的招聘、测试及分配等工作。

④ 负责推动公司的绩效评估、人力资源管理目标达成评估。

⑤ 负责公司人力资源培训与开发、公司职员职业发展规划。

⑥ 负责建立公司人力资源信息系统并维护。

⑦ 负责公司工资福利、职员职业健康相关政策的落实，工资、奖金的核算、审核，社会保险的办理。

⑧ 负责公司内员工调配手续的办理。

⑨ 负责公司奖惩的审议；公司职员奖惩的实施。

⑩ 负责公司请休假的管理。

⑪ 负责与劳动、人事部门及相关部门的联络与协调。

⑫ 负责公司劳保福利政策的制定与落实。

二、人力资源部岗位设置

一般来说，人力资源部由人力资源部经理、人事文员构成，如下图所示。

人力资源部岗位设置

三、人力资源部经理职位说明书

人力资源部经理职位说明书

职位名称	人力资源部经理	直接上级	总经理	直接下级	人事主管
入职资格		大专以上学历；具有大型企业行政、人事中层管理工作经验者优先；持物业管理经理上岗证、ISO 9000、ISO 14001内审员证者优先；熟练使用办公软件及人力资源管理软件			
职位要求		具体项目			
工作能力	专业知识	人力资源管理知识；物业管理基础知识；管理心理学知识；劳动人事管理政策及法规知识			
	工作技能	（1）利用各种管理技巧，有效激励和调动下属的工作积极性和主动性的能力 （2）策划人力资源管理体系、人力资源开发与考核方案的能力 （3）与上下级、主管部门保持良好关系的能力 （4）与各方交换意见，最终达成共识的能力 （5）把握人力资源管理工作不偏离国家政策法规、公司相关制度的能力 （6）有效贯彻落实国家相关政策、法规，公司的各项政策方针的能力			
工作职责		（1）及时编制各项规章制度，符合公司利益及劳动法有关规定；不断完善人力资源管理体系 （2）负责编制公司人力资源发展规划及年度人力资源管理计划 （3）按时实施招聘计划；人员招聘有效；招聘实施以招聘质量为主要目标，同时最大限度节约成本 （4）负责建立及不断完善绩效评估体系，并组织实施对各层职员的绩效评估 （5）负责培训体系的建立、完善与实施 （6）负责提议公司工资、奖金及其他福利的发放方案，负责核算公司职员工资、奖金 （7）负责公司劳保福利政策的制定与监督落实 （8）掌握部门职员出勤情况，审核本部门职员请假 （9）每月召开一次部门例会，传达上级指示，制订工作计划，部署工作任务 （10）协调本部门与其他部门之间的合作关系			

四、人事文员职位说明书

人事文员职位说明书

职位名称	人事主管	直接上级	人力资源部经理	直接下级	无
入职资格		大专以上学历；具丰富的人力资源管理经验；持有物业管理上岗证、ISO 9000内审员证者优先；熟练使用办公软件及人力资源管理软件			
职位要求		具体项目			
工作能力	专业知识	物业管理基础知识；人力资源管理理论；房地产开发常识；人事管理政策及劳动法规			
	工作技能	（1）策划人力资源管理体系、人力资源开发与考核方案的能力 （2）与上下级、主管部门保持良好关系的能力 （3）把握人力资源管理工作不偏离国家政策法规、公司相关制度的能力 （4）有效贯彻落实国家相关政策、法规，公司的各项政策方针的能力			
工作职责		（1）协助人力资源部经理组织编制和修订人力资源管理的各项规章制度；不断完善人力资源管理体系 （2）协助人力资源部经理编制公司人力资源发展规划及年度人力资源管理计划			

续表

职位要求	具体项目
工作职责	（3）协助人力资源部经理完善招聘录用体系及人员招聘、测试、录用等的实施 （4）职员人事关系调动手续的办理 （5）协助人力资源部经理完善绩效评估体系并组织实施对各层职员的绩效评估 （6）协助各部门完成与本职位业务相关的培训，编写相关的培训教材 （7）协助人力资源部经理提议公司工资、奖金及其他福利的发放方案 （8）人力资源投入产出经济分析；人力资源素质结构及目标达成度分析 （9）按照公司人力资源发展规划制订职员职业化发展计划并组织实施

第三章

市场拓展部的职能与岗位设置

一、市场拓展部的职能

物业公司的市场拓展部，相当于其他行业企业里的市场营销部，其主要功能如下。

① 完善公司市场拓展管理体系，起草、修订和维护《营销管理手册》。

② 制订公司年度物业管理业务拓展计划。

③ 收集物业管理市场信息，对物业管理项目的可行性进行评估和分析。

④ 物业管理项目的联系、洽谈、跟进和承接工作。

⑤ 物业管理项目的调研及一般项目物业管理方案的编制。

⑥ 新接项目物业管理委托合同的起草。

⑦ 积极发展与本部门职能相对应的对外联系渠道，并保持渠道的畅通。

⑧ 公司对外形象的传播。

二、市场拓展部岗位架构

市场拓展部岗位架构如下图所示。

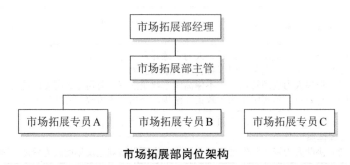

市场拓展部岗位架构

三、市场拓展部经理职位说明书

市场拓展部经理职位说明书

职位名称	市场拓展部经理	直接上级	总经理	直接下级	市场拓展部职员
入职资格	大专以上学历；熟知物业管理市场状况及业务拓展流程，有同等职位工作经验者优先				
职位要求	具体项目				
工作能力	专业知识	房地产开发常识；物业管理基础知识；物业管理相关条例及法规；经济类合同写作知识；公共关系学			
工作能力	工作技能	（1）能利用各种管理技巧，有效激励和调动下属的工作积极性及主动性 （2）能运用策划手段，策划与业务推广相关的方案和活动 （3）与开发商、客户、相关主管部门保持良好的沟通与联系 （4）善于利用各种信息资源，敏锐捕捉潜在的市场商机 （5）从维护公司利益出发，熟练运用谈判技巧进行项目洽谈 （6）在各种工作场所，都能与各种相关人员建立良好关系的能力			
工作职责	（1）制订公司年度物业拓展工作计划与目标并实施 （2）研究本地业内同行的物业管理市场拓展情况；利用多种途径了解全国物业管理市场的发展状况并加以分析 （3）指导本部门员工根据项目的具体情况编写各类物业管理方案及合同书的编写 （4）通过多种方式积极跟进在谈项目。全面了解和跟进在谈项目的具体情况；尽量掌握项目竞争对手的情况，特别是文本中关键细节的定位 （5）项目洽谈进展到成熟时期，组织召集公司有关人员合同评审；根据合同评审结果完善合同内容并报请有关领导审批 （6）对本部门职员进行入职指引，建立有效的工作团队 （7）召开部门例会、传达上级指示、部署工作任务、制订部门计划 （8）积极发展对外联系渠道并保持渠道畅通；公司对外形象的传播				

四、市场主管职位说明书

市场主管职位说明书

职位名称	市场主管	直接上级	市场拓展部经理	直接下级	无
入职资格	大专以上学历；熟知物业管理市场状况及业务拓展流程，有物业市场拓展经验者优先；有物业管理上岗证者优先				
职位要求	具体项目				
工作能力	专业知识	物业管理基础知识；房地产开发常识；公共关系学；市场营销知识			
工作能力	工作技能	（1）从维护公司利益出发，熟练运用谈判技巧进行项目洽谈的能力 （2）在各种工作场所，都能与各种相关人员建立良好关系的能力 （3）运用营销技巧，将潜在客户转变为现实客户的能力 （4）能根据部门目标制订合理的工作计划			
工作职责	（1）负责制订部门年、月度物业拓展工作计划 （2）根据公司市场拓展目标不断开拓新市场 （3）根据不同类型的物业特点，及时编制物业管理全委（顾问）计划书、物业管理全委（顾问）合同书 （4）通过多种方式积极跟进在谈项目				

续表

职位要求	具体项目
工作职责	（5）召集公司有关人员进行物业管理委托合同评审 （6）了解本地业内同行的物业管理市场拓展情况；了解全国物业管理市场的发展状况并加以分析

五、市场拓展专员职位说明书

市场拓展专员职位说明书

职位名称	市场拓展文员	直接上级	市场拓展部经理	直接下级	无
入职资格	中专以上学历；有物业市场拓展经验者优先；熟练运用办公自动化软件				
职位要求	具体项目				
工作能力 / 专业知识	物业管理基础知识；经济类公务文书写作知识；物业管理相关法律法规；市场营销知识				
工作能力 / 工作技能	（1）能用语言准确表达自己的见解，能完成各种文字写作方案 （2）在各种工作场所，都能与各种相关人员建立良好关系的能力 （3）理解上级工作要求，制订相应工作计划并有效实施				
工作职责	（1）项目拓展：根据公司市场拓展目标不断开拓新市场 （2）项目跟进：通过多种方式积极跟进在谈项目 （3）客户档案的建立与维护 （4）定期与发展商联系 （5）负责合同评审的准备工作 （6）负责物业管理项目的接洽和联系，以及相关资料的收集整理 （7）协助主管编制物业管理方案和计划书 （8）工作计划：协助主管制订部门年、月度物业拓展工作计划				

第四章

工程技术部的职能与岗位设置

一、工程技术部的职能

工程技术部是物业管理公司的一个重要的技术部门，负责住宅区或高层楼房的各类设备的管理、维修和养护，在业主入住后进行装修和改造，同时为业主提供上门维修服务。设备工程技术部要按照国家及省、市有关的政策、法规对各项有关工程和设备的质量等进行监督及检查，对管理部门提出的各项修缮计划和经费进行审核，并积极开拓、承接各项力所能及的工程项目。其职能可分解为下表所示几项。

工程技术部的职能

序号	职能	说明
1	项目接收	（1）负责新接管项目前期介入、接管验收工作 （2）负责组织本公司技术能力不能解决的重大故障维修项目的招标及监督、验收工作
2	房屋维修、维护	（1）制定并不断完善房屋维护管理制度 （2）制订和实施房屋的修缮计划，确保房屋的完好与正常使用
3	房屋装修管理	（1）对业主装修方案进行审批 （2）与业主、施工单位签订装修管理协议，并告知业主装修注意事项 （3）对装修现场进行巡视检查，及时发现违反施工管理规定和装修方案的情况
4	设施设备维护	（1）制定并不断完善辖区内设施、设备的管理制度、维修养护作业规程 （2）负责设备设施的安装验收、安全运行管理工作 （3）负责制订各系统设备设施的维修保养计划并组织落实 （4）负责高低压配电室、锅炉房、水泵房的安全运行管理工作 （5）处理公司相关部门和业主的报修事务
5	采购管理	（1）采购工程管理部所需的材料、工具、配件等物品 （2）负责工程管理部物品的登记、入库、保管、领取手续办理等工作
6	内部管理	（1）合理调配部门员工的工作 （2）部门经费的控制与管理 （3）定期对员工进行业务培训与考核

二、工程技术部的岗位架构

工程技术部是负责公司物业维修及设备管理的技术管理部门，包括房屋和设备设施的检验、维修、更新、改造的计划安排和实施管理，其岗位架构如下图所示。

工程技术部岗位架构

三、工程技术部经理职位说明书

工程技术部经理职位说明书

职位名称	工程技术部经理	直接上级	总工程师	直接下级	工程技术部职员
入职资格	大专以上学历；熟悉物业设施设备及 ISO 9001、ISO 14001 标准和运作程序者优先				
职位要求	具体项目				
工作能力 / 专业知识	物业管理知识；房地产开发知识；企业管理知识；相关技术专业知识；ISO 9000 知识				

职位要求		具体项目
工作能力	工作技能	（1）运用各种管理技巧，有效激励和调动下属工作积极性和主动性的能力 （2）有根据公司总体目标，制订部门工作计划的能力 （3）有妥善处理工程技术方面相关的紧急及突发事件的能力
工作职责		（1）制订部门工作计划；领导、落实、指导、监督下属工作；制订下属培训计划，进行绩效评估；按质量管理体系要求开展部门工作 （2）重大工程施工、价格、合同的管理 （3）管理处技术咨询、指导 （4）外委维修、报废、更新及采购的审核；管理处设备设施保养计划、维修计划的审核 （5）负责组织制定和实施分公司环境管理方案、职业安全方案 （6）负责分公司管理体系执行督导及重大客户投诉受理 （7）组织召开工程例会与部门例会、传达上级指示、部署工作任务、制订部门计划

四、技术工程师职位说明书

技术工程师职位说明书

职位名称		技术工程师	直接上级	工程技术部经理	直接下级	无
入职资格		大专以上学历；熟悉物业设施设备及ISO 9000标准和运作程序者优先				
职位要求		具体项目				
工作能力	专业知识	物业管理基本知识；设计、施工监理、预决算知识				
	工作技能	（1）有对各种设备设施及相关技术问题分析原因、寻找对策的能力 （2）有妥善处理上下级及同级部门之间关系的能力 （3）根据部门目标制订合理的工作计划的能力 （4）对各管理处提出的技术问题进行现场解答；不能现场解答的问题，积极寻求解决办法的能力				
工作职责		（1）参与公司新项目的考察、接管验收 （2）对管理处设备机具报废、采购申请核实清楚、无误 （3）每月对公司供用水情况及公共用电情况进行审核 （4）协助品质工程师对分公司的品质督导				

五、品质工程师职位说明书

品质工程师职位说明书

职位名称		品质工程师	直接上级	工程技术部经理	直接下级	无
入职资格		大专以上学历（工程技术管理类专业优先）；有品质体系内审经验；有物业行业品质管理经验者优先				
职位要求		具体项目				
工作能力	专业知识	房地产开发常识；物业管理基础知识；现代品质管理技术；ISO 9000知识				

续表

职位要求		具体项目
工作能力	工作技能	（1）针对品质管理中出现的问题和矛盾，妥善处理好各方面关系的能力 （2）正确传达公司品质政策，了解职员对品质体系建议和意见的能力 （3）理解上级工作意图，制订相应工作计划并有效实施的能力
工作职责		（1）负责公司日常及专项品质督查活动 （2）一年内组织两次客户满意度测评，每半年一次 （3）负责对公司投诉进行处理 （4）负责各项准备工作并组织参与内审 （5）负责符合创优条件的小区创优工作的指导 （6）协助分公司环境管理方案、职业安全方案的实施

第五章

财务管理部的职能与岗位设置

一、财务部的功能

财务部是物业公司中负责账务核算、资金管理、发放工资等事务的部门，其主要功能如下。

① 建立和完善公司的财务管理体系，起草、修订、维护《财务管理手册》。

② 负责公司财务计划的编制，依法组织财务活动和经济核算，定期编制财务报告并按照投资隶属关系合并上报。

③ 负责公司利润收缴，向董事会和股东大会报告财务状况。

④ 负责公司资金的筹集、管理和控制，做好资金的收支及平衡调配工作，确保公司资金的合理运用，对应收账款按协议时间及时催收，确保资金回笼。

⑤ 负责公司各项财产的核对和抽查，审核财务、成本、费用等各项指标，检查各项物资增减、结存情况，按规定摊销折旧费用，并参与公司各种合同评审。

⑥ 负责公司及区域分公司财务报表汇总、账册、凭证、报告等各种资料的整理、立卷、归档工作，妥善保管公司财务档案，随时提供有关财务资料。

⑦ 负责公司职员工资及奖金的发放，个人所得税的代缴，以及各项税收的申报和缴交工作，负责进行税务登记、年审等相关事宜。

⑧ 指导、督促所属分支机构的财务管理与会计核算。

⑨ 负责公司财会机构设置，对财务人员的配备、财务专业职务的设置和聘任提出方案，组织财务人员的培训和培训的评估，支持财务人员依法行使职权。

⑩ 负责公司及区域分公司、控股企业的财务审计工作。

⑪ 负责公司质量成本管理数据的分析并形成质量成本报告。

⑫ 协调处理与税务、银行、审计等部门的关系，配合其完成评估工作。

⑬ 配合其他部门完成与会计经济业务相关的事项。

二、财务部岗位架构

在较小型物业公司里，财务部的组织结构层级相对简单，如下图所示。

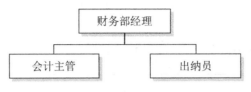

财务部岗位架构

对于大型物业公司来说，可能在各岗位上要设置主管，如总出纳、税务主管、稽核主管等。

三、财务部经理职位说明书

财务部经理职位说明书

职位名称	财务部经理	直接上级	总经理	直接下级	财务部职员
入职资格	大专以上财经类专业毕业；有丰富的企业会计从业经验；会计师或注册会计师；熟悉财务软件及Office办公软件				
职位要求	具体项目				
工作能力 / 专业知识	现代财务管理知识；相关法律法规知识；企业管理基本知识；物业管理基本知识				
工作能力 / 工作技能	(1) 策划对公司有重大影响的投资项目、资产重组、对外投资等方案的能力 (2) 在配合银行、税务、审计等部门工作中，灵活运用政策的能力 (3) 有效贯彻落实国家相关政策、法规，以及公司的各项政策方针的能力 (4) 运用财务分析方法，对公司经营状况进行财务分析的能力 (5) 正确贯彻执行会计法规、企业会计制度的能力				
工作职责	(1) 严格按国家财经纪律、法律法规从事财务工作 (2) 全面负责公司各项经济活动的预测，制订财务收支计划、信贷计划、拟订资金筹措和使用方案 (3) 对成本及费用进行监督控制 (4) 召开部门例会、传达上级指示、部署工作任务、制订部门计划 (5) 负责协调对外关系				

四、会计主管职位说明书

会计主管职位说明书

职位名称	会计主管	直接上级	财务部经理	直接下级	无
入职资格	大专以上财经类专业毕业；有相关经验者优先；熟悉财务软件、有网络基础知识及财务分析能力。				

续表

职位要求		具体项目
工作能力	专业知识	财务知识；会计法律法规知识；企业管理基本知识；物业管理基本知识
	工作技能	（1）根据财务收支、成本费用制订合理的工作计划的能力 （2）正确理解上级工作意图，贯彻落实公司的各项指示、方针的能力 （3）具备正确贯彻执行会计法规、企业会计制度的能力
工作职责		（1）全面负责公司成本费用控制；编制公司成本费用季度及年度实施情况表；负责公司年度成本费用的实施和分解 （2）认真执行国家会计法规和公司财务规章制度，对公司的各项经济业务进行全过程监督 （3）负责快报、报表、附表及其财务说明书的编制与审核 （4）加强内部稽核与控制 （5）对区域分公司财务工作进行检查和指导

五、出纳职位说明书

出纳职位说明书

职位名称	出纳	直接上级	财务部经理	直接下级	无
入职资格	中专以上学历（会计类专业优先）；有出纳从业经验者优先；有财政局颁发的会计证及电算会计证				
职位要求	具体项目				
工作能力　专业知识	财务知识；经济法规知识；物业管理基础知识				
工作技能	（1）具备正确贯彻执行会计法规、企业会计制度的能力 （2）能根据部门目标制订合理的工作计划 （3）正确理解上级工作意图，贯彻落实公司的各项指示、方针的能力				
工作职责	（1）办理各种货币资金的收支结算业务 （2）严格按照公司制定的财务制度管理现金、支票 （3）根据会计凭证登记现金、银行存款日记账 （4）定期核对现金日记账和银行存款日记账				

第六章

安保部的职能与岗位设置

一、安保部的职能

安保部的主要任务是对各物业管理处保安人员进行调配、管理，以确保公司负责管区内的治安保卫、交通安全管理和消防管理，参与社会联防，维护管区内业主的人身和财产的安全，保证正常的工作、生活和交通秩序。其具体职能如下。

① 治安：负责公司所属辖区保安队伍的管理和治安秩序的维护。

② 消防：对公司所属辖区消防安全工作进行监督、检查、指导，对火险隐患提出整改意见。治安、消防事故应急及善后处理。

③ 督导：对保安队的日常工作进行督导。

④ 劳资：制作本部门所有职员工资发放表。

⑤ 培训：负责保安员在职培训，协助人力资源部对保安员进行入职培训。

⑥ 评估：负责保安员培训评估、日常评估及绩效评估。

⑦ 对外联系：保持与公安、交管、消防等部门的业务沟通及建立良好的工作关系。

⑧ 公司所辖区域各小区内机动车辆的管理。

⑨ 建立有效的工作团队。

二、安保部岗位架构

安保部岗位架构如下图所示。

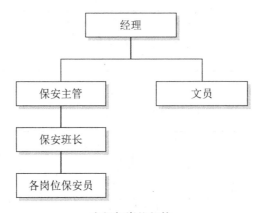

安保部岗位架构

三、安保部经理职位说明书

安保部经理职位说明书

职位名称	安保部经理	直接上级	总经理	直接下级	安保部职员
入职资格	中专以上学历；具有丰富的物业保安管理工作经验；有物业管理部门经理上岗证者优先				
职位要求	具体项目				
工作能力	专业知识	相关法律法规知识；房地产开发常识；物业管理基础知识；保安专业知识			
	工作技能	(1) 能利用各种管理技巧，有效激励和调动下属的工作积极性和主动性的能力 (2) 能有效贯彻落实公司的各项指示及政策方针的能力 (3) 能妥善处理好与各部门、各管理处、相关主管部门的关系的能力 (4) 能妥善处理有关消防、治安等方面的紧急及突发事件的能力			

续表

职位要求	具体项目
工作职责	（1）制订每月工作计划并组织实施 （2）决定保安队员的调配、辞退；对部门内重大事务及时并上报；定期与各管理处主任沟通，取得支持 （3）负责车场日常管理和临时收费管理 （4）负责各辖区消防监督检查及消防事故处理 （5）组织各辖区保安队开展日常保安工作，保持小区处于治安受控状态 （6）保持与公司法律顾问的工作联系，负责公司涉及法律纠纷的处理 （7）对与本部门相关的环境、职业健康因素进行评估，并制定相应预防措施 （8）召开部门例会、传达上级指示、部署工作任务、制订部门计划 （9）与各辖区治安民警保持良好的工作关系；根据消防局要求对各辖区消防安全予以监督

四、文员职位说明书

文员职位说明书

职位名称	文员	直接上级	安保部经理	直接下级	无
入职资格	中专以上学历；有相关工作经验优先；有物业管理上岗证者优先				
职位要求		具体项目			
工作能力	专业知识	物业管理基础知识；法律法规基础知识；统计基本知识			
工作能力	工作技能	（1）对上级工作指示，能制订相应工作计划并有效实施的能力 （2）正确理解上级指示及公司各项规章制度的能力 （3）能按照文档管理的要求管理文档			
工作职责		（1）负责本部门各类人员统计、造册，以及工资、奖金核算发放 （2）每月对各保安队日常工作进行定期巡回检查并记录 （3）负责部门内部文件、通知的起草、发布；建立职员日常评估档案 （4）接待客户直接投诉或品质部转达的间接投诉并做好记录 （5）组织保安员在职培训，协助人力资源部对保安员的入职培训 （6）协调各辖区保安队之间及各保安队与部门之间的关系			

五、保安主管职位说明书

保安主管职位说明书

职位名称	保安主管	直接上级	保安部经理	直接下级	保安班长
入职资格	高中以上学历；一年以上工作经验；有军人退伍证者优先				
职位要求		具体项目			
工作能力	专业知识	相关法律、法规知识；物业管理基础知识；企业管理常识；保安专业知识			
工作能力	工作技能	（1）妥善处理上下级关系以及保安员之间的纠纷的能力 （2）对现有的或潜在的保安服务问题，提出纠正和预防措施，并跟踪实施效果 （3）及时妥善处理有关消防、治安等方面的紧急及突发事件 （4）理解上级工作意图，制订相应工作计划并有效实施			

职位要求	具体项目
工作职责	（1）负责本辖区内的保安服务管理工作；小区防火及小区公共治安秩序的维护；小区内车辆管理及代收临时停车费；安全事故应急处理 （2）根据队员表现对队员提出批评或奖励建议；调解队员内部思想矛盾，增强凝聚力 （3）负责检查本辖区各岗位工作情况 （4）负责组织本管理处保安员日常培训（含军训）及评估，每月不少于两次 （5）每月定期向保安服务部送交本队全体人员的考勤表 （6）每月召开两次以上工作例会；针对队伍内部出现的问题，一周内召开会议，通报违规情况与处置办法 （7）根据工作需要调整队员工作岗位

六、保安班长职位说明书

保安班长职位说明书

职位名称		保安班长	直接上级	保安主管	直接下级	本班队员
入职资格		高中以上学历；本公司一年以上工作经验；有物业管理经验者优先；有军人退伍证者优先				
职位要求		具体项目				
工作能力	专业知识	相关法律法规常识；会军体拳；熟悉车辆指挥手势；掌握保安知识及物业管理基础知识				
	工作技能	（1）准确判断事物的性质及状况并做出及时、准确的反应 （2）正确理解上级指示及公司各项规章制度并予执行 （3）对现有的或潜在的保安服务问题，提出纠正和预防措施，并跟踪实施效果 （4）具备工作范围内安全防范技能并且有突发事件处理能力				
工作职责		（1）执行主管的指令，负责本班保安日常管理工作 （2）召开本班会议，总结工作要点并解决实际问题，对本班队员提出具体工作要求并做好记录 （3）带班前后提出要求和讲评，并协助主管完成培训计划 （4）协调本班与其他班组工作关系以及本班队员之间关系 （5）本班队员上岗执勤情况，纠正违规现象 （6）依据队员实际表现对队员提出相应的奖惩建议				

七、车场岗保安员职位说明书

车场岗保安员职位说明书

职位名称		车场岗保安员	直接上级	保安班长	直接下级	无
入职资格		初中以上学历；有物业管理保安服务经验者优先；有军人退伍证者优先				
职位要求		具体项目				
工作能力	专业知识	相关法律法规常识；会军体拳；熟悉车辆指挥手势；掌握保安知识和物业管理基础知识				

续表

职位要求		具体项目
工作能力	工作技能	（1）准确判断事务的性质及状况并做出及时、准确的反应 （2）正确理解上级指示及公司各项规章制度并执行 （3）能运用客户服务技巧，为客户提供高质量的服务 （4）具有良好的待人接物能力 （5）具备工作范围内安全防范技能并且有突发事件处理能力
工作职责		（1）按规定的值班制度值班 （2）对车场入口或出口的车辆秩序有效控制 （3）对临时停车进行收费

八、大堂岗保安员职位说明书

大堂岗保安员职位说明书

职位名称		大堂岗保安员	直接上级	本班班长	直接下级	无
入职资格		初中以上学历；有物业管理保安服务经验者优先；有军人退伍证者优先				
职位要求		具体项目				
工作能力	专业知识	相关法律、法规常识；会军体拳；掌握大堂岗工作职责及细则、物业管理基础知识				
	工作技能	（1）准确判断事务的性质及状况并做出及时、准确的反应 （2）正确理解上级指示及公司各项规章制度并执行 （3）具备工作范围内安全防范技能并且有突发事件处理能力				
工作职责		（1）按规定值勤，做好交接班记录 （2）及时为客户开启电子门；对于年老体弱、幼童孕妇及双手拿重物的客户主动给予帮助 （3）对外来人员来访进行登记并接受来访人员咨询 （4）维持大堂内外及电梯正常运行，如有异常及时向上级报告				

九、巡逻岗保安员职位说明书

巡逻岗保安员职位说明书

职位名称		巡逻岗保安员	直接上级	本班班长	直接下级	无
入职资格		初中以上学历；有物业管理保安服务经验者优先；有军人退伍证者优先				
职位要求		具体项目				
工作能力	专业知识	法律、法规及条例基本知识；会军体拳；熟悉车辆指挥手势；掌握物业管理基础知识				
工作能力	工作技能	（1）准确判断事务的性质及状况并做出及时、准确的反应 （2）正确理解上级指示及公司各项规章制度并执行 （3）具备工作范围内安全防范技能并且有突发事件处理能力				
工作职责		（1）按规定线路进行巡视，并填写签到表（或正确使用巡更器） （2）维护小区治安秩序的稳定 （3）对车辆行驶与正确停放进行指挥				

第七章

物业项目管理处职能与岗位设置

一、物业项目管理处的职能

① 编制管理处年度经营管理计划。

② 完成与公司签订的年度管理处经营管理目标责任书。

③ 负责组织编制和修订本部门业务范围内涉及的各项管理规章制度以及作业指导书。

④ 对小区设备设施合理科学地进行管养；对小区的治安、车场安全进行维护管理；对小区分承包方进行监管；对业主房屋日常装修进行监管。

⑤ 负责小区重大事件与业主重大投诉的处理。

⑥ 营造小区社区文化氛围。

⑦ 处理好与开发商、政府部门、小区业主及物业使用人的关系，建立良好的外部公共关系。

⑧ 就小区管理与业主及业主委员会保持有效的沟通。

⑨ 处理好本管理处与其他部门之间的合作关系。

⑩ 建立有效的工作团队。

⑪ 按规定准时收取各项费用。

⑫ 提供有偿服务，满足业主及物业使用人多层次需求。

⑬ 对本管理处有关环境、职业健康安全等方面因素进行评价，并制定相应的预防措施。

二、物业项目管理处组织架构

物业项目管理处组织架构如下图所示。

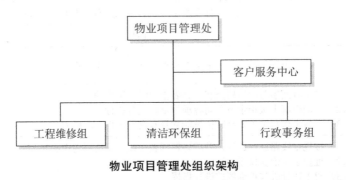

物业项目管理处组织架构

三、客户服务中心职责

客户服务中心职责

名称	客户服务中心	职位	2个	主管上级	管理处经理
职位设置	客户主任、收款员				
本职	负责所辖小区客户服务工作				
主要职责	（1）负责处理业主投诉与请修 （2）负责处理好本管理处与业主、业主委员会的关系 （3）负责本管理处品质体系的维护和持续改进 （4）负责本管理处日常品质督查工作 （5）负责营造社区文化氛围 （6）负责本管理处收款的管理工作，按规定准时收取各项费用 （7）建立有效的工作团队 （8）持续提高服务质量和客户满意度				
兼管职责	（1）按公司培训计划做好相关的培训工作 （2）配合品质管理部年度客户满意度测评计划的制订和实施 （3）协助管理处经理不断完善本管理处相关的各项管理制度 （4）对本项目组有关的环境、职业健康安全等方面因素进行评估，并制定相应的措施 （5）管理处经理授权时代行其职权				
应负责任	（1）完成经营管理目标责任书中相应指标的责任 （2）就小区管理与业主委员会建立良好关系的责任 （3）人力资源管理目标实现的责任 （4）建立有效团队的责任				
拥有权限	（1）在处理业主投诉与请修时，对工程组、行政组、环境组有综合调度权 （2）依据品质督导标准，对违规职员进行处罚的权利 （3）依据督导结果，提出对职员进行行政奖惩建议的权利				

四、物业管理处行政事务组职责

物业管理处行政事务组职责

名称	行政事务组	职位	3个	主管上级	管理处经理
职位设置	行政主管、文员、勤杂工				
本职	负责本管理处内部行政管理工作				
主要职责	（1）负责管理处内部管理工作，并监督、贯彻执行公司各项管理规章制度 （2）负责管理处人员调配、评估、档案管理、薪资核算等方面的工作 （3）协助管理处经理制订月工作计划及工作总结 （4）负责管理处文件、档案的管理工作 （5）负责安排各管理处各类会议，并做好会议记录 （6）负责本管理处各类非经营性固定资产及办公用品的管理工作 （7）负责本管理处办公设备设施的请修及办公环境保洁的监督工作 （8）负责管理处食堂及宿舍的日常管理工作 （9）建立有效的工作团队				
兼管职责	（1）按公司培训计划做好相关的培训工作 （2）配合客户主任开展社区文化活动				

兼管职责	（3）对本项目组有关的环境、职业健康安全等方面因素进行评估，并制定相应的措施 （4）协助管理处经理处理好与开发商、政府部门、业主及物业使用人的关系
应负责任	（1）内部管理不断完善的责任 （2）持续提升内部职员满意度的责任 （3）建立有效团队的责任 （4）人力资源管理目标实现的责任
拥有权限	（1）对管理处职员行政奖惩的建议权 （2）完善内部管理的建议权 （3）食堂、宿舍管理权

五、物业管理处环境组职责

物业管理处环境组职责

名称	清洁环保部	职位	2个	主管上级	管理处经理
职位设置	环境主管、物管员				
本职	负责对本管理处公共设施及公共秩序的维护工作				
主要职责	（1）负责业主房屋装修的初审及日常装修巡查 （2）负责巡查监督环境分包方（保安、保洁、园艺）工作 （3）负责公共设施的巡查。保持公共环境良好的外观，公共设施功能正常发挥，维护小区正常的公共秩序 （4）负责本管理处抄表工作的管理 （5）解答住户有关装修方面的疑问				
兼管职责	（1）按公司培训计划做好相关的培训工作 （2）协助工程技术部不断完善相关的设施管理制度 （3）对本项目组有关的环境、职业健康安全等方面因素进行评估，并制定相应的措施				
应负责任	（1）完成经营管理目标责任书中相应指标的责任 （2）建立有效团队的责任 （3）人力资源管理目标实现的责任 （4）对本小区本体建筑及公共配套设施安全的管理责任 （5）环境管理目标的达成责任				
拥有权限	（1）房屋装修的初审权 （2）对分包方工作的监管权				

六、物业管理处工程组职责

物业管理处工程组职责

名称	工程维修部	职位	3个	主管上级	管理处经理
职位设置	工程主管、维修班长、维修技工				
本职	负责本管理处公共设备设施维护，以及小区有偿服务的提供				
主要职责	（1）负责编制本管理处年度物资装备计划、年度公共用水用电计划、年度工具配置计划、设备大中修计划、设备保养计划				

续表

主要职责	（2）负责对小区设备设施进行合理、科学的管理和保养 （3）负责本管理处设备设施的日常维修工作 （4）负责本管理处外委工程的申请及施工监理 （5）处理好与小区业主、管理处其他项目组、公司职能部门的关系 （6）提供有偿服务，满足业主及物业使用人多层次需求 （7）建立有效的工作团队 （8）持续不断地改进服务质量和提高业主对设备设施管理的满意度
兼管职责	（1）协助工程技术部不断完善各项操作规程 （2）对本项目组有关的环境、职业健康安全等方面因素进行评估，并制定相应的措施 （3）按公司培训计划做好相关的培训工作
应负责任	（1）完成经营管理目标责任书中相应指标的责任 （2）建立有效团队的责任 （3）人力资源管理目标实现的责任 （4）小区设备功能正常发挥的责任 （5）本小组职员职业健康安全的责任
拥有权限	（1）设备设施的日常维护 （2）小型外委工程的监理与验收

七、管理处经理职位说明书

管理处经理职位说明书

职位名称		管理处经理	直接上级	分公司负责人	直接下级	管理处职员
入职资格		大专以上学历；物业管理两年以上从业经验；具有物业管理上岗证；有ISO 9000审员证				
职位要求		具体项目				
工作能力	专业知识	物业管理专业知识；房地产开发常识；企业管理常识；有ISO 9000知识；客户服务专业知识；物业管理法规知识				
	工作技能	（1）有效激励和调动下属达成工作目标，具有被下属信任和爱戴的能力 （2）成功策划本部门职责范围内相关方案或活动，并达到预期目标的能力 （3）与上下级、主管部门保持良好沟通的能力 （4）妥善处理有关紧急及突发事件的能力 （5）好的文字写作能力，善与人沟通 （6）有效贯彻落实公司的各项指示及政策方针的能力 （7）对管理运作有独到见解，并提出可操作性方案的能力				
工作职责		（1）完成管理处经营管理目标责任书中的经济指标 （2）根据公司总的质量方针，组织制定管理处服务品质改进计划并实施 （3）保管本管理处公章，审核签发日常工作申请、报告及其他行政文件；审核权限范围内的协议、工程合同、经济合同及分包方合同等工作文书 （4）审核管理处年度用水用电计划、管理处年度工具配置计划、管理处年度社区文化活动计划、管理处设备大中修计划、管理处设备保养计划；编制管理处年度经营计划、管理处每月工作计划 （5）制订本管理处的创优保优计划；组织本管理处相关人员实施创优保优计划 （6）对本管理处环境、职业安全方面的因素进行评估，并制定相应的措施 （7）营造积极向上、努力实现公司与管理处经营管理目标的活跃进取的管理处工作团队 （8）处理好与开发商、政府部门、业主及物业使用人的关系；处理好本管理处和其他部门之间的关系；解决下属提出的具体困难和需要				

续表

职位要求	具体项目
工作职责	（9）在小区的经营管理中，进行合理、合法的经营潜力的挖掘 （10）至少组织一次早读与工作例会 （11）负责组织编制和修订本部门业务范围内涉及的作业指导书 （12）积极推动社区文化活动的开展

八、管理处客户主任职位说明书

管理处客户主任职位说明书

职位名称		管理处客户主任	直接上级	管理处经理	直接下级	客户服务中心职员
入职资格		大专以上学历；物业管理两年以上从业经验；具有物业管理上岗证；有ISO 9000审员证				
职位要求		具体项目				
工作能力	专业知识	物业管理专业知识；房地产开发常识；企业管理常识；ISO 9000知识；客户服务专业知识；物业管理法规知识				
	工作技能	（1）有效激励和调动下属达成工作目标，具有被下属信任和爱戴的能力 （2）成功策划本部门职责范围内相关方案或活动，并达到预期目标的能力 （3）妥善处理有关紧急及突发事件的能力 （4）良好的文字写作能力，善与人沟通 （5）贯彻落实公司的各项指示及政策方针的能力 （6）对管理运作有独到见解，并提出可操作性方案的能力 （7）对工作范围内安全防范技能以及处理突发事件的能力				
工作职责		（1）受理业主各类投诉并及时处理业主投诉；重大投诉及时上报管理处经理；处理好业主的请修；对投诉与请修进行回访 （2）处理好本管理处与业主、业主委员会的关系；起草物业管理委托合同 （3）负责本管理处品质体系的维护和改进，制订本管理处年度品质管理计划；配合品质管理部门每年至少两次内部审核；配合品质管理部门对外审的准备与合作；对本管理处存在的品质问题进行分析原因，提出改善对策，实施并跟踪实施效果 （4）对本管理处进行日常的品质督查；配合品质部门组织的专项品质督查活动；定期向管理处经理提交品质督查报告 （5）配合品质管理部门年度客户满意度测评计划的制订和实施 （6）负责组织筹办宣传栏；组织策划社区文化活动 （7）负责本管理处收款的管理工作 （8）每两周至少召开一次客户服务中心工作例会，并有例会记录 （9）管理小区会所娱乐室、图书室等 （10）协助管理处经理不断完善本管理处相关的各项管理制度				

九、收款员职位说明书

收款员职位说明书

职位名称		收款员	直接上级	客户经理	直接下级	无
入职资格		高中以上学历；两年以上相关工作经验；有统计、会计证优先；熟练运用OFFICE办公软件及相关软件系统				
职位要求		具体项目				
工作能力	专业知识	统计、会计基本知识；礼仪、礼貌基本知识；物业管理基本知识				

续表

职位要求		具体项目
工作能力	工作技能	（1）良好的公文写作及准确表达自己见解的能力 （2）正确理解上级指示及公司各项规章制度的能力 （3）实现工作水准不断突破的能力 （4）热情接待各种类型顾客、熟练处理顾客各类投诉，令顾客满意的能力
工作职责		（1）水费、电费、维修费、管理费、固定车位费的收取；管理处日常现金收费项目的收款、建账、核算 （2）按财务制度规定，对管理处现金、发票、收据、账簿的保管 （3）水费、电费、管理费收费单的分类、发放、统计、报账等工作，协助住户补单 （4）向公司财务核算室报送各类财务报表 （5）熟悉小区内水费、电费、管理费、车位租赁费等各项收费标准 （6）住户二次装修押金收款及退款办理 （7）做好客户服务工作

十、物业管理员职位说明书

物业管理员职位说明书

职位名称	物业管理员	直接上级	环境主管/管理处经理	直接下级	无
入职资格	中专以上学历；一年以上物业管理工作经验；有物业管理上岗证者优先；有ISO 9000内审员证者优先				
职位要求		具体项目			
工作能力	专业知识	物业管理基本知识；物业管理相关法律法规知识；安全保安知识；保洁知识；环境知识			
	工作技能	（1）良好的公文写作及准确表达自己见解的能力 （2）正确理解上级指示及公司各项规章制度的能力 （3）与其他项目组及分公司职能部门、客户间保持良好沟通的能力 （4）妥善处理客户有关投诉，令客户满意的能力 （5）具备工作范围内安全防范技能并且有突发事件的处理能力			
工作职责		（1）做好本管理处装修巡查，有效监管日常房屋装修 （2）巡查公共设施的保养状况；环境设施的请修工作 （3）巡查、督促环境分包方（保安、保洁、园艺）工作 （4）抄表到户，抄报各住户每月水、电的实际用量 （5）每月统计水、电数据，重大问题及时汇报 （6）建立住户水、电台账，台账准确、清楚 （7）熟悉小区内水费、电费、管理费收费标准及计算方法，解答住户有关费用方面的疑问 （8）对临时用水用电进行监督、检查 （9）掌握各类水、电表运行情况，通知技工解决水、电表故障			

十一、工程主管职位说明书

工程主管职位说明书

职位名称	工程主管	直接上级	管理处经理	直接下级	技工班长/技工
入职资格	中专以上学历，机电一体化、电气自动化、给排水等相关专业毕业；有物业管理从业经验者优先				

职位要求		具体项目
工作能力	专业知识	相关专业技术知识；物业管理常识；房地产开发常识；安全知识
	工作技能	（1）良好的公文写作及准确表达自己见解的能力 （2）根据部门目标制订合理工作计划的能力 （3）理解上级工作意图，并有效工作计划实施的能力 （4）具备工作范围内的安全防范技能并且有突发事件的处理能力
工作职责		（1）编制管理处年度物资装备计划、年度公共用水用电计划、年度工具配置计划、设备大中修计划、设备保养计划 （2）每日对小区设备设施进行合理、科学的管理和保养 （3）及时处理客户服务中心反馈的业主投诉与请修 （4）外委工程需按照公司规定程序办理；外委工程全程监理 （5）机电设备分包方的监管 （6）对本项目组有关的环境、职业安全因素进行评估，并制定相应的实施 （7）向工程技术部提出完善设备管理相关工作制度的建议，持续不断地改进服务质量和提高业主对设备管理的满意度 （8）每两周至少召开一次技工班工作例会，并有例会记录 （9）充分与管理处其他项目组、公司部门和小区业主沟通

十二、维修班长职位说明书

维修班长职位说明书

职位名称		维修班长	直接上级	工程主管/管理处经理	直接下级	维修技工
入职资格		中专以上学历；有物业管理从业经验者优先；有相关专业中级技能等级证和操作证者优先				
职位要求		具体项目				
工作能力	专业知识	相关专业技术理论知识；物业管理常识；安全知识；各类设备基本工作原理				
	工作技能	（1）准确判断事物性质及状况并做出及时、准确反应的能力 （2）正确理解上级指示及公司各项规章制度的能力 （3）良好待人接物的能力 （4）较强的设备故障处理能力 （5）具备工作范围内安全防范技能并且有突发事件的处理能力				
工作职责		（1）妥善安排好维修技工班各项工作，在工作中积极发挥模范带头作用 （2）协助工程主管每日对小区设备设施进行合理科学的管理和保养 （3）协助工程主管做好外委工程监理 （4）处理客户服务中心反馈的业主投诉与请修 （5）处理环境主管反馈的环境设施请修 （6）处理好与管理处其他项目组、运行技工班和小区业主的关系				

十三、维修技工职位说明书

维修技工职位说明书

职位名称	维修技工	直接上级	维修班长	直接下级	无
入职资格	初中以上学历；有相关专业技术维修实操经验者优先；有技术初级技能等级证和操作证者优先				

续表

职位要求		具体项目
工作能力	专业知识	物业管理常识；相关操作规程；安全知识；各类设备基本工作原理
	工作技能	（1）准确判断事物性质及状况并做出及时、准确反应的能力 （2）正确理解上级指示及公司各项规章制度的能力 （3）良好待人接物的能力 （4）较强的设备故障处理能力 （5）具备工作范围内安全防范技能并且有突发事件的处理能力
工作职责		（1）圆满完成管理处工程主管和技工班长下达的工作计划与任务 （2）接到业主请修的安排，上门进行服务；接到设施请修的安排，立即进行维修 （3）每日对小区设备设施进行合理、科学的管理和保养

第二部分

02

物业管理流程规范

第八章
物业管理处运作流程

一、管理处外部运作流程

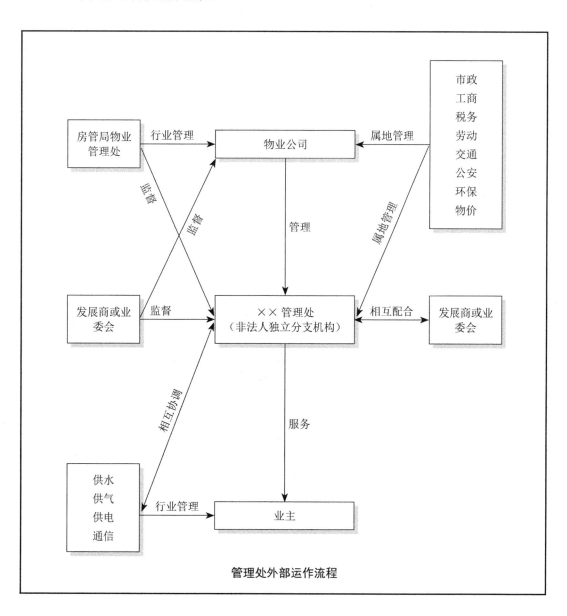

管理处外部运作流程

二、管理处内部运作流程

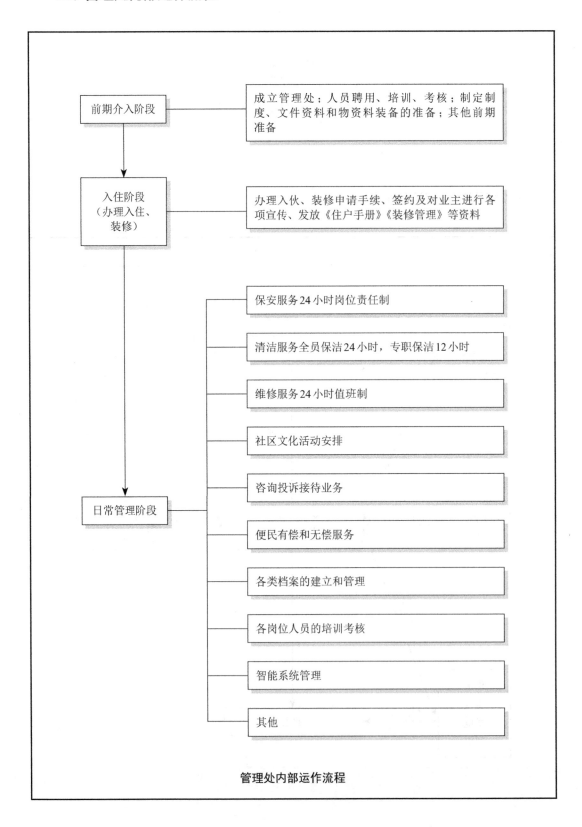

前期介入阶段 ——— 成立管理处；人员聘用、培训、考核；制定制度、文件资料和物资料装备的准备；其他前期准备

入住阶段（办理入住、装修）——— 办理入伙、装修申请手续、签约及对业主进行各项宣传、发放《住户手册》《装修管理》等资料

日常管理阶段

保安服务24小时岗位责任制

清洁服务全员保洁24小时，专职保洁12小时

维修服务24小时值班制

社区文化活动安排

咨询投诉接待业务

便民有偿和无偿服务

各类档案的建立和管理

各岗位人员的培训考核

智能系统管理

其他

管理处内部运作流程

三、管理处日常工作监督检查流程

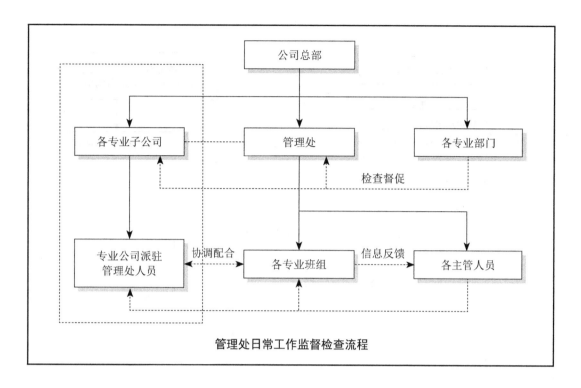

管理处日常工作监督检查流程

四、管理处客户信息反馈流程

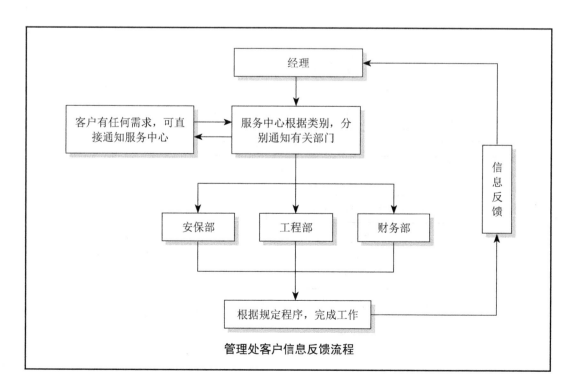

管理处客户信息反馈流程

五、硬件采购、配置流程

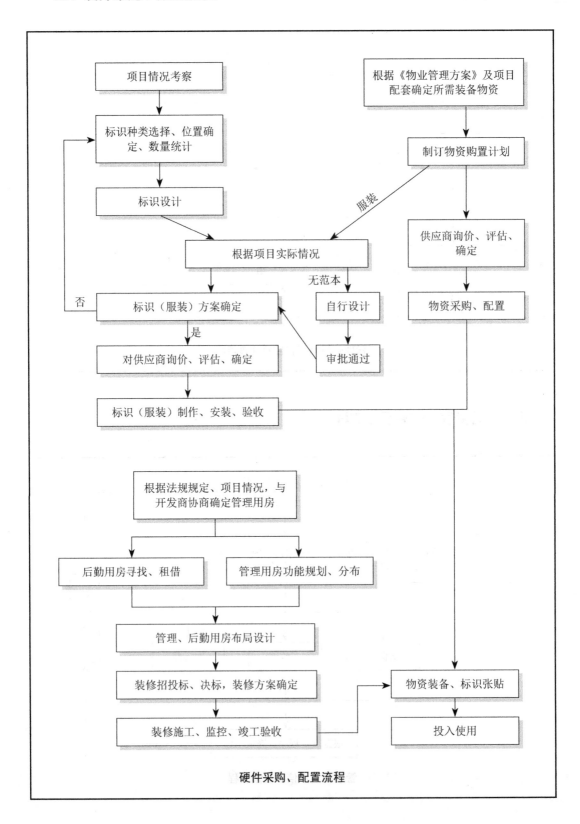

硬件采购、配置流程

六、印鉴证照办理流程

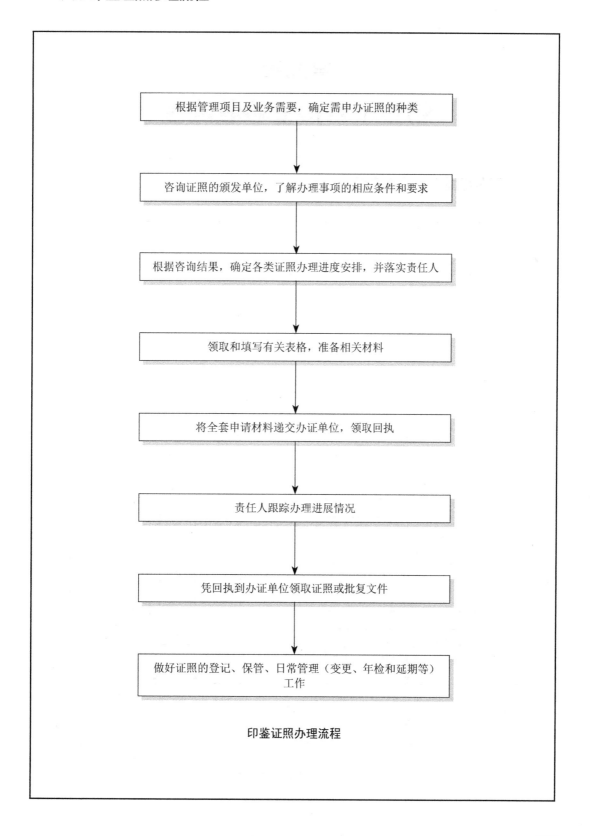

根据管理项目及业务需要,确定需申办证照的种类

咨询证照的颁发单位,了解办理事项的相应条件和要求

根据咨询结果,确定各类证照办理进度安排,并落实责任人

领取和填写有关表格,准备相关材料

将全套申请材料递交办证单位,领取回执

责任人跟踪办理进展情况

凭回执到办证单位领取证照或批复文件

做好证照的登记、保管、日常管理(变更、年检和延期等)工作

印鉴证照办理流程

第九章

物业项目接管验收流程

一、原有房屋接管验收流程

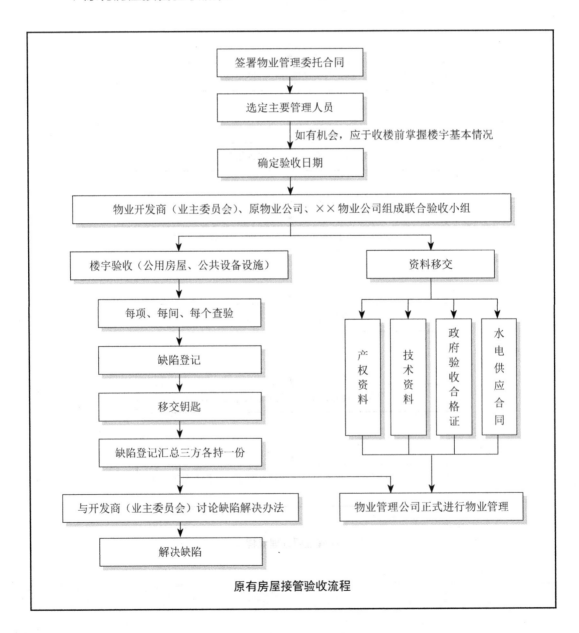

原有房屋接管验收流程

二、新建房屋接管验收流程

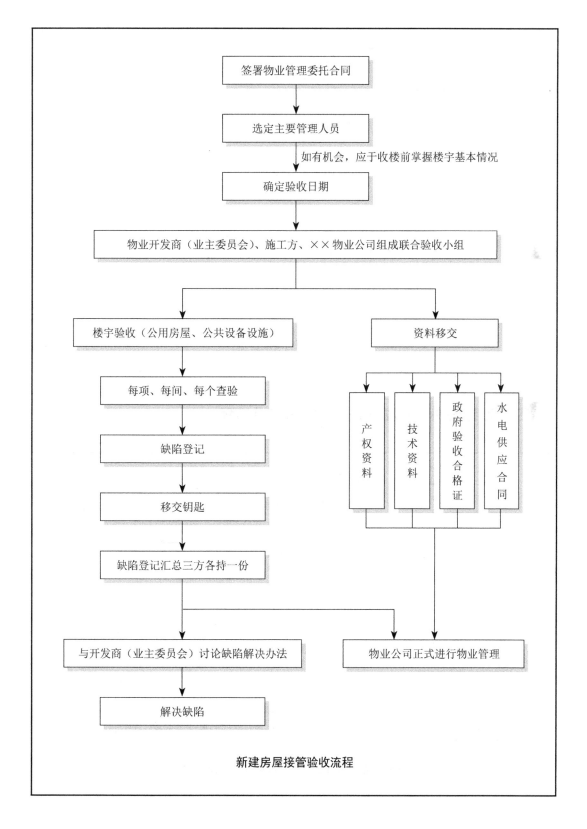

新建房屋接管验收流程

三、物业项目接管验收准备流程

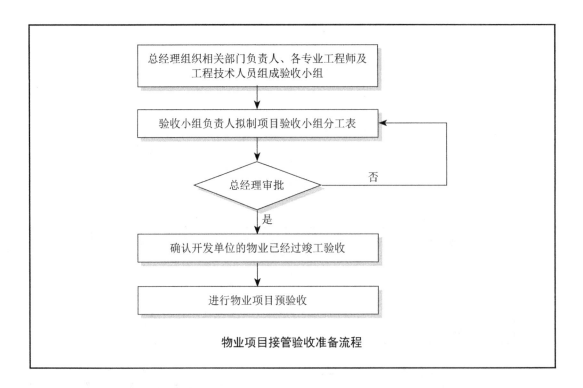

物业项目接管验收准备流程

四、项目管理处与开发商工程实体移交工作流程

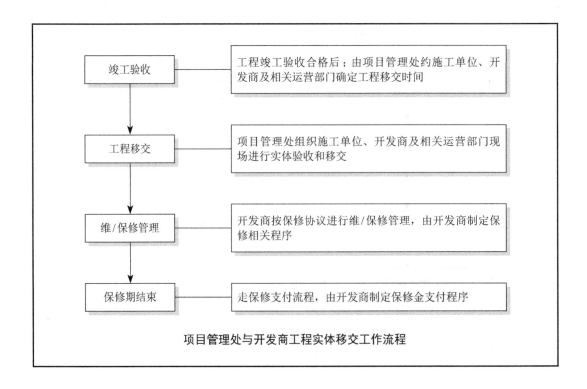

项目管理处与开发商工程实体移交工作流程

五、物业细部质量检查工作流程

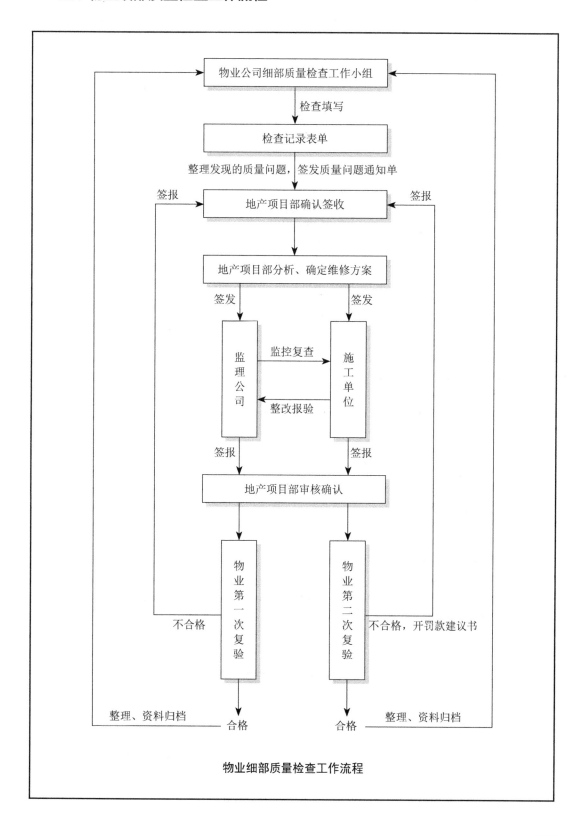

物业细部质量检查工作流程

六、实物部分验收流程

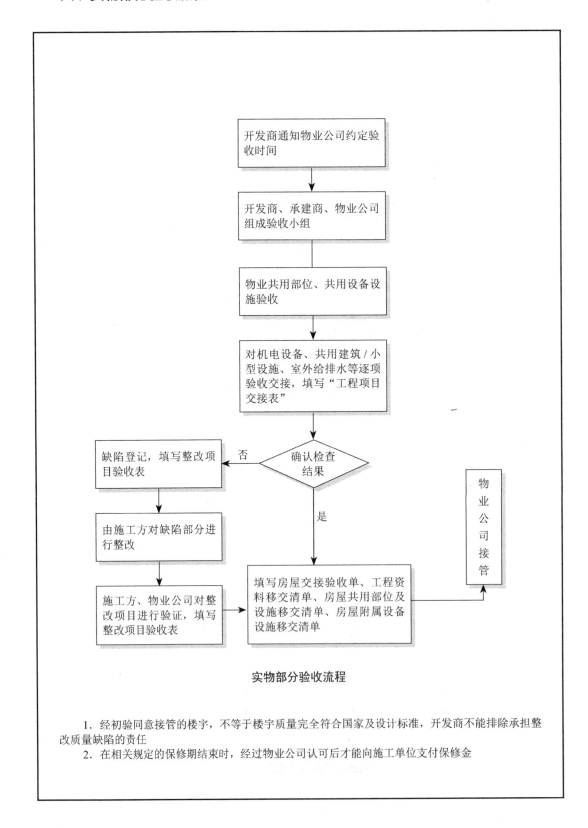

实物部分验收流程

    1. 经初验同意接管的楼宇，不等于楼宇质量完全符合国家及设计标准，开发商不能排除承担整改质量缺陷的责任

    2. 在相关规定的保修期结束时，经过物业公司认可后才能向施工单位支付保修金

七、资料部分移交工作流程

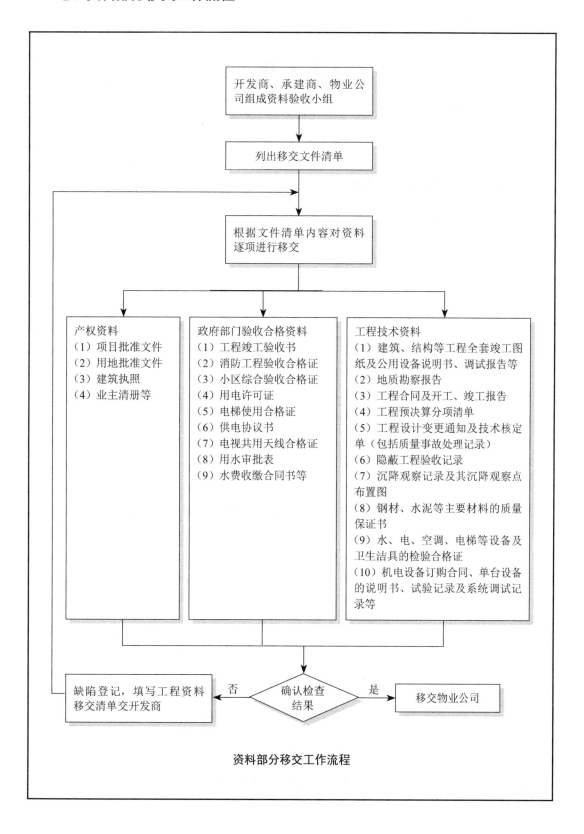

资料部分移交工作流程

第十章

物业项目入伙流程

一、新接楼宇入伙管理流程

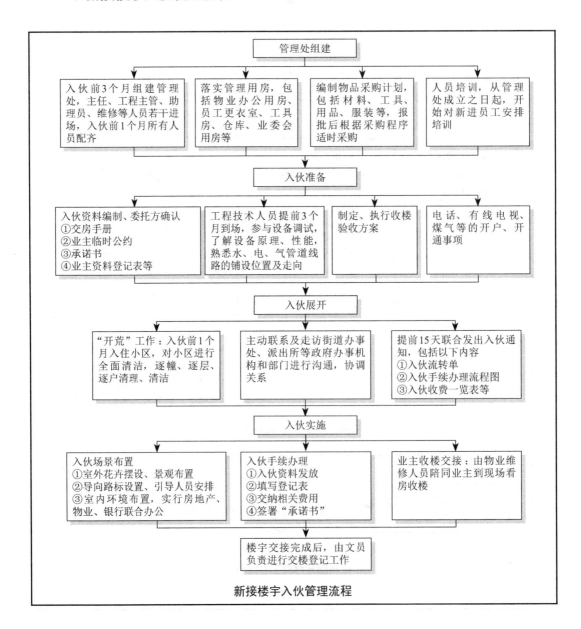

```
                        管理处组建

入伙前3个月组建管理     落实管理用房，包      编制物品采购计划，      人员培训，从管理
处，主任、工程主管、助   括物业办公用房、      包括材料、工具、        处成立之日起，开
理员、维修等人员若干进   员工更衣室、工具      用品、服装等，报        始对新进员工安排
场，入伙前1个月所有人   房、仓库、业委会      批后根据采购程序        培训
员配齐               用房等              适时采购

                        入伙准备

入伙资料编制、委托方确认  工程技术人员提前3个   制定、执行收楼        电话、有线电视、
①交房手册            月到场，参与设备调试， 验收方案             煤气等的开户、开
②业主临时公约          了解设备原理、性能，                     通事项
③承诺书             熟悉水、电、气管道线
④业主资料登记表等       路的铺设位置及走向

                        入伙展开

"开荒"工作：入伙前1个   主动联系及走访街道办事  提前15天联合发出入伙通
月入住小区，对小区进行   处、派出所等政府办事机  知，包括以下内容
全面清洁，逐幢、逐层、   构和部门进行沟通，协调  ①入伙流转单
逐户清理、清洁        关系                ②入伙手续办理流程图
                                        ③入伙收费一览表等

                        入伙实施

入伙场景布置          入伙手续办理          业主收楼交接：由物业维
①室外花卉摆设、景观布置  ①入伙资料发放        修人员陪同业主到现场看
②导向路标设置、引导人员安排 ②填写登记表         房收楼
③室内环境布置，实行房地产、③交纳相关费用
物业、银行联合办公      ④签署"承诺书"

                    楼宇交接完成后，由文员
                    负责进行交楼登记工作
```

新接楼宇入伙管理流程

二、前期收楼工作流程

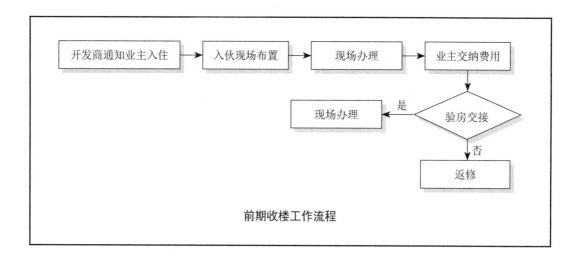

前期收楼工作流程

三、业主看房收楼流程

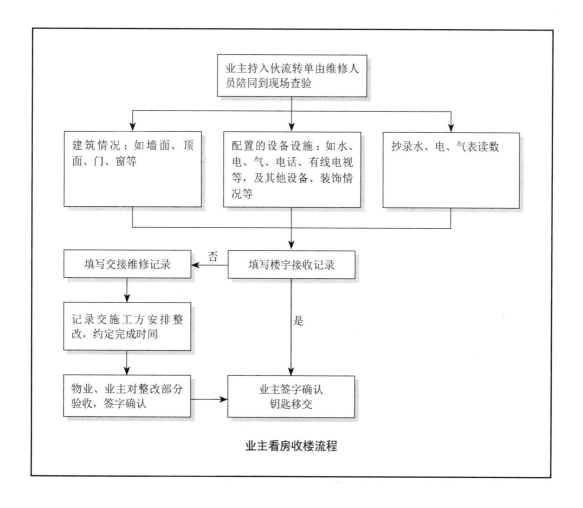

业主看房收楼流程

四、业主入伙手续办理流程

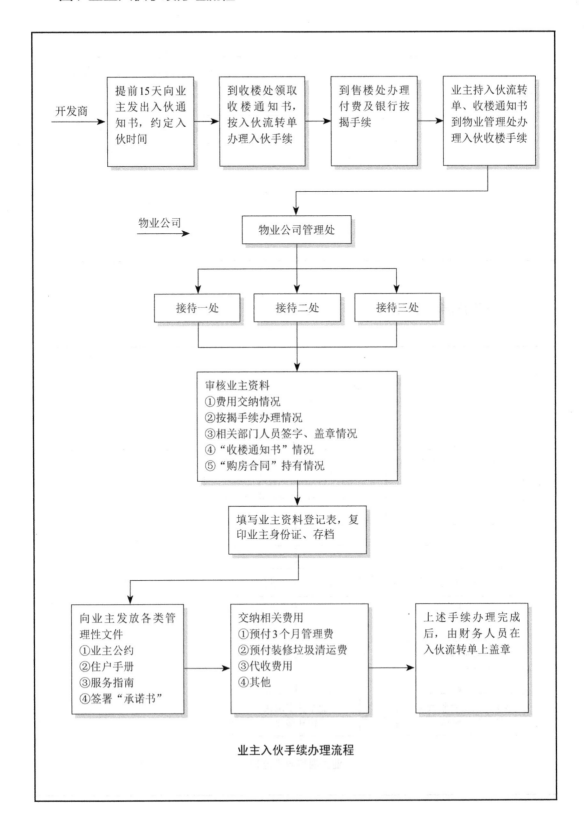

业主入伙手续办理流程

五、入伙现场业主办理入住流程

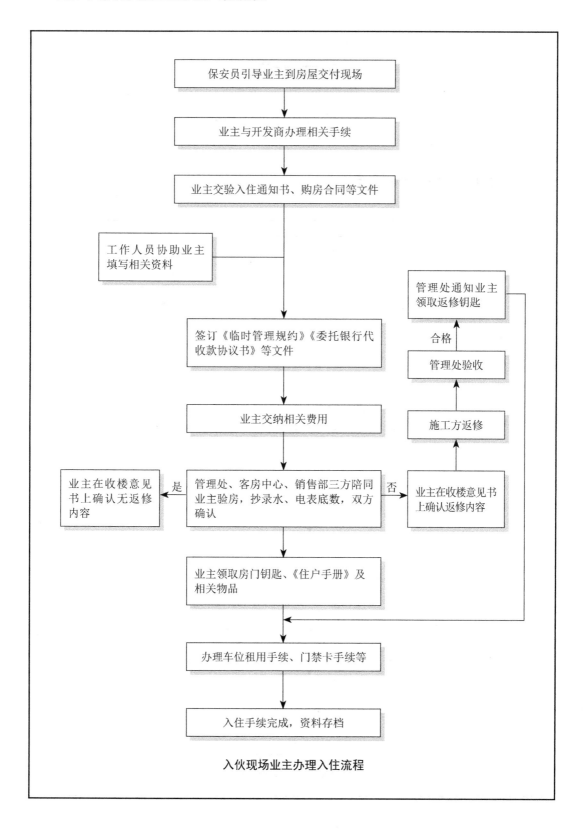

入伙现场业主办理入住流程

第十一章
二次装修管理流程

一、二次装修施工管理流程

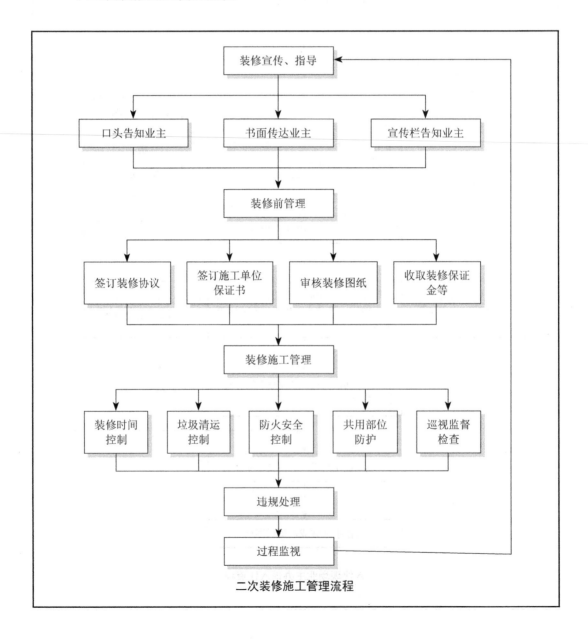

二次装修施工管理流程

二、业主办理装修手续流程

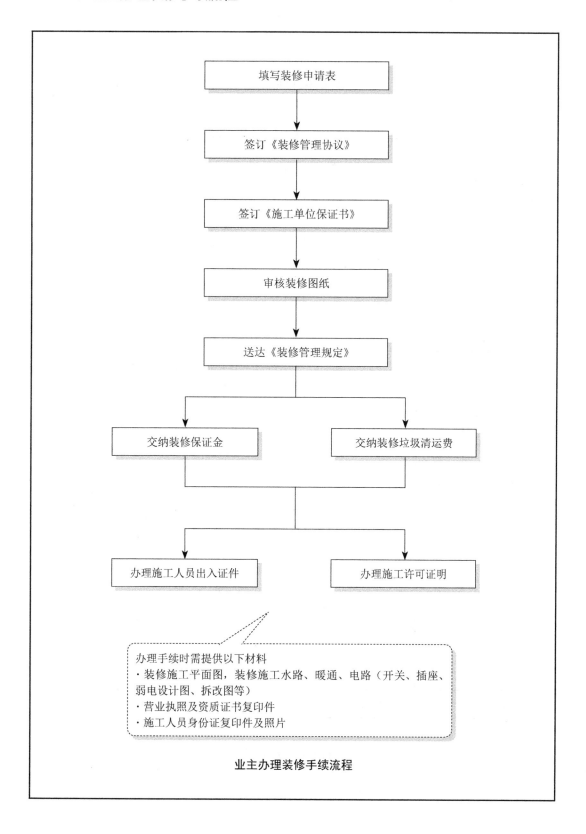

业主办理装修手续流程

三、租户装修审批流程

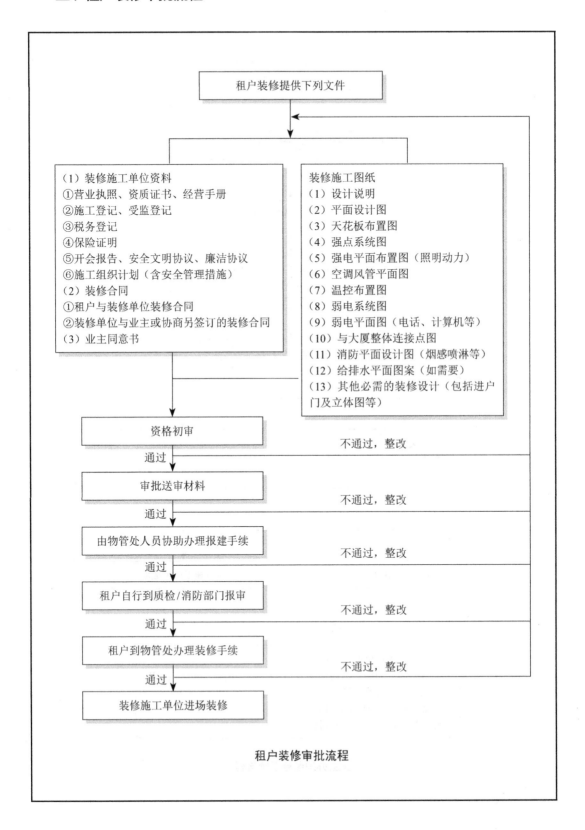

租户装修审批流程

四、装修（修缮）工程竣工验收流程

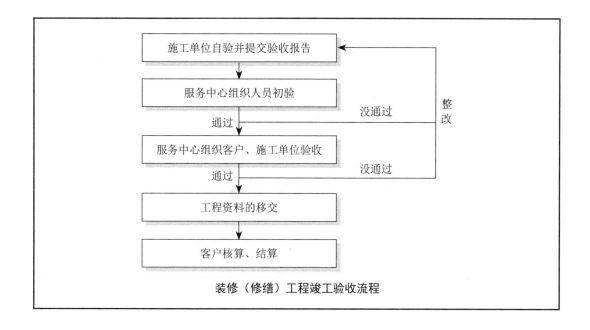

装修（修缮）工程竣工验收流程

第十二章

工程维保服务管理流程

一、维修保养指令执行流程

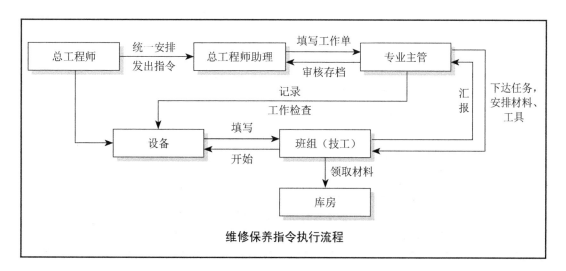

维修保养指令执行流程

二、工作单流转流程

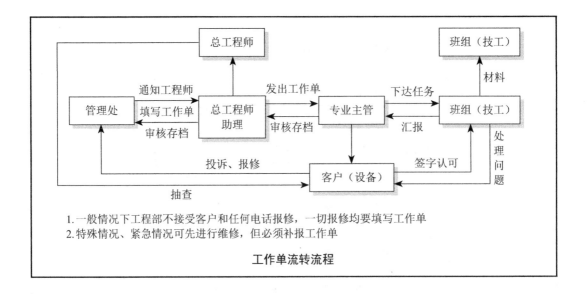

1. 一般情况下工程部不接受客户和任何电话报修，一切报修均要填写工作单
2. 特殊情况、紧急情况可先进行维修，但必须补报工作单

工作单流转流程

三、业主专有物业维保流程

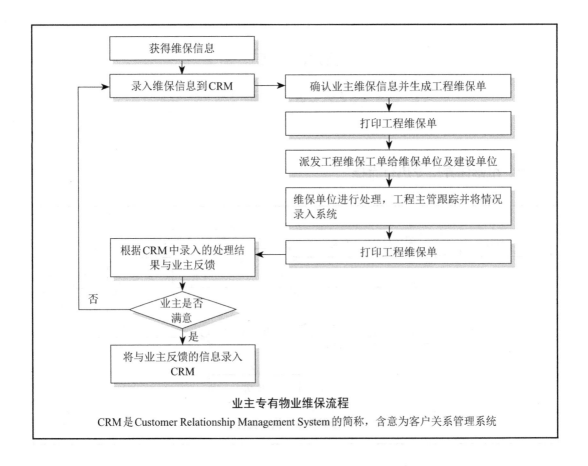

业主专有物业维保流程

CRM 是 Customer Relationship Management System 的简称，含意为客户关系管理系统

四、共用设备设施维保流程

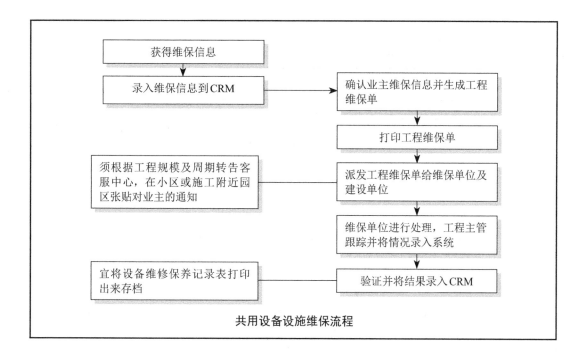

共用设备设施维保流程

五、基础设施和工作环境管理流程

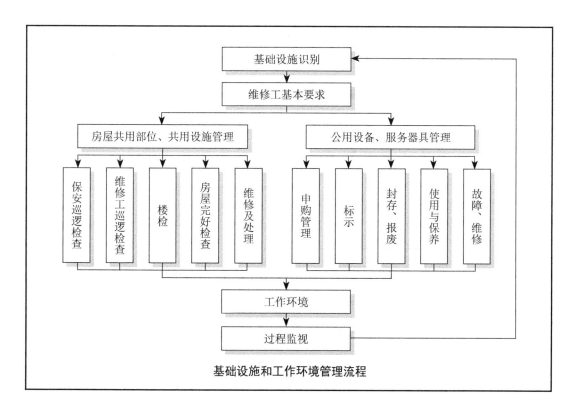

基础设施和工作环境管理流程

六、业主装修报批流程

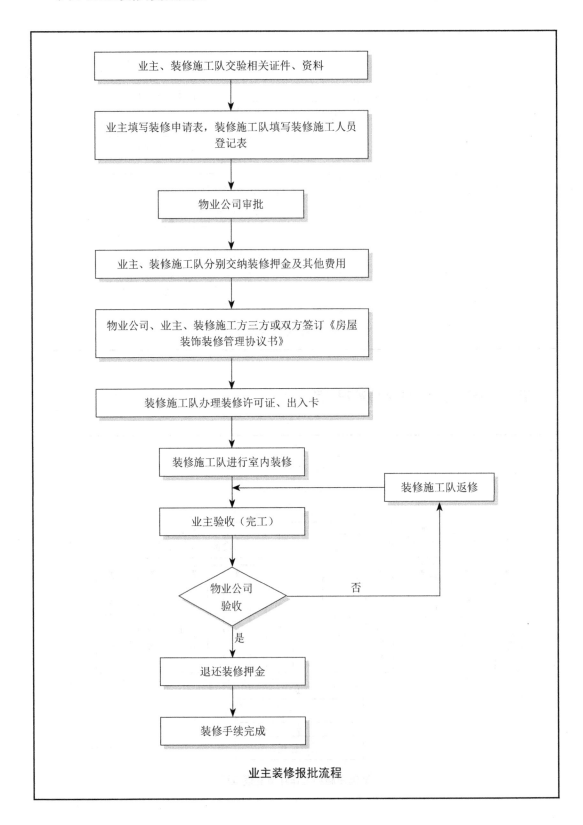

业主、装修施工队交验相关证件、资料

业主填写装修申请表，装修施工队填写装修施工人员登记表

物业公司审批

业主、装修施工队分别交纳装修押金及其他费用

物业公司、业主、装修施工方三方或双方签订《房屋装饰装修管理协议书》

装修施工队办理装修许可证、出入卡

装修施工队进行室内装修

装修施工队返修

业主验收（完工）

物业公司验收　否

是

退还装修押金

装修手续完成

业主装修报批流程

七、设备正常检修流程

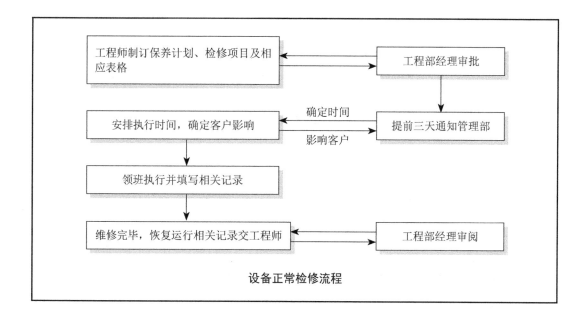

设备正常检修流程

八、设备紧急抢修流程

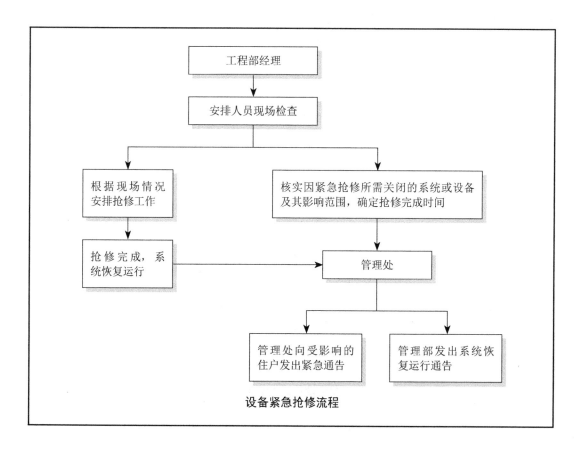

设备紧急抢修流程

九、机电设备管理流程

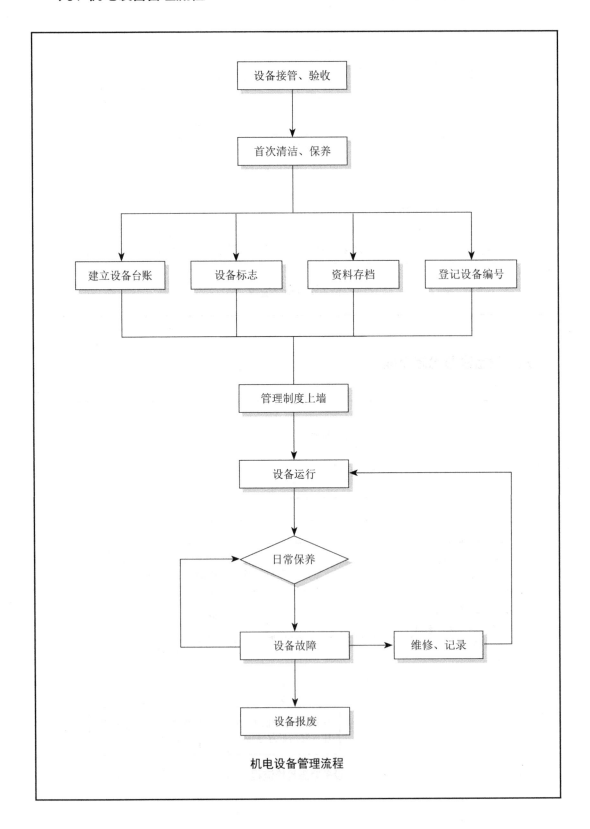

机电设备管理流程

十、消防报警信号处理流程

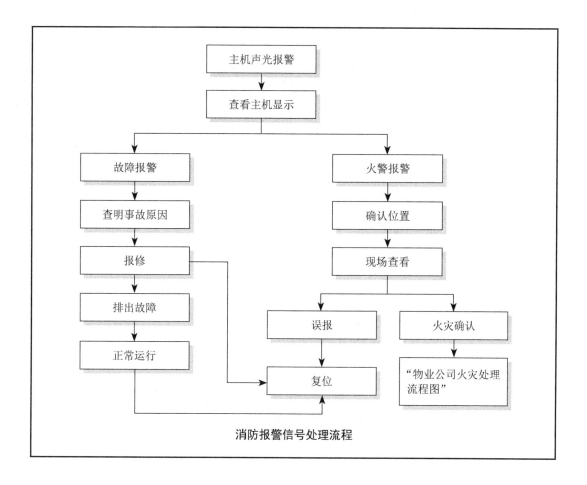

消防报警信号处理流程

十一、电梯故障处理流程

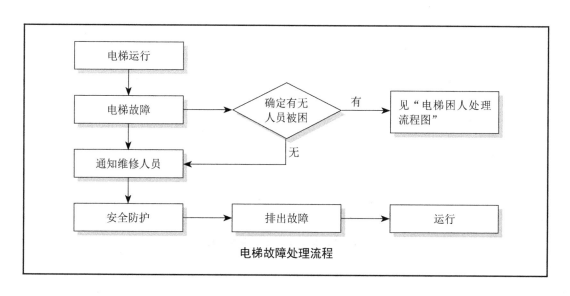

电梯故障处理流程

十二、恒压变频生活供水系统操作流程

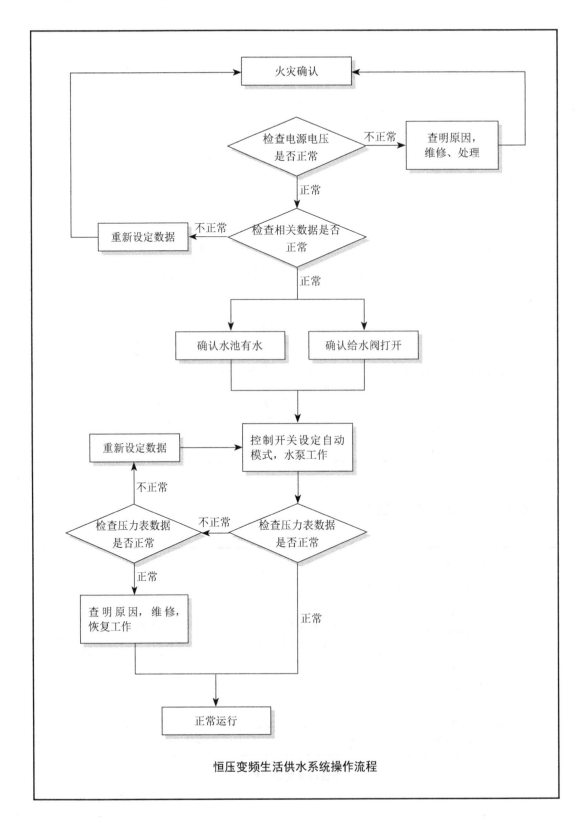

恒压变频生活供水系统操作流程

十三、低压变配电设备维修保养流程

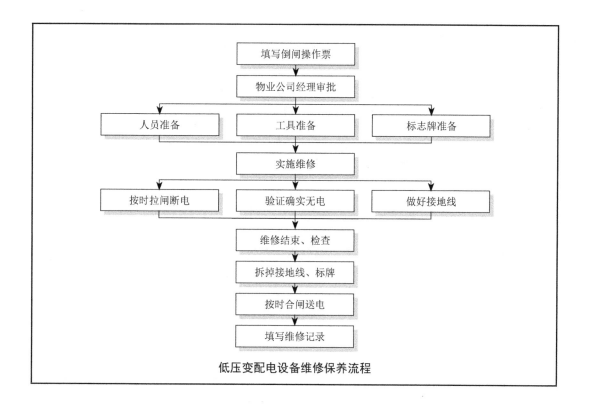

低压变配电设备维修保养流程

十四、业主房屋自用部位及设备设施报修（保修期内）流程

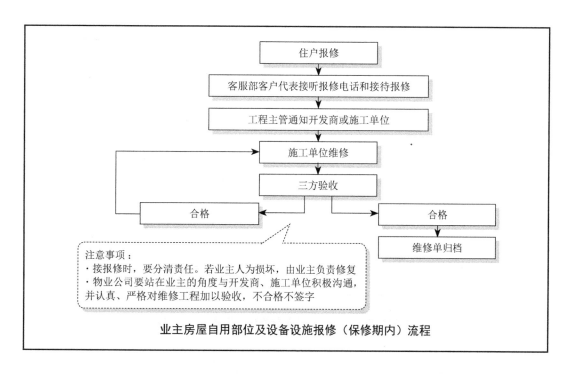

业主房屋自用部位及设备设施报修（保修期内）流程

十五、业主房屋自用部位及设备设施报修（保修期外）流程

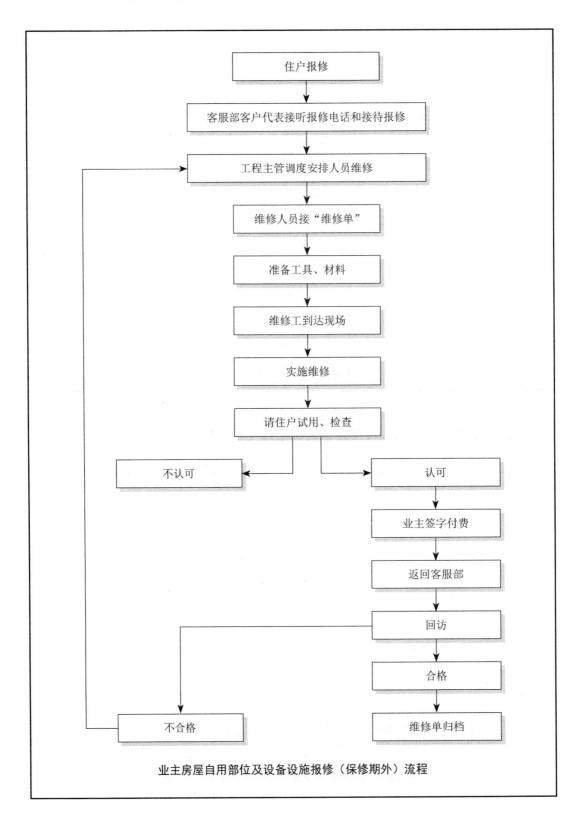

业主房屋自用部位及设备设施报修（保修期外）流程

十六、房屋共用部位及公共区域设备设施报修（保修期外）流程

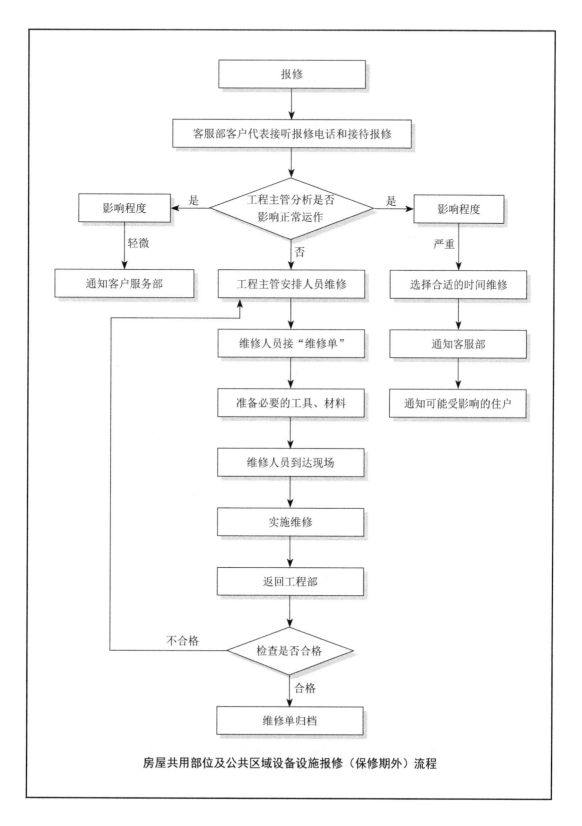

房屋共用部位及公共区域设备设施报修（保修期外）流程

十七、房屋共用部位及公共区域设备设施报修（保修期内）流程

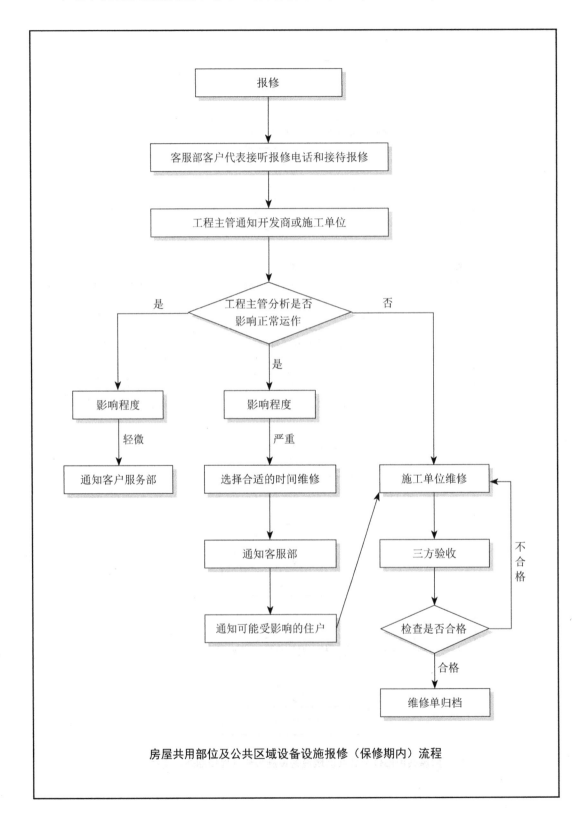

房屋共用部位及公共区域设备设施报修（保修期内）流程

十八、房屋主体设施修缮流程

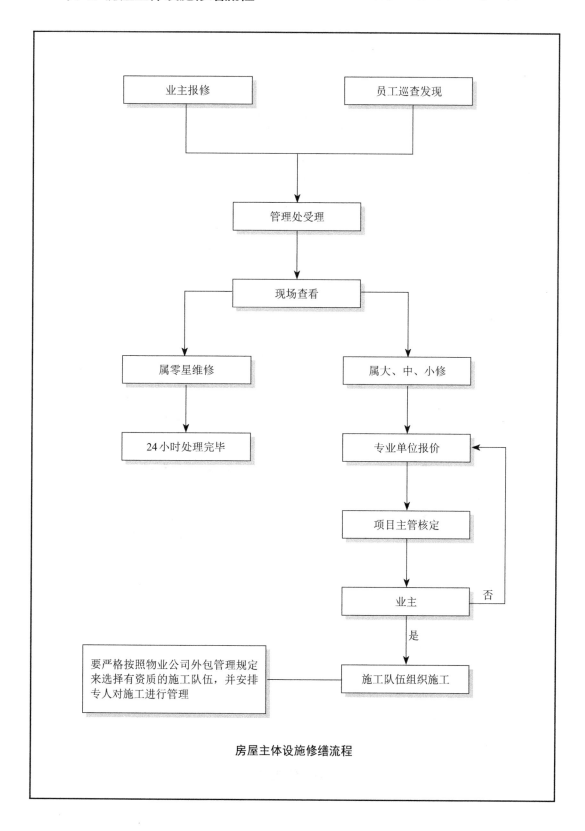

房屋主体设施修缮流程

十九、工程报修处理流程

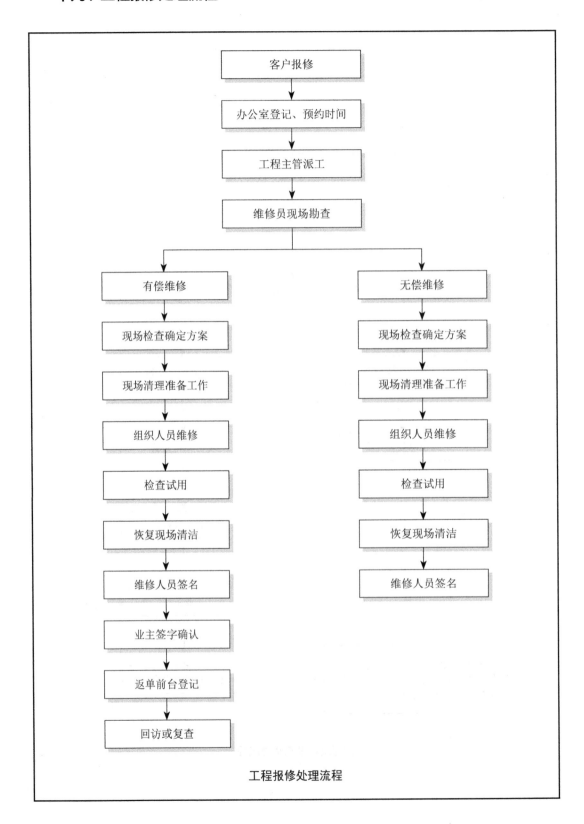

工程报修处理流程

二十、日常维修工作流程

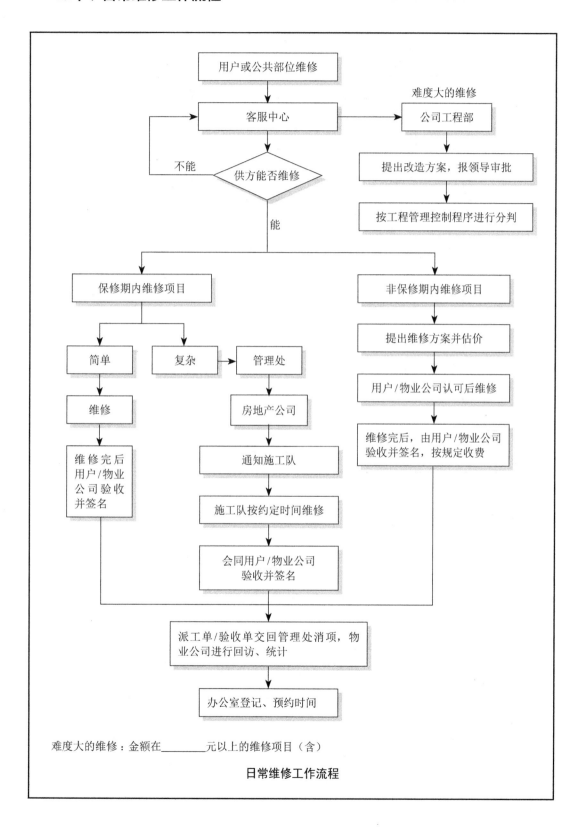

难度大的维修：金额在_____元以上的维修项目（含）

日常维修工作流程

二十一、维修接待语言流程

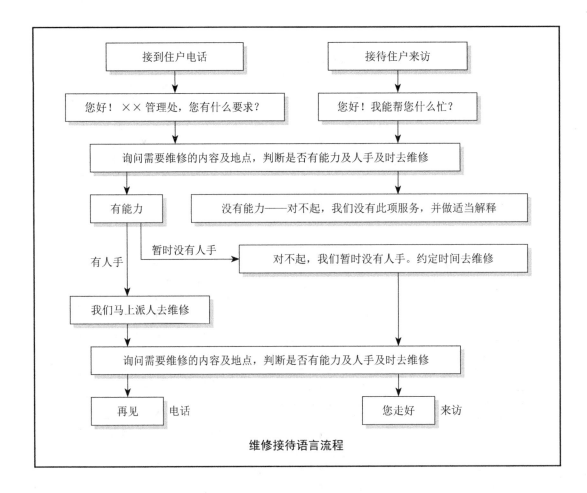

维修接待语言流程

二十二、上门维修语言流程

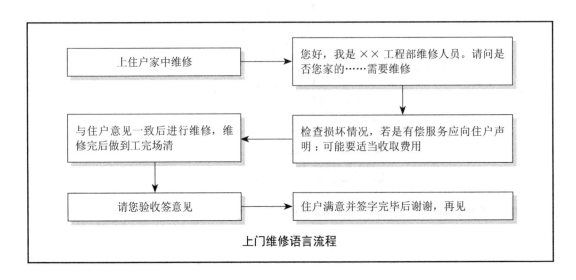

上门维修语言流程

二十三、水管爆裂或突发跑水事件工程应急处理流程

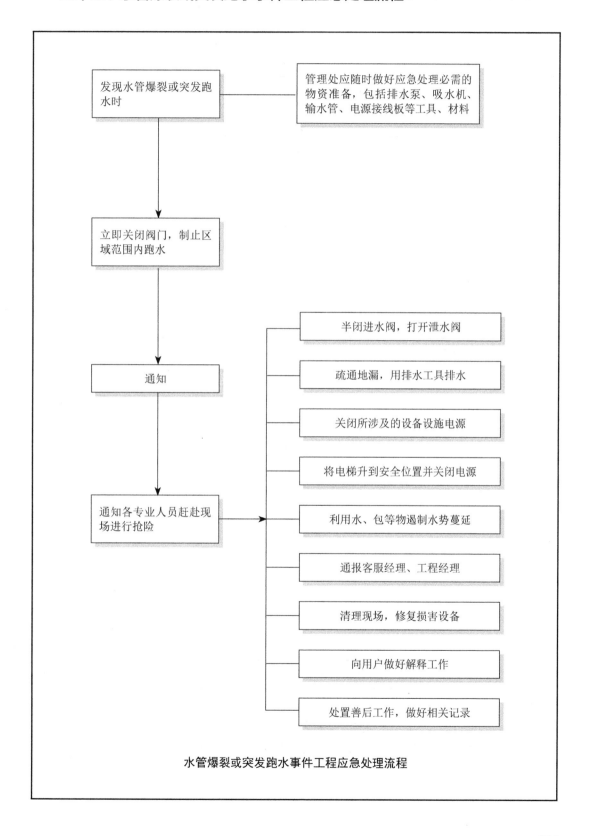

水管爆裂或突发跑水事件工程应急处理流程

二十四、小区停水工程应急处理流程

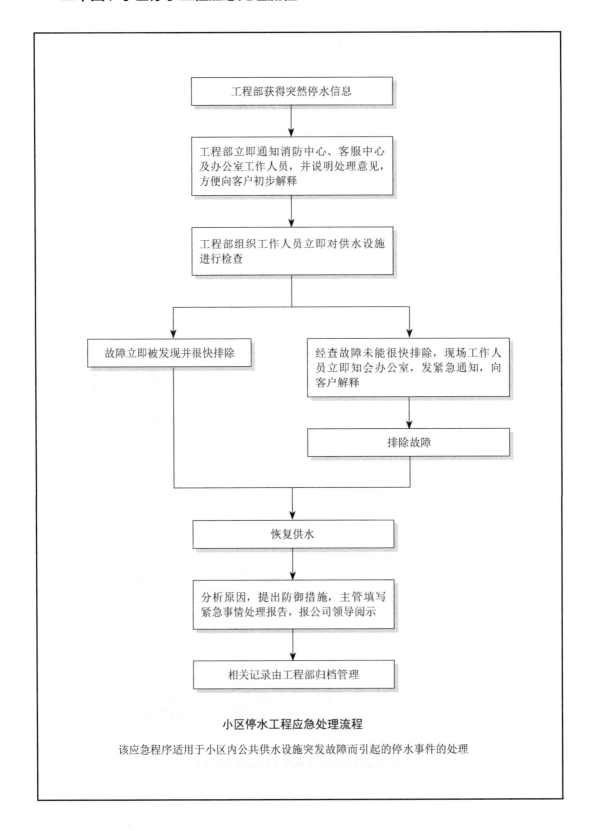

工程部获得突然停水信息

工程部立即通知消防中心、客服中心及办公室工作人员，并说明处理意见，方便向客户初步解释

工程部组织工作人员立即对供水设施进行检查

故障立即被发现并很快排除

经查故障未能很快排除，现场工作人员立即知会办公室，发紧急通知，向客户解释

排除故障

恢复供水

分析原因，提出防御措施，主管填写紧急事情处理报告，报公司领导阅示

相关记录由工程部归档管理

小区停水工程应急处理流程

该应急程序适用于小区内公共供水设施突发故障而引起的停水事件的处理

二十五、小区停电工程应急处理流程

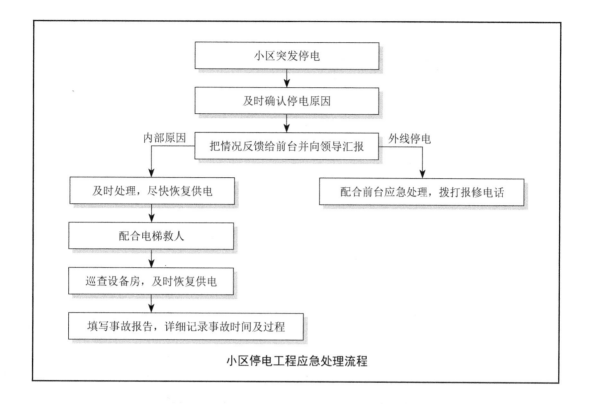

小区停电工程应急处理流程

二十六、给排水系统应急处理流程（排水系统故障）

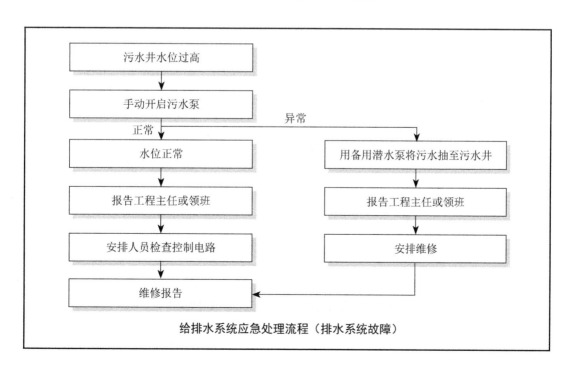

给排水系统应急处理流程（排水系统故障）

二十七、给排水设备应急处理流程（生活水泵故障处理）

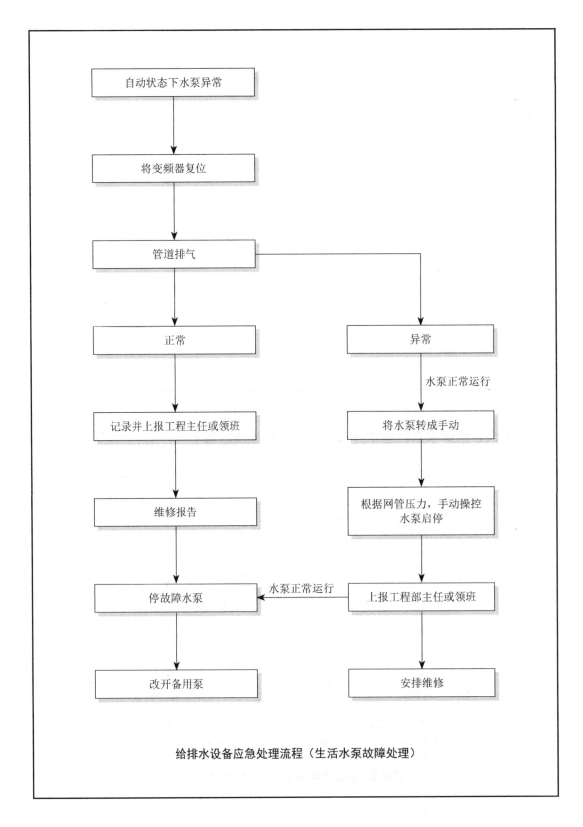

给排水设备应急处理流程（生活水泵故障处理）

二十八、中央空调系统应急处理流程（冷水机组）

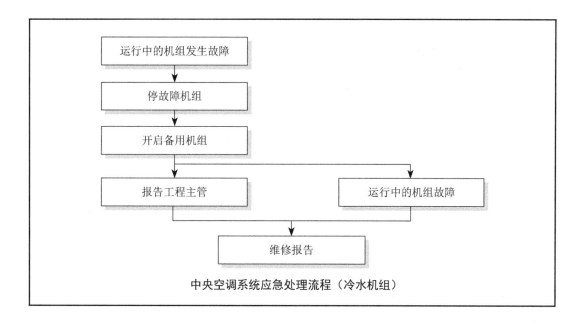

中央空调系统应急处理流程（冷水机组）

二十九、中央空调系统应急处理流程（水泵）

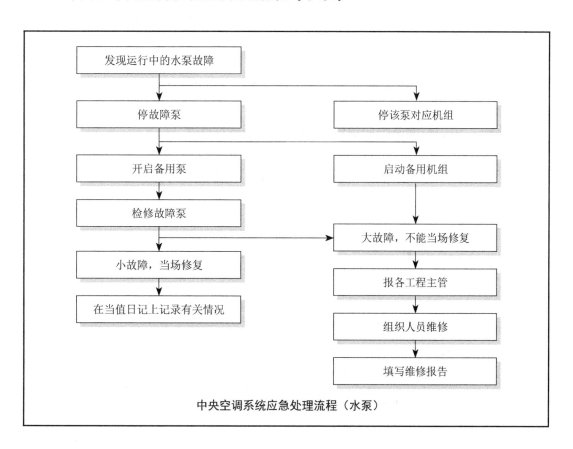

中央空调系统应急处理流程（水泵）

三十、中央空调系统应急处理流程（电动机故障）

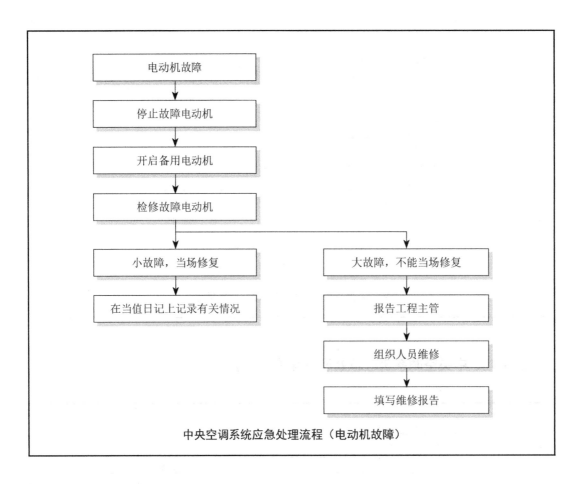

中央空调系统应急处理流程（电动机故障）

三十一、中央空调系统应急处理流程（水塔穿底漏水）

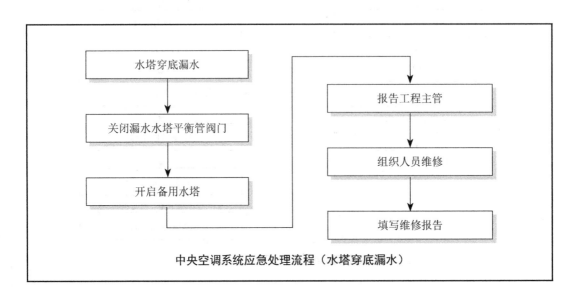

中央空调系统应急处理流程（水塔穿底漏水）

三十二、中央空调系统应急处理流程（水塔溢漏）

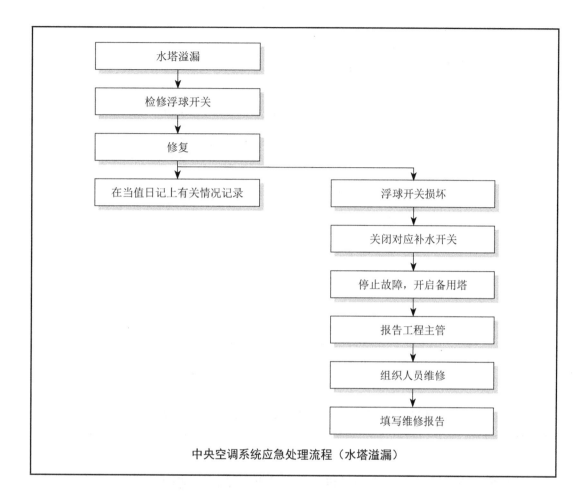

中央空调系统应急处理流程（水塔溢漏）

三十三、中央空调系统应急处理流程（空调机房内管网漏水）

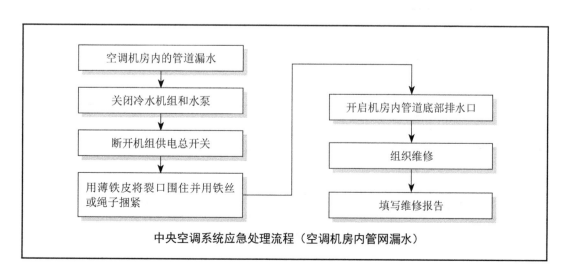

中央空调系统应急处理流程（空调机房内管网漏水）

三十四、中央空调系统应急处理流程（空调机房内伸缩节破裂）

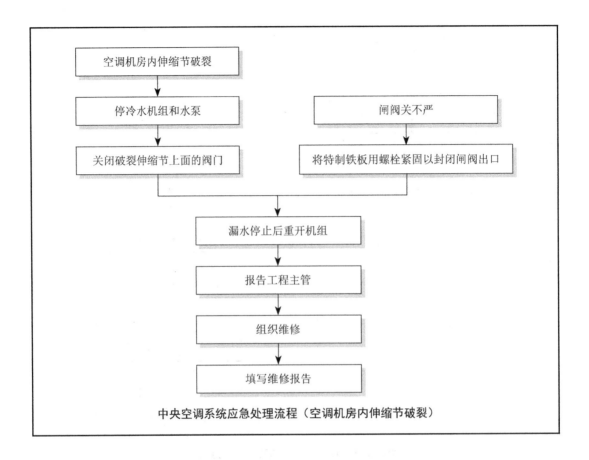

中央空调系统应急处理流程（空调机房内伸缩节破裂）

三十五、中央空调系统应急处理流程（400毫米管道漏水）

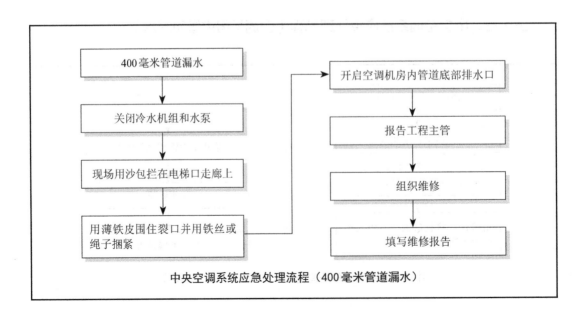

中央空调系统应急处理流程（400毫米管道漏水）

三十六、中央空调系统应急处理流程（水平管道漏水）

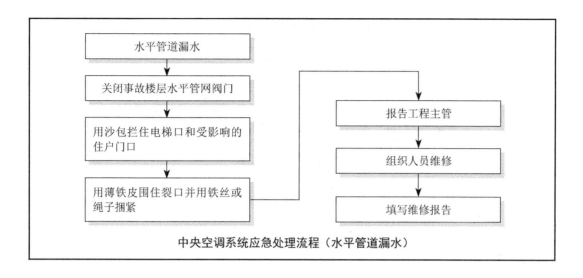

中央空调系统应急处理流程（水平管道漏水）

三十七、公共区域分体空调运行管理流程

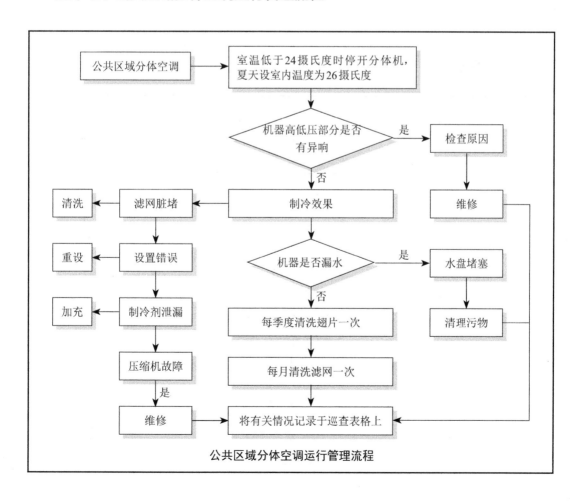

公共区域分体空调运行管理流程

三十八、燃气泄漏排险预案流程

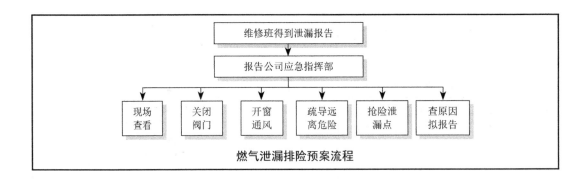

燃气泄漏排险预案流程

第十三章

保洁绿化服务流程

一、清洁管理流程

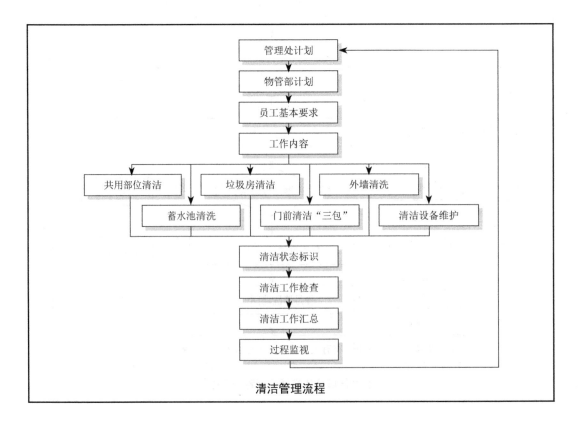

清洁管理流程

二、绿化管理流程

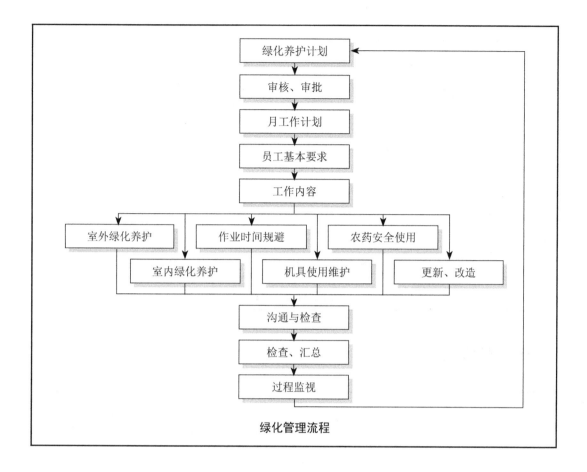

绿化管理流程

三、保洁、绿化、消杀外包控制流程

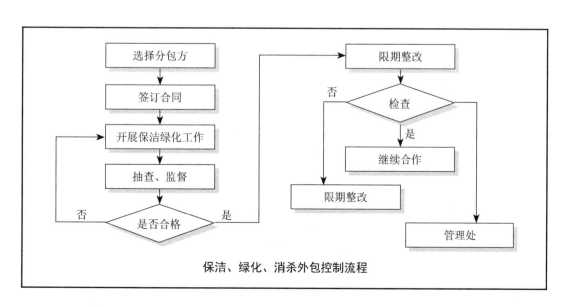

保洁、绿化、消杀外包控制流程

四、消杀工作管理流程

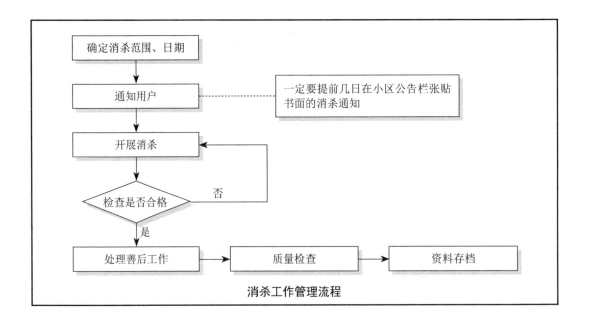

消杀工作管理流程

五、绿化管理流程

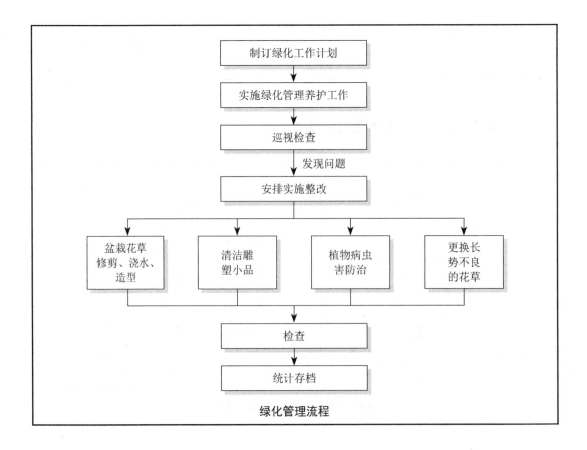

绿化管理流程

六、清洁服务不合格处理流程

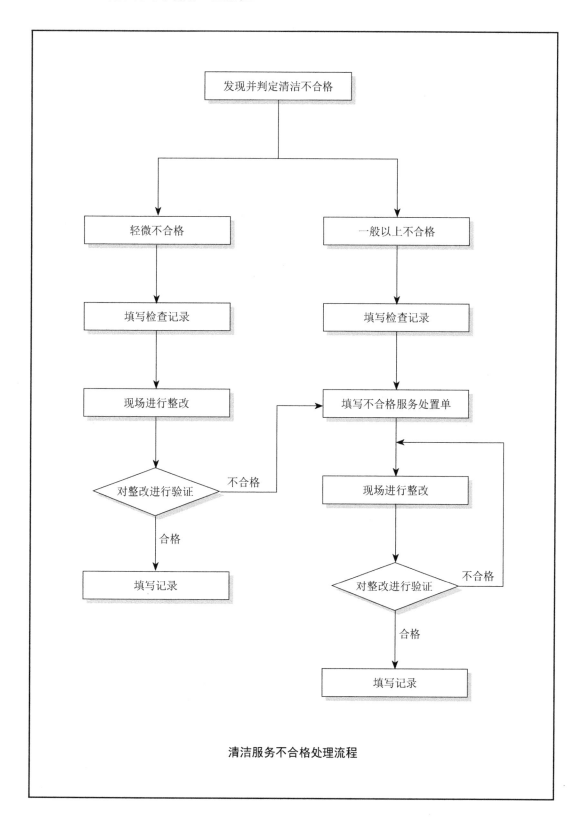

清洁服务不合格处理流程

七、绿化服务不合格处理流程

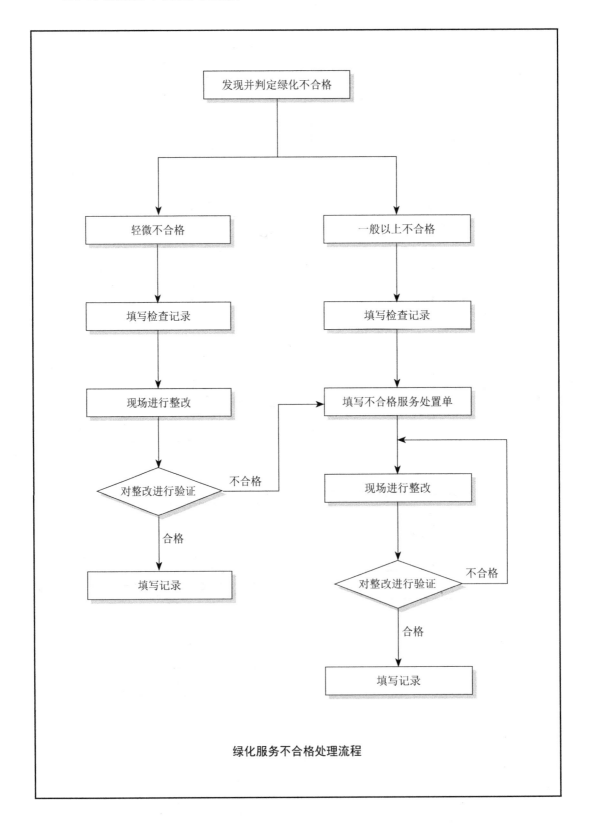

绿化服务不合格处理流程

八、清洁绿化主管检查流程

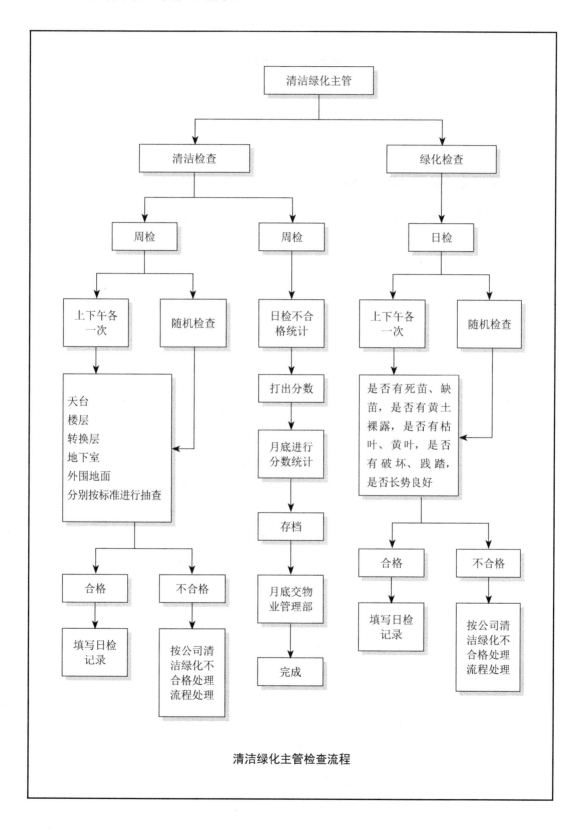

清洁绿化主管检查流程

第十四章
客服中心业务流程

一、客服中心的整体运作流程

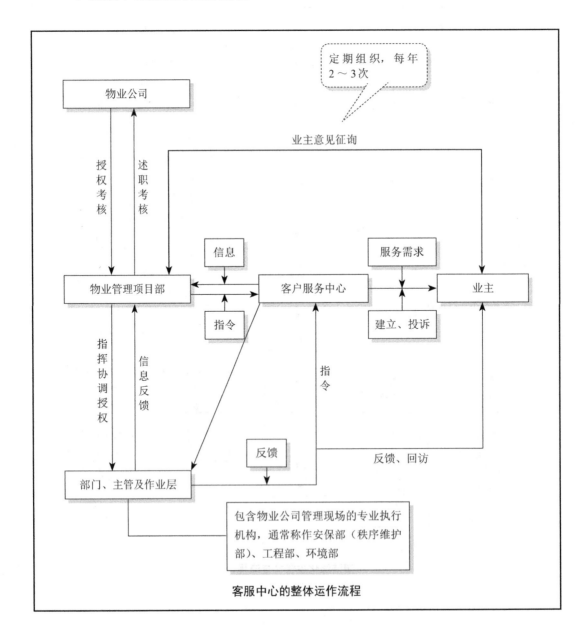

客服中心的整体运作流程

二、客服中心每日工作流程

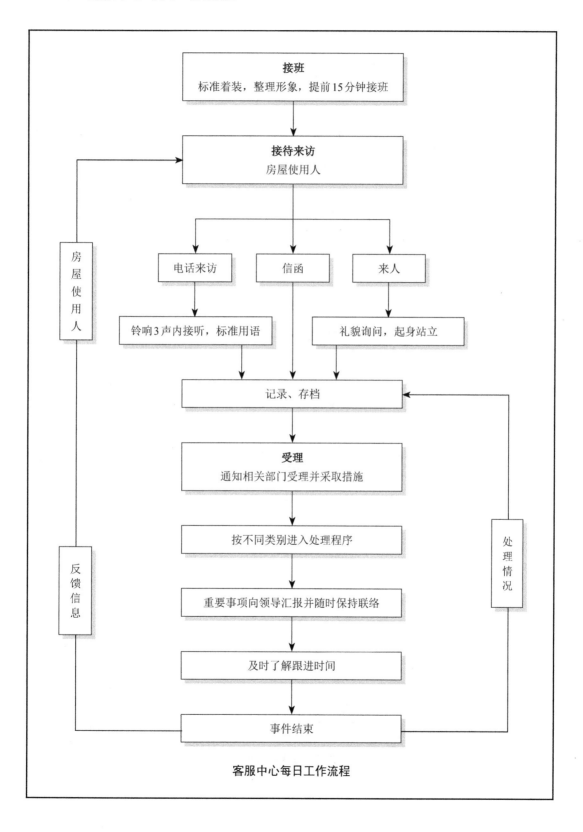

接班
标准着装，整理形象，提前15分钟接班

接待来访
房屋使用人

房屋使用人

电话来访　　信函　　来人

铃响3声内接听，标准用语　　礼貌询问，起身站立

记录、存档

受理
通知相关部门受理并采取措施

按不同类别进入处理程序

重要事项向领导汇报并随时保持联络

及时了解跟进时间

事件结束

反馈信息

处理情况

客服中心每日工作流程

三、办理入住手续流程

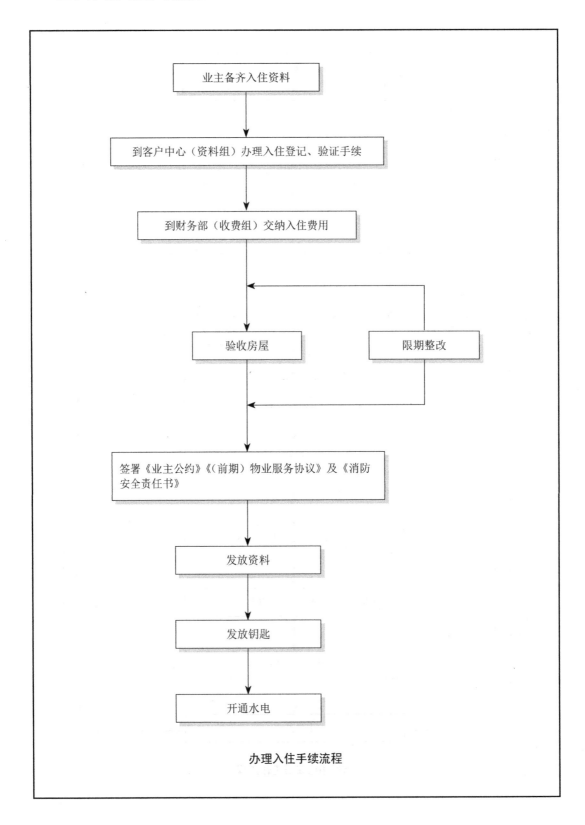

```
业主备齐入住资料
        ↓
到客户中心（资料组）办理入住登记、验证手续
        ↓
到财务部（收费组）交纳入住费用
        ↓
验收房屋          限期整改
        ↓
签署《业主公约》《（前期）物业服务协议》及《消防
安全责任书》
        ↓
发放资料
        ↓
发放钥匙
        ↓
开通水电
```

办理入住手续流程

四、钥匙管理流程

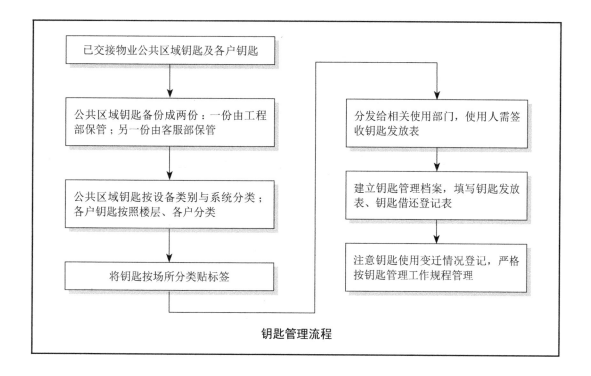

钥匙管理流程

五、业主办理住户证工作流程

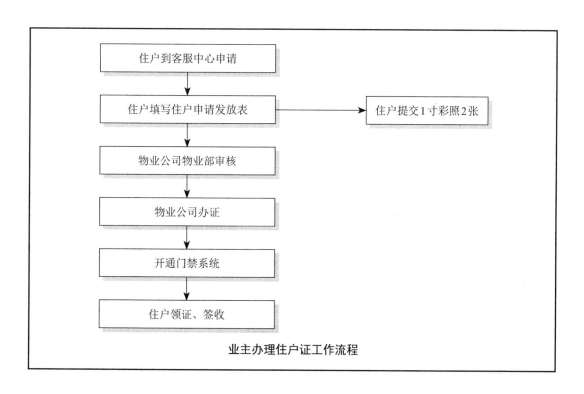

业主办理住户证工作流程

六、装修手续办理流程

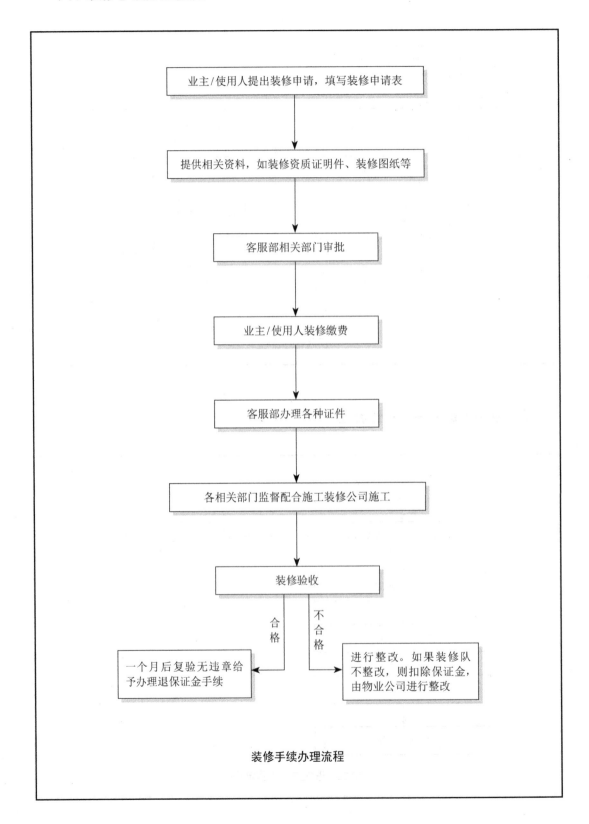

业主/使用人提出装修申请，填写装修申请表

提供相关资料，如装修资质证明件、装修图纸等

客服部相关部门审批

业主/使用人装修缴费

客服部办理各种证件

各相关部门监督配合施工装修公司施工

装修验收

合格

不合格

一个月后复验无违章给予办理退保证金手续

进行整改。如果装修队不整改，则扣除保证金，由物业公司进行整改

装修手续办理流程

七、办理通电工作流程

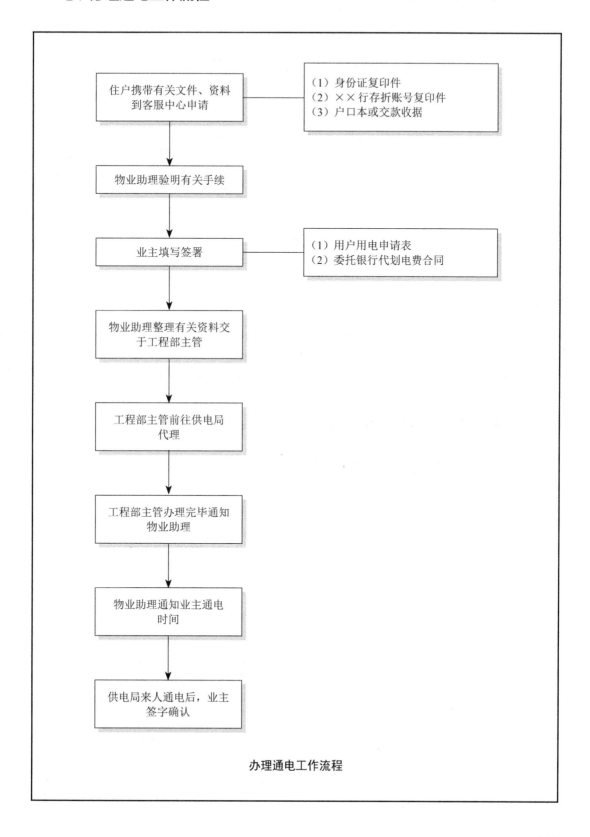

办理通电工作流程

八、燃气改管手续办理流程

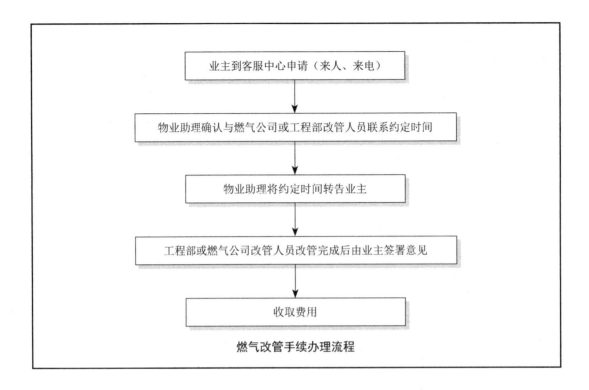

业主到客服中心申请（来人、来电）

物业助理确认与燃气公司或工程部改管人员联系约定时间

物业助理将约定时间转告业主

工程部或燃气公司改管人员改管完成后由业主签署意见

收取费用

燃气改管手续办理流程

九、装修单位办理加班工作流程

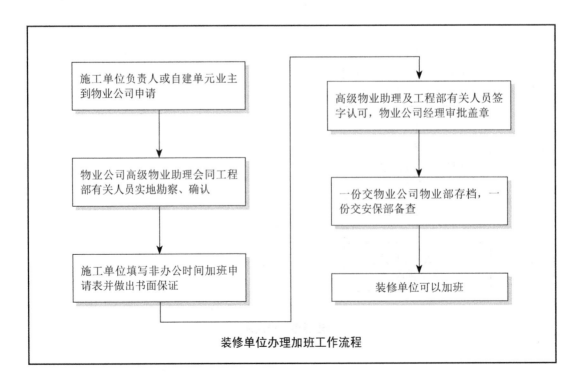

施工单位负责人或自建单元业主到物业公司申请

物业公司高级物业助理会同工程部有关人员实地勘察、确认

施工单位填写非办公时间加班申请表并做出书面保证

高级物业助理及工程部有关人员签字认可，物业公司经理审批盖章

一份交物业公司物业部存档，一份交安保部备查

装修单位可以加班

装修单位办理加班工作流程

十、装修单位办理临时动火工作流程

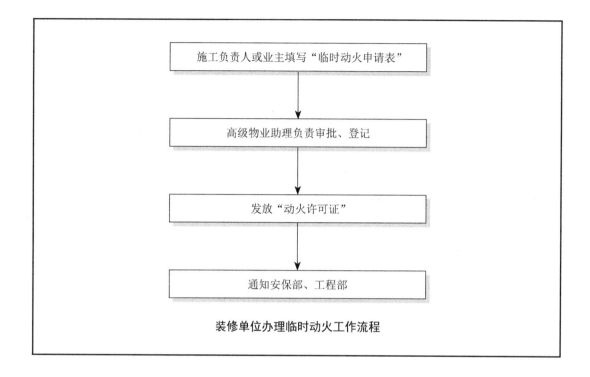

装修单位办理临时动火工作流程

十一、装修人员办理物品放行工作流程

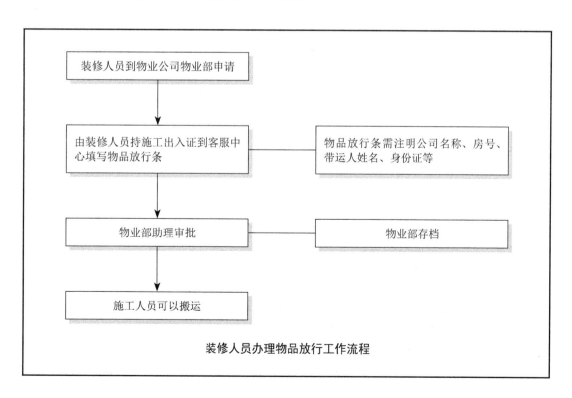

装修人员办理物品放行工作流程

十二、施工人员出入证办理工作流程

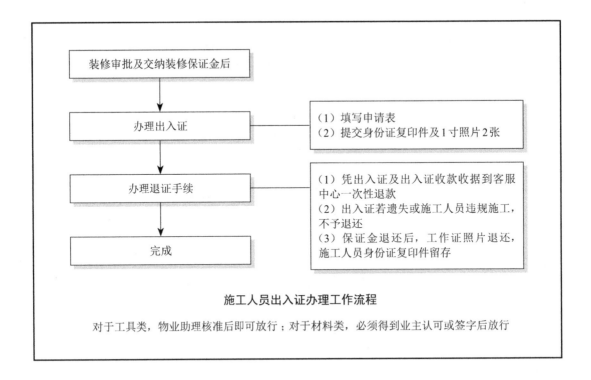

施工人员出入证办理工作流程

对于工具类，物业助理核准后即可放行；对于材料类，必须得到业主认可或签字后放行

十三、租户办理迁入工作流程

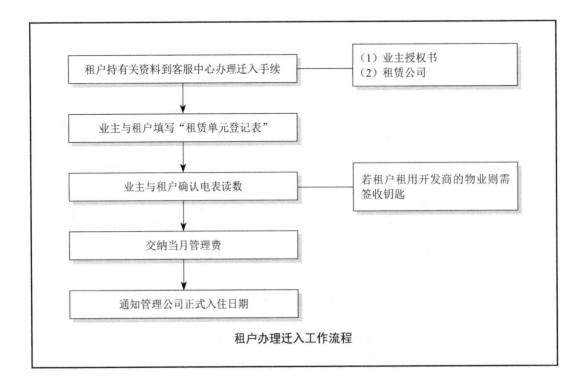

租户办理迁入工作流程

十四、住户办理物品放行工作流程

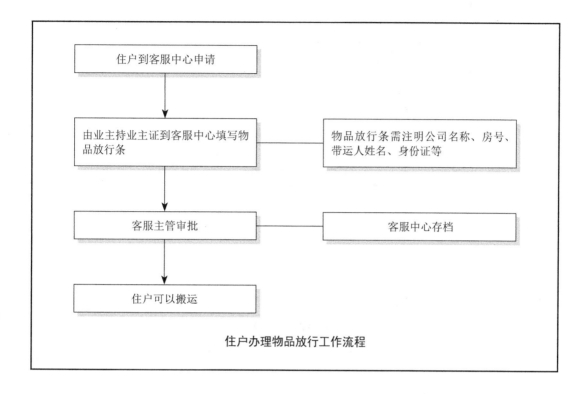

住户办理物品放行工作流程

十五、租户办理迁出小区工作流程

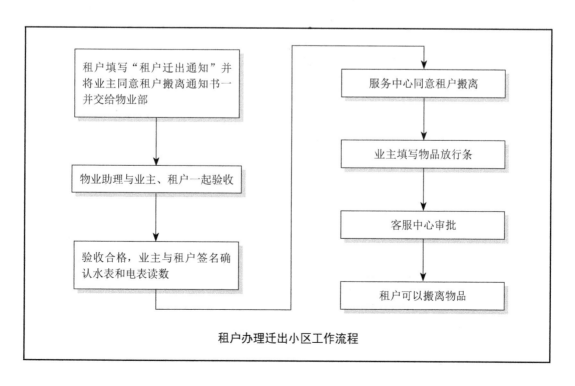

租户办理迁出小区工作流程

十六、客户咨询工作流程

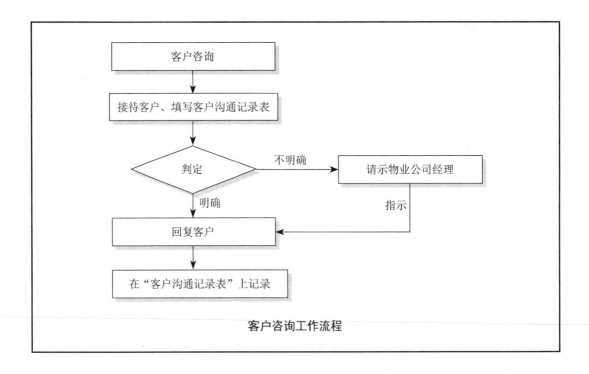

客户咨询工作流程

十七、征询、求助服务流程

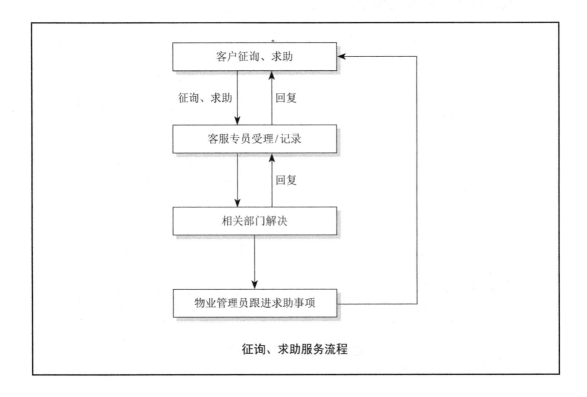

征询、求助服务流程

十八、客户请修接待工作流程

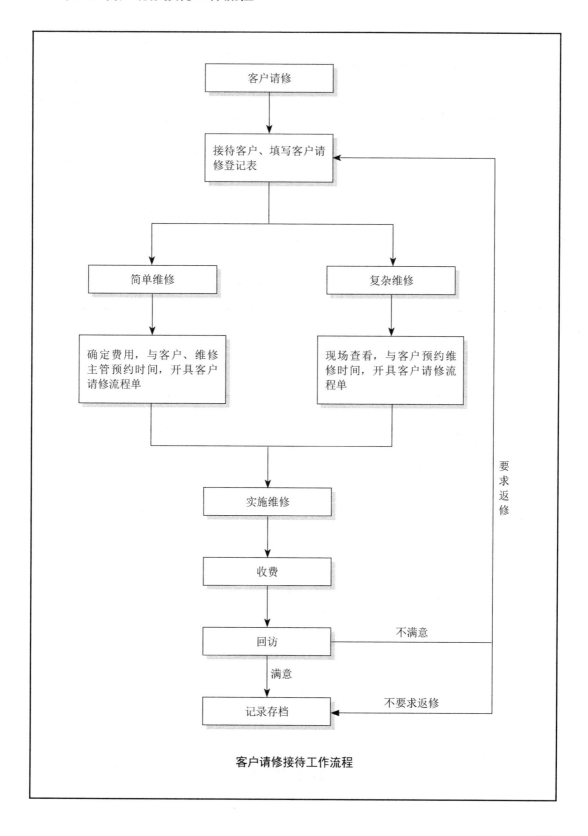

客户请修接待工作流程

十九、预算外项目服务处理流程

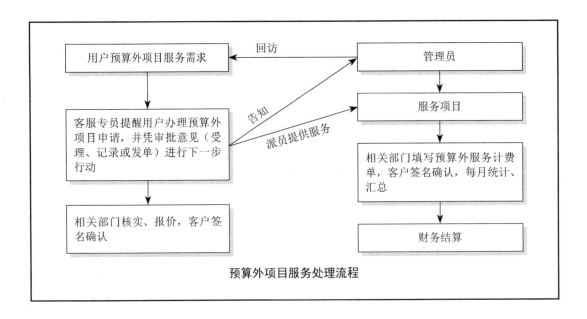

预算外项目服务处理流程

二十、物业巡查工作流程

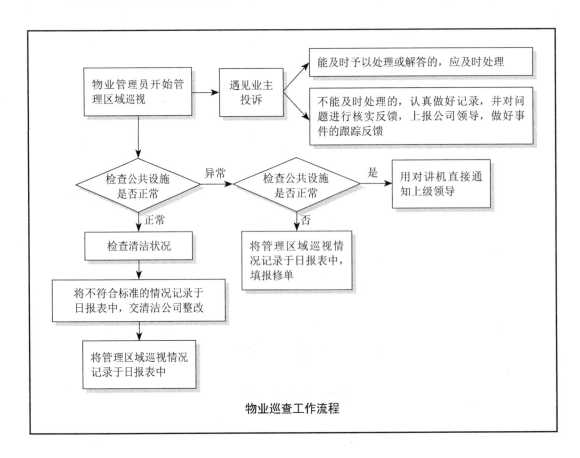

物业巡查工作流程

二十一、巡楼与装修巡查操作流程

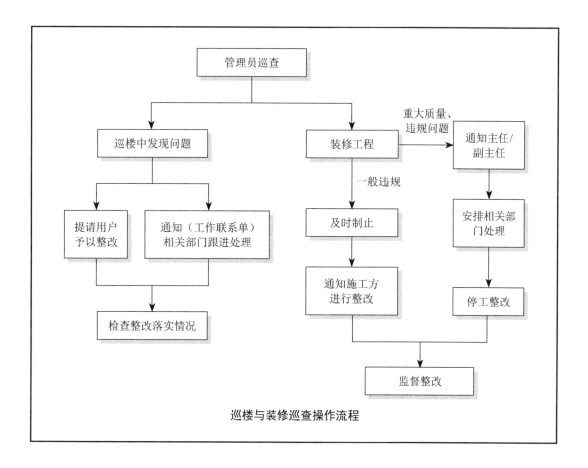

巡楼与装修巡查操作流程

二十二、公共场地使用申请流程

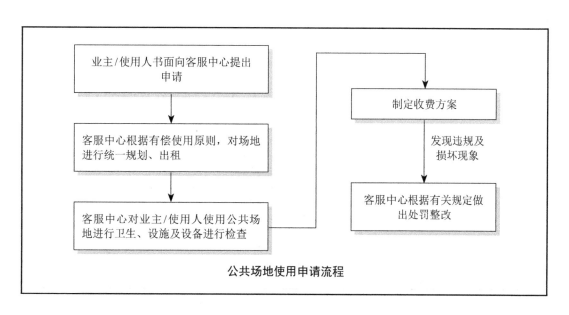

公共场地使用申请流程

二十三、急、特、难任务处理流程

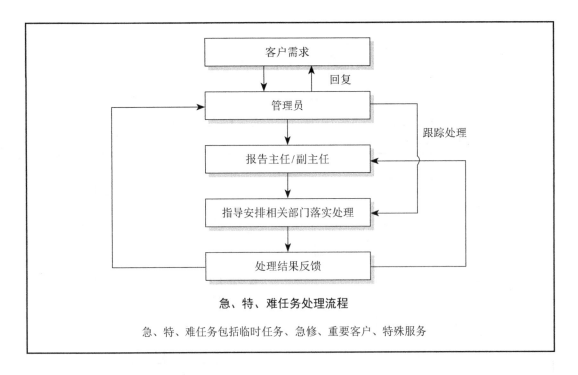

急、特、难任务处理流程

急、特、难任务包括临时任务、急修、重要客户、特殊服务

二十四、紧急事件处理流程

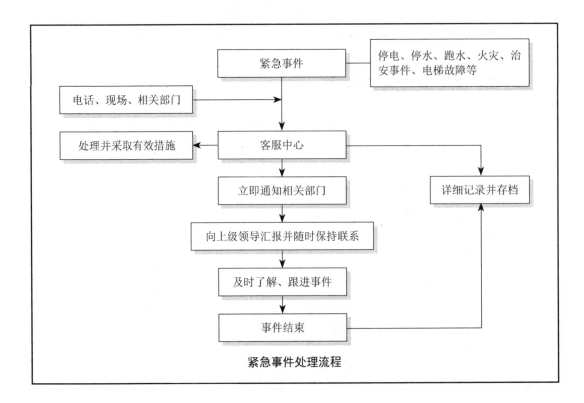

紧急事件处理流程

二十五、客户关系维护管理流程

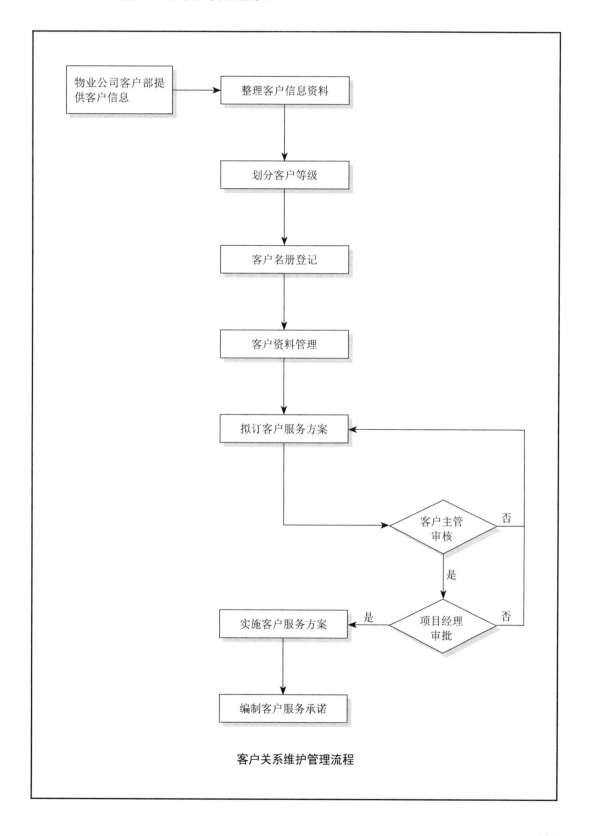

客户关系维护管理流程

二十六、客户调研流程

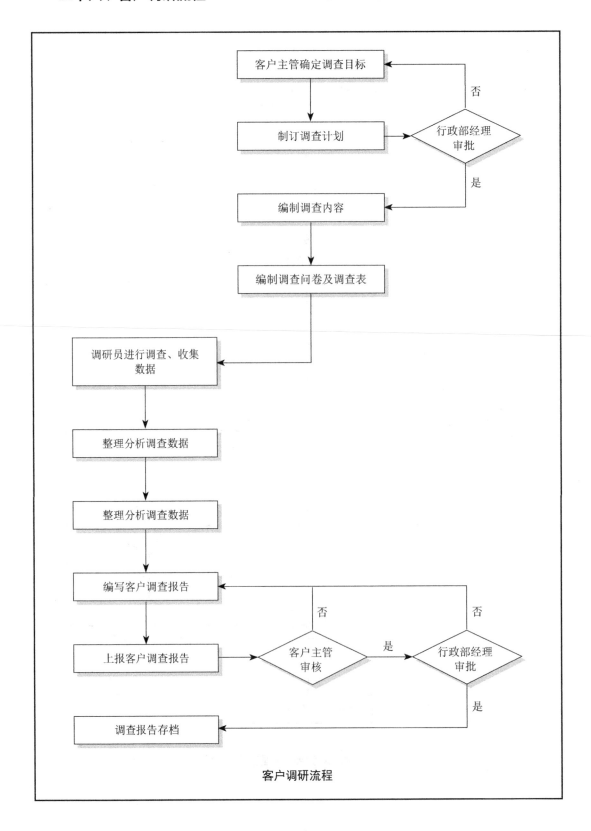

客户调研流程

二十七、客户接待管理流程

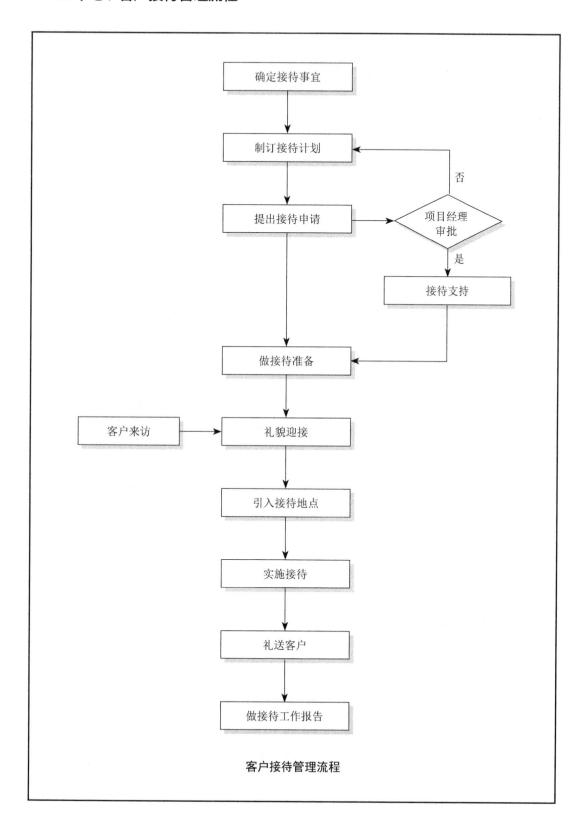

客户接待管理流程

二十八、客户拜访流程

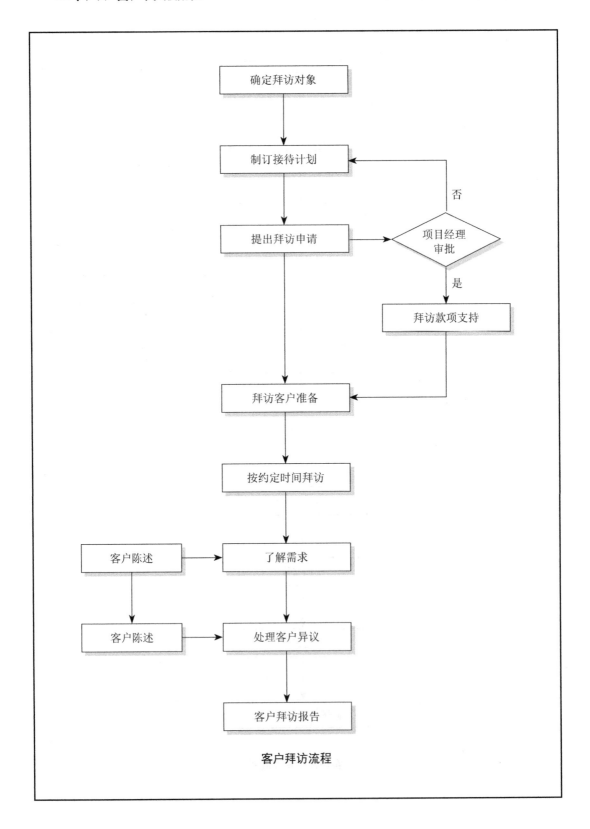

客户拜访流程

二十九、贵宾客户回访管理流程

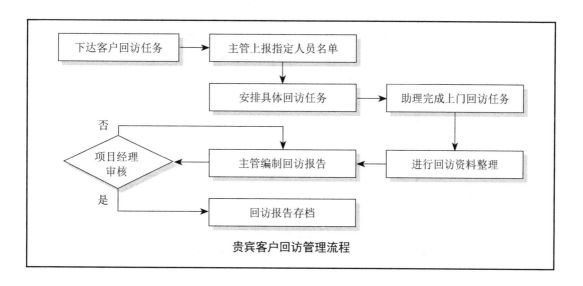

贵宾客户回访管理流程

三十、客户满意管理流程

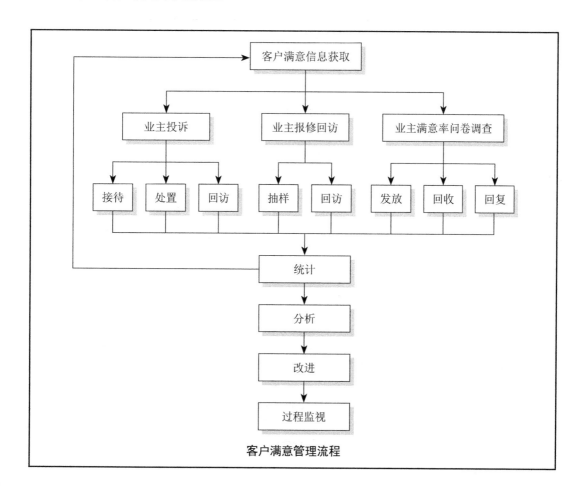

客户满意管理流程

三十一、客户满意度测评流程

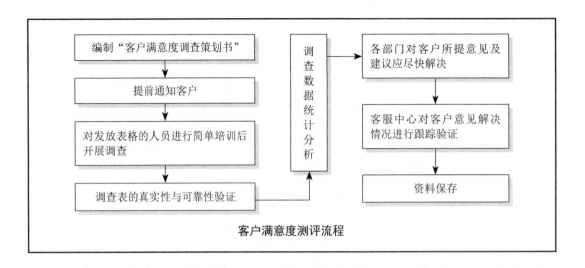

客户满意度测评流程

三十二、客户投诉处理流程

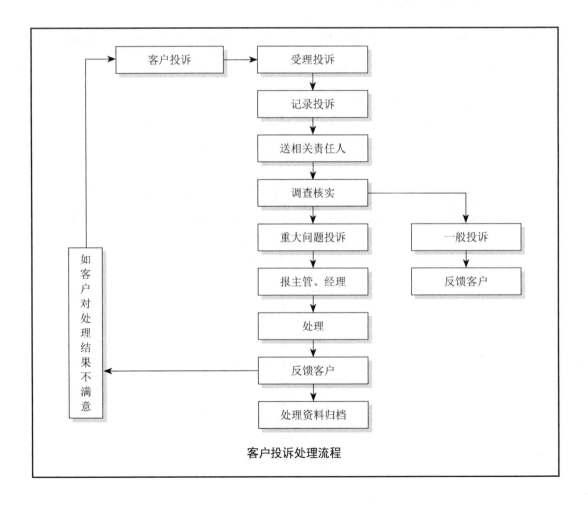

客户投诉处理流程

三十三、关于小区设计、建设、设施投诉的处理流程

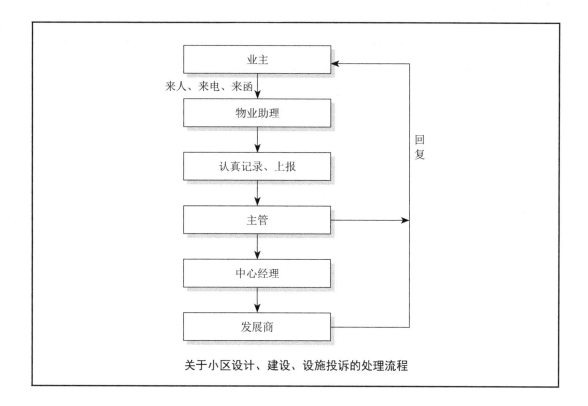

关于小区设计、建设、设施投诉的处理流程

三十四、关于小区机电设备投诉的处理流程

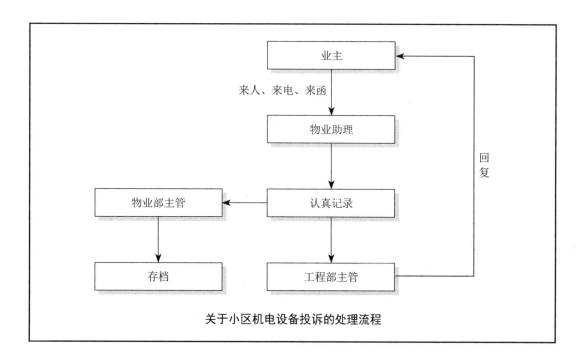

关于小区机电设备投诉的处理流程

三十五、关于业主（用户）室内水、电、气、电器等设施维修服务引起的投诉处理流程

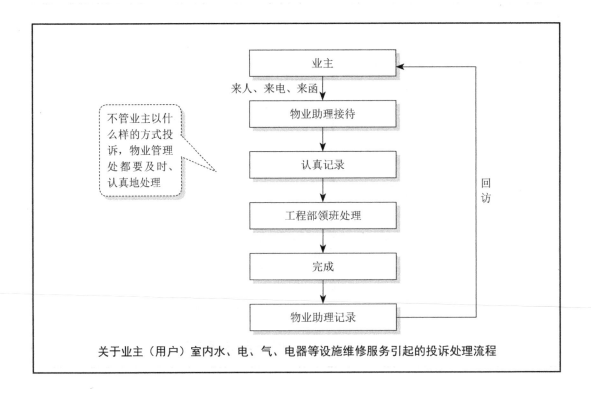

关于业主（用户）室内水、电、气、电器等设施维修服务引起的投诉处理流程

三十六、关于小区公共卫生清洁投诉的处理流程

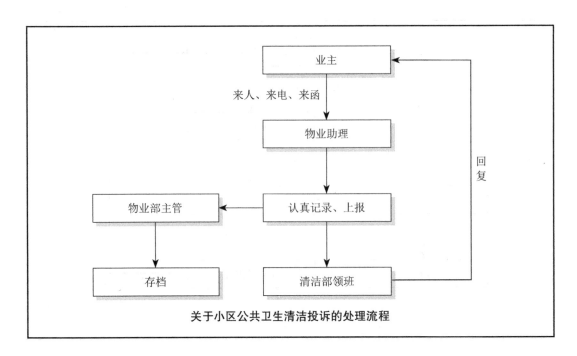

关于小区公共卫生清洁投诉的处理流程

三十七、关于业主（用户）室内清洁服务引起投诉的处理流程

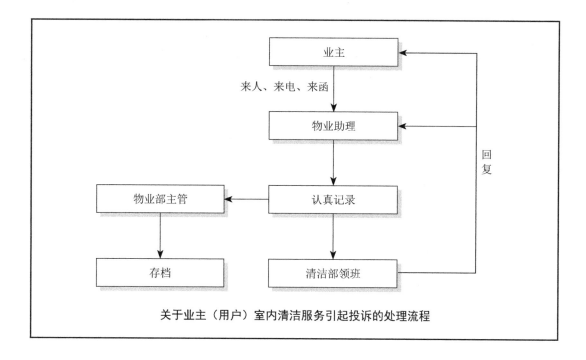

关于业主（用户）室内清洁服务引起投诉的处理流程

三十八、关于小区公共区域绿化投诉的处理流程

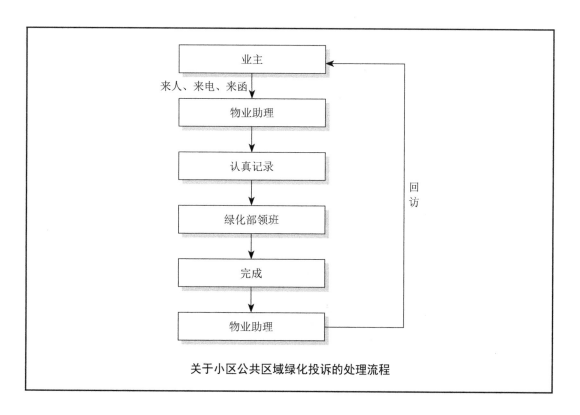

关于小区公共区域绿化投诉的处理流程

三十九、关于业主（用户）室内绿化服务投诉的处理流程

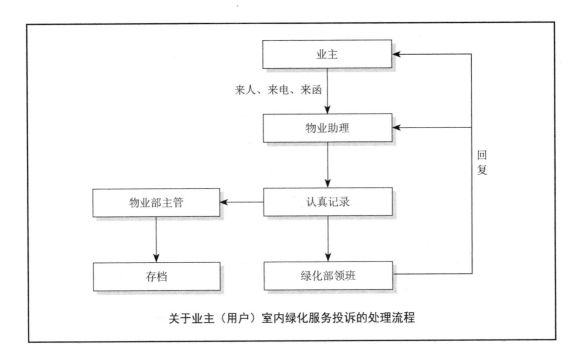

关于业主（用户）室内绿化服务投诉的处理流程

四十、关于员工服务质量投诉的处理流程

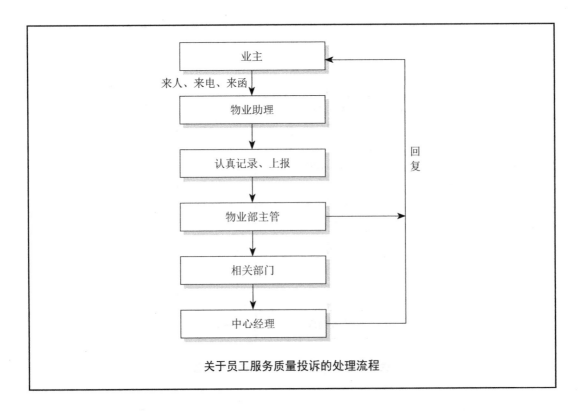

关于员工服务质量投诉的处理流程

四十一、关于小区安全、消防设备投诉的处理流程

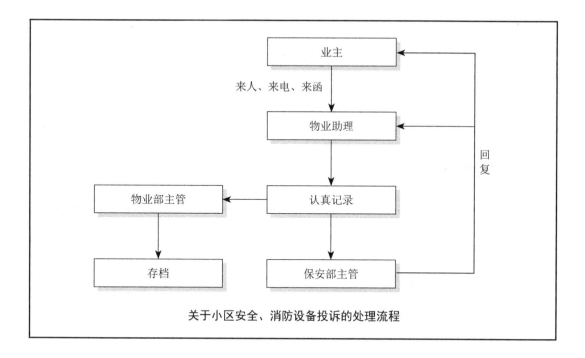

关于小区安全、消防设备投诉的处理流程

四十二、关于装修单元投诉的处理流程

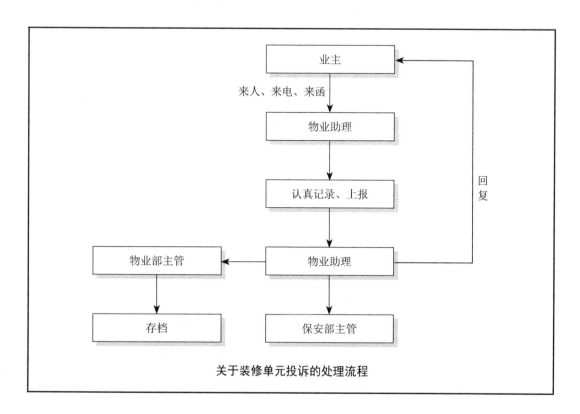

关于装修单元投诉的处理流程

第十五章
安全护卫服务流程

一、保安管理整体流程

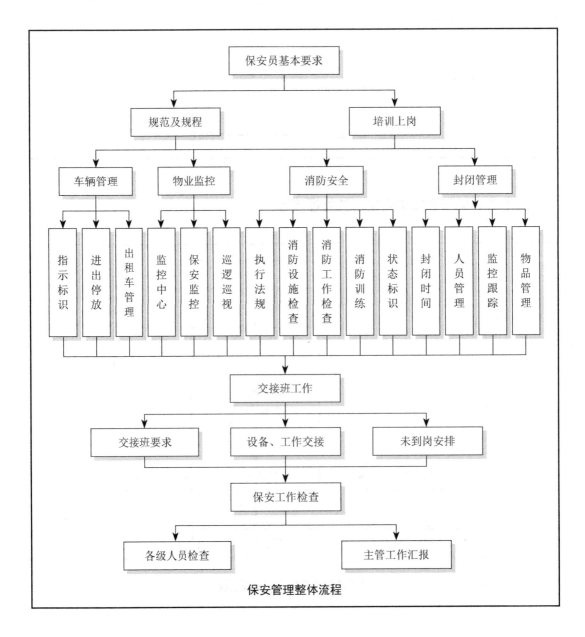

保安管理整体流程

二、保安主管工作流程

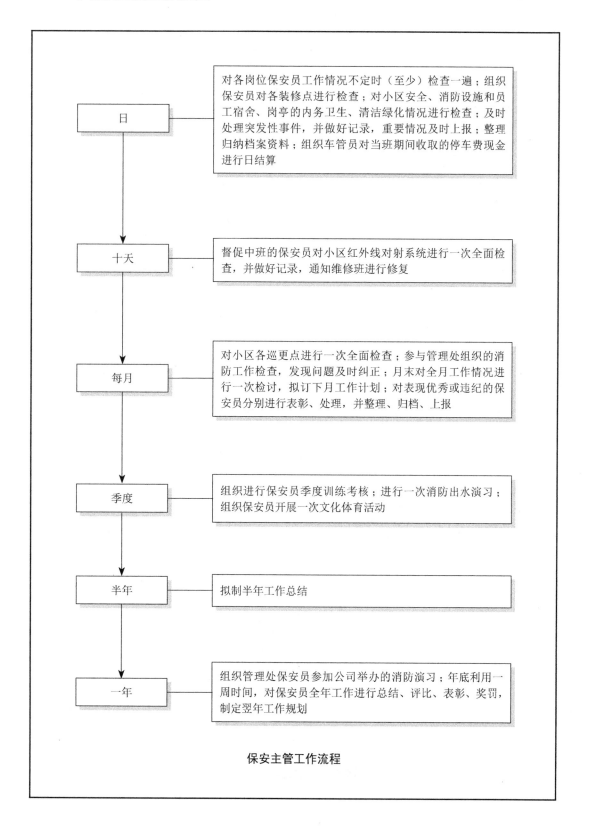

对各岗位保安工作情况不定时（至少）检查一遍；组织保安员对各装修点进行检查；对小区安全、消防设施和员工宿舍、岗亭的内务卫生、清洁绿化情况进行检查；及时处理突发性事件，并做好记录，重要情况及时上报；整理归纳档案资料；组织车管员对当班期间收取的停车费现金进行日结算

督促中班的保安员对小区红外线对射系统进行一次全面检查，并做好记录，通知维修班进行修复

对小区各巡更点进行一次全面检查；参与管理处组织的消防工作检查，发现问题及时纠正；月末对全月工作情况进行一次检讨，拟订下月工作计划；对表现优秀或违纪的保安员分别进行表彰、处理，并整理、归档、上报

组织进行保安员季度训练考核；进行一次消防出水演习；组织保安员开展一次文化体育活动

拟制半年工作总结

组织管理处保安员参加公司举办的消防演习；年底利用一周时间，对保安员全年工作进行总结、评比、表彰、奖罚，制定翌年工作规划

保安主管工作流程

三、保安班长日检查工作流程

班长、副班长

（1）提前一刻钟到岗；（2）整理着装，集合整队；（3）队列训练10分钟；（4）提出工作要求，安排当班工作；（5）带队前往各岗，完成交接班

（1）每小时巡查各岗位一次，同时负责临时顶班
（2）对各岗位的值班、值勤情况进行认真检查
（3）对值勤过程中本班发生的事件、问题要及时处理并做好记录
（4）对管理处新制定的规定和要求，以及下一班应当注意的事项，要认真做好书面交接

（1）处理问题的基本原则：依法办事，执行规定，不徇私情，以理服人
（2）处理业主之间的纠纷应当遵循的基本方法：分清是非，耐心劝导，礼貌待人，以及坚持可散不可聚、可解不可结、可顺不可逆、可缓不可急

巡逻岗

（1）交接班记录有无交接清楚并签字确认
（2）每班按要求巡楼两次
（3）其他安全隐患排查
（4）值班人员仪容仪表是否符合要求
（5）对业主、住户反映的问题和投诉是否进行记录并处理

大门岗

（1）维持门岗交通秩序，保证道口畅通无阻
（2）对进出小区停车场的车辆是否进行核对、检查、刷卡、登记
（3）对在门岗附近泊车、摆摊者是否进行劝阻
（4）是否按规定标准收取费用，并出具票据
（5）在发卡或收卡的过程中是否使用文明用语
（6）是否按规定着装并佩戴车场管理员上岗证

大堂岗

（1）对进入大厦的访客和外来人员是否按规定询问和登记并禁止无证人员进入
（2）对搬出的物品是否按规定验证并收取放行条
（3）是否熟悉大厦内各业主、各住户人员情况及交往的主要社会关系
（4）值班记录和各种登记是否按规定填写，对业主、住户存放的物品交接是否清楚
（5）回答业主、领导、同事及访客的询问是否敏捷

车库岗

（1）是否认真观察进出车辆的外观
（2）对漏油、漏水、车门（窗）等情况是否及时通知驾驶员（车主）或报告
（3）有无违禁车辆进入或停放
（4）是否按规定着装和佩戴上岗证
（5）收费时有无不给票据或乱收费的情况

监控中心

（1）交接班是否认真验收并签字确认
（2）出现报警信号时能否及时发现并采取正确的处置方法
（3）室内是否保持肃静整洁，值班员是否尽职尽责
（4）录像带是否按时更换和认真保管

班长、副班长

保安班长日检查工作流程

四、保安工作督导流程

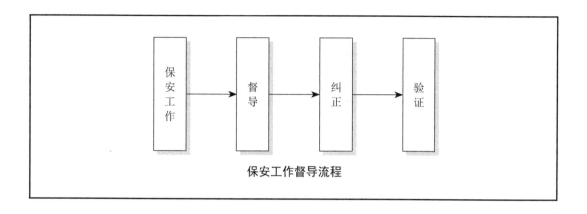

保安工作督导流程

五、门岗保安员工作流程

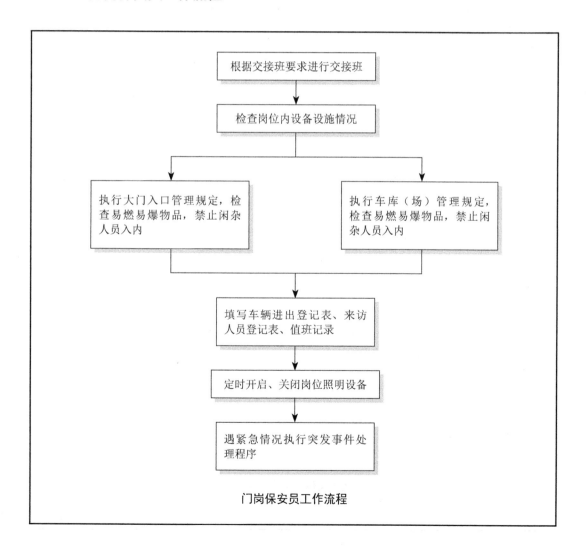

门岗保安员工作流程

六、巡逻岗保安员操作流程

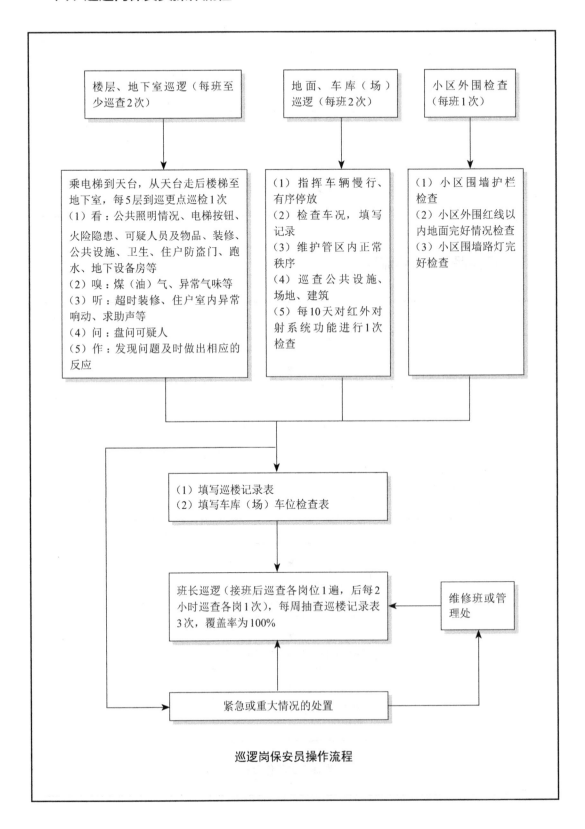

楼层、地下室巡逻（每班至少巡查2次）

地面、车库（场）巡逻（每班2次）

小区外围检查（每班1次）

乘电梯到天台，从天台走后楼梯至地下室，每5层到巡更点巡检1次
（1）看：公共照明情况、电梯按钮、火险隐患、可疑人员及物品、装修、公共设施、卫生、住户防盗门、跑水、地下设备房等
（2）嗅：煤（油）气、异常气味等
（3）听：超时装修、住户室内异常响动、求助声等
（4）问：盘问可疑人
（5）作：发现问题及时做出相应的反应

（1）指挥车辆慢行、有序停放
（2）检查车况，填写记录
（3）维护管区内正常秩序
（4）巡查公共设施、场地、建筑
（5）每10天对红外对射系统功能进行1次检查

（1）小区围墙护栏检查
（2）小区外围红线以内地面完好情况检查
（3）小区围墙路灯完好检查

（1）填写巡楼记录表
（2）填写车库（场）车位检查表

班长巡逻（接班后巡查各岗位1遍，后每2小时巡查各岗1次），每周抽查巡楼记录表3次，覆盖率为100%

维修班或管理处

紧急或重大情况的处置

巡逻岗保安员操作流程

七、车库（场）岗位工作流程

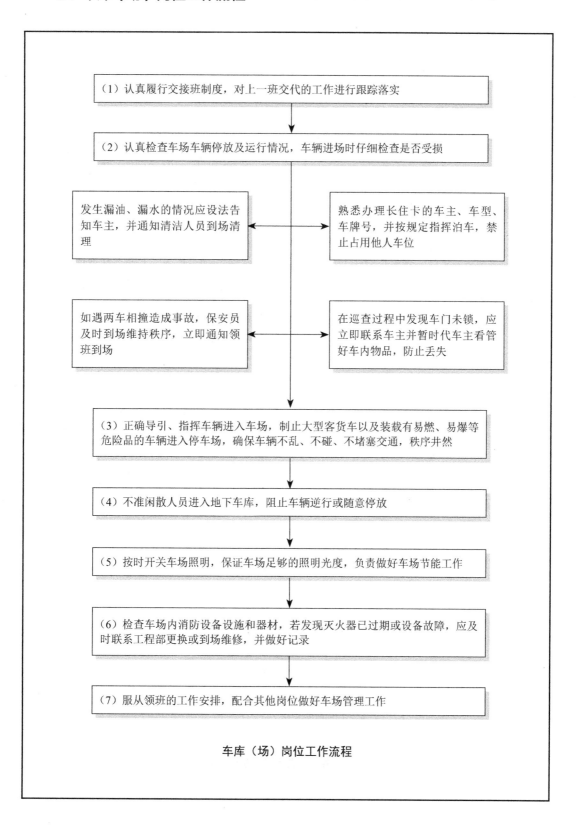

（1）认真履行交接班制度，对上一班交代的工作进行跟踪落实

（2）认真检查车场车辆停放及运行情况，车辆进场时仔细检查是否受损

发生漏油、漏水的情况应设法告知车主，并通知清洁人员到场清理

熟悉办理长住卡的车主、车型、车牌号，并按规定指挥泊车，禁止占用他人车位

如遇两车相撞造成事故，保安员及时到场维持秩序，立即通知领班到场

在巡查过程中发现车门未锁，应立即联系车主并暂时代车主看管好车内物品，防止丢失

（3）正确导引、指挥车辆进入车场，制止大型客货车以及装载有易燃、易爆等危险品的车辆进入停车场，确保车辆不乱、不碰、不堵塞交通，秩序井然

（4）不准闲散人员进入地下车库，阻止车辆逆行或随意停放

（5）按时开关车场照明，保证车场足够的照明光度，负责做好车场节能工作

（6）检查车场内消防设备设施和器材，若发现灭火器已过期或设备故障，应及时联系工程部更换或到场维修，并做好记录

（7）服从领班的工作安排，配合其他岗位做好车场管理工作

车库（场）岗位工作流程

八、业主（用户）搬迁物品操作流程

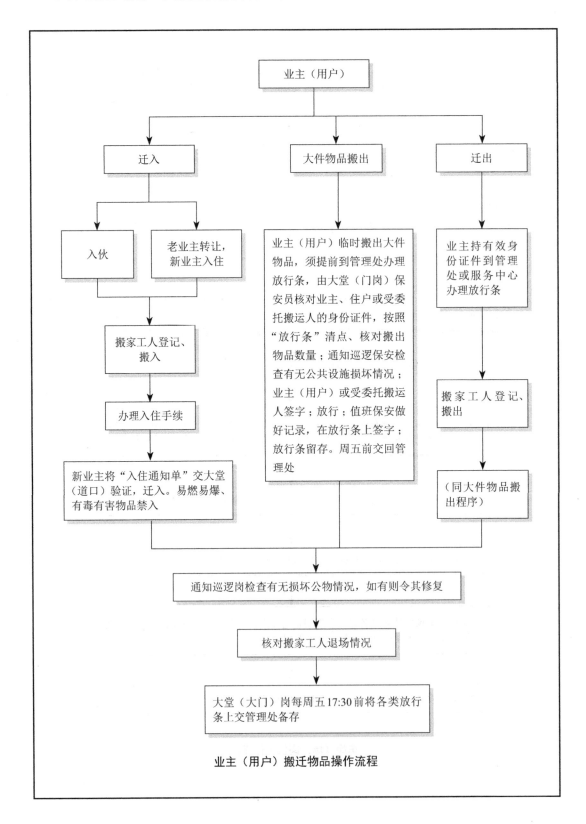

业主（用户）搬迁物品操作流程

九、外来人员出入管理流程

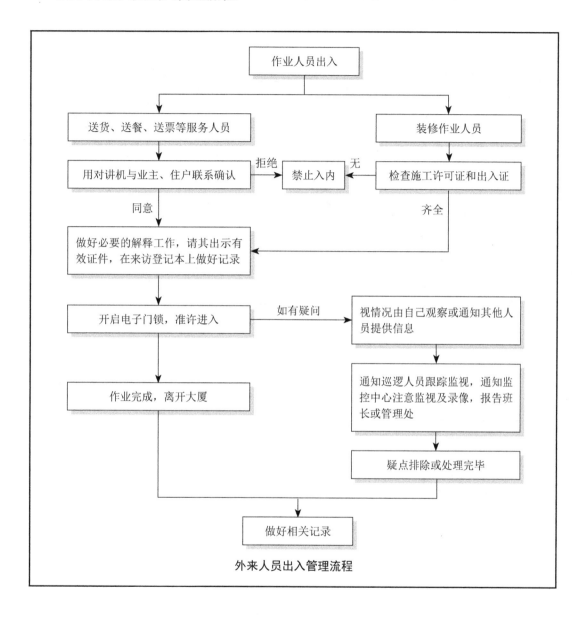

外来人员出入管理流程

十、业主（用户）临时存放物品管理流程

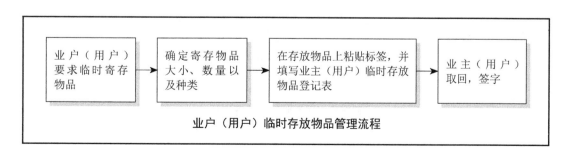

业户（用户）临时存放物品管理流程

十一、停车库（场）收缴费管理流程

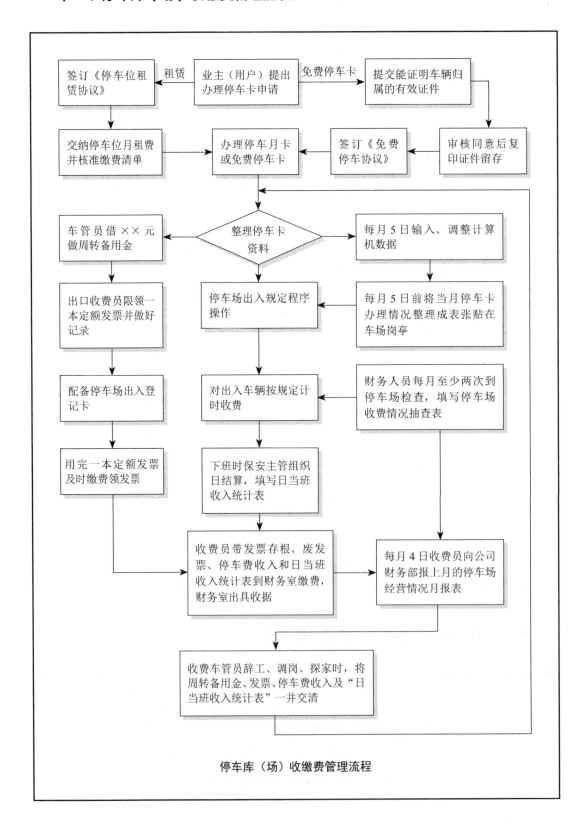

停车库（场）收缴费管理流程

十二、车库（场）车辆异常情况处置流程

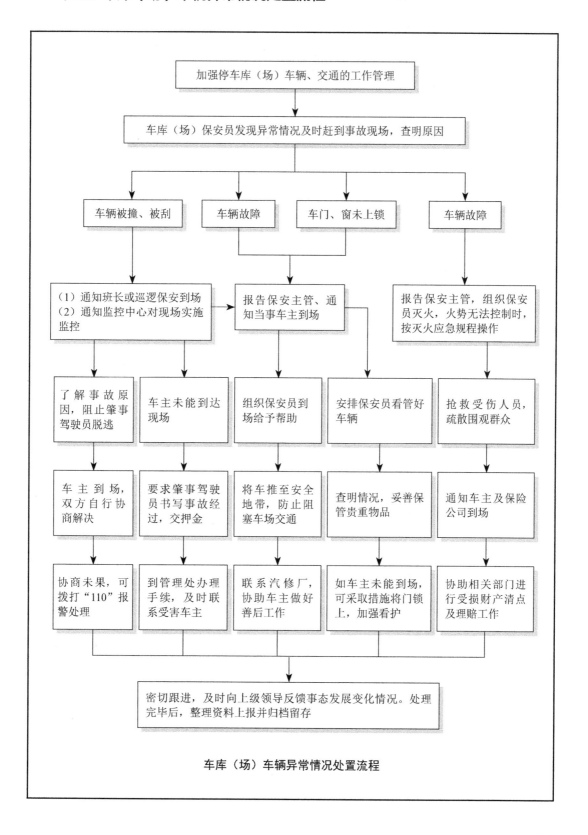

车库（场）车辆异常情况处置流程

十三、车辆冲卡处置流程

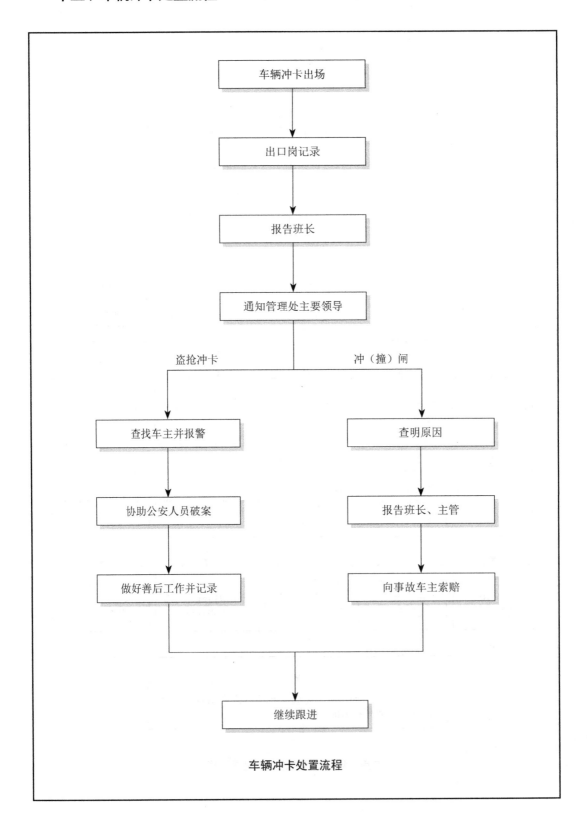

车辆冲卡处置流程

十四、发现可疑人员开车出停车场处置流程

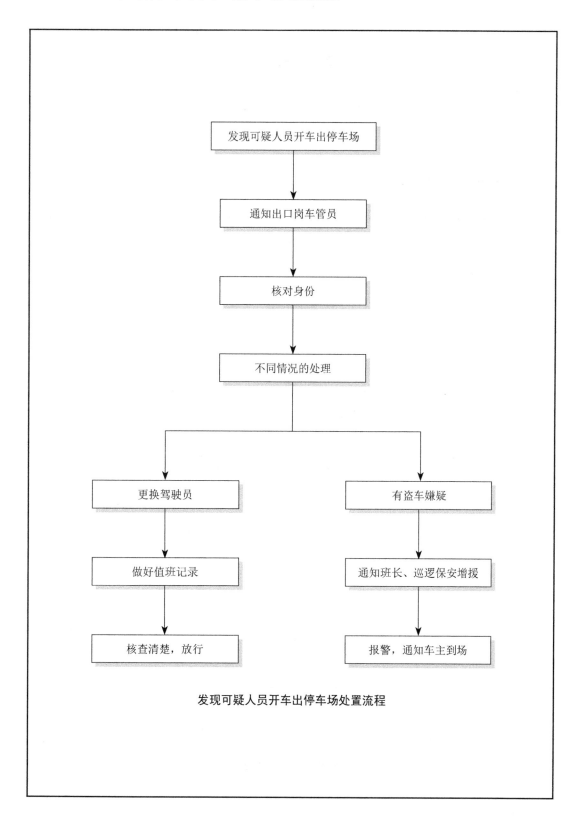

发现可疑人员开车出停车场处置流程

第十六章

突发（应急）事件处理流程

一、突发事件处理流程

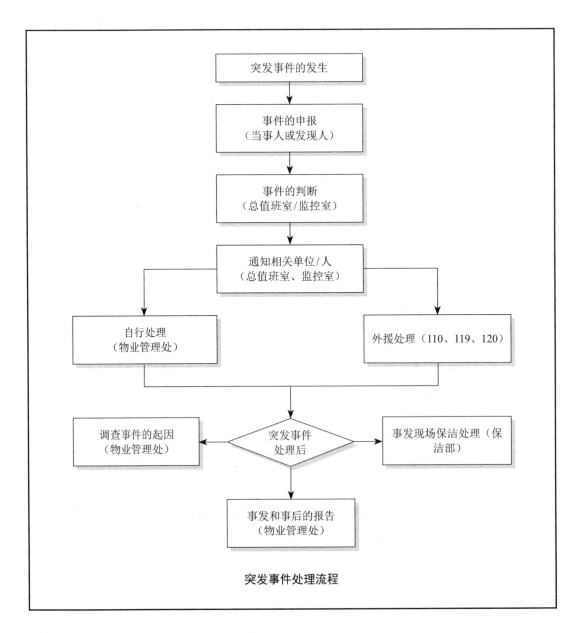

突发事件处理流程

二、应急响应流程

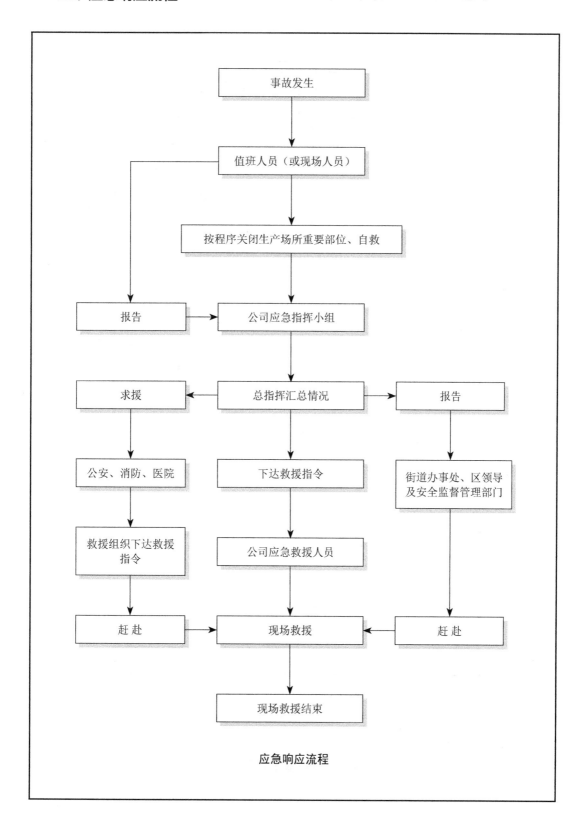

应急响应流程

三、人员坠楼事件应急处理流程

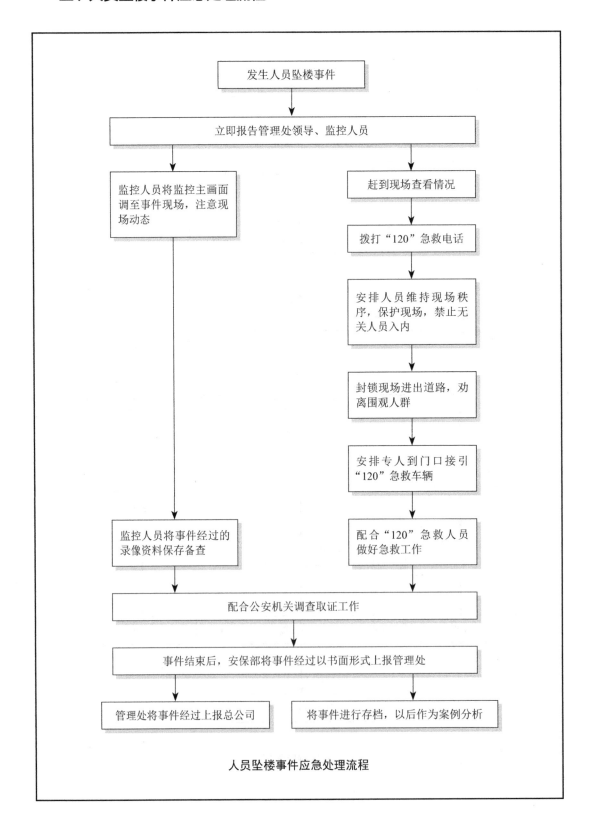

人员坠楼事件应急处理流程

四、高空抛物应急处理流程

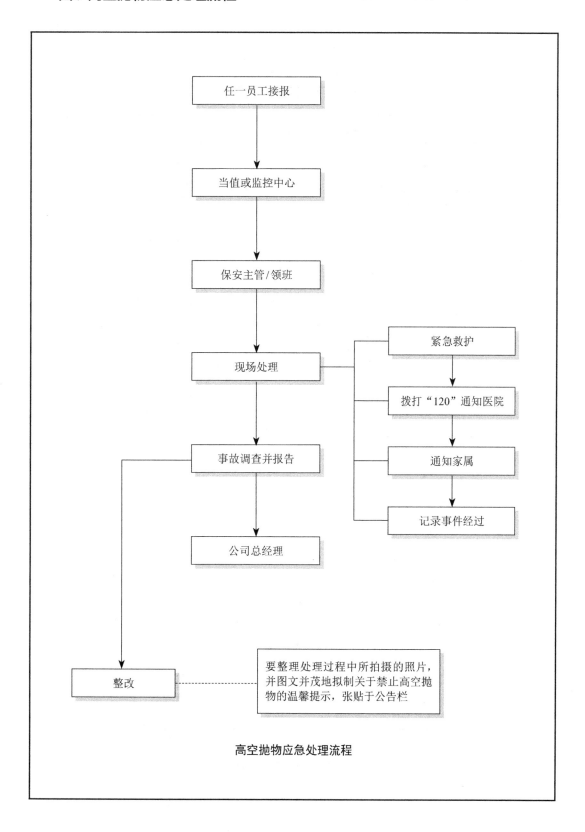

高空抛物应急处理流程

五、高空坠物伤人事件应急处理流程

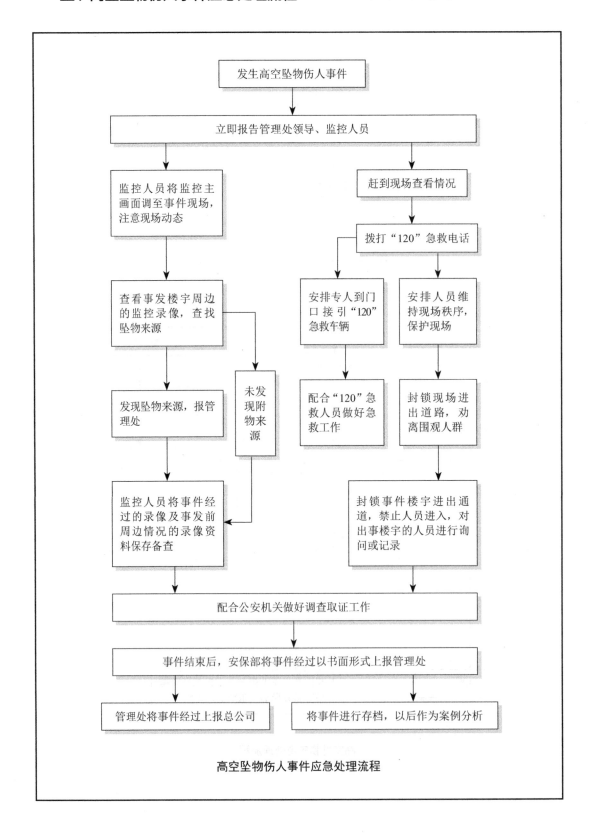

高空坠物伤人事件应急处理流程

六、触电事故应急处理流程

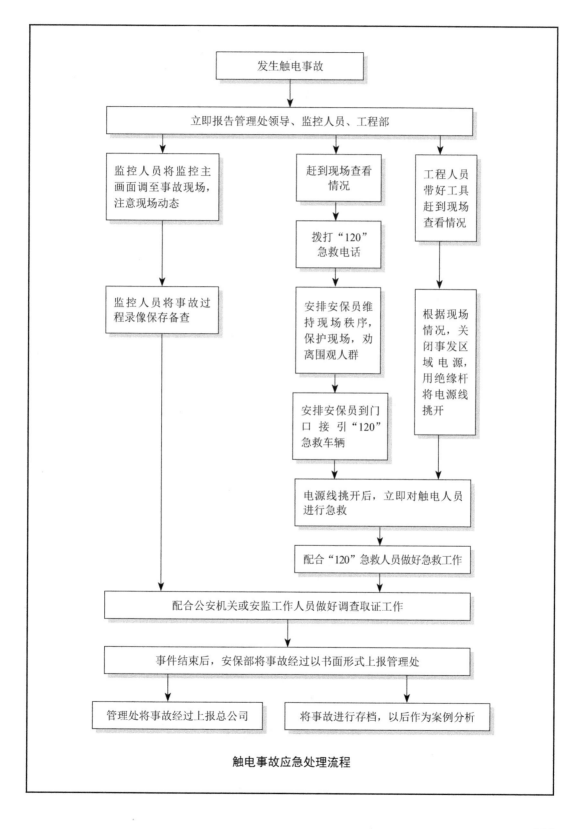

触电事故应急处理流程

七、有通知的停电应急处理流程

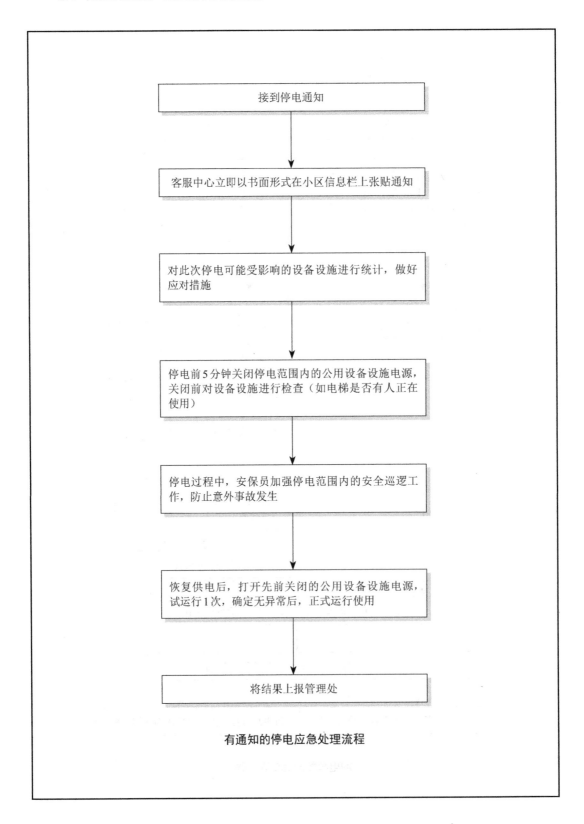

接到停电通知

客服中心立即以书面形式在小区信息栏上张贴通知

对此次停电可能受影响的设备设施进行统计，做好应对措施

停电前5分钟关闭停电范围内的公用设备设施电源，关闭前对设备设施进行检查（如电梯是否有人正在使用）

停电过程中，安保员加强停电范围内的安全巡逻工作，防止意外事故发生

恢复供电后，打开先前关闭的公用设备设施电源，试运行1次，确定无异常后，正式运行使用

将结果上报管理处

有通知的停电应急处理流程

八、突发停电事故应急处理流程

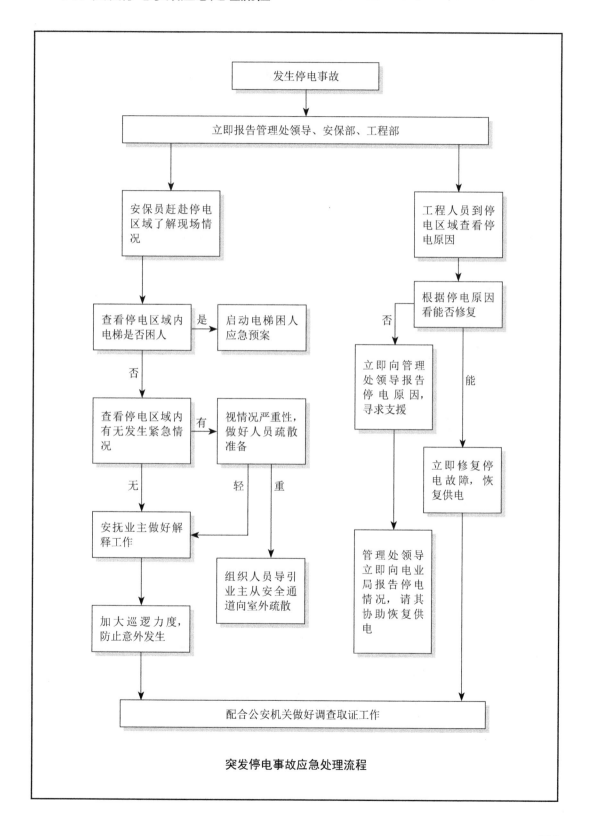

突发停电事故应急处理流程

九、煤气泄漏事故应急处理流程

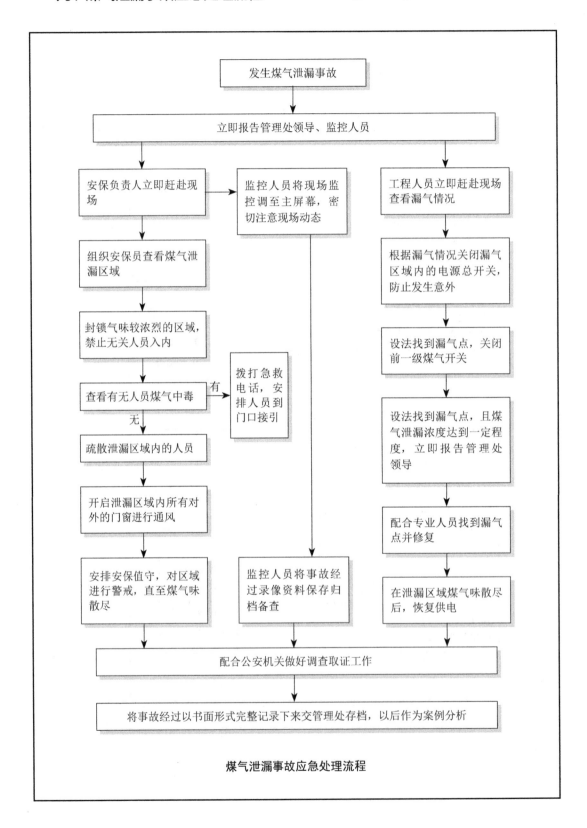

煤气泄漏事故应急处理流程

十、水浸事故应急处理流程

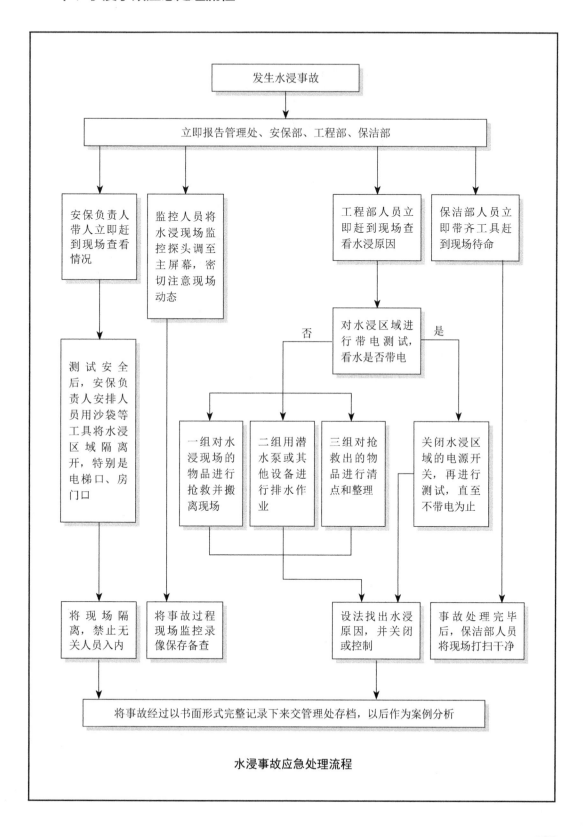

水浸事故应急处理流程

十一、水管爆裂事故应急处理流程

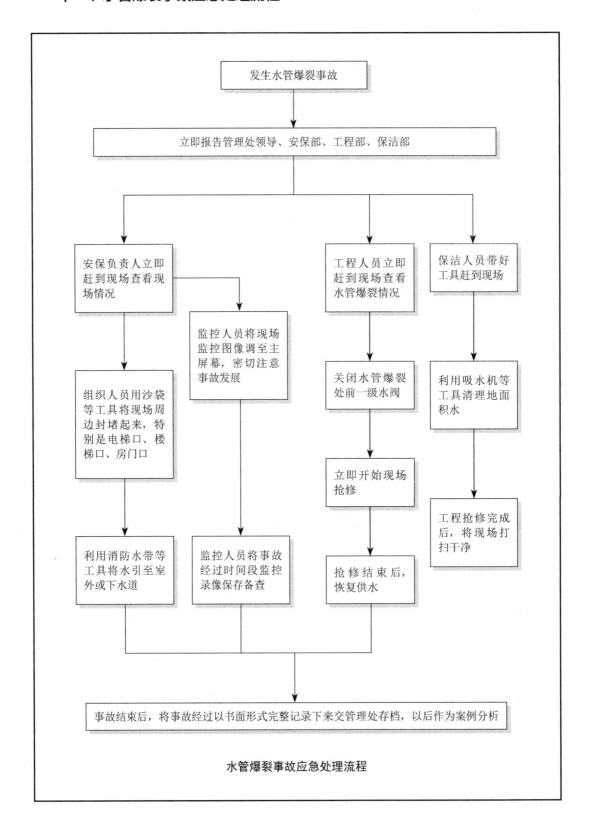

水管爆裂事故应急处理流程

十二、电梯困人事故应急处理流程

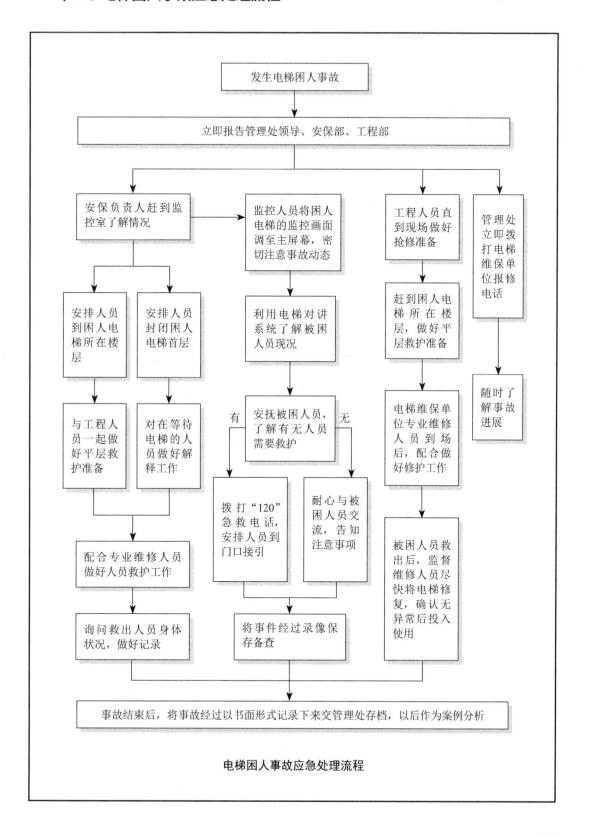

电梯困人事故应急处理流程

十三、火警处置应急处理流程

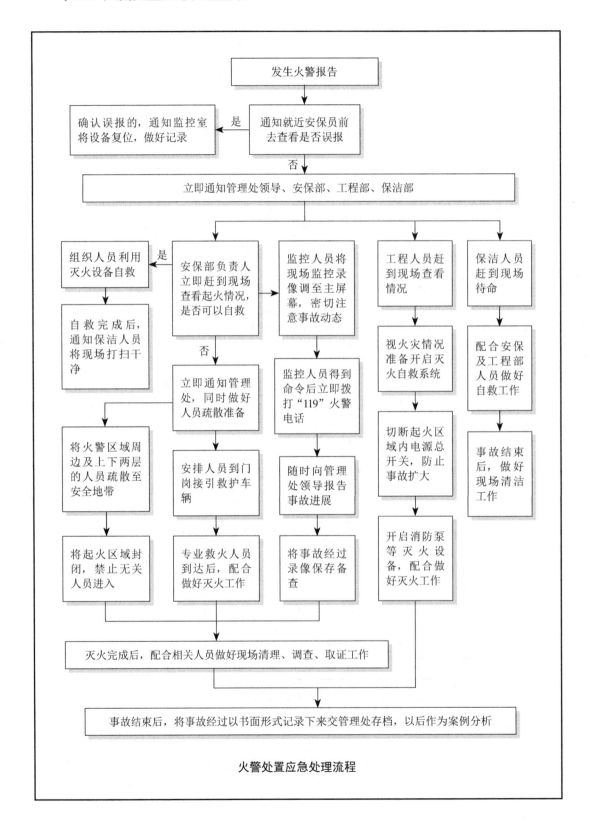

火警处置应急处理流程

十四、二级火警处理流程（商业物业）

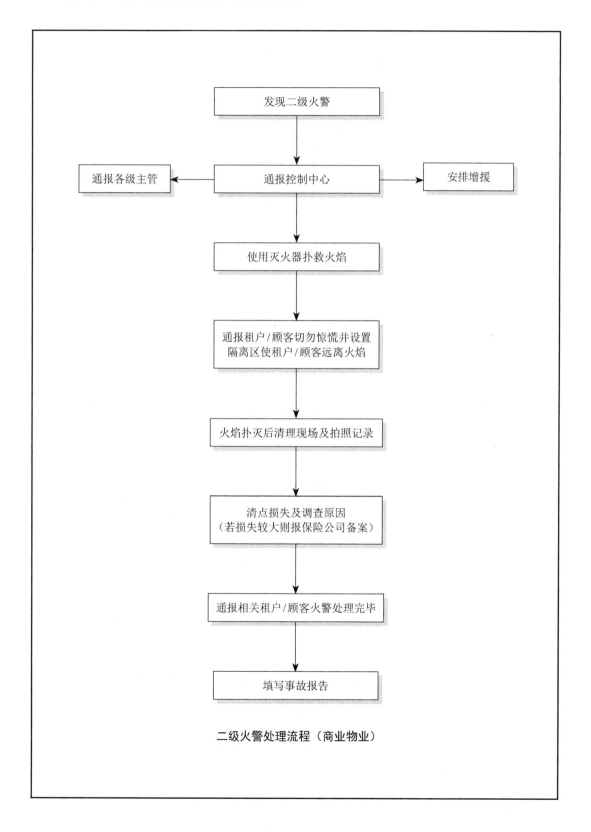

二级火警处理流程（商业物业）

十五、一级火警处理流程（商业物业）

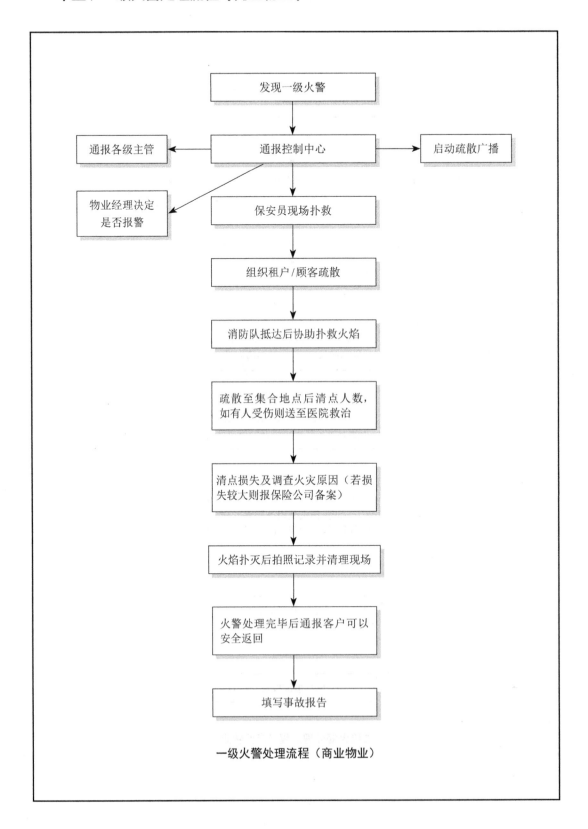

一级火警处理流程（商业物业）

十六、盗窃事件处置应急处理流程

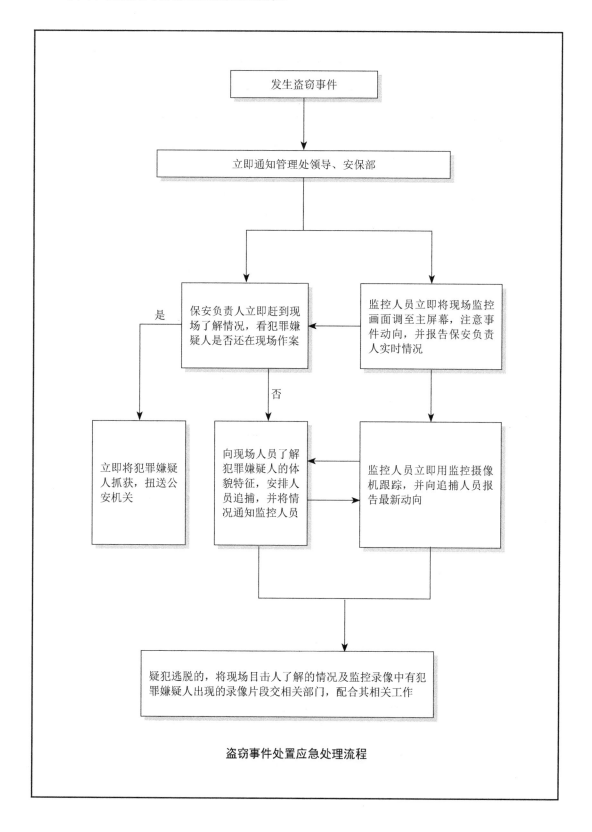

盗窃事件处置应急处理流程

十七、打架斗殴事件处理应急处理流程

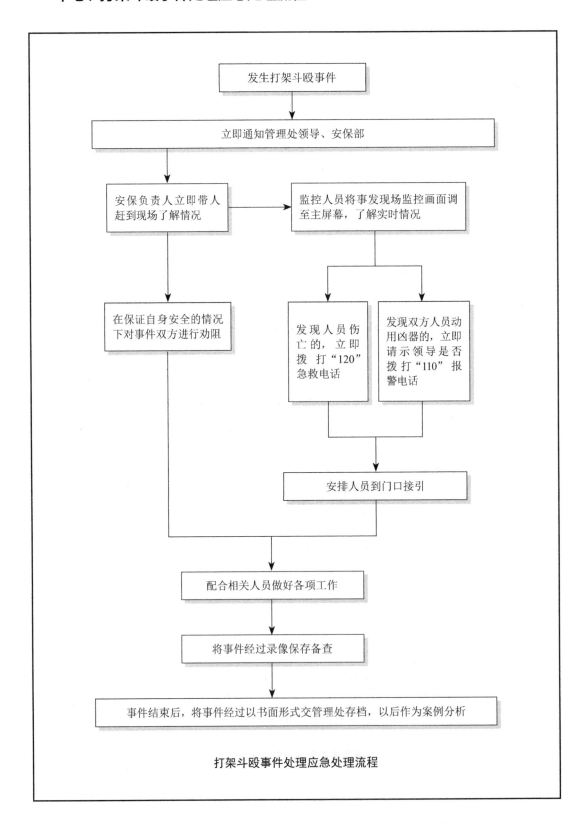

打架斗殴事件处理应急处理流程

十八、跑水处理流程（商业物业）

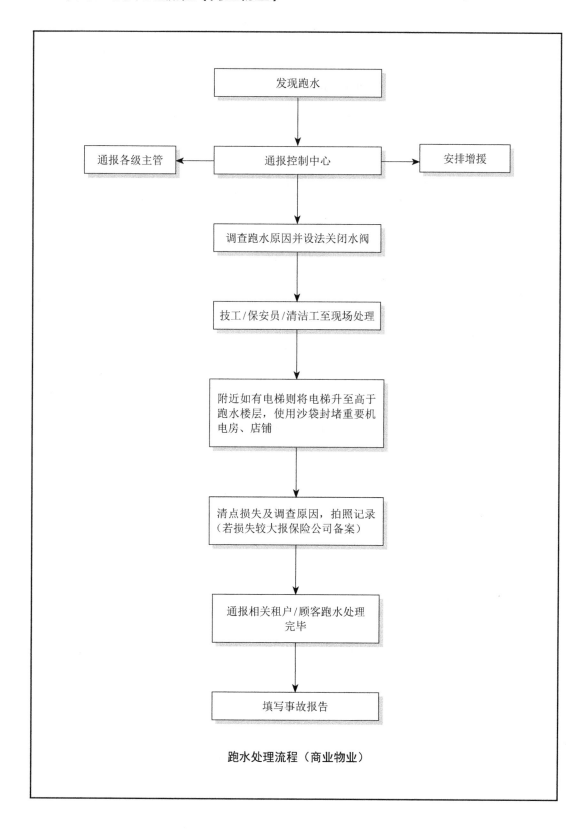

跑水处理流程（商业物业）

十九、小范围停电处置流程（商业物业）

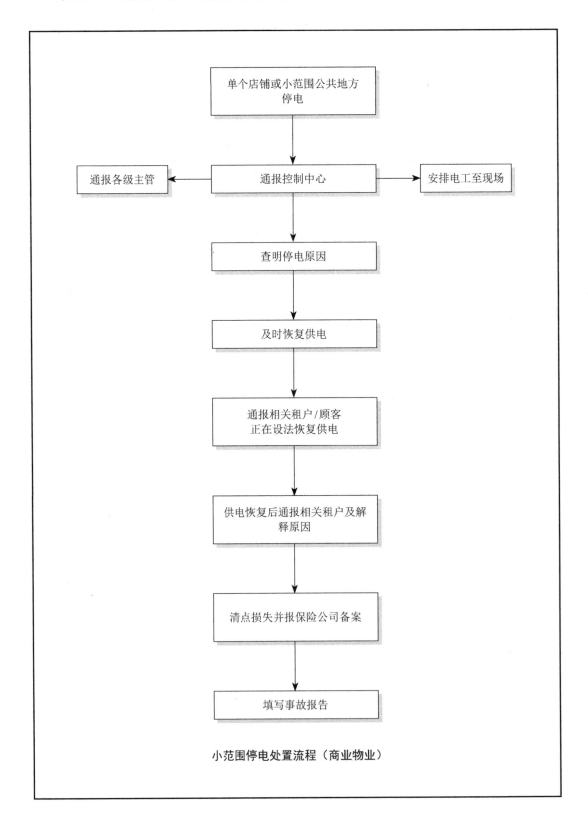

小范围停电处置流程（商业物业）

二十、大范围停电处理流程（商业物业）

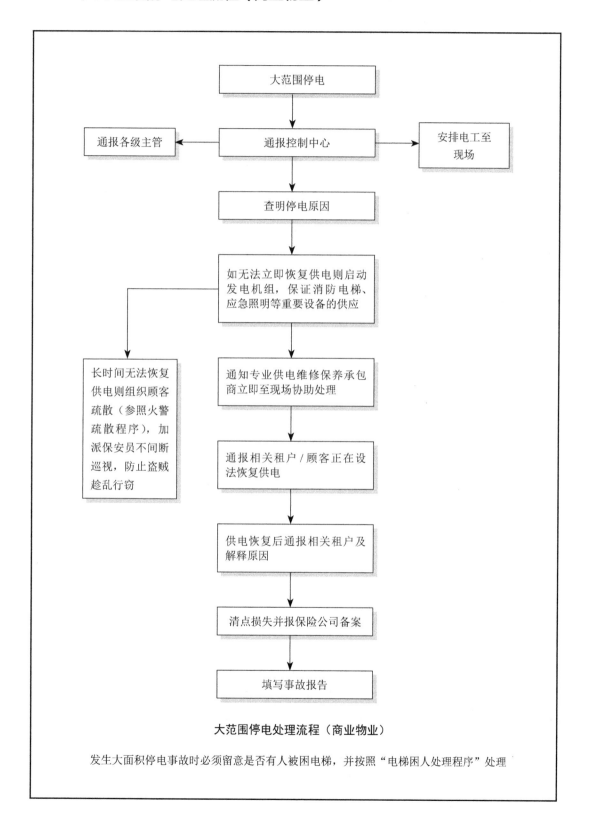

大范围停电处理流程（商业物业）

发生大面积停电事故时必须留意是否有人被困电梯，并按照"电梯困人处理程序"处理

二十一、通信中断处理流程（商业物业）

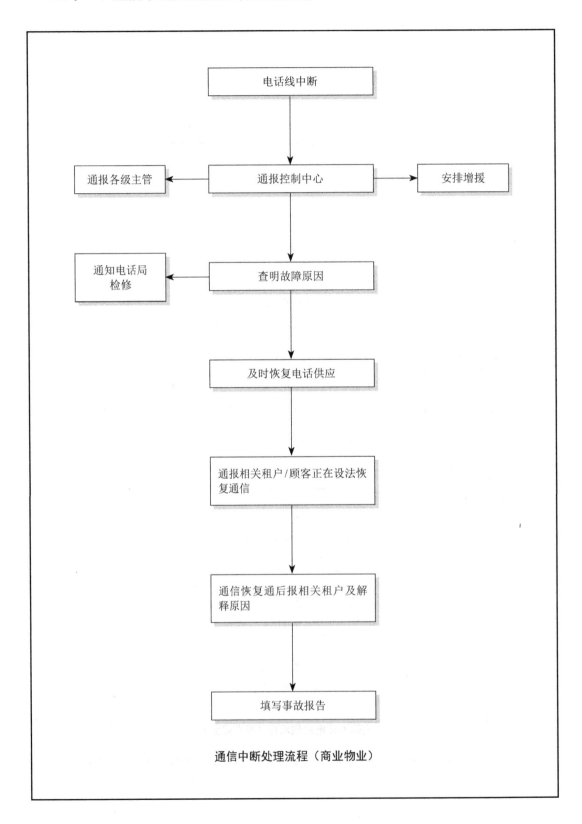

通信中断处理流程（商业物业）

二十二、电梯困人处理流程（商业物业）

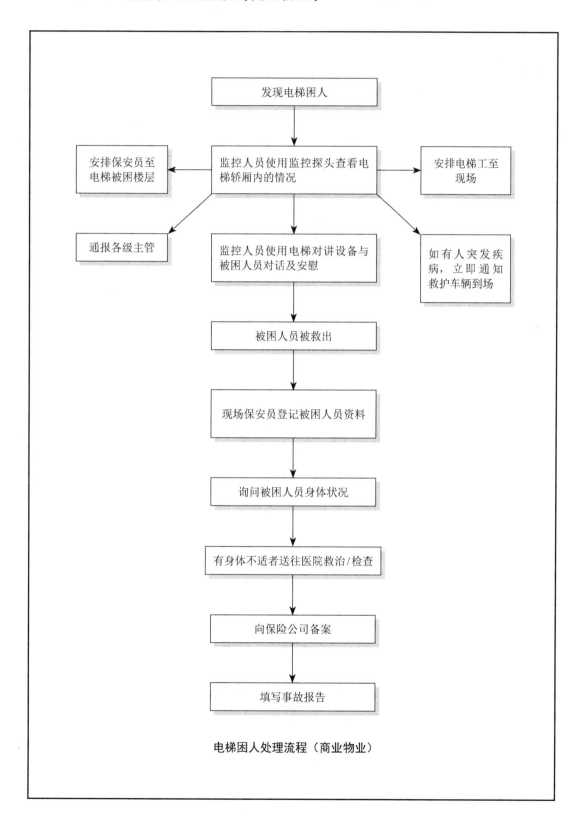

电梯困人处理流程（商业物业）

二十三、燃气泄漏处理流程

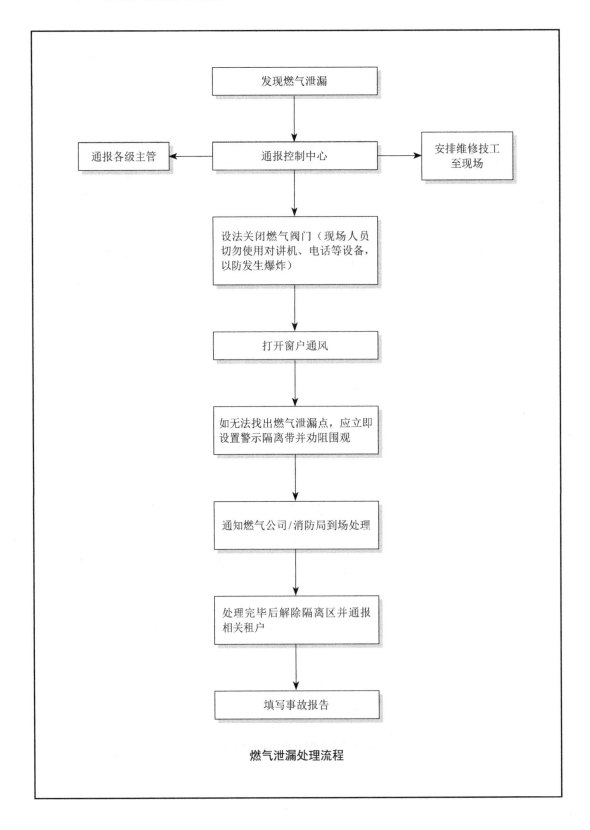

发现燃气泄漏

通报各级主管 ← 通报控制中心 → 安排维修技工至现场

设法关闭燃气阀门（现场人员切勿使用对讲机、电话等设备，以防发生爆炸）

打开窗户通风

如无法找出燃气泄漏点，应立即设置警示隔离带并劝阻围观

通知燃气公司/消防局到场处理

处理完毕后解除隔离区并通报相关租户

填写事故报告

燃气泄漏处理流程

二十四、幕墙玻璃坠落处理流程（已发生）

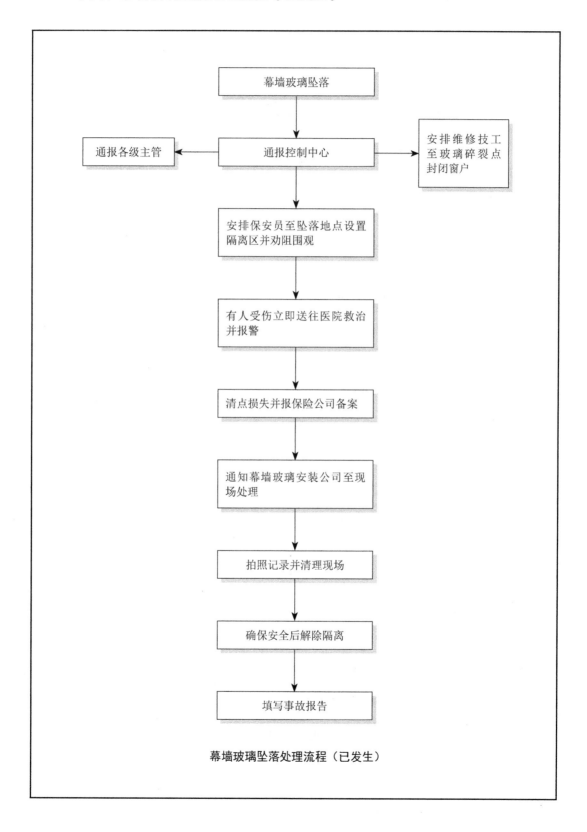

幕墙玻璃坠落处理流程（已发生）

二十五、幕墙玻璃坠落处理流程（有危险尚未发生）

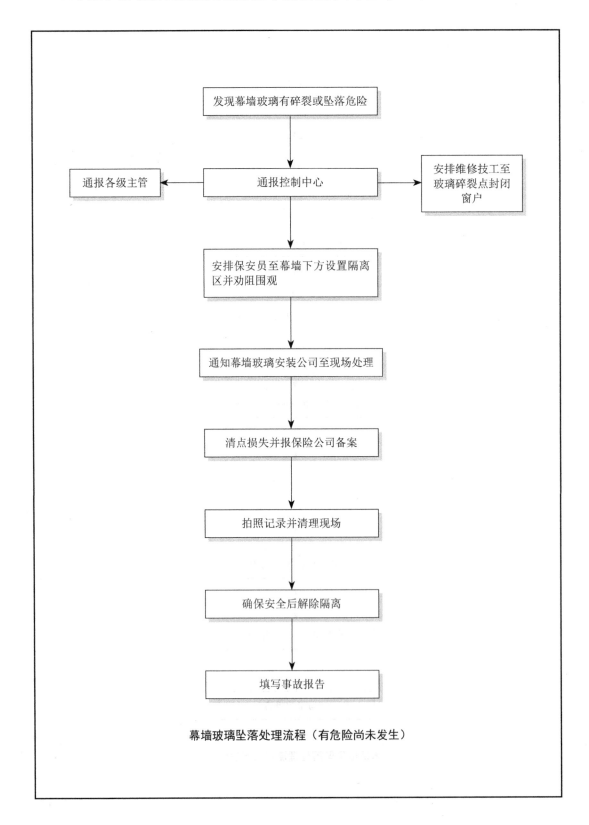

幕墙玻璃坠落处理流程（有危险尚未发生）

二十六、炸弹恐吓处理流程

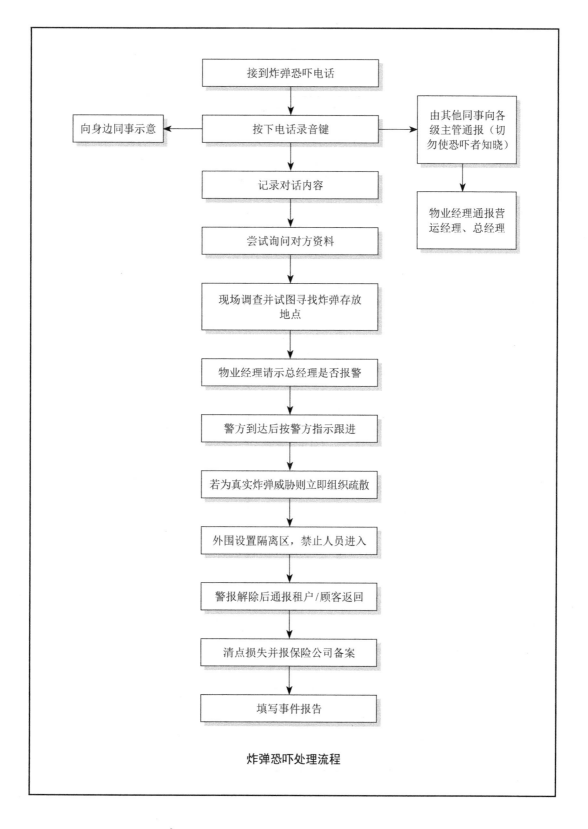

炸弹恐吓处理流程

二十七、发现可疑物品处置流程

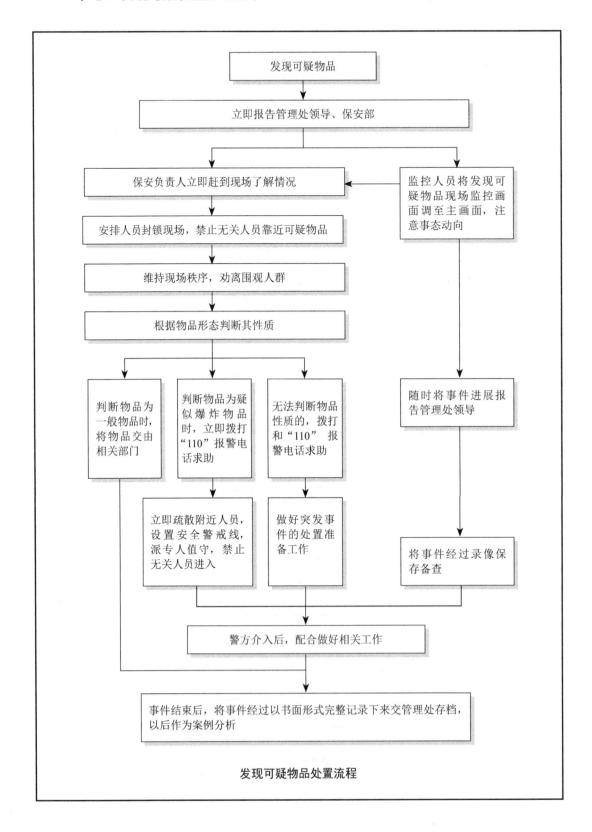

发现可疑物品处置流程

二十八、发现可疑物品/邮包处理流程

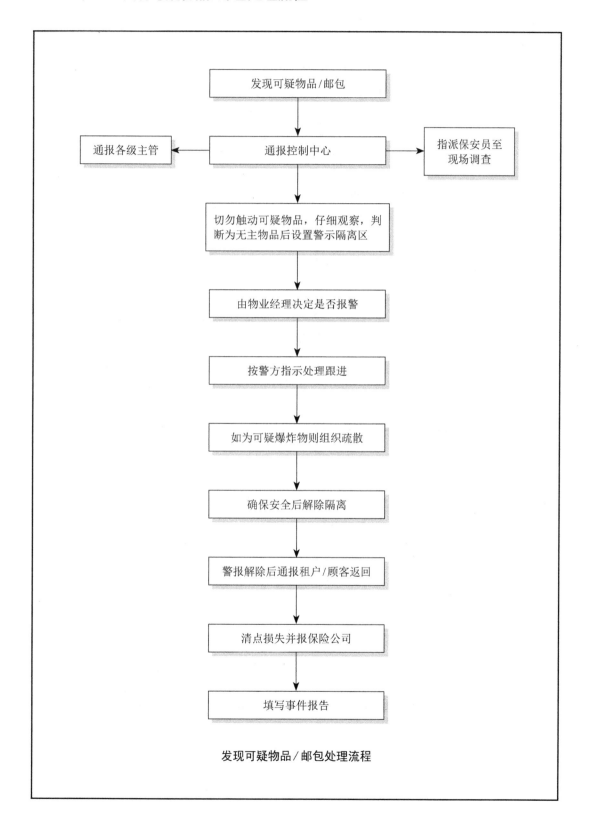

发现可疑物品/邮包处理流程

二十九、灾害性天气处置流程

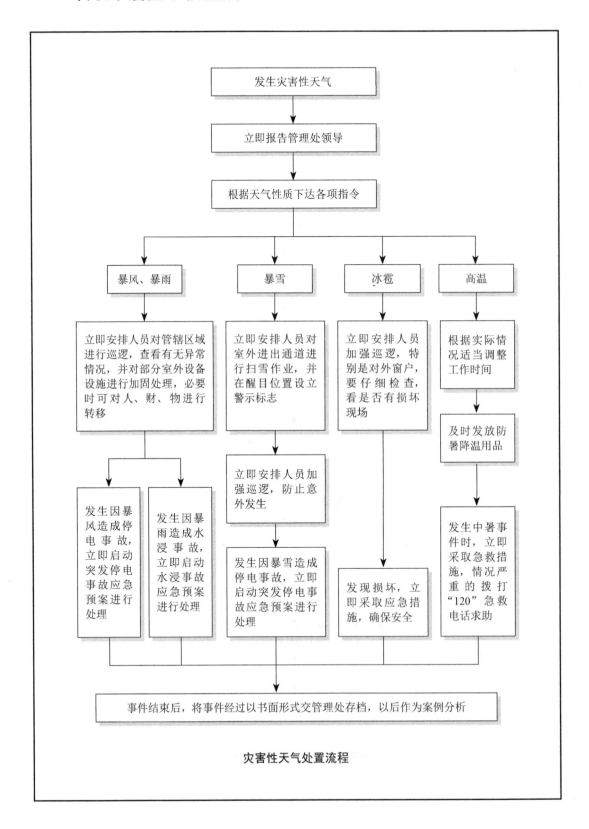

灾害性天气处置流程

三十、台风、暴雨、大风、沙尘暴天气处理流程

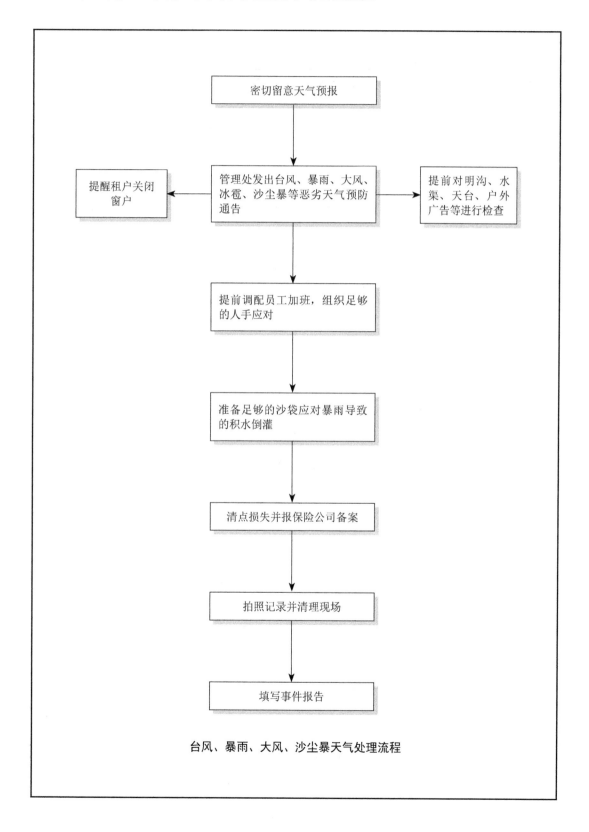

台风、暴雨、大风、沙尘暴天气处理流程

三十一、暴雪、冰冻天气处理流程

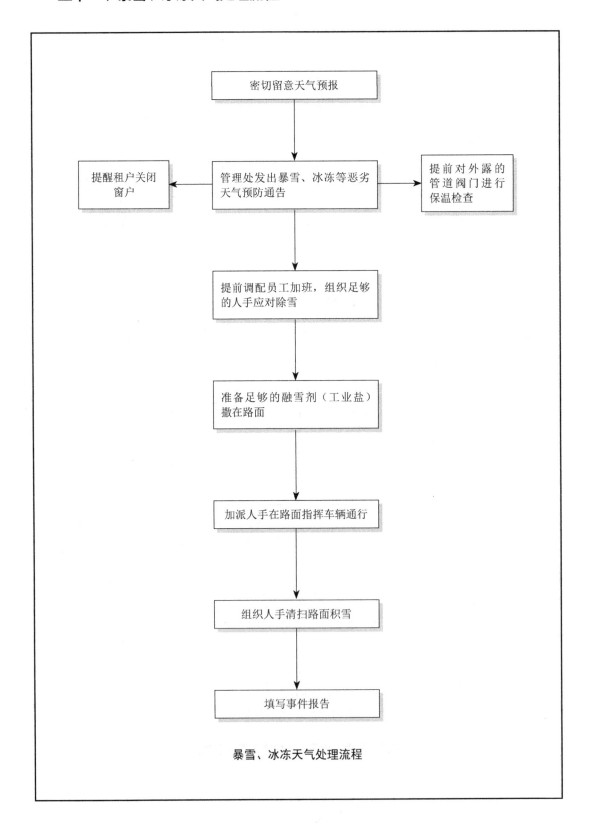

暴雪、冰冻天气处理流程

三十二、地震灾害处理流程

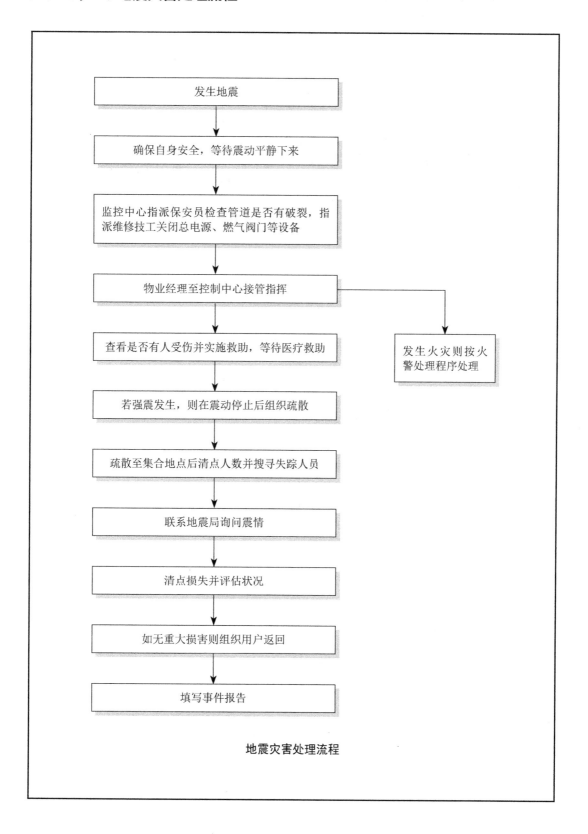

地震灾害处理流程

三十三、传染性疾病处理流程

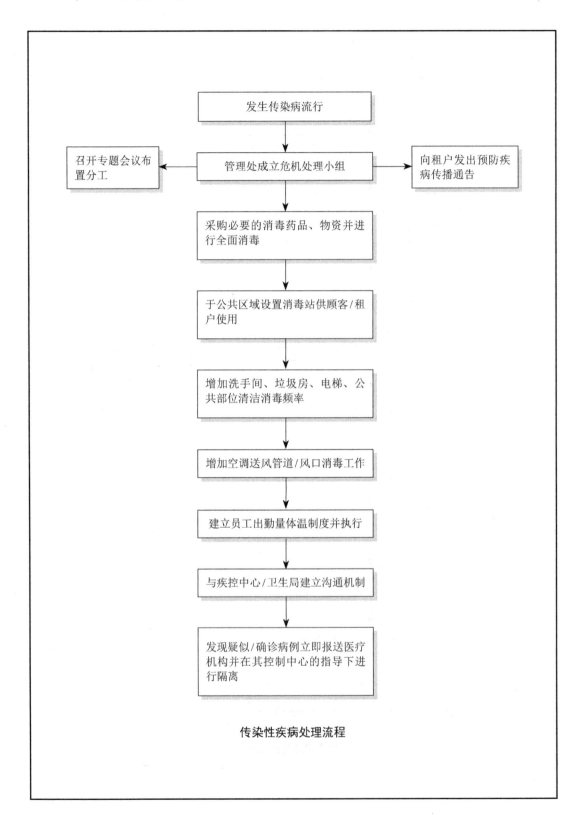

传染性疾病处理流程

三十四、失窃案件处理流程

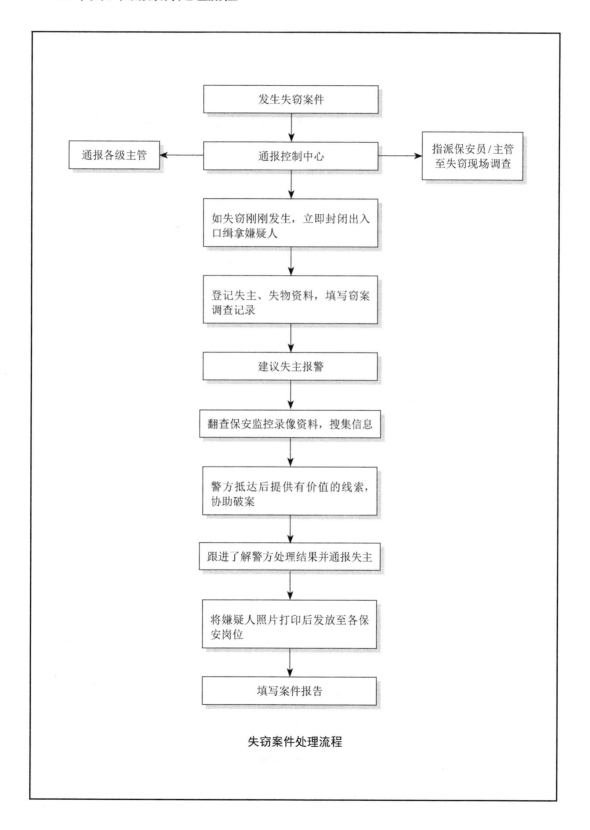

失窃案件处理流程

三十五、抢劫案件处理流程

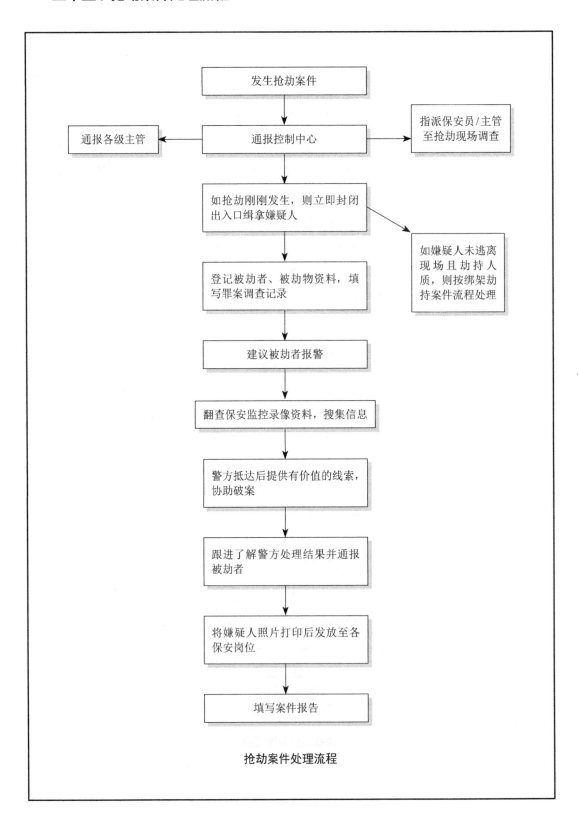

发生抢劫案件

↓

通报各级主管 ← 通报控制中心 → 指派保安员/主管至抢劫现场调查

↓

如抢劫刚刚发生，则立即封闭出入口缉拿嫌疑人 → 如嫌疑人未逃离现场且劫持人质，则按绑架劫持案件流程处理

↓

登记被劫者、被劫物资料，填写罪案调查记录

↓

建议被劫者报警

↓

翻查保安监控录像资料，搜集信息

↓

警方抵达后提供有价值的线索，协助破案

↓

跟进了解警方处理结果并通报被劫者

↓

将嫌疑人照片打印后发放至各保安岗位

↓

填写案件报告

抢劫案件处理流程

三十六、绑架劫持案件处理流程

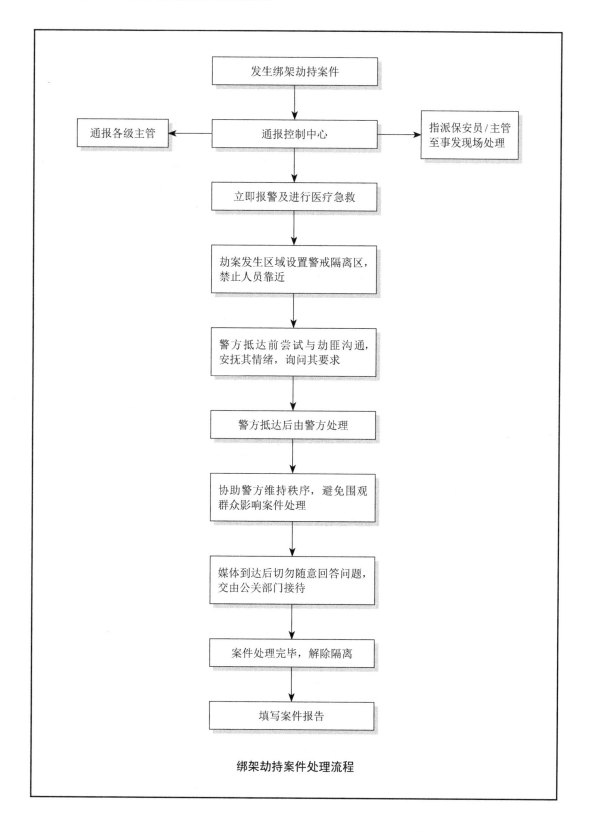

发生绑架劫持案件

通报各级主管 ← 通报控制中心 → 指派保安员/主管至事发现场处理

立即报警及进行医疗急救

劫案发生区域设置警戒隔离区，禁止人员靠近

警方抵达前尝试与劫匪沟通，安抚其情绪，询问其要求

警方抵达后由警方处理

协助警方维持秩序，避免围观群众影响案件处理

媒体到达后切勿随意回答问题，交由公关部门接待

案件处理完毕，解除隔离

填写案件报告

绑架劫持案件处理流程

三十七、顾客受伤处理流程（商业物业）

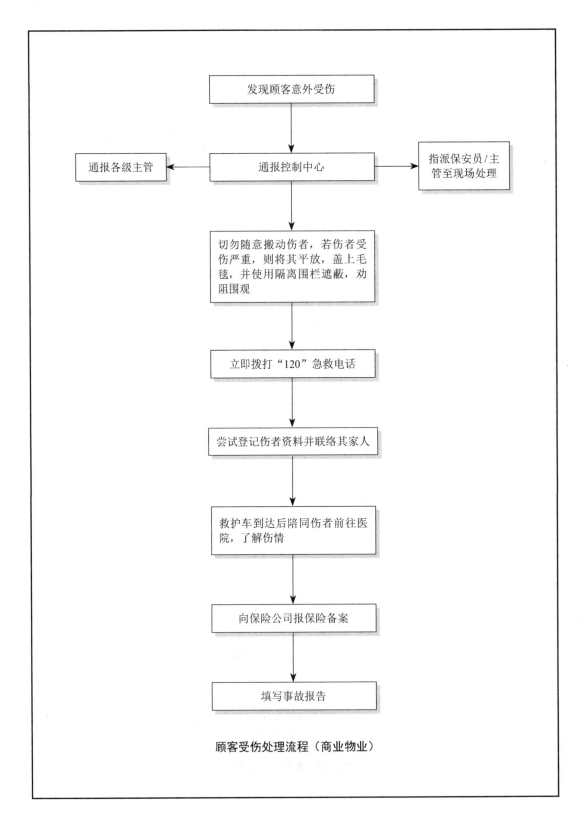

发现顾客意外受伤

通报各级主管 ← 通报控制中心 → 指派保安员/主管至现场处理

切勿随意搬动伤者，若伤者受伤严重，则将其平放，盖上毛毯，并使用隔离围栏遮蔽，劝阻围观

立即拨打"120"急救电话

尝试登记伤者资料并联络其家人

救护车到达后陪同伤者前往医院，了解伤情

向保险公司报保险备案

填写事故报告

顾客受伤处理流程（商业物业）

三十八、顾客突发疾病处理流程（商业物业）

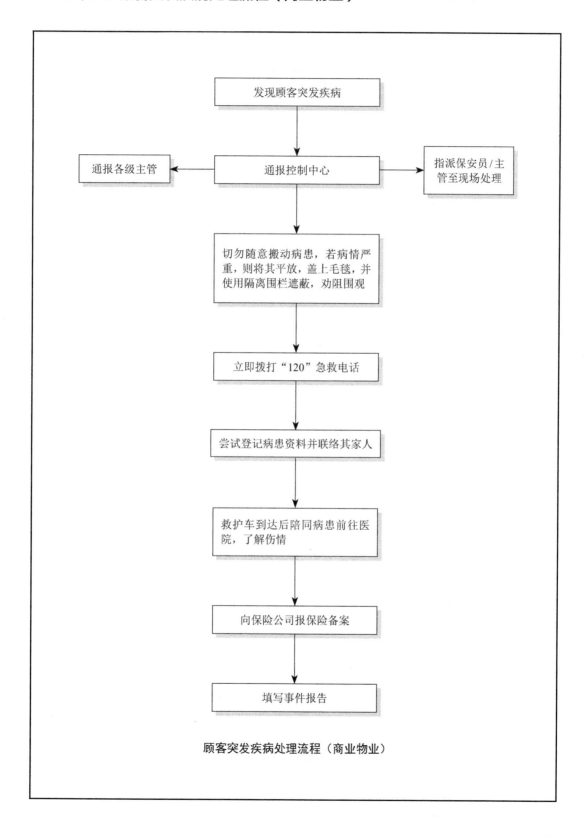

发现顾客突发病

通报各级主管 ← 通报控制中心 → 指派保安员／主管至现场处理

切勿随意搬动病患，若病情严重，则将其平放，盖上毛毯，并使用隔离围栏遮蔽，劝阻围观

立即拨打"120"急救电话

尝试登记病患资料并联络其家人

救护车到达后陪同病患前往医院，了解伤情

向保险公司报保险备案

填写事件报告

顾客突发疾病处理流程（商业物业）

三十九、防范跳楼事件处理流程

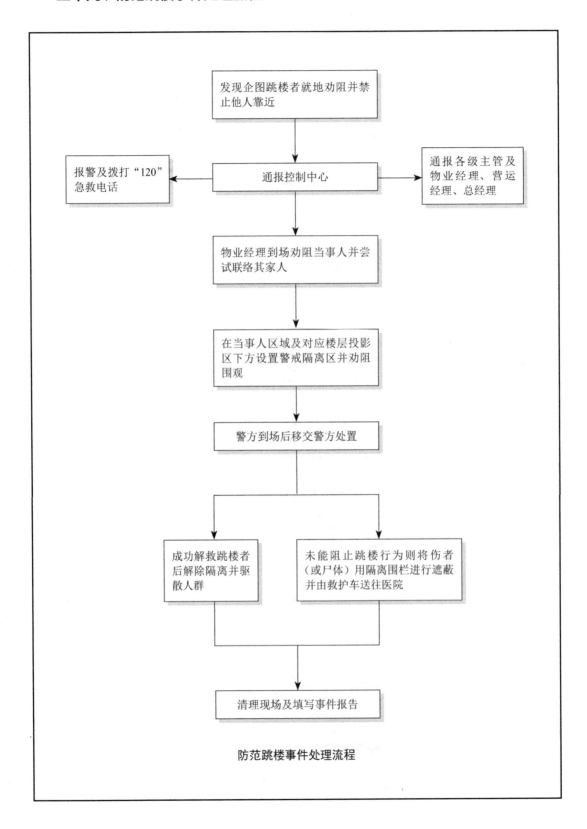

发现企图跳楼者就地劝阻并禁止他人靠近

↓

报警及拨打"120"急救电话 ← 通报控制中心 → 通报各级主管及物业经理、营运经理、总经理

↓

物业经理到场劝阻当事人并尝试联络其家人

↓

在当事人区域及对应楼层投影区下方设置警戒隔离区并劝阻围观

↓

警方到场后移交警方处置

↓

成功解救跳楼者后解除隔离并驱散人群 ／ 未能阻止跳楼行为则将伤者（或尸体）用隔离围栏进行遮蔽并由救护车送往医院

↓

清理现场及填写事件报告

防范跳楼事件处理流程

四十、打架斗殴事件处理流程

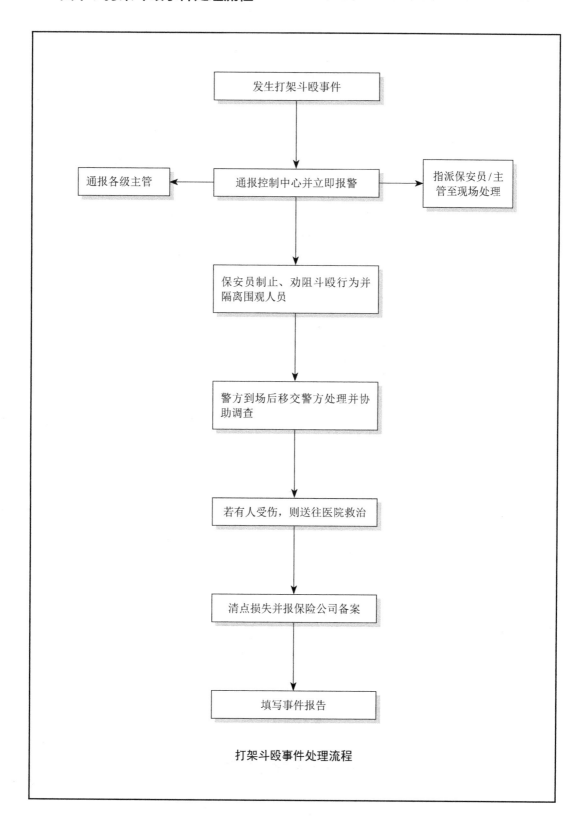

打架斗殴事件处理流程

四十一、醉酒/精神失常者处理流程

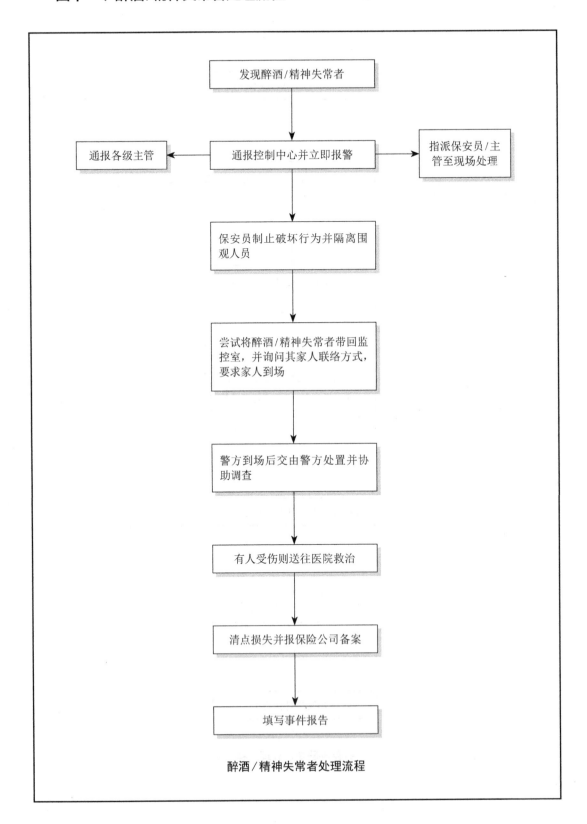

发现醉酒/精神失常者

通报各级主管 ← 通报控制中心并立即报警 → 指派保安员/主管至现场处理

保安员制止破坏行为并隔离围观人员

尝试将醉酒/精神失常者带回监控室，并询问其家人联络方式，要求家人到场

警方到场后交由警方处置并协助调查

有人受伤则送往医院救治

清点损失并报保险公司备案

填写事件报告

醉酒/精神失常者处理流程

四十二、流浪者非法滞留处理流程

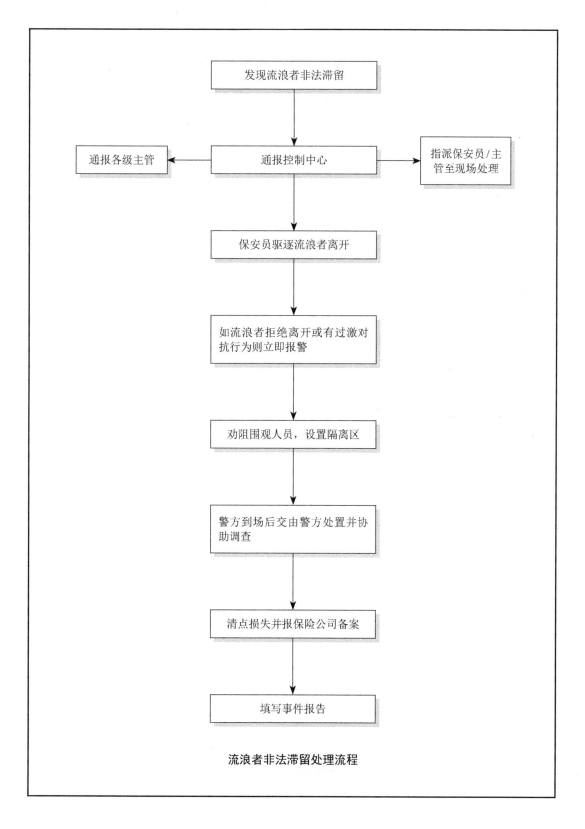

流浪者非法滞留处理流程

四十三、儿童迷失事件处理流程（商业物业）

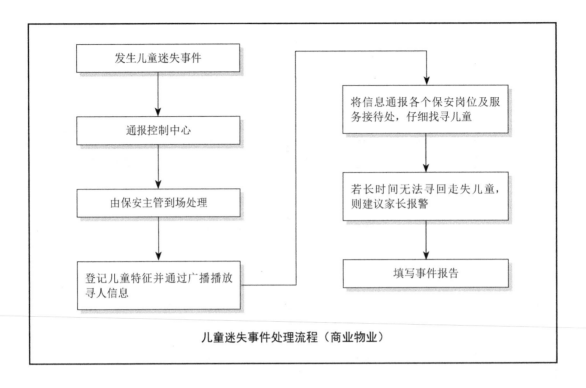

儿童迷失事件处理流程（商业物业）

四十四、拾获财物处理流程

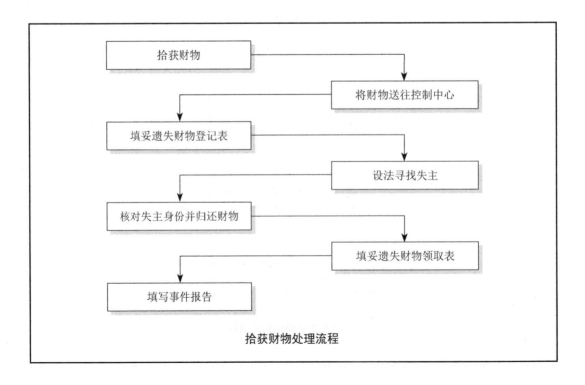

拾获财物处理流程

四十五、非法集会事件处理流程

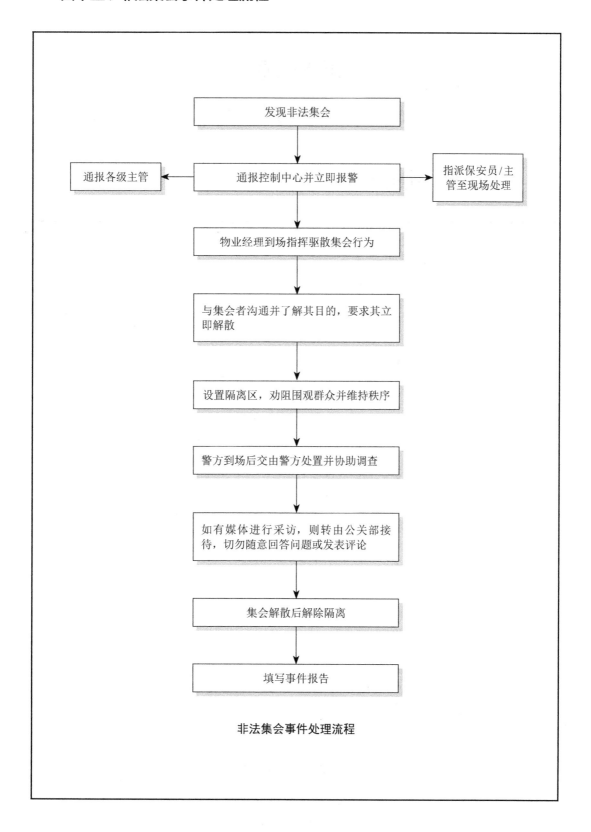

发现非法集会

通报各级主管 ← 通报控制中心并立即报警 → 指派保安员/主管至现场处理

物业经理到场指挥驱散集会行为

与集会者沟通并了解其目的，要求其立即解散

设置隔离区，劝阻围观群众并维持秩序

警方到场后交由警方处置并协助调查

如有媒体进行采访，则转由公关部接待，切勿随意回答问题或发表评论

集会解散后解除隔离

填写事件报告

非法集会事件处理流程

第十七章
外包服务控制流程

一、外包服务招标作业流程

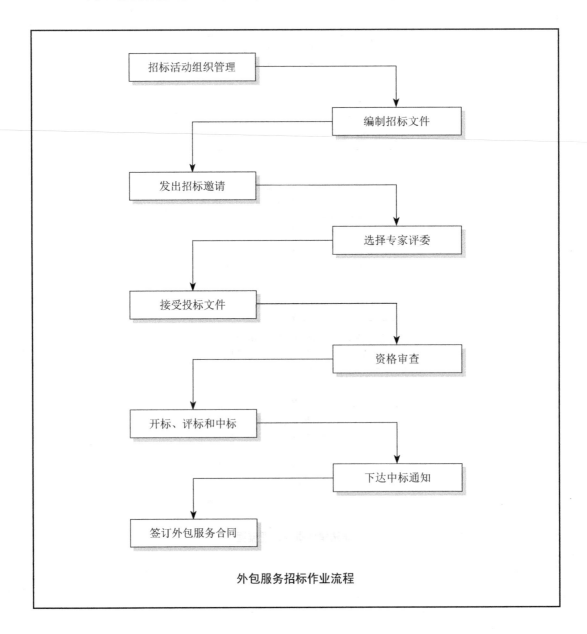

外包服务招标作业流程

二、物业服务外包控制流程

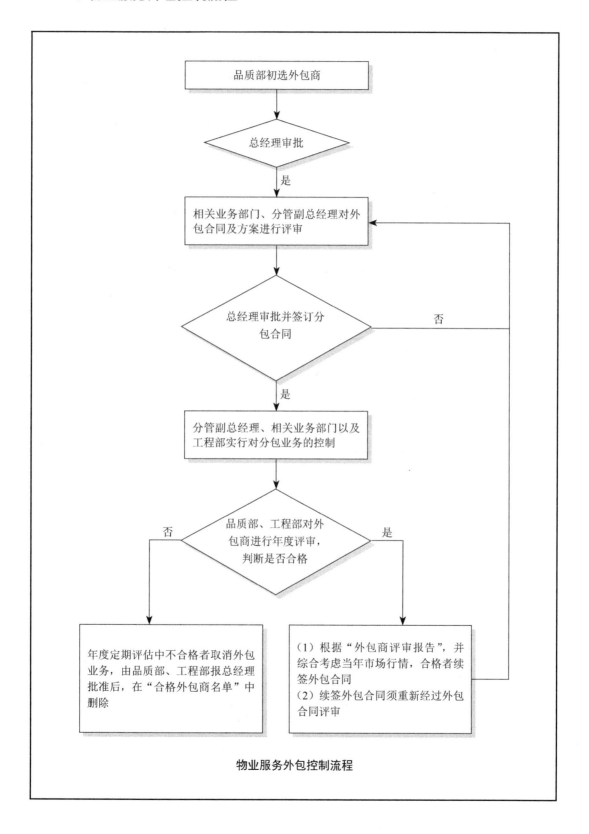

物业服务外包控制流程

三、服务外包合同签订流程

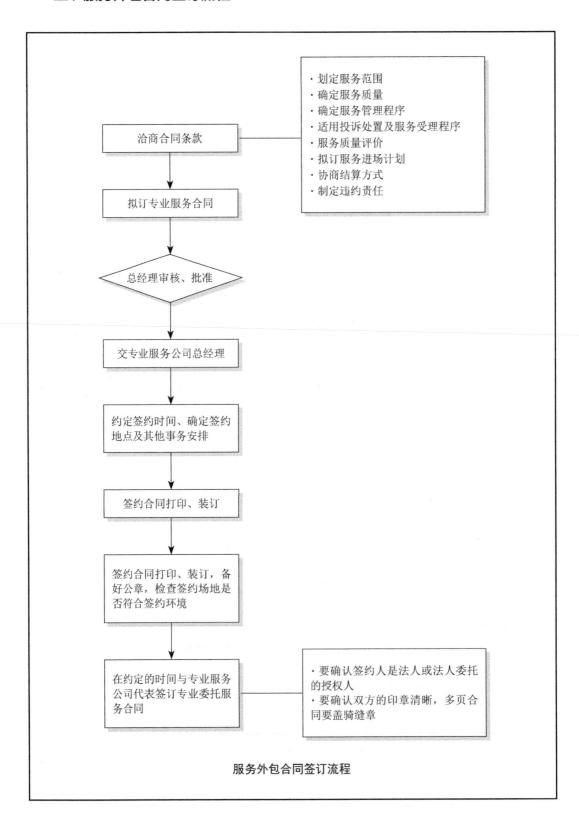

- · 划定服务范围
- · 确定服务质量
- · 确定服务管理程序
- · 适用投诉处置及服务受理程序
- · 服务质量评价
- · 拟订服务进场计划
- · 协商结算方式
- · 制定违约责任

洽商合同条款

拟订专业服务合同

总经理审核、批准

交专业服务公司总经理

约定签约时间、确定签约地点及其他事务安排

签约合同打印、装订

签约合同打印、装订，备好公章，检查签约场地是否符合签约环境

在约定的时间与专业服务公司代表签订专业委托服务合同

- · 要确认签约人是法人或法人委托的授权人
- · 要确认双方的印章清晰，多页合同要盖骑缝章

服务外包合同签订流程

第十八章
物业服务质量控制流程

一、质量目标控制流程

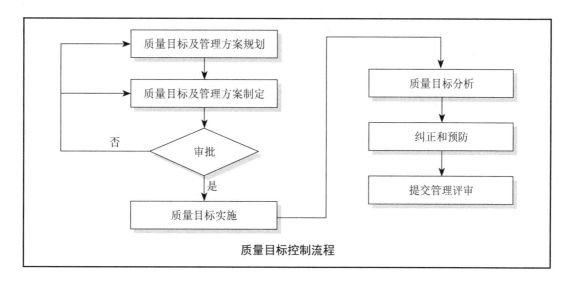

质量目标控制流程

二、物业服务质量检查流程

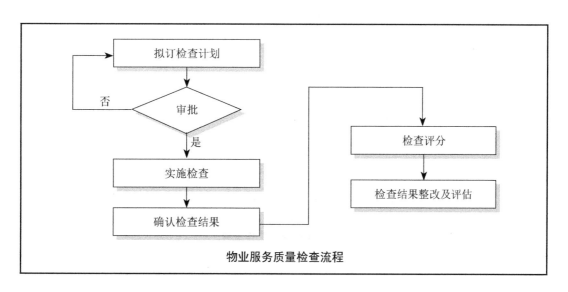

物业服务质量检查流程

三、客户走访/回访工作流程

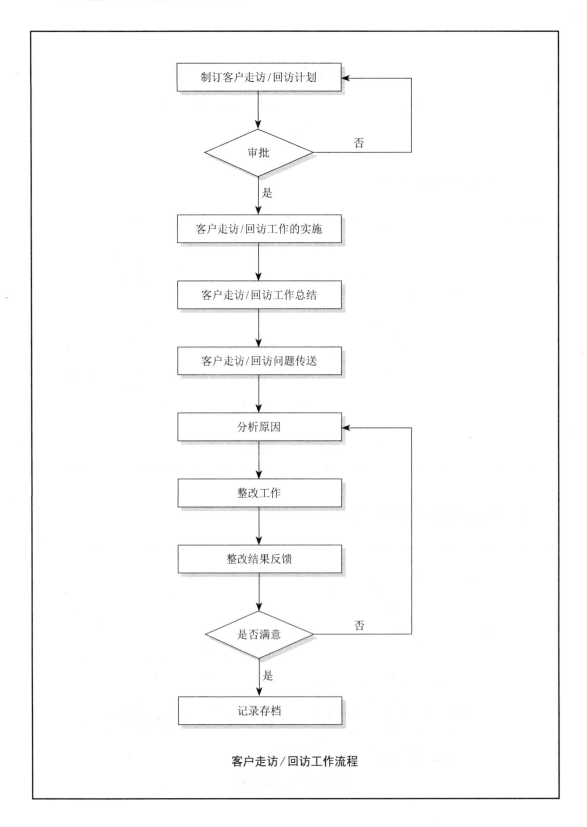

客户走访/回访工作流程

四、业主满意度调查流程

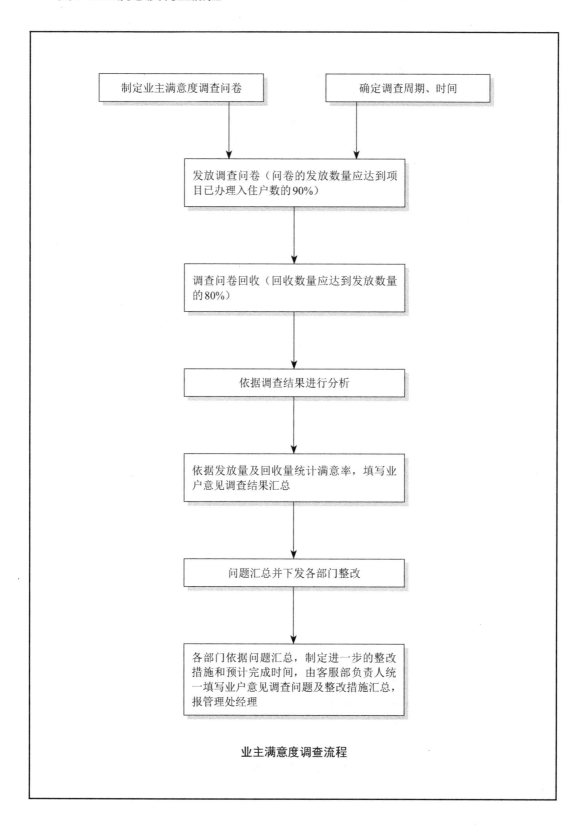

业主满意度调查流程

五、物管部工作检查流程

根据年初工作计划，物管部每月对公司各管理处工程、保安、清洁绿化工作进行全面检查

↓

在管理处有关人员陪同下，依据检查项目和标准进行检查

↓

检查时，检查人须认真记录发现的问题，交当值人员确认签字。检查完毕，检查人将检查结果向管理处领导通报，并由领导签字确认。如问题较多，管理处需复印一份存留整改

↓

月度检查工作完成后，检查人将结果进行汇总，提交部门办公会讨论，评分后拟发通报，提交部门经理审核

↓

部门经理核签后，报主管领导审核

↓

主管领导审签后，返回部门

↓

部门人员再将材料送行政公关部报总经理，总经理审签后，由行政公关部负责编号、排版、打印、发放，社区环境管理部备存一份

↓

组织部门人员，根据检查结果并结合检查标准进行量化评分

↓

管理处按照通报的内容及时组织整改，于收文后一周内，将整改情况以书面的形式反馈物管部

↓

物管部将管理处反馈的整改情况进行整理归纳，为下季度检查时进行复查提供依据

↓

对能够解决而未解决的问题须做好记录，在下一次评分时增加扣分值，并提出处理意见

物管部工作检查流程

六、不合格品（服务）管理流程

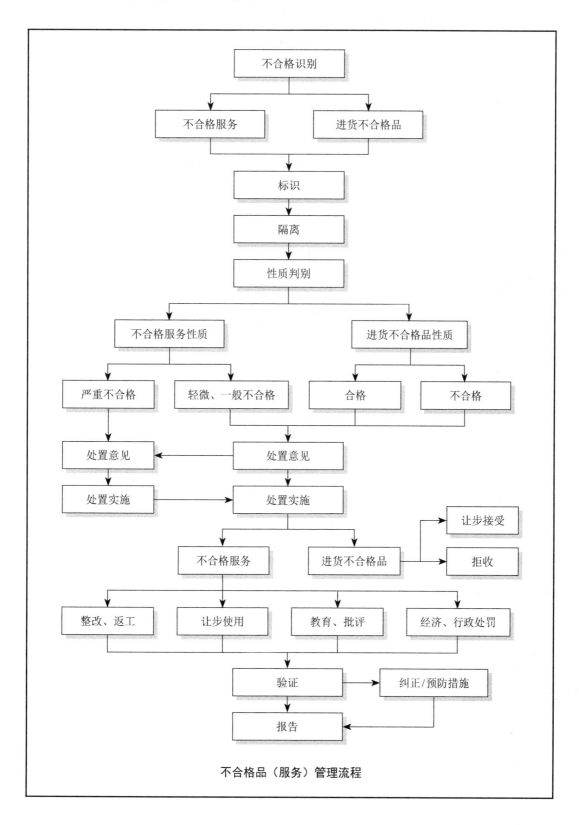

不合格品（服务）管理流程

第三部分

物业管理制度规范

第十九章

市场拓展业务管理制度规范

一、市场拓展业务运作流程规范

市场拓展业务运作流程规范

1. 目的

为了理顺市场拓展的业务流程，并规范流程中关键环节的事项，特制定本规范。

2. 适用范围

适用于本公司物业项目的拓展业务。

3. 管理规定

3.1 业务信息获取

3.1.1 物业项目信息的搜集。

3.1.1.1 物业项目信息的搜集有以下途径：

（1）实地收集新建、在建或已建物业的项目信息；

（2）参观各类房地产交易会；

（3）收集项目在报纸、杂志、网络信息及电视、广播等各类媒体上的广告宣传；

（4）物业管理主管部门及政府相关机构的推介；

（5）中介机构及房地产相关行业等各类企业、单位的推介；

（6）公私关系的熟人、朋友及已签约开发商的推介；

（7）主动上门联络的开发商；

（8）参加项目的公开招投标或邀请招投标；

（9）其他途径。

3.1.1.2 物业项目实地考察要素：

（1）物业类型、规模及其定位（通过实地或模型、效果图、销售价格等了解项目档次、定位等）；

（2）所在区域及其地理位置；

（3）开、竣工时间及其开盘、入伙时间；

（4）开发商联络方式、背景资料及其物业管理合作意向；

（5）对于新市场，须充分调查当地物管情况，包括配套法规、收费状况、物管消费心理、发展前景等；

（6）其他可于第一时间收集到的信息；

（7）如需要公司其他部门专业人员配合考察及测算编写专业方案的，需填写《公司总部问题转呈单》《项目考察人员申请表》，经部门经理批准后确定相关人员。

3.1.2 项目信息的分析：将搜集到的项目信息的各类要素进行整理分析，与开发商做进一步接洽，尽可能多接高档次、大规模楼盘或较好的商业、写字楼等能为公司带来经济效益及社会效益的项目。

3.2 有效联络及跟踪洽谈

3.2.1 联络方式及联络人：可通过面谈、电话、传真、电子邮件、邮政速递等方式与开发商销售主管、开发商物管事宜主管、开发商决策高层人士联络。

3.2.2 联络洽谈内容及有效记录。

（1）了解项目具体情况，索取项目总平面图及其相关图纸、资料。

（2）了解项目开发商的实力背景、以往业绩，开发商对项目物业管理的合作意向等。

（3）向开发商推介本公司发展规模、实力背景、管理业绩。

（4）在项目跟踪过程中如发生部门内部工作调整或公司人事变动等情况，原项目负责人及接手的员工必须认真做好项目移交工作（采取书面形式交接），原项目负责人必须提供项目文字资料、完备的有效联络记录等全套资料及开发商有效联络人员的联络方式并和接手人与开发商有效联络一次。××项目的原项目负责人须安排接手人与开发商有效联络人员面谈一次。

3.3 物管方式的确定

本公司现有四种物业管理方式，分别为全权委托管理服务型、代管管理服务型、顾问管理服务型、咨询策划管理服务型，应从为本公司争取最大利益的角度出发，并结合物业的实际情况、开发商的合作意向等确定、建议开发商采纳的物业管理方式。

3.4 合同评审

3.4.1 部门员工根据与开发商的洽谈意见，根据标准合同范本拟制合同稿，经自审后与项目资料一并提交部门负责人。

3.4.2 部门负责人就与标准合同中有改动或可商谈的条款进行审查（包括文字和内容），签字确认，再送交公司法律顾问进行审查，最后提交公司主管领导进行审查。

3.4.3 公司主管领导就合同中有关重要条款进行审查（着重于内容），签字确认后返回。

3.4.4 合同经评审后由部门员工根据批复意见修订合同稿并负责及时报开发商，然后进行合同评审日常工作程序。

3.5 签约

3.5.1 签约合同必须按照合同中约定的份数用公司统一的标书纸打印，并确保在每份合同的每页右下角处盖上公司小圆章，然后将此份合同随对外经济合同会签单交公司各级领导签字认可。

3.5.2 签约时甲、乙双方须随合同交换的文件：加盖公司公章的营业执照复印件及法人代表证明书（如非本司法人签署该合同，则需再准备法人代表授权委托书）。

3.5.3 甲、乙双方按合同上约定份数保留合同原件。

本公司一般保留3份合同原件，届时分送部门档案管理责任人、办公室、财务审计部。主管领导、全委项目主管领导或顾问管理部、质量管理部等分送合同复印件。

3.6　项目资料移交

3.6.1　与开发商的资料移交：签约当日或次日即发函通知开发商本公司工作移交事宜（详见《签约项目工作交接函〈全委项目发展商〉》及《签约项目工作交接函〈顾问项目发展商〉》）。有需要的话，在发文中提醒开发商及时支付合同近期款，并告知本公司银行账户及财务审计部相关人员联络方法。

3.6.2　与办公室的资料移交：签约当日或次日即把一份签约合同原件、开发商的主要联络人及联络方式交办公室签收（详见《签约项目资料移交记录》）。

3.6.3　与全委项目主管领导或顾问管理部的资料移交。

（1）签约当日或次日即以项目交接会的形式正式移交，并填写《签约项目交接会议记录》，公司片区领导、全委项目接手负责人、顾问管理部、市场部参加并填写《签约项目交接会议记录》，交接工作完成后由项目接收负责人、顾问管理部负责人签字认可。

（2）把一份签约合同复印件、开发商的主要联络人及联络方式、项目相关资料如宣传册图纸等交全委项目主管领导或顾问管理部签收。

（3）向公司片区领导、全委项目接手负责人、顾问管理部介绍该项目前期工作过程及以后工作注意事项，有需要的话，引荐双方认识。

3.6.4　与财务审计部的资料移交。

（1）把一份签约合同原件、开发商的主要联络人及联络方式交财务审计部签收。

（2）要求财务审计部做好收款跟踪事宜，并配合其工作。

3.6.5　与质量管理部的资料移交：将签约合同复印件、开发商的主要联络人及联络方式各交一份给质量管理部签收。

3.7　办理结案工作

3.7.1　将一份合同原件移交公司主管领导。

3.7.2填写《项目档案交接清单》并向部门档案管理责任人交接全套资料（包括一份合同原件）。

二、项目调研、考察程序

项目调研、考察程序

1. 适用范围

对外拓展的新业务，主要是物业管理委托项目。

2. 职责

2.1　市场拓展部（包括区域分公司，下同）为主要负责部门，发展研究室协助。

2.2　项目调研小组负责调研工作的具体开展。

3. 项目调研考察流程图

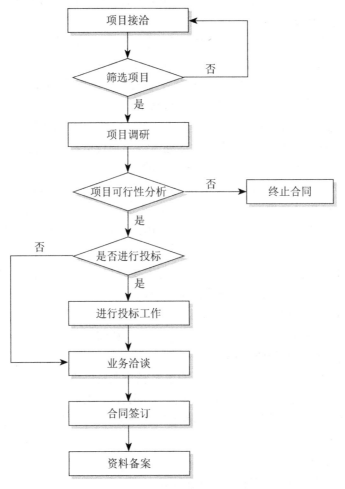

项目调研考察流程图

4. 调研的实施

根据调研计划开展项目调研工作，包括业务联系、实地考察、合作伙伴调查、竞争对手调查等。

4.1 客户情况调研：对本项目客户进行调查，深入了解对方公司的实力、品牌、市场地位、市场发展方向、顾客评价、政府相关方评价等具体内容，以及客户的谈判价格及心态，以全面了解对手情况，做到知己知彼。

4.2 项目相关情况调研：针对本项目及相关的具体情况进行调研，如项目的规模、数量、地理位置、交通设施、周围环境、周边市场、经济水平乃至居民消费意识、风俗习惯等。

4.3 竞争对手调查：对本项目已存在及潜在的竞争对手进行调查，研究对手的竞争心理和市场方向，以及近期的公司发展方向、关注重点、他们在本项目上的谈判价格和可承受底线等竞争情报的收集。

4.4 对项目区域的经济社会调研：必须了解项目当地的市场经济水平以及社会环境情况、了解当地政策法律以及人才市场、物料市场等社会相关情况，以了解项目的背景和潜力。

4.5 形成调研报告：对经过分析得出的有用信息进行重新组合，形成调研报告。报告内容应包括：客户基本情况分析、竞争对手情况分析、项目情况分析、项目收益预测、项目成本预测、投标答辩要求、竞争优势及劣势、潜在市场价值及品牌成长空间，以及项目调研小组最终得出的调研结论和建议。

4.6 调研评估及改进：每次项目完成之后，根据项目成果和反应，市场拓展部在项目调研小组的协助下，对调研工作进行评估，并形成书面文件，以利于以后对调研工作中不足的地方进行改进；同时将利于以后工作开展的相关建议送至相关部门。

三、物业项目承接与管理方案控制程序

物业项目承接与管理方案控制程序

1. 目的

规范公司对物业管理项目策划、承接过程的操作，使整个策划、承接过程能顺利、有序地进行。

2. 适用范围

适用于公司对外物业项目的策划、承接活动。

3. 职责

3.1 总经理负责项目承接的审批及总体控制。

3.2 经营部负责项目承接的全流程策划、管理及控制。

4. 工作程序

4.1 前期策划

4.1.1 经营部负责收集各种资料、市场信息、行业动态等，并做好资料、信息的采编和归档工作。

4.1.2 经营部根据市场信息选择合适的物业项目，由经营部经理接洽物业委托方，收集相关的资料，了解委托方的要求。

4.1.3 经营部负责组织相关工作人员前期策划准备工作，并制定《可行性分析》。

4.1.4 总经理或董事长根据《可行性分析》及其他方面的信息做出是否参与该项目竞争的决策。

4.2 编制物业管理投标书

4.2.1 经营部根据《可行性分析》，进一步收集和整理资料，明确委托方的要求，特别是质量方面的要求。

4.2.2 经营部经理根据《可行性分析》、物业管理的法规以及委托方的具体要求，结合公司的实际情况编制《物业管理投标书》或《物业管理方案》。

4.2.3 《物业管理投标书》或《物业管理方案》的内容大体应该体现以下内容，可以根据实际情况进行删减。

（1）物业项目的概况及公司简介。

（2）物业管理目标及承诺文件。

（3）物业管理的组织机构及职责。

（4）物业管理主要服务项目及程序。

（5）物业管理支持性文件及程序。

（6）需要整改的项目及办法。

（7）物业管理收支预算。

4.3 物业管理投标书的修订

4.3.1 委托方提出新的要求时，经营部在总经理授权的范围内与委托方协商，如能达成一致，则经营部负责修订《物业管理投标书》或《物业管理方案》，并填写《文件更改申请表》报总经理审批。如不能达成一致或无法满足委托方要求的，则报总经理处理。

4.3.2 总经理或董事长根据具体情况做修订方案或放弃竞标等决策意见。

4.4 签订物业委托管理合同

4.4.1 委托方接受《物业管理投标书》或《物业管理方案》，确定本公司承接该项目的物业管理权后，经营部负责制定《物业委托管理合同》，经过合同评审后（详见《供应商/服务分包商管理与评审程序》）报总经理审批，再交委托方审议，并请委托方在一定期限内回复本公司。

4.4.2 经营部负责组织签约仪式，由总经理和委托方法人代表在《物业委托管理合同》上签字盖章。

四、物业项目策划与承接程序

物业项目策划与承接程序

1. 目的

为确保公司对外承接项目的物业管理服务得以实施，特制定本程序。

2. 适用范围

适用于公司对外承接物业项目的控制和洽谈及招投标管理。

3. 职责

3.1 市场拓展部代表公司对外联系、洽谈、承接物业管理业务，扩大公司物业管理范围。

3.2 由总经理牵头成立项目工作小组，市场拓展部组织顾问部、工程部和品质部等项目工作小组成员到现场进行实地考察，对照图纸、设计说明书等相关资料仔细分析，策划投标文件或物业管理方案。

3.3 财务部配合项目工作小组根据拟承接物业的管理服务范围、类型、档次、标准等进行专题分析，核算费用测算。

3.4 如需招投标的项目，由市场拓展部负责招标文件收取和投标资格文件送审，会同项目工作小组编制正式投标书；如不需要投标的，市场拓展部负责洽谈文件收取和公司资格文件送审，会同项目工作小组编制物业管理方案。

4. 作业程序

作业程序如下表所示。

步骤	负责部门/人	支持性文件及记录
接受客户需求	（1）通过媒体等各种渠道接受潜在客户的物业项目委托管理需求信息，根据潜在客户需求，明确物业项目承接形式，即投标或协商形式 （2）把客户信息报给总经理	《项目承接信息登记表》 《项目承接信息审批表》
交总经理审批	市场拓展部将潜在客户信息以《项目承接信息审批表》的形式提交总经理审批，以确定是否进行后续的承接工作	《项目承接信息审批表》
投标、洽谈准备	（1）总经理负责成立项目工作小组，由工作小组组长进行责任分工并报总经理审批 （2）物业项目为投标项目时，投标小组应确保以下内容 ① 对委托方的招标文件进行必要的会审，确保招标要求明确，填写《招标文件会审记录》 ② 市场拓展部组织对拟承接的物业项目进行现场考察，全面了解物业项目的特点和现状，填写《项目考察表》 （3）物业项目为洽谈项目时，市场拓展部负责全面了解项目信息，并根据委托方要求对拟接项目进行策划	《项目工作小组分工表》 《招标文件会审记录》 《项目考察表》
编制管理方案或标书	市场拓展部及时提交最新信息，供项目工作小组参考，投标小组根据分工表编写方案或投标书，并由组长组织人员进行修订、校核，投标文件或物业管理方案应包括以下内容 （1）物业项目概况 （2）物业管理质量目标 （3）物业管理的组织机构及职责 （4）物业管理主要业务及流程描述 （5）物业管理支持性业务及流程描述 （6）物业管理质量评价和改进 （7）物业管理收支预算	《物业管理方案》或《物业管理投标书》（根据要求设置格式）
投标、协商	（1）经确定后的方案或标书由投标小组提交总经理审查 （2）根据招标要求在相关处签字、盖章，最后进行现场投标、洽谈	

续表

步骤	负责部门/人	支持性文件及记录
签订合同	（1）委托方对投标或洽谈项目确认后，市场拓展部依据投标或议标文件内容进行合同草案准备，并负责对最终合同进行评审，以确保以下内容 ① 最终合同中的各项条款内容明确 ② 最终合同中的各项管理要求明确 ③ 符合行业相关法律法规 ④ 在投标或洽谈过程中的意见已经解决 ⑤ 公司确认可以实现合同规定的各项要求 （2）对委托方直接委托的项目（根据相关法律法规），由市场拓展部根据客户的需求信息按（1）的要求编制及评审物业服务合同（前期物业服务合同） （3）经评审后，双方签订《物业服务合同》（《前期物业服务合同》）	《合同评审管理程序》《物业服务合同》或《前期物业服务合同》

五、物业项目投标程序规范

物业项目投标程序规范

1. 目的

规范公司对外参与物业管理的投标工作，确保投标书的编制质量，为通过市场竞争来拓展公司物业管理的规模打好基础。

2. 适用范围

适用于公司对外承接物业时的投标书的编制工作。

3. 职责

各级人员、各部门的职责如下表所示。

各级人员、各部门的职责

序号	人员/部门	职责
1	公司总经理	（1）负责确定投标项目的人员编制，主要管理人员的人选及薪资标准 （2）负责项目测算的预算、管理费、维修金标准的最终核定 （3）负责决定是否参与招标项目的投标决策 （4）负责投标方案的最终审核、签发
2	分管领导	（1）参与投标工作的全面组织与协调 （2）参与投标方案的编制并负责投标书的审核
3	市场部	（1）负责投标项目信息的全面收集、跟踪 （2）负责投标工作的具体操作 （3）负责项目投标方案的汇编
4	物业部	参与投标前期项目现场的查看，提出主要管理人员编制及管理建议并参与项目预算的编制
5	工程部	（1）参与投标前期项目现场的查看，根据项目的实际情况提出工程方面的管理建议

序号	人员/部门	职责
5	工程部	（2）提出工程维保重点和工程人员编制 （3）提出公共维修金的费用测算及运作方式
6	保安部	（1）参与投标前期项目的现场查看，根据项目的实际情况提出安全管理意见 （2）提出保安员的配置
7	财务部	根据项目的客观情况、管理要求及人员配置做出项目财务测算
8	办公室	根据项目的要求确定人选及员工招聘工作
9	投标小组	（1）负责投标工作的组织、协调 （2）负责投标方案的编写、审核 （3）负责参与开标答辩会

4. 投标工作规范

4.1　信息采集

4.1.1　信息采集渠道。

（1）市场信息。

（2）报纸、网络等各类媒体信息。

（3）其他渠道信息。

4.1.2　信息分析、跟踪。

（1）市场部根据项目信息的具体情况分类填写《信息登记表》，确定跟踪方式，并填写《项目跟踪表》。

（2）未建项目原则上每月进行跟踪1次，并根据实际情况调整跟踪次数。

（3）短期内要求招标的项目，根据招标单位的要求，报送公司简介，进行资格预审，取得正式招标文件。

4.2　上报信息

市场部将招标信息报送总经理及投标项目小组。

4.3　项目信息调查

4.3.1　调查方式。

（1）对于建成项目，由投标小组及相关人员（保安部、物业部、市场部）到项目现场采集信息，或从招标单位获取详细的项目情况。

（2）对于未建成项目，向相关人员取得工程图纸。

（3）从其他途径获取项目信息。

4.3.2　调查内容。

（1）项目的地理位置、环境、占地面积、建筑面积、栋数、楼宇结构特点、功能、住户基本构成、楼宇基本设施、设备等，并按要求填写《项目基本情况调查表》。

（2）项目产权单位对项目管理的特殊需求。

4.3.3　调查要求。

（1）现场查看后，各责任人在当天将信息反馈到投标小组。

（2）保安部：提出项目的安全防范重点、难点，并提出工程人员的编制、项目管理的运作方式、员工岗位描述、工作标准。

（3）工程部：提出项目的工程维保重点，并提出工程人员的编制、项目管理的运作方式、员工岗位描述、工程设备管理要求。

（4）物业部：提出项目的管理建议，并提出管理人员的编制、项目管理的运作方式、员工岗位描述、管理标准、服务承诺、质量控制方式、日常的运作管理费用。

4.4 财务预算

4.4.1 投标小组分析、汇总调查信息，确定人员编制及薪资标准预算，报总经理审核。

4.4.2 审核通过后，将项目信息、人员配置及工资标准报送财务部，做出项目预算。

4.4.3 投标小组根据财务部提供的项目预算及市场的行情，提出管理费及公共维修金的标准。

4.4.4 当收费标准低于行情价时，由投标小组讨论并提出调整意见，按财务预算的作业规程，重新测算项目的预算。

4.4.5 当收费标准高于行情价时，由投标小组讨论是否有调整的空间，如有则按财务预算的作业规程，重新测算项目的预算。

4.4.6 投标小组向总经理报送参与项目投标的综合意见。

4.4.7 总经理做出项目投标决策，如同意参与投标的，则进行标书编制；如不同意则中止项目的跟踪。

4.5 投标书编制

4.5.1 市场部组织编写投标方案。

4.5.2 投标书的内容、结构及编制要求。

（1）投标项目的概况：要求详细列出项目的地理位置，环境，占地面积、建筑面积，楼栋、楼层、楼宇结构特点，基本设施、设备，住户基本构成，验收移交情况等。

（2）企业简介及公司的管理优势：要求列出公司简介的性质、资质等级、注册资金、获得荣誉、企业管理理念、公司现有楼盘类型、管理规模、目前已承接的项目、公司的专项管理优势等。

（3）针对管理的难点、重点采取的针对性措施：要求针对项目的特殊性，列出公司的管理重点和对项目的特殊性投入。

（4）公司接管后准备采取的管理方式：要求针对投标项目的自身特点编制出总体管理方案和分项管理方案，包括项目的运作方式、管理要求、工作标准、质量控制体系。

（5）为开展物业管理所配置的人力、物力资源：要求列出投标项目的组织机构、人员编制和岗位设置、岗位描述、主要管理人员的配置及其个人简历、为开展工作前期投入的设备设施。

（6）开展物业管理一段时间后所力争达到的管理目标：要求列出明确的总体目标和详细分项目标。目标要求可操作性和可考核性。

（7）为有效提高物业管理水准所必要的服务承诺：要求针对业主的要求和物业管理服务的特点列出鲜明特色的服务措施来，服务承诺要具有可实施性。

（8）费用投入和成本测算：要求针对小区的现状和管理要求、难度逐项测算出前期投入和管理成本。

（9）需要招标单位协助解决的问题。

（10）原有工作人员的接管安排计划。

（11）物业接管后的工作进度安排。

4.5.3 如中标后需短期内进驻的项目，办公室负责人需在编写标书的同时确定主要管理人员（主任、工程主管、保安主管）的人选，报总经理审核。

4.5.4 如招标单位对主要管理人员有特殊要求的，办公室负责人需将已确定的人选履历送市场部，编入投标书，项目的主任必须参与投标方案的制定。

4.5.5 投标书由投标小组报送分管领导审核，由总经理进行最终的审核、签发。

4.6 送标投标书

由市场部按招标单位的要求送达投标书。

4.7 开标答辩会

4.7.1 由投标小组组织参与开标答辩会。

4.7.2 如招标单位要求投标项目的主要管理人员参与开标答辩会的，由投标项目主任参与开标答辩。

4.7.3 对参与开标答辩会项目主任的要求

（1）参与项目投标方案的编制、费用的测算、熟悉项目各岗位的运作。

（2）编制开标答辩的方案。

（3）在投标小组内部进行模拟演示投标答辩方案。

4.8 文件归档

招标书、投标方案由办公室归档保存。

第二十章

物业项目前期介入管理制度规范

一、物业管理前期介入工作指引

物业管理前期介入工作指引

1. 目的

规范物业公司对新项目物业管理前期介入的程序和内容，指导新公司物业管理业务的开展。

2. 范围

适用于集团内的全资及控股的所有房地产开发公司和其下属的物业管理公司（以下简称地产、物业）。

3. 职责

3.1 集团物业管理部负责编制、发布和修订本工作指引。

3.2 各地物业公司负责参照本工作指引，结合各项目的实际情况制定具体工作方案和计划，以保证物业管理前期介入工作的顺利完成。

3.3 各地产公司应与物业公司保持良好的沟通，及时向物业公司提供相关资料，共同研究，听取、采纳合理的建议，对于物业公司的前期介入工作给予必要的配合和协助。

4. 方法和过程控制

4.1 物业管理前期介入的概念

物业管理前期介入是指物业公司在接管项目以前的房地产开发各个阶段（包括项目决策、规划设计、营销策划、施工建设、竣工验收等）就参与介入，从物业管理运作和业主使用角度对物业的环境布局、功能规划、楼宇设计、材料选用、设备选型、配套设施、管线布置、房屋租售、施工质量、竣工验收等多方面提供有益的建设性意见，以确保物业设计和建造质量，为物业投入使用后的管理创造条件，同时有效的前期介入可以减少接管验收时的返修工作量，为确保业主正常入住奠定基础。

4.2 前期介入的一般程序

4.2.1 双方确定工作内容要求。

4.2.2 物业组成工作小组。

4.2.3 制订工作计划。

4.2.4 计划实施，物业公司应重点关注保安系统、智能化系统、管理用房、车位配置、交通系统、绿化配置、常见施工质量问题、机电设备、空调安置、工程设备的售后服务、物业管理方案和管理合同的确认。

4.2.5 物业公司与开发商双方的协调研讨应形成书面资料，以备复查。

4.2.6 对涉及物业利益的文件应由物业确认，如管理费、物业管理合同、销售中涉及物业的承诺、设备设施合同中的售后服务等。

4.3 前期介入的内容

前期介入主要分三个阶段实现：规划设计阶段、营销策划阶段和施工建设阶段，三个主要阶段结束后配合开发商进行竣工验收。

4.3.1 规划设计阶段包括对总体设计、保安布局、消防布局、交通布局、生活配置、设备配套、新材料、新技术、管理用房、生态环保、公共空间、景观配置、绿化配置、室内配置、房屋单体、智能化配置、管理用房等方面应注意的内容。

4.3.2 营销策划阶段包括物业管理方案策划、物业管理模式研究以及销售推介应注意的内容。

4.3.3 施工建设阶段包括电气设备、给排水工程、门窗工程、装饰工程、砌筑工程、楼面、屋面混凝土工程、回填土工程、地下室工程等方面应注意的问题。

5. 规划设计阶段介入

5.1 规划设计评估准备

5.1.1 规划设计评估需要获得的资料。

5.1.1.1 报批报建文件。《可行性研究报告》及批复、《详规》及批复、项目选址意见书、《勘测定界报告》、配套条件明细资料、扩初批复。

5.1.1.2 企划文件。市场调研、产品定位、目标客户定位、目标客户资料。

5.1.1.3 设计文件。总说明、修建性详规规划图、建筑设计说明书、建筑设计图纸（平面图、立面图等）、结构设计说明书、给水排水设计说明书、电气设计说明书、弱电设计说明书、采暖通风空调设计说明书、动力设计说明书、交通分析、绿化分析、经济指标等。

5.1.2 开发商需组织项目说明会，会同其所属项目、设计、工程、营销、物业等相关部门专题介绍项目情况并解答疑问。

5.1.3 物业公司组织对项目宗地状况、类似典型楼盘周边配套状况进行实地考察。

5.2 项目评估细则

5.2.1 总体评估。

5.2.1.1 住宅区规划功能区分合理，居住私密性和社区交流协调。

5.2.1.2 住宅区道路交通规划合理，车流人流组织兼顾，停车位充足。

5.2.1.3 建筑与自然和谐，采光、通风充足，环境优美。

5.2.1.4 生活便利，基本生活配套齐全，出行便捷。

5.2.1.5 设备设施保障充分，水、电、煤气、电信、广播电视、电梯、污水处理等可靠完善。

5.2.1.6 注重环境生态，使用环保、节能等环保材料、设备设施。

5.2.1.7 安全防卫设计完备，运用先进技防手段，安全及消防配置充分。

5.2.1.8 智能化配置先进，网络资源充分，便于数字化小区建设。

5.2.1.9 便于物业组织管理，节约管理成本。

5.2.1.10 各项技术经济指标在同类住宅区中水平领先。

5.2.2 分类评估。

5.2.2.1 保安布局。

（1）便于保安管理区域分割，消除管理死角。

（2）便于保安管理视线的巡查，避免管理的盲点。

（3）人员及车辆各级出入口设置清晰，便于动态管理。

（4）安保设备设施配置齐全，可采取有效措施防范。

（5）安保技防措施完备，形成多层次的安保体系，信息汇总通畅，反应快速（详见5.2.2.6智能化设备）。

5.2.2.2 消防布局。

（1）消防设备设施配置［灭火器、消防箱、室内（外）消防栓、消防泵、烟感、自动喷淋等］充分合理，使用可靠。

（2）消防车道设置合理，其位置及转弯半径符合国家规范。

（3）消防登高面（场地）设置合理，其位置及面积符合国家规范。

（4）消防通道、门、墙、避难区设置合理，符合国家规范。

5.2.2.3 交通布局。

（1）各级道路的功能分配充分合理，有层次感，线路清晰，便于分流管理。

（2）主要道路和出入口人车分流，在设计和设施配置上考虑到限速要求及回车余地。

（3）机动车位配置充分（一般住宅不少于户数的2∶1，另加访客车位占车位数的5%，联排别墅等高标准住宅应按户数的1∶1，另加访客车位占车位数的10%）。非机动车位配置充分（一般住宅不少于户数的1∶1.5），便于停放。

（4）有条件，宜设置地下机动车停车库，应符合国家规范。

5.2.2.4 生活配置。

（1）根据小区周边（1千米范围）市场、商业配套状况设置充足市政、商业用房。

（2）一般应考虑超市、菜市场、医疗、教育、邮政、银行、餐饮、美容美发、建材、文化娱乐、交通等的配套服务功能。

（3）如住宅区设置商业配套，宜独立集中，并事先规划商业功能的划分和商业经营的配套条件，应尽量避免产生干扰。如利用住宅层设置营业场所，出入口或楼梯须与住宅分开。

（4）如住宅区设置会所，宜独立设计。会所面积、活动项目宜根据住宅区面积、档次、经营方式合理配置。例如，一般$10×10^4$米^{2}以上的住宅小区宜设置项目有健身、乒乓球、阅览室、儿童活动室、棋牌、桌球、多功能厅等；面积在400米^{2}左右，住宅区建筑面积每增加$10×10^4$米^{2}会所面积增加200米^2。

5.2.2.5 设备配套。

（1）水、电、煤气、电信、广播、电视、污水处理等的设计容量应能满足使用需要，并留有适当扩展余地。

（2）配电、水泵、电梯、中央空调的设备定型成熟可靠。

（3）沟、管、渠、井的设置合理，便于维护保养。

（4）公共照明、楼道照明配置合理。公共照明数量、亮度、位置合适，宜采用节能装置。楼道照明十层以下住宅宜采用节能自熄开关，十八层以上高层住宅宜应设疏散诱导照明和灯光疏散指示标志。

（5）配电房、水泵房、电梯机房、中央空调机房等设备房设计应符合国家规范。水泵房不应设在住宅建筑内，给水泵房内不应有污水管穿越，电梯井不应紧邻卧室，紧邻书房及起居室时，应采取隔声措施。

5.2.2.6 智能化配置。

（1）保安智能化一般可配置红外线周界防越系统、门禁可视对讲系统、小区巡更系统、电视监控系统、车辆道闸管理系统、室内紧急呼叫系统、电梯内紧急呼叫系统、居家安防系统等，并与中央控制中心联网。

（2）网络智能化一般可配置社区宽带、电子公告牌、社区物业管理网络平台、家电远程控制系统。

（3）设备管理智能化一般可配置公共照明管理系统、停车库管理系统、电梯运行状态管理系统、消防管理系统、配电及给排水管理系统、家庭表具管理系统、煤气泄漏报警系统、紧急广播系统等，并与中央控制中心联网。

（4）中央控制中心位置宜设于管理部内，或与管理部相邻相近，布线系统应分考虑与中央控制中心的距离和由此造成的信号衰减。

（5）智能化设备和技术应考虑技术先进性、设备标准化、网络开放性、系统可靠性及可扩性，采用成熟产品。

5.2.2.7　房屋单体。

（1）屋面应充分考虑到防水及隔热效果，可上人屋面及屋顶花园满足其特殊要求。

（2）墙体应充分考虑到防水、隔热、隔声效果。

（3）楼板厚度与隔声符合国家规范。

（4）住宅分户门宜采用统一制作的安全防卫门。

（5）住宅外窗应考虑开启方便，尺度要符合安装空调的要求，隔声防水效果好，不宜近距离直接面对其他住户的门窗。

（6）厨房设计应遵循洗、切、炒流线，操作面长度宜为2～3米，燃气热水器位置合理，灶宜避开窗口设置。

（7）卫生间不应直接开向起居房，餐厅或厨房不应布置在下屋住户厨房、卧室、起居房和餐厅上层，有上下水的洁具宜尽量避开卧室墙面布置。

（8）厨房、卫生间隔楼板及墙身应充分考虑防水隔声设置，地漏位置合理，便于检修。

（9）管道、管线布局合理、互不干扰碰撞，尺寸符合国家规范，管道井检修孔应设置合理，便于检修。

（10）宜采用垂直烟道，断面尺寸充分（一般不少于250毫米），应有防止油烟回流和串烟措施。出屋顶口高度适中，高层宜安装无动力风帽。

（11）底层地坪应充分考虑防潮措施。

（12）房型设计应考虑生活习惯，不宜引起装修时的大改动（敲墙、再次分隔等）。

（13）有上部屋面阳台或管道可直接下至下一层屋面（阳台）时，应考虑防盗措施。

（14）阳台栏杆或栏板高度合理（一般不少于1.10米），宜采用垂直杆件，杆件距小于0.10米，防止儿童攀爬。

5.2.2.8　室内配置。

（1）室内空调机位设置合理，应与家具布置一并考虑，卧室内宜避免对床直吹。

（2）室外空调机位应考虑外墙美观、设置统一机座、安全隐蔽。

（3）室外空调机位应考虑安装及维修便利。距离过近而对吹的室外机应相互错开，与邻套住宅机座相邻时，应采取安全隔离措施。

（4）空调机冷凝水和隔霜水应设专管排放，或接入阳台排水系统。

（5）室内空调洞位置合理，应靠近室内机位，管中应距地2.2米左右，向外倾斜10度左右。

（6）当户型或厅房过大时，应考虑柜式空调的要求。

（7）如使用小型中央空调，层高应大于3.3米，并留有室外机位置。

（8）室内各类插座、开关位置合理，应与家具布置和使用习惯一并考虑。配电箱配出回路设计分配合理。

（9）电视、信息（电话和数据）插座宜在主卧、起居室、书房分别设置，且不宜并行设置。

（10）联排别墅及跃层宜在二层设置进户对讲。

（11）高档住宅宜考虑居家安防系统的配置及扩展功能。

5.2.2.9　绿化配置。

（1）绿化布局合理，乔木、灌木、花、草的配置层次丰富，数量和品种充足，造型优美。

（2）绿化率、集中绿地率设置合理，分布均衡，集中绿地位置适中，便于人流自然汇聚。

（3）绿化品种适宜当地气候条件，以变色观叶植物为主，茂盛期长，成活率高，抗病虫性好。

（4）绿化品种便于养护，养护成本节约。

（5）绿化布局不遮挡住宅采光，便于人行通行，宜考虑行走习惯。

（6）绿化品种宜无污染，兼具吸收有害污染功能（如尾气）。

（7）主干道两侧及集中绿地宜有大型树木。

5.2.2.10　景观配置。

（1）景观装饰布局合理，宜处于相对而言对人流集中的区域。

（2）采用水景时应考虑水系的水质、清理、保洁、排泄、补充、养护。

（3）水系岸床设计应考虑防渗漏效果。

（4）不宜在小区内设置深度超过1米的水系，并有防护或警示。如利用自然河道水系超过1.5米，还应配置相应的救生设备设施。

（5）景观装饰应便于清洁、养护，宜采用牢度较高、不易污染、损坏、变形、破旧的材料。

（6）泛光照明不影响住户，不造成光污染。

5.2.2.11　公共空间。

（1）应充分考虑雨水排泄能力的设计，避免排泄不畅通。

（2）宜设置可开展社区活动的集中场所及避难场所。

（3）公共活动区域分布合理、均衡，位置适中，并尽量减少对住户的影响。

（4）绿化及保洁用水取水口设置合理（一般距离不大于150米）。

（5）各类表具、表箱设置合理，便于查看、收发。楼道内应设置公告栏，宜预留牛奶箱和休闲椅位置，室外信报箱应有防雨措施。

（6）楼宇入口处及公共场所宜考虑残障人员出入，宜设置无障碍通道和设施。

（7）公共空间的道路、踏步、坡道应考虑老人、小孩等行动不便人员，宜设置相应保护措施。

（8）高层住宅通至屋顶平台的门宜为普通玻璃门。

（9）楼道、楼梯、过道便于家具搬运，人员不易碰撞。

5.2.2.12 生态环保。

（1）住宅区内无污染环境的生产性经营性项目。

（2）住宅区内污水处理排放符合国家规范。

（3）住宅区内无各类污染源。

（4）周边应无直接或间接严重影响住户的污染源。

（5）宜采用对太阳能、雨水、绿化枝叶等的再次利用技术。

（6）垃圾收集宜采用有害、有机、无机的分类方法收集，宜采用垃圾压缩或生化技术处理。

（7）垃圾房及变电房、煤气调压站或其他信号发射装置应选择隐蔽位置，尽量不影响住户及环境。

（8）宜在住宅区内形成自然生态链。

5.2.2.13 管理用房

（1）物业管理处。

管理中心功能：作为经理室、接待区、资料室、办公区、会议室、卫生间、中央监控。

作业用房功能：作为保安值勤室、用具房、维修清洁绿化工具房、员工休息室、员工生活用房。

总面积：根据住宅区管理面积和功能配置（各地法规要求不一样），一般为

$$管理部用房面积 = \frac{住宅区总建筑面积}{100 \times 0.2}$$

位置：住宅区中央，底层，管理本部及各作业面相对集中。

（2）业委会、居委会（根据当地政策）。

功能：作为办公室、资料室、会议室、接待室。

面积：根据具体情况而定。

位置：和管理部相对接近，业委会与居委会可联合设置于一处。

5.2.2.14 新材料、新技术。

（1）应尽量采用较为成熟并有先例的新材料、新技术。

（2）试验性新材料、新技术应充分论证，先行试点。

（3）采用新材料、新技术应预留充足备品和备件。

（4）采用新材料、新技术应充分考虑今后的维修养护便利及成本。

5.2.2.15 管理成本测算。

（1）对规划应充分测算今后产生的管理成本。

（2）管理成本应与市场上类似住宅接近，如因规划设计原因造成差距过大，应知会开发商共同协商，相应改进规划、设计。

5.2.2.16 与相似典型项目的比较。

（1）相似点。

（2）差异点。

（3）优势。

（4）劣势。

（5）改进建议。

5.3 规划设计评估的程序

5.3.1 开发商提前1个月向物业提出书面知会，要求物业公司参与某项具体项目规划设计的评估，并提供评估报告。

5.3.2 物业公司接到书面知会后，于3日内回复，由相关部门牵头组成评估小组，并向开发商提交评估所需的开发资料目录。

5.3.3 开发商接到资料目录后3日内向物业公司提供具体资料，对不能提供的资料，应书面知会物业公司，并于1周内组织所属项目、设计、工程、营销等部门召开项目说明会，介绍项目情况并解答疑问。

5.3.4 物业公司接到开发资料后1周内，组织评估小组研究，完成项目及类似典型项目的实地考察。

5.3.5 评估小组根据开发资料中针对项目评估细则所列内容，及项目说明会、实地考察情况，于1周内详细编写完成《项目规划设计评估报告》，并提交物业相关部门。

5.3.6 物业相关部门在评估小组提交报告3日内，组织公司评审组对《项目规划设计评估报告》进行评审。

5.3.7 评估小组根据物业公司评审会议的意见，于3日内完成对《项目规划设计评估报告》的修改。

5.3.8 经修改的《项目规划设计评估报告》由物业公司相关部门组织相关评审组成员会签后，提交物业公司总经理审核签发。

5.3.9 物业公司总经理签发后，评估报告提交开发商。

5.4 此阶段的系统评估工作应以满足开发商要求为目的，是属于开发商委托物业管理业务关系类型，责任关系界定可参考《物业公司与开发商相关业务操作指引》原则执行。若开发商没有明确要提交《项目规划设计评估报告》的要求，物业公司可根据以上要点参与设计规划的评审，并提交意见，责任关系界定可按照《物业公司与开发商相关业务操作指引》前期介入相关规定操作。

6. 营销策划阶段介入

6.1 营销策划介入程序与内容

6.1.1 物业管理模式研究：一般项目在编制销售包装设计任务书和营销工作方案时需要将物业管理概念及模式研究作为项目策划的一部分，以满足销售包装设计内容的要求，同时此时的研究又是日后物业管理方案和特色服务设计的核心。物业管理概念研究完成后需要报集团物业管理部备案，详见《物业管理方案策划指引》。

6.1.2 《物业管理方案》策划：一般在项目正式完成营销推广方案前，需要确定《物业管理方案》，应包含管理模式、服务创新、内部管理机制、管理服务标准、品质控制方法、管理费测算等。此方案需获得集团物业管理部、财务管理部等部门的确定，详见《物业管理方案策划指引》。

6.1.3 《物业管理方案》经开发商确认后，据此在房屋销售前签订《物业管理委托合同》，同时物业公司应协助开发商在销售商品房时，与购买者签订《前期物业管理服务协议》。

6.1.4 物业公司应主动了解开发商在销售时对外宣传和承诺的内容，根据开发商需要提供物业推介资料，开发商对与物业管理有关的宣传和承诺内容需要获得物业的书面确认。开发商应适时安排物业公司相关人员参加相关培训，根据开发商委托要求，物业公司可在销售现场协助开发商进行销售推广，了解客户情况，进行客户调查，并现场解答有关物业管理承诺问题。

7. 施工建设阶段介入

7.1 建设施工阶段介入时间

物业公司在施工建设阶段的介入主要侧重于项目土建工程的尾声，即在设备、门窗安装阶段，时间上大致在竣工验收前5个月。

7.2 施工建设介入程序与内容

7.2.1 成立介入小组，一般2～3人，专业组人员专业搭配合理，具有水、电、气、专业知识和良好的沟通技巧，并经过相关工作的培训。开发商项目部应设定专人与物业公司对接，及时回复物业公司的建议。

7.2.2 介入小组按照施工安装进度进行现场跟进，发现问题及时通过与开发商、施工方等进行沟通解决。要建立对日常各项工作的监督和记录制度，通常可通过建立一套报表体系来实施，报表包括的主要内容有：工作计划、检查情况及对问题处理的建议。

7.2.3 实行填报前期介入情况周报制度，将在施工现场发现的问题以周报的形式书面呈报给开发商相关部门，并跟进所呈报问题解决情况。

7.2.4 物业公司定期参加开发商组织的项目现场工作协调会，及时沟通相关问题和进度。

7.2.5 物业公司对介入中发现的重要问题应以书面报告的形式上报给开发商领导，并跟进问题整改落实情况。

7.2.6 物业公司在项目施工阶段介入应注意的要点如下。

7.2.6.1 了解委托项目各类机电设备设施配置或容量、设备设施的安装调试、各类管线的分布走向、隐蔽工程、房屋结构等，并指出设计中缺陷、遗漏的工程项目，加强常见工程质量通病及隐蔽工程等特殊过程的监控。从业主使用功能角度，注意完善相关设计规划缺陷，包括各类开关、空调位（孔）、插座、排水、预留电源、排烟道、门的开启方向等。

7.2.6.2 地下室工程。

地下室因其结构埋藏于地表以下，受地下水或雨季雨水渗入泥土里形成的水压环境，是渗漏问题的常发部位。因此，根据其设计采取的防水施工方案而相应地重点监理以下事项。

（1）无论采取何种防水设计施工，基坑中都不应积水，如有积水，应予以排除。

严禁带水或泥浆进行防水工程施工。

（2）采用防水混凝土结构时，除严格按照设计要求计算混凝土的配合比外，应重点检查：混凝土搅拌时间不得少于2分钟（用机械搅拌）；底板应尽量连续浇筑，须留设施工缝时，应严格按照规范中的留设要求和施工要求施工后，墙体只允许留水平施工缝；后浇带、沉降缝等应尽量要求在底板以下，墙体外侧相应部位加设防水层（可用卷材、涂膜等）；预埋件的埋设应严格按规范施工；养护时间和养护方式应严格监控，此项是承建商经常忽视的工序，但对混凝土的防水能力有较大影响。

（3）采用水泥砂浆防水层，除按设计及规范施工外，应注意阴阳角应做成圆弧形或钝角；刚性多层防水层宜连续施工，各层紧密贴合，不留施工缝。

7.2.6.3 回填土工程。

回填土工程涉及首层楼地面（无地下室结构的）、外地坪的工程质量，如回填质量不好，将会导致地面投入使用一段时间后出现下沉、损坏埋设管道、使地面开裂等问题。因此，应对此项工程回填土成分、分层打夯厚度进行监控，如有问题应坚决要求返工，否则后患无穷。

7.2.6.4 楼面、屋面混凝土工程。

楼面、屋面混凝土工程质量，通常是引发楼面、屋面开裂的一个主要原因，亦是物业在以后的维修工作中无能为力的问题，故在楼面、屋面混凝土工程中应重点注意。

（1）钢筋绑扎：钢筋绑扎是否按图、按规范施工，其开料长度、绑扎位置、搭楼位置、排列均匀等问题，均会造成以后楼板的开裂，特别是楼板的边、角位置，悬挑梁板的钢筋绑扎应重点检查，同时应监督施工单位切实做好钢筋垫块工作，以免出现露筋现象。

（2）混凝土浇筑：除开发商的监理人员注意按施工规范监理施工外，鉴于物业常见质量问题，物业公司参与监理的人员应重点对厨房、卫生间的地面浇筑进行监理，有剪力墙结构的亦为重点监督。如这些部位施工出现问题，通常会引发厨、房、卫生间地面以及剪力墙墙面出现大面积渗水，还会出现难以检查、维修的问题。如剪力墙因混凝土捣制不密实，出现外墙面雨水渗入外墙面后，在墙体内的孔隙内渗流一段距离后渗出内墙面，导致维修困难，故对以上部位混凝土的振捣应严格监控。

7.2.6.5 砌筑工程。

建成物业常有墙体与梁底的结合部出现裂缝的现象，造成此问题，通常是墙体砌筑至梁底时的砌筑方式不对，砂浆不饱。因此，在砌筑工程中应对砌筑砂浆的饱满、墙顶砖砌方式进行监督，墙顶与梁底间的砌砖，应把砖体斜砌，使砖体两头顶紧墙顶和梁底，并保证砂浆饱满。

7.2.6.6 装饰工程。

（1）外墙面：外墙面抹灰及饰面施工的好坏常常是影响外墙是否渗水的一个关键。以我国目前的常用做法，外墙面仍未做到对外来雨水做整体设防（无特别的防水层），仅是靠外墙面的砂浆抹灰层，外饰面做防水，故对外墙底层抹灰的实度、外饰面粘贴层的饱满（无空鼓、空壳）、抿缝饱满等方面应严格监督。

（2）内墙面及天花板：内墙面及天花板常用混合砂浆抹灰。如混合砂浆中含石灰、纸筋等材料，应注意砂浆的搅拌均匀，以免造成墙体饰面开裂，墙体与混凝土梁、柱搭接处，最好加设砂布等材料后再抹灰。

（3）地面：厨房、卫生间地面，作为湿区应重点监理，注意砂浆密实及查坡泄水方面。

7.2.6.7 门窗工程。

木门与墙体接合处，由于材质的差别，经常会出现缝隙，外墙窗户通常会出现窗框与墙体间渗水，这些都是施工问题，应按有关施工规范及设计方案严格监理施工。

7.2.6.8 给排水工程。

（1）给水工程：现有高层建筑通常采用高位水池供水，其低楼层的供水，常常因高差问题造成水压较大，而设计者通常会在由高位水池通往低层住宅的主管上设减压阀。由于减压阀的自身构造，较易被细小杂物堵塞，故建议高位水池出水口的管口不要设为敞开管口式，应改为密孔眼管道入水，以阻挡杂物进入。如供水管道埋设在墙内，则应在隐蔽前做试水、试压试验。

（2）排水工程：原有常用的铸铁管，常因质量问题，出现管壁砂眼渗水、接口容易渗水、使用年限短等问题，使物业公司维修困难、管理费用增多，在可能的情况下建议改用PVC水管。

8. 物业公司对竣工验收阶段介入

8.1 物业公司组织相关技术人员组成验收小组，协助开发商完成竣工验收及细部检查工作，及早发现设计、规划、施工、设备安装等问题，以备预留充足的返修时间。

8.2 验收小组须制定统一验收标准。

8.3 验收小组须准备竣工验收的表格资料，现场做好详细记录，如下所示。

（1）房屋接管验收表。

（2）室内接管验收遗留问题统计表。

（3）公共配套设施接管验收遗留问题统计表。

（4）机电设备接管验收表。

（5）机电设备接管验收遗留问题统计表。

8.4 物业公司应了解工程建设的各个环节，审阅工程档案资料，实地查验建筑工程和设备安装情况，并对工程设计、施工和设备质量等方面的问题结合各类统计表汇总后提交开发商。

二、物业接管验收管理程序

物业接管验收管理程序

1. 目的

根据《房屋接管验收标准》，通过对物业接收的过程实施有效控制，规定了物业接管验收的具体办法，分析移交方与物业公司及管理处的责任范围，合理体现业主利益，为物业顺利进入管理阶段奠定基础。

2. 适用范围

本程序适用于公司根据物业管理委托合同条件下即将进驻管理的物业的接收过程。

3. 职责

3.1 公司总经理负责任命由公司主管领导、各职能管理负责人组建物业验收技术小组和管理处。

3.2 物业验收技术小组：承接物业管理是公司的重要业务，公司将根据承接物业的实际情况成立由总经理牵头，各专业工程技术人员组成物业验收技术小组，具体负责物业接管验收中的资料验收和设备系统及配套设施的单项部位验收，并指导及配合物业管理处完成岗位和责任交接工作。

3.3 管理处作为该项物业的物业管理部门在物业验收技术小组完成资料交接后，在其指导下按照物业管理方案，组织各岗位人员熟悉环境及设备。按规定步骤自移交方逐条接收其管理岗位及责任。

4. 工作程序

4.1 物业验收技术小组的成立。

4.1.1 当公司承接新的物业管理项目时，由公司总经理确定成立物业验收技术小组，技术小组中应根据物业情况选择包括电梯、空调、消防、发配电、给排水、弱电、土建等专业技术人员。物业验收技术小组的成立，应由总经理签发书面的通知。

4.1.2 物业验收计划的制订。物业验收技术小组会同物业管理处，根据物业管理合同的要求制订相应《物业验收计划》，验收计划应由验收技术小组组长审核，并报总经理批准。

4.2 资料的接管验收。

楼宇验收技术小组会同物业管理处按验收计划进行资料的接管验收，认真审查验收、移交方提供的产权资料和技术资料，并记录于"楼宇接管资料移交清单"中，对于个别一时难以备齐的资料，在不影响整个接管验收工作的进度下，可由交接双方议定，限期提交并做好记录备查。

4.3 物业的预验收。

4.3.1 物业验收技术小组分专业系统，按验收计划要求依据设计图纸进行预验收。

4.3.2 楼宇验收技术小组依据国家标准《建筑安装工程质量检验评定标准》《房屋接管验收标准》对物业的实物进行验收，主要验收设备和主材的规格型号、容量、制造厂并清点数量、安装位置等，填写"房屋接管验收表"及"公共设施接管验收表"。

4.3.3 在预验收中检查出不合格项目，提出书面的整改后附"房屋接管验收遗留问题统计表"及"公共设施接管验收表"，报送移交单位，由移交单位催促工程施工单位进行整改。遗留问题整改完毕后，施工单位填写"房屋接管验收遗留问题统计表"及"公共设施接管验收表"中的"处理结果"一栏的内容并签字后返还管理处存档。

4.3.4 对预验收的单独设备进行试运转验收，主要验收设备的安装质量和运转中设备的主要技术指标。对不符合的指标，及时提出书面意见，要求移交单位组织设备制造厂家或施工单位进行重新调试，要基本达到规定的要求。

4.4 物业的验收。

4.4.1 物业验收技术小组根据"房屋接管验收遗留问题统计表"及"公共设施接管验收表"中的"处理结果"进行验证。验收合格后，按验收计划进行正式的物业验收。

4.4.2 楼宇的实物验收，按验收计划要求进行，做到"三符合"：一是图纸与设备规格型号、数量符合；二是工程的主要设备的安装位置与安装质量符合；三是设备包括设备连接的整个系统的技术性能，应与设计的功能符合。

4.4.3 在实物验收过程中发现的不合格立即提出书面《整改报告》，限期整改，并在"房屋接管验收遗留问题统计表"及"公共设施接管验收表"中的"验收结果"栏中注明，验收小组负责跟踪验证整改的结果。

4.5 岗位移交。

4.5.1 在完成资料交接和现场验收后，物业管理处各岗位人员进驻岗位，配合移交方岗位人员一起履行运行职责，此间不承担管理责任，仅作为个责任过程。各岗位移交最高时限：电梯1周，中央空调2周，消防1周，配电2周，给排水1周，供气0.5周，土建3周，其余岗位0.5周。

4.6 责任移交。

在岗位移交完成后，移交方人员撤离现场，全部管理责任由物业管理处负责。至此，物业接收过程完成，物业管理处出具验收总结，物业进入日常管理阶段。

4.7 验收后的工作。

4.7.1 各专业工种根据验收后的情况，整理"房屋接管验收表""公共设施接管验收表"及"房屋接管验收遗留问题统计表"等有关资料。

4.7.2 物业验收技术小组根据"房屋接管验收表""公共设施接管验收表"等有关资料，做出综合性验收评定，并将验收报告呈交公司总经理。

4.7.3 公司总经理代表物业验收的接受单位，同物业的移交单位办理相关的手续。

4.7.4 物业验收技术小组根据各专业工种整理的验收资料进行汇总后存档。

三、物业质量细部检查作业指引

物业质量细部检查作业指引

1. 目的

规范细部检查行为，保证细部检查效果，以最低的保修量提升客户满意度。

2. 适用范围

适用于本公司各项目细部检查工作小组。

3. 职责

3.1 公司负责本指引的制定、修改、指导和监督。

3.2 各项目细部检查工作小组与开发商项目部需保持良好的沟通，严格执行本指引，规范细部检查行为，努力实现"保修工作零返修"的工作目标。

4. 阶段性工作方法和过程控制

4.1 细部质量检查工作的定义。

指物业公司在开发商开发项目实施过程中的装修阶段介入，熟悉项目状况，跟踪掌握施工质量情况，以物业安全、质量和满足使用功能为主的全方位100%的质量检查；站在业主的角度和立场，从物业管理的专业角度出发，及时发现问题，提出合理建议，最大限度地消除质量通病，有效减少返修工作量，为物业移交、业主入住打好基础。

4.2 细部质量检查工作中开发商与物业公司的职能分工。

4.2.1 物业公司负责对工程项目实施细部质量检查，行使检查、发现并提出质量问题、跟踪复查验收的职能。

4.2.2 开发商项目部负责审核施工单位制定的维修方案。

4.2.3 开发商项目部直接负责跟进施工单位的返修工作，通知施工单位组织返修，约定维修时间，负责跟进、验收、交付和记录等。督促质量整改，控制维修质量，实现房屋零返修目标。

4.2.4 物业公司根据不同工程项目，制定出适合项目特点、满足公司要求的检查标准、检查方案和检查表单，经开发商审批同意后执行。

4.2.5 物业公司根据开发商要求时间对进驻项目实施检查，开发商项目部确保工程项目具备细部质量检查条件。细部检查工作小组进场一周内，制定工作方案，审查检查人员名单、资历，并加强考勤。

4.2.6 为确保质量检查、质量整改工作顺利进行，开发商项目部在细部质量检查开始前召集物业、监理、施工单位，召开四方会议，明确各方权利、责任，并统一细部检查质量标准和要求。授权物业公司对监理、施工单位的细部质量检查、整改有关管理权限（开发商在支付工程进度款、结算款、监理费前需征求物业公司意见，并在内部控制记录上由物业公司负责人签字确认，书面成文备案）。

4.3 细部质量检查工作操作规程。

4.3.1 物业公司对全体参检人员进行行为规范、规章制度、安全守则等培训教育，进行检查标准、检查技能和表单填写的培训，专业工程师现场示范和讲解，保证每个参检人员全面熟悉质量检查的标准和要求，满足上岗的要求。

4.3.2 在检查开始前的四方会议中，要求开发商项目部在工程现场挑选并确定一套住房作为本次质量检查的标准样板房，开发商、物业、监理、施工单位共同确认质量标准实样，供各家施工单位参照施工。

4.3.3 物业公司按"质量检查标准"，组织对每套房间及外墙、屋面、室外景观、道路等进行百分之百的质量检查。边检查边填写相关的分项"细部质量检查表单"。

4.3.4　物业公司检查人员整理当天检查发现的质量问题，分类填写"质量问题记录表"。

4.3.5　物业公司质量工程师拟定"质量问题整改通知单"，由开发商项目部审核签发"质量问题整改通知单"，确定维修整改方案，督促施工单位限期整改并报验；组织监理公司进行过程监控、质量验收。

4.3.6　物业细部检查工作小组根据报验单对整改结果复查，复查合格的，资料归档；复查不合格的，重复执行4.3.4～4.3.6条，直至全部合格。

4.3.7　同一质量问题，施工单位经过两次以上整改报验，经复查仍不合格的，物业细部检查工作小组开具罚款建议书，报开发商项目部审批，审批后直接从工程款中扣罚。

4.3.8　物业细部检查工作小组负责人每周参加工程例会，与开发商项目部、监理、施工单位沟通协调细部质量检查有关事宜。

4.3.9　物业细部检查工作小组每半月编写一份"细部质量检查半月报"，内容包括本月主要问题汇总；整改进展情况；对施工单位整改及时性和配合情况进行评价；建议和措施；下期工作重点和安排。报地产项目部签收，同时上报物业公司，并抄送工程部、客户关系中心。

4.3.10　开发商项目部针对"细部质量检查半月报"，同步进行细部整改落实情况的检查，并负责整改工作的验收封闭。

4.3.11　物业公司须至少每半月对细部检查工作小组进行一次考核、督查，开发商项目部参与考核并不定期（每月不少于一次）对细部检查工作小组的工作进行抽查。物业公司对细部检查工作小组的考核结果及时上报开发商。

四、样板房服务工作规范

样板房服务工作规范

一、样板房通用服务规范

项目	规范	不允许	要领
仪容仪表	（1）工作时间内着本岗位规定制服及相关饰物，保持干净、平整，无明显污迹、破损，正确佩戴工牌 （2）对讲机佩带在身体右侧腰带上，对讲时统一用左手持对讲机 （3）工作期间精神饱满，充满热情	（1）迟到早退，擅自离开工作岗位 （2）精神不振，无精打采，懒洋洋 （3）干私活，在样板房看电视，打电话	规范着装，整洁大方，身体健康，状态良好
值班	（1）在清洁收拾房间时有客人进来，马上停止手中工作，起身微笑"您好" （2）保持房内清洁	（1）在样板房内吃东西 （2）因为无人参观而坐在房内 （3）上班时间聊天	停止工作，主动问好

续表

项目	规范	不允许	要领
迎客	客人进门，手臂伸直，手掌合拢，向所示方向做引导手势，请客人进入，同时说："您好，欢迎光临"	动作过于做作或过于散漫	"您好，欢迎光临！"，引导手势
接待参观客人	（1）热情接待客人，耐心讲解，耐心地引导参观 （2）时刻注意使用礼貌语言，表现良好而专业的素质 （3）注意加强对物品的监控	（1）对客户不闻不问，任由他们自由参观 （2）房内物品丢失	热情接待，耐心讲解
客人拍照	（1）有礼貌地告知对方不能拍照 （2）如遇蛮横不讲理的客人不能与其争吵，应委婉解释，不能解决时，应请示上司	与客人争吵，发生冲突	礼貌委婉，认真解释
送客	客人出门时，做引导手势，引导客人离去："请慢走，欢迎再次光临"	敷衍了事	开门送客，"请慢走，欢迎再次光临"

二、样板房礼宾部通用服务规范

项目	规范	不允许	要领
仪容仪表	（1）工作时间内按照规定着本岗位制服及相关饰物、警用器材，并保持干净、平整，无明显污迹、破损，正确佩戴工牌 （2）停车场岗位人员夜间要着反光衣 （3）对讲机统一佩带在身体右侧腰带上 （4）站岗时不依靠在其他物体上，双手自然下垂或交叉在腹前或背后，不拿与工作无关的物品 （5）工作期间精神饱满，充满热情，面带微笑，声音亲切	（1）迟到早退，擅自离开工作岗位 （2）精神不振，无精打采，懒洋洋 （3）扎堆聊天或干私活警惕性不高，不能及时赶到突发事件现场	规范着装、整洁严谨，状态良好，装备齐全，面带微笑，声音亲切
行礼	（1）着制服并戴帽值班的员工行礼为正规军礼 （2）当值期间，遇到客户询问或与客户交涉时，须行礼 （3）当值期间，遇到由公司或管理处领导陪同客户参观时，须行礼 （4）当值换岗时，须双方相距1.5米，立正行礼 （5）车辆进出停车场，向驾驶员行正规军礼	（1）行礼时，距离太近 （2）不按着装规定行礼	着制服行军礼，着西服和门童服行30度左右的鞠躬礼或点头致意
对讲机使用	（1）语言要简练，清晰，易懂，呼叫："××（岗），××（岗），我是××（岗），收到请回答" （2）应答要明朗，"××（岗）收到，请讲！"表达完一个意思时，及时向对方说"完毕" （3）通话结束，须互道"完毕"	（1）在对讲机中聊天，说与工作无关的事情 （2）语言啰嗦，口齿不清，不知所云 （3）在对讲机中互通与工作无关的其他信息	语言简练清晰

三、次入口礼宾形象岗服务规范

项目	规范	不允许	要领
来访人员接待（封闭式管理）	（1）主动向来访人员打招呼问好，面带微笑 （2）与客户沟通时保持适当的（1米以外的）距离 （3）所有客户参观样板房须持有售楼部发出的凭证或销售人员陪同 （4）不直接拒绝客户，尽量少说"不知道"之类的话 （5）陌生客人来访时，有礼貌地询问客人来意后进行登记，态度诚恳，使用礼貌语言，及时向被访客户确认，并使用正确手势向客户指引方向 （6）客户有不礼貌的言行时，不与之理论或还击，要婉转解释 （7）公检法、工商、税务等政府部门人员的突然到访检查，未经预约的媒体采访的接待须注意及时报告上级领导并告知客户服务人员，应做到礼貌、得体	（1）不登记进入小区 （2）客人带危险物品进入小区 （3）对待业主态度热情，对待陌生来访者态度冷漠怠慢，不一视同仁	主动友好，礼貌登记
物品放行接待	（1）主动请客户填写"物品放行条" （2）认真核对物品及业主身份无误后，对客户表示感谢 （3）客户离开，要有礼貌地告别	（1）对物品核实不清 （2）要求业主写保证书	填写物资放行条，认真核对，礼貌细致
接待客户投诉	（1）当值时接到顾客投诉，在处理时应热情大方，举止得体，文明礼貌，认真听取顾客投诉的内容，进行记录 （2）在自己能正确解决或回答的情况下，自己予以解决或回答，并将处理情况反映给上级或部门客户服务人员 （3）如自己不能解决顾客投诉，如业主没有预约且非常不理性的到访，被辞退或被批评的员工没有预约且非常不理性的投诉到访，应做如下的接待 ① 积极维持现场秩序 ② 现场应做到礼貌、得体，不得表现出反感和敌对情绪，不对顾客的言行进行讨论和指点，以免引起顾客的误会而激化矛盾 ③ 同时在接待过程中，对外围的情况应保持警惕，及时报告上级领导	（1）不理睬客户投诉、推诿、不予帮忙 （2）擅自处理重大来访或是事件 （3）对客户粗暴，不使用礼貌用语 （4）信息流失，不及时反馈情况	认真听取，仔细记录，及时反馈，竭诚解决

四、巡逻礼宾岗服务规范

项目	规范	不允许	要领
巡逻	（1）行走时应昂首挺胸，正视前方，保持中速。手臂姿势自然，随步伐自由、协调摆动 （2）巡逻行走时头可微摆，主要以眼睛余光巡视四周	（1）借巡逻时办理私事或偷懒 （2）巡逻时扎堆聊天、看报、听收音机、抽烟等 （3）边巡逻边打手机或把玩手机 （4）精神萎靡 （5）手插入兜内	挺拔大方，眼观四路，耳听八方

续表

项目	规范	不允许	要领
路遇客户	（1）巡视行走时遇到客户，要面带微笑，点头致意 （2）巡视时见到需要帮助者，应主动上前询问并提供帮助	对客户态度冷漠或故意避开	主动致意，礼貌询问
遇见可疑人物	（1）通知领班或监控中心进行监视 （2）进行跟进，严密注意对方行为 （3）上前询问前，要先通告同伴，再近距离接触，有礼貌地询问对方："您好，请问有什么可以帮到您吗？"，如确定对方为外来无关人员，要委婉地告诉对方，这是私人住宅小区，谢绝参观	（1）不及时汇报情况 （2）警惕性不高，不能及时发现安全隐患 （3）做事犹豫不决，头脑不清晰	团队协作，机智监控，礼貌询问保护自己
保持小区卫生	巡逻时主动拾捡小区内垃圾，做到人过地净，遇到较大面积的污迹和积水，立即通知领班或联系就近保洁员处理		

五、停车场礼宾岗服务规范

项目	规范	不允许	要领
交通手势	（1）车辆交通指挥（停止、直行、右转弯、左转弯）均采用国家规定的标准交通手势，具体分为：直行手势、直行辅助手势、右转弯手势、左转弯手势、停车手势、慢行手势与前车避让后车手势 （2）直行手势，身体保持立正姿势，左手伸出与身体呈90度，掌心朝外，五指并拢，并且目跟臂走 （3）直行辅助手势，在直行手势前提下，由目随右臂伸出与身体成90度，然后手臂由右至左摆动，小臂与身体平行，小臂与大臂成90度，距胸前约20厘米 （4）左（右）转弯，身体保持立正姿势，左（右）手臂朝前方伸出，手臂与身体约成120度，手呈立掌，掌心向前，五指并拢，随即左（右）手向前伸出，手臂与身体成45度，距腹部约30厘米，目光随左（右）手掌进行左右摆动 （5）停车手势动作要领：身体保持立正姿势，左手臂向前伸出，手呈立掌，掌心朝前，手臂与身体约成120度 （6）慢行手势动作要领：身体保持立正姿势，右手臂向前伸出，掌心朝下，右手臂与身体约成60度，目光随右手臂上下摆动 （7）前车避让后车动作要领：身体保持立正姿势，以左手臂向前伸出与身体成90度，掌心朝左同时向左摆动，随即右手向前伸出与身体成90度，掌心向上，小手臂后折与大手臂成90度，掌心朝后同时向后摆动	动作不到位，无精打采，不规范标准	动作规范，指挥规范

六、售楼大厅礼宾岗服务规范

项目	规范	不允许	要领
姿态	立正姿势，双手可交叉放于前腹，保持微笑	板着脸，姿态不正	亲切友好
迎客	客人进门，手臂伸直，手掌合拢，向所示方向做引导手势，请客人进入，同时说"您好，欢迎光临"	动作过于做作或过于散漫	"您好，欢迎光临！"，引导手势
当值	（1）当值时遇客人咨询问题，应耐心倾听，及时做出反应和回答，指引方向或联系相关人员 （2）密切注意展厅内的各类人员，及时发现安全隐患，发现可疑现象时，及时用对讲机联系同事或上级，随时关注事情动向 （3）注意对展厅内物品的监控，发现有损坏和丢失现象应及时向中心和直属上级汇报	态度冷漠，擅自离岗	机智监控，行动优雅，及时汇报
送客	客人出门，做引导的手势，引导客人离去："请慢走，欢迎再次光临"		开门送客："请慢走，欢迎再次光临"

七、保洁员服务规范

项目	规范	不允许	要领
仪容仪表	（1）工作时间内一律着本岗位规定制服及相关饰物、胸牌，并保持干净、平整，无明显污迹、破损，正确佩戴工牌 （2）保持个人卫生清洁，统一着深色平底鞋 （3）对讲机统一佩戴在身体右侧腰带上	（1）迟到早退，擅自离开工作岗位 （2）无精打采，懒洋洋 （3）扎堆聊天或干私活	规范着装，整洁大方，手脚麻利
工具	（1）保洁工具应放置在规定位置，并摆放整齐 （2）在楼道内等区域进行清洁服务时，应放置或悬挂相关标识，以知会相关人员（待定）	（1）清洁工具混用 （2）聊天，议论客户的长短	工具摆放整齐，标识使用得当
遇到客户	（1）在保洁过程中，如遇到客户迎面而来，应暂时停止清洁，主动让路，并向其微笑问候"您好" （2）保洁时如遇客户询问问题，要立刻停止工作，耐心仔细地回答客户提问	（1）垃圾或脏水溅到客户身上 （2）大声喧哗，闲聊天	停止工作，主动问好

八、绿化员服务规范

项目	规范	不允许	要领
仪容仪表	工作时间着岗位规定服装，佩戴工牌	（1）迟到早退，擅自离开工作岗位 （2）无精打采，懒洋洋 （3）扎堆聊天或干私活	规范着装，整洁大方

续表

项目	规范	不允许	要领
服务态度	态度和蔼可亲，举止大方，谈吐文雅，主动热情，礼貌待人		举止大方，礼貌待人
工具	绿化工具应放置在规定位置，并摆放整齐	(1) 工具混用 (2) 聊天，议论客户的长短	工具摆放整齐，标识使用得当
浇灌水	(1) 浇灌水时，摆放相关标识，以提醒顾客 (2) 节约用水 (3) 有业主路过，及时停止工作并让路，点头致意或问好	路上留有积水，影响顾客行走	现场整理，礼让客户，热情问好
施肥、除虫害	(1) 洒药时要摆放消杀标识 (2) 有客户经过，要停止工作 (3) 喷洒药水时，须佩戴口罩，如药水有气味，须向客户做好相关解释工作，说明是没有毒性的药物 (4) 控制药品浓度合适，注意相关药品的禁忌	(1) 在休息日，人员流动高峰期使用有强烈气味或臭味的用料 (2) 药水遗留在马路上不及时清扫干净 (3) 在炎热的时候喷洒药水	戴口罩，礼让客户，公休期间避免喷洒药水
修剪和除草	(1) 准备和检查使用设备能正常使用，避免有漏油等情况发生 (2) 有客户经过，要停止工作，主动让路	(1) 绿化垃圾摆放路边，不及时清理 (2) 节假日及中午休息时间进行有噪声的操作	摆放标识，礼让客户，公休期间不作业

九、维修人员服务规范标准

项目	规范	不允许	要领
仪容仪表	(1) 工作时间内着本岗位规定制服及相关饰物，并保持制服干净、平整，无明显油污、破损、褶皱，正确佩戴工牌 (2) 对讲机统一佩带在身体右侧腰带上 (3) 工具包统一挎在左肩处，并保持整洁 (4) 工作期间应保持积极良好的精神面貌	(1) 制服肮脏 (2) 满脸疲倦，不时打呵欠，无精打采 (3) 冷淡、过分严肃或者木讷的表情	规范着装，整洁大方，身体健康，状态良好，工具齐全
施工现场	(1) 放置施工现场有关标识牌 (2) 提醒参观、检查人员注意安全、佩戴安全帽等 (3) 正确操作施工工具 (4) 语言文明，不在小区内、工地上追逐打闹，不用施工工具比划、开玩笑等 (5) 与公司各相关施工单位配合良好，及时沟通 (6) 对其他施工监督严格，不讲私情，严格把好质量关 (7) 保证施工图纸、设备说明书等资料的完整无损	(1) 私自将施工工具拿出现场，私自借用施工工具 (2) 打架骂人，说话粗鲁 (3) 不注意个人安全，违规操作 (4) 故意怠慢，影响工程进度 (5) 不熟悉施工程序，偷工减料 (6) 擅自进入已售出的房室内，使用室内物品、水、电等	摆放标识，注意安全，配合良好，规范操作

第二十一章

物业项目入伙管理制度规范

一、物业项目管理处筹建工作指引

物业项目管理处筹建工作指引

1. 目的

为物业项目管理处的筹建工作提供指引，从规范机构设置、人员编制、规范建设、硬件装备、公共关系建立、印鉴证照办理及开办费测算等方面，保证新项目筹建工作顺畅、有序进行，为以后管理项目日常工作的开展打下基础。

2. 适用范围

适用于筹建新物业管理项目之用。

3. 职责

3.1 新项目预订入伙前六个月成立相应的物业管理项目筹建组。

3.2 物业管理项目筹建人员负责参照本工作指引，结合新项目的实际情况制订筹建计划并具体落实。

4. 过程控制

4.1 机构设置、人员编制

4.1.1 物业管理项目筹建人员应根据《物业管理方案》确定项目的机构设置及人员编制。

4.1.2 设置原则：根据项目经营管理的规模、复杂程度、智能配套、楼宇类型、数量、档次、功能和配备设施、周边环境以及开发商对物业管理服务的要求等实际情况，本着利于统一领导、分级管理、精干高效的原则按需设置机构。

4.1.3 职责类型：物业管理项目根据专业需要，一般情况涵盖的主要职责如下。

（1）人事行政：负责人事事务操作、行政后勤、人员培训、绩效考核、资料管理、信息管理、公关协调等内部管理工作。

（2）客户服务：负责前台接待、社区文化、装修管理、会所管理、特约服务、投诉处理、品质监控等工作。

（3）财务管理：负责财务核算、费用收缴、经营管理等工作。

（4）保洁绿化：负责清洁消杀、绿化维护、家政服务等工作。

（5）工程维修：负责房屋本体维护、公共设施维护、工程配套完善、家政室内维修、装修监控等工作。

（6）安全管理：负责消防安全、车场管理、小区内公共区域治安防范、出入口管理等工作。

物业管理项目筹建人员应综合考虑项目的业务需求及成本状况，必要时可合并或调整部分岗位的职能，发挥机构及人员的最大功效。

4.1.4 定编程序。

（1）根据市场水平确定项目的物业管理费标准，以此为基础制定管理预算及服务方案，确定人力成本构成。

（2）人力成本占总预算的比例建议控制在50%以内，具体构成如下。

项目	占总预算的比例/%	备注
人力成本	30～50	如保安、保洁服务外包，则人力成本控制在30%
保洁（外包）	10	如保洁服务不外包，则相应的保洁费用隶属人力成本范畴
保安（外包）	15	如保安服务不外包，则相应的保安费用隶属人力成本范畴

（3）根据人力成本构成，结合项目实际情况，分配项目各岗位的人员编制。

（4）不同类型项目人均管理面积建议如下。

项目类型		人均管理建筑面积/米^2
住宅	建筑面积1×10^5米^{2}以上	1400～2000
	建筑面积1×10^5米^{2}以下	1200～2000
高层商住楼		800～1000

4.1.5 定编要求。

（1）按需定编：物业管理岗位设置类别、场所、定编人数要符合现场需求。常见业务岗定编要求如下。

① 安全岗的定编应综合考虑小区特点：如出入口的多少、小区智能化程度、小区是封闭式管理还是开放式管理、小区周边的治安状况等因素。常见岗位归纳如下。

岗位性质	岗位类别	工作场所	现场需求	编制方法
固定岗	门岗（或大堂岗）	人行出入口	控制行人进出	1岗1人，全天轮岗
	控制中心岗	控制中心	控制中心监控	1岗至少1人，全天轮岗
	消防中心岗	消防中心	消防中心监控	1岗至少1人，全天轮岗
	形象岗	大门或大堂	展示形象、接待引导	1岗1人，日间站岗
巡逻岗	楼内巡逻岗	楼内	楼内治安	工作量按楼栋设置
	楼外巡逻岗	楼外	楼外治安	工作量按地形设置

续表

岗位性质	岗位类别	工作场所	现场需求	编制方法
车场岗	车场门岗	车辆出入口	控制车辆进出	1岗1人，全天轮岗
	车场巡逻岗	停车场	车场巡逻	工作量按地形设置
机动岗	检查岗	现场	全程监控临时替补	班组长兼任

②保洁岗的定编应根据物业类型、物业档次的定位等进行综合考虑，常见岗位划分如下。

岗位类别	工作场所	现场需求	编制方法
楼内岗	楼道、大堂、电梯等	楼内保洁	工作量按楼层设置
楼外岗	楼外公共区域	楼外保洁	工作量按面积设置
家政岗	住户室内	家政服务	根据业务需要设置
垃圾清运岗	楼外指定区域	生活垃圾收集、清运	按照当地情况设置

③绿化岗的定编应根据绿化面积及园林复杂程度确定，其工作内容可包括浇水、施肥、拔杂草、修剪、消杀、绿化带卫生、补苗等，一般按人均养护面积约4000米^{2}分配人员。

④维修技术岗的定编应根据项目配套设备设施的数量和复杂程度、住户室内维修、装修需求多少综合进行考虑。

（2）合并满负：本着节省人力成本的角度出发，提倡岗位一专多能、分工不分家的模式，各编制员工工作量应尽可能饱满、效率高。常见案例如下。

①根据项目结构特点，行人及车辆出入口往往彼此相连，可以考虑合并门岗和车场门岗。

②控制中心往往兼负消防控制职能，可以考虑与消防中心合并。

③高层楼宇或封闭院落可以考虑在大门或院落大堂处设置形象岗，兼负形象、安全、客服等职能。

④物业管理不同阶段对人员编制的要求不一样：集中入住期、装修期、返修高峰期，工作量大，人员定编相对较高（可考虑从其他项目调配或临时借调人员），物业日常管理阶段，则应考虑合并满负、优化整合。

（3）按价定质：即价格决定服务品质，各岗位员工的作息时间、工作频次、服务标准应严格按照委托合同内容及管理费收费标准制定，防止服务过剩，人力成本相应增加。

（4）按量定编：根据确定的岗位工作量（包括作息时间、工作频次、服务标准等）分配人员编制。部分岗位的工作量需实地测试，并定期进行工作量评估，适时对部分岗位进行合并满负。

（5）合法定编：人员定编操作不得违反国家及当地劳动法规规定。

4.2　招聘培训

4.2.1 物业管理项目筹建人员应根据审定的项目组织架构、人员编制、岗位需求，开展相应的人员招聘工作，并确保各岗位、各专业人员按期到位，到位期限建议如下。

岗位名称	建议到位时间	备注
服务中心经理	交楼前3个月	前期介入人员除外
普通管理人员	交楼前3个月	
维修技术员	交楼前3个月	
保洁员	交楼前1个月	
护卫员	交楼前1个月	
会所服务员	交楼前1个月	

4.2.2 物业管理项目筹建人员应负责组织对新到岗人员的入职培训工作，确保其了解公司企业文化、规章制度，熟悉岗位工作内容、专业技能、服务礼仪，满足公司对其上岗的要求。

4.3 规范建设

4.3.1 物业管理项目筹建人员应负责根据业务需要完成项目各项规章制度的起草、编制，包括：

（1）公司行政制度汇编、人事操作、财务管理制度等；

（2）项目组织架构、岗位职责等；

（3）项目内部运作制度等。

4.3.2 物业管理项目筹建人员应根据项目新增业务、设施及其他情况负责相关作业指导、支持性文件的补充编写，完成项目质量管理运作体系的搭建。完整的质量管理作业指导体系如下。

类别		内容
职能管理作业指导文件	人力资源管理作业指导文件	员工招聘、员工培训、员工考核、员工奖惩、员工意见测评、培训有效性评估、内部沟通等作业指导文件
	管理评审作业指导文件	评审输入、输出以及过程控制、记录保持
	合同评审作业指导文件	合同管理、评审
	物资管理作业指导文件	仓库管理和控制；固定资产管理；工作环境管理；办公设施管理；劳动保护等作业指导文件
	服务策划作业指导文件	物业接管前策划；小区改造、大型项目动工前策划；对外培训；新增服务项目策划等作业指导文件
	其他管理类作业指导文件	遗留工程问题处理；标识管理；质量事故处理等作业指导文件
业务控制作业指导文件	环境管理作业指导文件	保洁、绿化岗位管理文件；清洁工作规程和标准；绿化工作规程和标准；垃圾收倒管理方法；保洁员内部管理文件；保洁、绿化用设备、工具的使用和维修管理文件；环境消杀管理文件；环境工作检查文件等

续表

类别		内容
业务控制作业指导文件	安全管理作业指导文件	安全岗位管理文件；相关岗位工作规程；消防管理文件；安全、消防、急救用器材或器械的管理与维护；护卫员内部管理文件；公共预警管理；危险作业监管文件；危险品管理文件；紧急事件处理流程；安全工作检查文件等
	设备设施管理作业指导文件	房屋本体及各种设备设施日常维护、保养、维修、管理作业流程；维修员内部管理文件；检验和测量设备管理文件；设备设施工作检查文件等
	便民服务作业指导文件	家政服务；室内维修；商务服务等作业指导文件
	其他服务和管理作业指导文件	物业接管验收；入住办理；装修管理；钥匙管理；会所、游泳池、商铺管理；业委会筹建及运行等作业指导文件
供方控制作业指导文件		采购管理；供方评估；供方监控等作业指导文件
顾客关系作业指导文件		顾客沟通、顾客投诉处理、顾客意见测评、服务信息分析等作业指导文件

4.3.3　物业管理项目筹建人员应负责了解并收集有关物业管理行业的相关法律法规、行政规章等，如下所示。

（1）国家有关物业管理的法律法规和规范性文件要求，见下表。

序号	法规名称	备注
1	《城市新建住宅小区管理办法》	
2	《城市住宅小区物业管理服务收费暂行办法》	
3	《住宅共用部位共用设施设备维修基金管理办法》	
4	《物业公司资质管理试行办法》	
5	《物业管理委托合同示范文本》	
6	关于印发《前期物业管理服务协议》（示范文本）的通知	
7	《高层建筑消防管理规则》（高层建筑必备）	
8	《房屋接管验收标准》	
9	《卫星电视广播地面接收设施管理规定》	
10	《城市住宅小区竣工综合验收管理办法》	
11	《中华人民共和国劳动法》	
12	《关于进一步加强电梯安全管理工作的通知》	
13	《中华人民共和国招标投标法》	
14	建设部关于修订全国物业管理示范住宅小区（大厦、工业区）标准及有关考评验收工作的通知	
15	《中华人民共和国电力供应与使用条例》	
16	《中华人民共和国合同法》	
17	《中华人民共和国消防法》	
18	《物业公司财务管理规定》	

序号	法规名称	备注
19	《国家税务总局关于物业公司的代收费用有关营业税问题的通知》	
20	《城市居民住宅安全防范设施建设管理规定》	
21	《机动车停放服务收费管理办法》	
22	《建筑装饰装修管理规定》	
23	《家庭居室装修管理试行办法》	
24	《燃气燃烧器具安装维修管理规定》	
25	《施工现场安全防护用具及机械设备使用监督管理规定》	
26	《商品房销售管理办法》	
27	《中华人民共和国消费者权益保护法》	
28	《特种作业人员安全技术培训考核管理办法》	
29	《建设工程质量管理条例》	
30	《城市房开发商中介服务管理规定》	
31	《住宅室内装饰装修管理办法》	
32	《机关、团体、企业、事业单位消防安全管理规定》	

（2）所在地方政府、行业主管部门和立法机构颁发的有关法规、条例、规定等，包括从业资质、接管验收、装饰装修管理、房屋修缮养护、住宅小区管理、服务收费、维修基金、业主委员会、房屋租售代理、绿化环境管理、消防、特种设备设施、岗位培训等。

4.3.4 物业管理项目筹建人员应负责完成与业主（住户）权利、义务、行为、活动相关的各类房屋使用及公众制度等物业管理规定的编制，包括以下内容。

（1）业主公约、业户手册、业主委员会章程等。

（2）住宅区及大厦公共部位使用管理规定。

（3）住宅区及大厦公共设施使用管理规定。

（4）物业装修管理规定。

（5）物业消防管理规定。

（6）停车场管理规定等。

4.3.5 物业管理项目筹建人员应根据国家考评标准，结合当地物业管理规定、管理处管理服务需要编制管理处文档分类目录（可根据实际情况适当增删，要保证文档资料完整并易于查找和识别），作为服务中心建立各类管理文档的规范基础。

4.3.6 物业管理项目筹建人员应统一对管理处各类文档进行编号，编号规则如下。

（1）为便于迎检，编号原则上应根据国家考评标准条目进行。

（2）为便于查阅，对于不同方式存档的文档资料，建议在编号后面加英文字母以示区分。

（3）服务中心日常管理文档也须按上述编号方法进行编号，但编号应接在迎检目录编号后。

（4）原则上用二级目录名作为文档标题，如无二级目录或以二级目录作为文档标题时文件资料太少，则用一级目录名作为文档标题。如果某些三级目录文件资料很多，不便与其他资料装在一起，也可用三级目录名作为文档标题。

（5）在文件夹（盒/袋）封面或侧面应有标识，上面注明目录号、文档标题等。文件夹（盒/袋）应有卷内目录，详细列明卷内的文件资料。

（6）文档管理员调（离）职或更换岗位前，须做好文档资料交接工作，完善交接手续，如文档资料有遗失，则追究当事人责任。

4.4　物资装备

物业管理项目筹建人员应根据制定的《物业管理方案》及项目配套确定所需的物资种类、性能、级别、数量等，制订购置计划并按相关规定经过询价、评估、报批等手续后，进行相应的采购、配置工作，如下所示。

4.4.1　办公用品：办公桌椅、文件柜、钥匙柜、文具、信笺、白板等。

4.4.2　办公设备：打印机、复印机、电话、传真机、保险柜、验钞机、饮水机、空调、电视机等。

4.4.3　后勤服务设施：餐具、厨具、灶具等食堂用品，宿舍桌椅、衣柜、床架、排气扇、热水器等。

4.4.4　网络设备：计算机等。

4.4.5　清洁及绿化设备和工具：洗地机、吸尘器、喷雾器、垃圾筒、剪草机、绿篱剪、高枝剪、花铲、铁锹、手推车、水管等。

4.4.6　安全设备和工具：保安岗亭、对讲机、电警棍、手电筒、消防器材及工具等。

4.4.7　维修设备和工具：电焊机、切割机、冲击钻、应急灯、管道疏通机、维修梯等设备，及相关家庭维修用工具物品，见下表：

序号	名称	型号	序号	名称	型号	序号	名称	型号
1	克丝钳		13	毛刷		25	软管	
2	十字螺丝刀	大、小	14	电烙铁		26	花线	
3	活扳手		15	毛巾		27	三通	4分
4	尖嘴钳		16	一字螺丝刀	大、小	28	直通	4分
5	扁口钳		17	水胶布		29	弯头	4分
6	试电笔		18	电胶布		30	内接	4分
7	万用表		19	小铁锤		31	灯泡	
8	管钳		20	三相插头		32	手套	
9	大力钳		21	两相插头		33	地垫	
10	刻刀		22	字工螺丝		34	布制鞋套	
11	卷尺		23	胶塞	6分			
12	板尺		24	水阀	4分			

4.4.8 工作服：保安、保洁、维修、会所、管理人员等工作服装，数量和配置可根据项目档次、类型拟定。

4.5 管理、后勤用房装备

4.5.1 物业管理项目筹建人员应根据国家或当地物业管理法规的规定，结合项目规划及管理规模，与开发商协商确定管理用房面积及位置分布。

4.5.2 物业管理项目筹建人员应科学规划、合理布置各类功能的管理用房，管理用房功能涵盖：行政事务办公室、会议室、培训室、客户服务中心、监控中心、仓库、洗手间等。

4.5.3 物业管理项目筹建人员应负责食堂和员工宿舍等后勤用房的安排、装修和配置。

4.6 现场标识装备

4.6.1 物业管理项目筹建人员应根据项目情况系统规划现场标识，完成所有标识的设计、制作并指导安装，包括：物业入口、办公室、培训室、仓库、设备房、公共设施、楼道内、地下车库、交通及停车场、会所、游泳池等场地的各类标志性、提示性和景观性的标识。

4.6.2 现场标识的规划应考虑周到、设计统一，应根据风格设计后报审批。

4.7 工作软件装备

4.7.1 物业管理项目筹建人员应负责指导完成财务建账、财务软件的导入、使用及管理。

4.8 公共关系的建立

物业管理项目筹建人员应积极、主动对外建立、协调各类与本项目业务相关单位、部门的公共关系。

4.8.1 与工商、税务、物价部门建立良好的公共关系，办理项目工商注册登记、物价申报工作。

4.8.2 与公用事业单位建立良好的公共关系，包括自来水公司、供电局、煤气公司、有线电视、电信局、邮政局、供暖公司等，办理水、电、煤气、有线电视、电话、网络、通邮、供暖等的开通手续及相应的抄表到户业务。

4.8.3 与辖区派出所、街道办事处、居委会、市容环卫、交管局、消防部门等建立良好的往来联系。

4.8.4 与消防部门取得联系，参与项目消防的验收接管，取得其日常对项目的技术支持和指导。

4.9 印鉴证照的办理

物业管理项目筹建人员应及时办理正常经营所需的各类证照，证照名称、颁证单位及相关要求见下表（供参考）。

类别	证照名称	证照主体	颁证单位	办理要求
组织机构类	营业执照正副本	服务中心、停车场	工商局注册分局	必须申办
	组织机构代码证、组织机构代码卡	服务中心、停车场	技术监督局	必须申办
	机动车停车场许可证	停车场	交通管理局	必须申办

续表

类别	证照名称	证照主体	颁证单位	办理要求
公章印鉴类	申请刻制印章登记卡	服务中心、停车场	公安局	也可在公司印鉴卡上登记
	公章	服务中心、停车场	公安局	必须申办
税务收费类	国税登记证、登记表	服务中心	国家税务总局登记分局	必须申办
	地税登记证、登记表	服务中心、停车场	地方税务局登记分局	必须申办
	收费许可证、价目表	服务中心、停车场	物价局	必须申办
设备设施类	对讲机执照	服务中心	无线电管理委员会	凡配置对讲机的部门均需申办，一机一证
	电梯安全检验合格证	服务中心	技术监督局	所有电梯均须申办，一般由电梯维护的专业公司代办
环境卫生类	卫生许可证（会所或游泳池）	服务中心	卫生防疫部门	必须申办
	卫生许可证（食堂）	服务中心	卫生防疫部门	根据食堂规模及外卖情况申办
	二次供水设施清洗消毒合格证	服务中心	水务局	有相关业务的部门必须申办
其他	房屋租赁许可证	服务中心	辖区租赁所	根据业务需要申办

4.10 开办费测算

4.10.1 物业管理项目筹建人员应负责项目开办费的测算及筹措。

4.10.2 开办费的内容、核算和操作方法按物业公司要求操作。

二、业主入伙模拟演练方案

业主入伙模拟演练方案

1. 目的

规范××小区业主入伙办理程序，确保业主顺利办理入住手续。

2. 适用范围

适用于××小区业主入伙手续的办理。

3. 演练步骤

3.1 由售楼公司的入伙导引员陪同业主到开发商处办理手续，并提醒业主带齐所有证件和资料。

3.1.1 确认业主身份：办理交房的业主须持"入伙手续通知书"、业主身份证及复印件、业主户口本及复印件（外地人须持暂住证及复印件）、购房外批单，业主委托他人办理手续受托人须持"业主委托书"及代理人身份证和复印件、《商品房买卖合同》及复印件、购房全款发票或其他付款凭证到开发商的销售部或客户服务部，确认业主入住资格。需办理小区停车证的需出具本人驾驶证及行车证。

3.1.2 交纳相关费用：业主到开发商的财务部交纳房屋尾款、各项契税及其他费用。

3.1.3 以上两项确认后，经办人应在"入伙手续书"上签字盖章。

3.2 由物业公司的护卫员接手并陪同业主到物业公司办理手续。收取业主的《商品房买卖合同》复印件（部分内容）、身份证复印件、"业主委托书"及受托人的身份证复印件。

3.3 各管理人员分别填写"居民家庭情况登记表"并领取《业户手册》"××市商品住宅公人维修基金分户卡"，签署《前期物业管理协议》《房屋使用、管理、维修公约》承诺书。

3.4 业主持物业公司物业部签字转来的"入伙流程表"到物业公司财务部交纳相关费用，见"业主收费清单"。

3.5 业主持物业公司财务部签字转来的"入伙流程表"到物业公司工程部办理相关手续。

3.5.1 物业公司安全护卫部将业主房间钥匙发放给业主，并由业主签署"钥匙交接单"、《备用钥匙管理协议》《入伙手续书》及"入伙流程表"，并封存备用钥匙一把，以便物业工程部对业主房间内的各项设备设施进行维修、调试。同时工程部人员为业主发放钥匙、水、电、天然气IC卡及信报箱钥匙。

3.5.2 验房：由物业工程部人员陪同业主到业主所购房屋，对房屋内结构、设备设施及各种五金配件进行验收，并将房屋验收状况和各表底数填写在"房屋设备验收交接表"内，同时在该表上业主及物业陪同验房人员签字确认。如有申报及维修事宜，可将业主所填写的"房屋设备验收交接表"中的问题于当日报承建方返修。

3.6 业主办完所有手续或在办理入伙手续过程当中，如对物业有任何疑问，可随时向客服人员提出，由入伙引导员将业主引导至物业现场办公咨询处进行答疑。

3.7 如业主进行二次装修，由物业公司工程部审定施工方案及施工图，同时与装修施工单位、业主签署《房屋施工管理协议》和《施工保洁责任书》，由物业工程部签发"施工许可证"。

3.8 物业公司、开发商及承建方协调事项。

3.8.1 办理入伙结束当日，物业公司各部门将当天情况进行通报、汇总，建立已办理入伙业主的管理档案。

3.8.2 对于业主提出的房间须返修的内容，报承建方返修，对房间返修量较大的单元特别报开发商及承建方，给予关注。

3.8.3 对于已下发的返修单，物业公司派专人跟进返修事宜，并将返修情况及时告知业主。

三、小区入伙方案

小区入伙方案

1. 入伙日期

略

2. 入伙的准备工作

2.1　入伙准备工作时间安排

序号	工作内容	完成时间	执行单位
1	业主联系名单的编辑	入伙前一个月	管理处
2	"入伙通知书"准备	入伙前一个月	开发商
3	《收楼须知》	入伙前一个月	管理处、施工单位
4	《住户手册》《装修管理规定》等入伙文件的准备	入伙前一个月	管理处
5	入伙场景布置和入伙仪式准备	入伙前一个月	管理处
6	准备入伙现场办公所需的物质	入伙前一个月	管理处
7	联系银行、电话公司、燃气等公司	入伙前一个月	管理处

2.2　入伙具体安排

2.2.1　入伙资料的准备。

（1）根据小区的实际情况编写和印制《业主公约》《住户手册》《服务指南》《消防安全责任书》《入住通知书》。《入住通知书》的内容要求写明管理处办公地点、业主办理入住手续时应带的资料、证件及交纳的费用明细，并附简明扼要的入住流程等。

（2）印刷以下各类入住表格：

① "《业主证》领用登记表"；

② "装修申请表"；

③ 《住宅使用说明书》；

④ 《住宅质量保证书》；

⑤ "钥匙领用登记表"；

⑥ 开发商提供的"入住验房表"；

⑦ "业主家庭情况登记表"；

⑧ "入住登记表"。

2.2.2　将相关的资料发放到网上，供业主查阅。

2.2.3　设计办理入伙手续流程图。

2.2.4　入伙日的筹备工作。

（1）物业的清洁，入伙之日前，清除脏污现象。

（2）设备的运行，对设备进行连续运作检验，各设备系统必须处于正常的工作状态下。

（3）环境布置。

序号	位置	说明
1	区内环境布置	（1）入口处挂横幅，张灯结彩，插放彩旗，高挂气球，营造隆重、喜庆的氛围 （2）设置温馨轻巧的路标指示牌，安排引导员，使业主办理入伙手续过程中感到方便 （3）入口处标明管理处的办公地址和办公时间
2	管理处办公环境布置	（1）办公室摆放花盆、盆景、彩带，给人隆重喜庆的感受 （2）张贴醒目的"办理入伙手续流程图"，办理手续窗口设置要求做到"一条龙服务"。手续窗口标志清楚 （3）管理人员着装整洁，精神饱满 （4）办公室内资料摆放整齐有序

（4）入伙现场的人员安排。

序号	分组		职责说明
1	指挥调度中心		负责整个入伙仪式的全面管理和人员调度。由开发商、物业公司和礼仪公司人员组成
2	礼仪接待组		负责业主和来宾的接待、引导及纪念品的发放，负责办理入伙手续的业主签到和发放入伙会签单。由专业礼仪公司提供人员
3	开发商的入伙组（销售部和财务部）		确认业主的身份，收取房屋的尾款和其他代办费用，同意办理下一步入伙手续
4	物业公司入伙分组	收银组	预收管理费，公共分摊水电费等
		审核签约组	发放《住房手册》，签署《业主公约》，填写"住户成员情况登记表"，收取业主资料
		收楼引导组	发放入户门钥匙，引导业主在"入伙会签单"上签名，并将"入伙会签单"交管理处保存；引导业主收楼、查房，查抄水、电表底数；若房屋存在质量问题，业主在"楼宇接收记录"上逐项写明，收楼引导组确认，由管理处转交开发商
		后勤保障组	组长负责与开发商之间的沟通畅通，保障全体成员的饮食、住宿、物资供应，组员负责传递消息。由管理处服务中心和安全护卫部负责
5	咨询中心		购房手续咨询（由开发商销售部负责） 建筑咨询（由开发商工程部负责） 入伙程序咨询（由管理处服务中心负责） 装修事宜咨询（由管理处工程部负责，装修申报应避开入伙高峰期） 物业及家政服务咨询（由管理处服务中心、清洁绿化部负责）
6	安全保卫组		负责维护入伙现场的秩序、引导业主车辆的停放。由管理处安全护卫部负责
7	其他服务单位		由电话公司、网络公司、有限电视台、燃气公司等单位负责办理开户手续、咨询等

3. 业主入伙程序

3.1 入伙庆典仪式

作为知名品牌物业，在入伙当天上午举行隆重而公开的入伙庆典仪式，通过媒

体及公众的良好宣传，以期获得更大的社会广泛效应

3.2　业主办理入伙手续流程

略

3.3　入伙资料归档

3.3.1　集中办理入伙期间，管理处在每日的入伙工作结束后，应和开发商销售部核对办理入伙的业主数目

3.3.2　办理完业主入伙手续后，管理处应将入伙签单、房屋装饰装修管理规定、验收记录表、身份证复印件授权委托书等资料整理归档，将受到的"验收记录表"整理、登记后移交一份给开发商。

3.3.3　每日办理完业主入伙手续后，管理处应及时清点未入伙和业主留下的房门钥匙，确保准确无误。

4. 入伙应急方案

4.1　客户对工作（含开发、工程、策划、签署等）不满的处理

4.1.1　引导客户到经理办公室沟通，并通知相关事项责任人到场处理。

4.1.2　仔细聆听，了解事情真相。

4.1.3　保持友好、礼貌、冷静的态度，并使客户平静下来，向客户提出解决问题的建议。

4.1.4　如实记录下业主（使用人）谈话的内容，立即处理涉及自己权限范围内的事。

4.1.4　与相关事项的具体责任部门沟通，确认解决问题的方法，做好事件的处理记录。

4.2　对房屋质量不满意拒绝收楼的处理

4.2.1　询问客户房屋存在问题的具体情况，并引导至整改组由相关专业工程师解释。

4.2.2　如确实存在问题，立即安排施工队限时整改，并向当事人做好解释工作。

4.2.3　如属无理取闹，应想方设法引导至特殊客户处理室由专人处理。

4.3　客户相互串联，要求与开发商对话的处理

4.3.1　先以客户的身份观察，了解串联的目的，锁定带头的人员。

4.3.2　将带头人员引导至特殊客户处理室由专人单独处理，了解其真正的目的，由答疑组根据具体情况采取相应措施。

4.3.3　立即疏散闲杂人员，并以客户的身份引导其他客户去办理相关手续。

4.3.4　处理完结后，安排专人在特殊客户处理室为带头人员办理相关手续。

4.4　客户质问配套、规划等事宜的处理

4.4.1　由接待人根据公司的指导思想作一般解释。

4.4.2　如对方有因此拒绝收楼或与其他客户串联的苗头，立即将对方引导至特殊客户处理室由答疑组处理。

4.4.3　根据具体情况由现场总负责人做出最终决策（必要时向公司最高领导请示）。

4.5　客户要求先领取赔偿金，再办理其他手续的处理

4.5.1　在了解客户要求的同时，将客户引导至特殊客户处理室由答疑组单独处理。

4.5.1 如客户确实坚持要先领取赔偿金，再办理其他手续，由答疑组安排专人在特殊客户处理室办理相应手续。

四、集中入伙期间物业公司各组工作实施细则

集中入伙期间物业公司各组工作实施细则

1. 接待咨询组（××人）

1.1 主要工作

（1）根据业主名录核对业主身份证及购楼收据。

（2）填写入伙会签单并发放排号牌。

1.2 工作分工

（1）业主身份核对人员。

（2）发放排号牌人员。

（3）咨询人员。

（4）导引员。

1.3 实施细则

（1）业主到达现场时，导引员上前迎接，指引到接待处。

（2）根据业主名录核对业主身份证及购楼收据。

（3）填写入伙会签单，核对后盖章。

（4）给业主发放排号牌。

（5）引导业主到下一个手续办理区。

2. 物业资料核收发放组（××人）

2.1 主要工作

（1）核收"入伙通知书"、身份证复印件、"业主（住户）档案登记表"、存折复印件。

（2）发放《住宅使用说明书》《住宅质量保证书》《装修指南》《业主手册》"服务卡"，并登记。

2.2 工作分工

（1）负责人职责：协调组内工作人员工作；在"会签单"上盖章。

（2）工作人员：工作内容详见实施细则。

（3）护卫员职责：协助配合复印资料；取出"业主档案袋"交给本组工作人员；从签约组收回"业主档案袋"。

2.3 实施细则

（1）业主到达本组，工作人员接过业主的"会签单"。业主如没有"会签单"，则请其去接待组领取（业主需去接待组亲自核实身份）。

（2）核收"入伙通知书"原件1份、业主身份证复印件4份（核原件）、业主家

庭成员身份证复印件各1份、"业主（住户）档案登记表"（内附有业主及家庭成员1寸照片各1张）、存折或银联卡复印件4份（核原件）。

（3）根据业主"会签单"的房号，取出该户"业主档案袋"，将所核收的资料放入"业主档案袋"内。

（4）填写"资料核收登记表"，对业主交的资料进行登记，并请业主签名。便于管理处了解各户业主所交资料是否齐全，日后及时向业主补收。

（5）把预先袋装好的资料（《住宅使用说明书》《住宅质量保证书》《装修指南》《业主手册》"服务卡"）交给业主，并请其在"资料发放签收表"上签字。

（6）工作人员在"会签单"上签名，交由负责人在"会签单"上盖章。

（7）工作人员将"业主档案袋"和"会签单"交给业主，指引业主到签约组。

2.4 实施中可能遇到的其他情况

（1）代理业主办理入伙手续的，另需收取业主的委托公证书原件、代理人身份证复印件。

（2）资料不全者，可现场复印、填写。

（3）除身份证和"入伙通知书"外，其他的核收资料可以后补。

（4）业主如坚持需要验房后再办理本组手续，可以指引业主持"工作会签单"到验房组验房。

3. 物业签约组（××人）

3.1 主要工作

签署《前期服务协议》《业主公约》《银行代收委托书》。

3.2 工作分工

（1）负责人职责：协调组内工作人员工作；在会签单上盖章。

（2）工作人员：工作内容详见实施细则。

（3）导引员职责：引导业主到某小组或收费组；把问题业主引导到应急处理组。

（4）护卫员负责资料传递、收集。

3.3 实施细则

（1）小组工作人员接过业主的"业主档案袋"和"会签单"。

（2）小组组员从"业主档案袋"中取出《前期服务协议》《业主公约》《银行代收委托书》。

（3）小组组员将文件快速翻到签署页，引导业主签署。小组长对业主的疑问予以解答。

（4）业主签署完后，组员把《银行代收委托书》的业主联交业主，其余签署资料放入"业主档案袋"。

（5）小组长在"会签单"上签名，交由签约组负责人在"会签单"上盖章后，将"会签单"交给业主。小组长提示导引员将业主引到收费组。

（6）组员将"业主档案袋"交给护卫员放回资料柜。

4. 物业收费组（××人）

4.1 主要工作

收取业主预交的物业管理费、水电费和信报箱费。

4.2 工作分工

（1）负责人职责：协调组内工作人员工作；在会签单上盖章。

（2）工作人员：工作内容详见实施细则。

（3）护卫员职责：在收费组后面，保护该组的财务安全；引导问题业主到应急处理组。

4.3 实施细则

由财务人员安排。×××在学习过程中须掌握整个收费流程，能独立进行收费。

5. 验房组（×× 人）

5.1 主要工作

引领业主去现场验房；抄取水、电表数；解答业主疑问；填写业主"收楼验房意见表"。

5.2 工作分工

（1）负责人职责：协调组内工作人员工作；在会签单上盖章。

（2）现场接待人职责：现场接待业主；监督验房工程人员的验房时间。

（3）验房工程人员职责：借用、归还钥匙；引导业主现场验房；抄取水电表数；解答业主疑问；填写业主"收楼验房意见表"。

（4）导引员职责：在业主较多时，安排业主在等候区等候。

5.3 实施细则

（1）业主就坐后，现场接待人核对"会签单"（会签单上应有前几组的会签章，特殊情况下至少有接待组的会签章）。

（2）现场接待人根据"会签单"上的房号，在"收楼验收意见表"上填写业主姓名、房号。

（3）验房负责人同时安排1名验房工程人员到现场接待处。验房工程人员持"会签单"到钥匙外借组办理钥匙外借手续（验房工程人员在钥匙外借组进行登记）。

（4）现场接待人填写"验房工作进度表"。

（5）验房工程人员持房间钥匙、"收楼验收意见表"和"会签单"，与业主一起去业主房间。

（6）验房工程人员对业主的验楼意见，适时地合理解释。解释不了的，可先在白纸上记录，以便在入伙现场找地产工程组答疑。对于明显的质量问题，则可在"收楼验收意见表"上记录。

（7）验房工程人员征求业主意见，若其认可管理处事先抄好的水、电表数，则可回入伙现场，在现场接待人处查找预先已作登记的"业主水电登记表"上的数据，直接填写在"收楼验收意见表"上。若业主不认可，则现场抄表（先抄水表，后抄电表）。验房工程人员应对现场所抄的表数负责（与保管员提供的数据进行比较）。

（8）验房工程人员和业主在"收楼验房意见表"上签名。

（9）验房工程人员回到入伙现场，将"收楼验房意见表"和"会签单"交给现场接待人，告之验房完毕。现场接待人在"验房工作进度表"和"商业区电表间钥匙领用表"上做相应填写，并把验房现场抄的表数填写在空白的"业主水电登记表"上（注意与原水电表数比较）。

（10）现场接待人在"会签单"上签名后，交给验房组负责人在"会签单"上盖章，然后把"会签单"交给业主。待业主进行钥匙登记后，返回验房人员等候区。

6. 钥匙外借组（××人）

6.1 主要工作

向验房组工作人员外借钥匙、回收钥匙；向钥匙发放登记组移交钥匙。

6.2 实施细则

（1）工作人员根据验房工程人员所持的"会签单"，从钥匙箱中拿出对应的房间钥匙。验房工程人员在"钥匙借用登记表"上登记后，借出钥匙。

（2）工作人员在"会签单"上签名，负责人盖章。验房工程人员取回"会签单"。

（3）验房工程人员在验房完成后，将钥匙还给工作人员（业主不收楼的情况下）。

7. 钥匙发放登记组（××人）

7.1 主要工作

向业主发放房间钥匙；向业主发放信报箱钥匙。

7.2 实施细则

（1）验房工程人员拿着"收楼验房意见表"、房间钥匙和"会签单"引领业主到本组。

（2）工作人员核实"会签单"。只有在前几组的会签章齐全的情况下，才能向业主发放钥匙。

（3）工作人员根据房间钥匙数量，在"收楼验房意见表"上填写（或核对）数量，并在业主填写完"业主钥匙领取登记表"后，把钥匙交给业主。

（4）工作人员向业主询问是否留1把施工钥匙，以方便维修。若业主同意，工作人员则请业主在"住户委托钥匙登记表"上登记，并留1把施工钥匙交给本组负责人。如业主需要有留下施工钥匙的凭据，工作人员则将"住户委托钥匙登记表"复印1份，将复印件交给业主。

（5）工作人员询问业主是否有信报箱缴费收据。工作人员对缴费收据核实无误后，向业主发放信报箱钥匙，并请业主在"信报箱钥匙领取登记表"上登记。

（6）工作人员将"收楼验房意见表"业主联交给业主，将"收楼验房意见表"的其他联和已签名的"会签单"交给本组负责人。

（7）本组负责人在"会签单"上盖章后，把"会签单"交给业主。

7.3 注意事项

向业主发放房间钥匙时，工作人员应向业主说明业主钥匙和施工钥匙的区别。

提示业主：业主钥匙一旦开门后，施工钥匙即作废，无法再使用施工钥匙进入户门。

8. 装修咨询办理组（××人）

8.1 主要工作

为业主装修提供咨询，受理装修申报。

8.2 主要物料

（1）"装修申报表""装修施工人员登记表"《装修管理规定》《装修管理责任书》《消防安全责任书》（商业区用）、"用电设备清单"。

（2）"装修申报表"样表、"装修施工人员登记表"样表、"用电设备清单"样表。

（3）户型平面图、户内强电、弱电平面图

（4）印章、印泥、签字笔。

8.3 实施细则

（1）业主咨询或申报办理装修手续时，工作人员应根据《装修管理规定》向业主讲解。如业主需要，可向其提供"装修申报表""装修施工人员登记表""装修管理规定""用电设备清单"，并出示样表。

（2）如向业主提供户型平面图以及户内强电、弱电平面图时，工作人员应在图纸上盖章："本图仅供参考，具体尺寸和位置请现场核实"。

（3）申报审批时间：在申报资料齐全的情况下，集中入伙（7天）结束后的3个工作日内审批。

五、项目入伙应急预案

项目入伙应急预案

1. 目的

根据管理制度的要求，为了确保入伙顺利进行，针对在交楼过程中可能与业主发生的各种纠纷，特制定本预案。

2. 适用范围

适用本公司各项目的入伙应急管理。

3. 管理规定

3.1 业主对房屋的建筑或装修质量不满意时的处理程序

3.1.1 现场的接待人员立即请业主到贵宾室就座。

3.1.2 立即报告物业项目经理或工程部经理，请其前来处置。

3.1.3 现场其他服务人员立即为业主送上茶水或饮料。

3.1.4 物业项目经理或工程部经理赶到后立即与业主进行沟通，进一步了解业主的意图或要求。

3.1.5 业主要求返工整改的，则在核实情况后答复业主整改的计划（内容、工期等）；如确实不属于工程质量问题的，请专业工程师做出明确解释。

3.2 业主因房屋质量或其他原因聚众闹事的处置程序

3.2.1 现场工作人员发现有可疑人员（数量多于3人时）时应立即通知（注意避开业主）保安主管或物业项目经理。

3.2.2 保安主管应立即安排安管应急分队做好准备，并加强出入口及巡逻人员的力量。

3.2.3 陪同业主验房的工作人员与业主进行沟通，稳定业主的情绪，请投诉负责人与业主协商处理办法（如有必要应报告开发商总经理）。

3.2.4 保安主管或客服主管做好接待工作。

3.2.5 保安员工作应外松内紧，密切关注其动向。

3.3 业主对收费标准、项目表示不满的处置程序

3.3.1 客服主管或财务部人员负责向业主解释。

3.3.2 向业主出示收费许可证及其他收费标准的文件（即政府主管部门的批文或文件、业主与开发商签订的购房合同中关于交费的约定等）。

3.3.3 如上述解释工作无效，则立即引导到咨询组，由其与业主继续进行沟通。

3.3.4 如沟通无效，则由物业项目经理向物业公司物业副总经理汇报，并及时给予回复。

3.3.5 协商一致后，协助业主办理缴费手续。

3.4 消防应急程序

为预防火灾事故的发生，或发生火灾后的火势扩大和蔓延，特制定本程序。

3.4.1 发现火情立即通知保安队长并及时采取措施，避免蔓延，对人员进行疏散。

3.4.2 如火情较小，应及时予以处理；如火势较大，保安队长立即报"119"。

3.4.3 组织人员维护现场，避免人员伤亡。

3.4.4 协助消防干警扑灭火灾。

3.5 对自然灾害事故的应急处理程序

3.5.1 地震灾害的应急处理程序

（1）发生地震时，立即通知消防控制中心进行广播，通知业主立即疏散。

（2）保安队长负责安排人员检查电梯等部位是否关人等。

（3）告知业主不要乘坐电梯等，并远离窗户、玻璃、不牢固的支架或悬挂的物件。

（4）与地震局确认，地震过后通知业主。

3.5.2 风雨灾害的应急处理程序

物业公司值班人员应每天注意收集气象信息并做记录。如有预报暴风雨时，各部门应按以下职责执行。

（1）保安队负责检查所有外窗是否关闭，检查所有出入口室外水位情况。如遇水位上升时，应及时准备挡水物资进行封堵。

（2）工程部负责检查所有雨水排放系统是否畅通，查看屋面是否有积水，检查屋顶外墙、玻璃幕墙及外窗是否有渗漏。如有可能，应采取临时措施修补。同时应切断所有楼外供电，如泛光照明、广告、草地灯等。

（3）物业公司负责通知全体客户关好外窗。如遇客户单元内无人且上锁时，应通过应急联络电话通知客户并在客户同意后使用备用钥匙进入。

（4）保洁班负责清理楼内积水，在主要出入通道铺设防滑地垫。

（5）各部门应随时向物业项目经理（夜间为值班经理）报告发现的问题及处理

结果。

3.6 发现有人触电的处理办法

发现有人触电应马上赶到现场，关闭电源，在未关闭电源之前切不可有人体接触触电人，以防自己触电，要用绝缘的物体把线头与人分开，立即进行人工急救，并电话通知"120"。

3.7 电梯故障的处理办法

当控制室操作员接获电梯紧急求助信号时，应立即按以下步骤执行。

3.7.1 通知电梯承办商立即赶往现场，及时拯救被困的乘客。

3.7.2 在电梯抢救员工未到达现场时，应尽量安慰被困的乘客。

3.7.3 使用通信系统，每隔约15分钟与被困乘客进行对话，并留意电梯内的情况，如空气流通、被困客人的情绪等。

3.7.4 在电梯被检查维修及一切乘客被拯救后，将整体事件过程登记记录。

六、房屋装饰装修管理规定

房屋装饰装修管理规定

1. 目的

根据《住宅室内装饰装修管理办法》等有关法规、政策规定，为加强住宅区房屋装饰装修管理监督，确保物业使用寿命和整体美观，保障业主利益，维护小区生活秩序，特制定本规定。

2. 适用范围

适合于本公司所有小区的物业装修装饰管理。

3. 装修申请审批管理规定

3.1 业主在办理完毕入伙收楼手续后方可申请办理房屋装修备案登记手续。

3.2 业主到物业管理处领取《房屋装饰装修管理协议》"房屋装饰装修备案申报表"和"装修施工人员登记表"，根据本规定如实填写。

3.3 业主会同其委托的装修施工单位，持下列申报资料，到物业管理处申报登记，领取"房屋装饰装修申报资料收件回执"。

3.3.1 《房屋装饰装修管理协议》。

3.3.2 "房屋装饰装修备案申报表"。

3.3.3 装修方案及图纸（装修平面图、管线图、天花装饰图等）。

3.3.4 家居装修工程施工合同原件及复印件。

3.3.5 施工单位"承建资格证书"原件及复印件。

3.3.6 施工单位"营业执照"副本原件及复印件。

3.3.7 施工单位"税务登记证"副本原件及复印件。

3.3.8 施工负责人身份证原件及复印件。

3.3.9 "装修施工人员登记表"，并提交施工人员身份证复印件，一寸免冠近照2张。装修施工单位需在上述资料复印件上加盖企业公章。

3.4 商业用房装修，业主须先报政府消防主管部门进行消防审批，消防主管部门审批同意后，再持上述申报资料到物业管理处申报装修备案登记，领取"房屋装饰装修申报资料收件回执"。

3.5 物业管理处收齐装修备案申报资料后，2个工作日内给予办理登记备案。

3.6 业主会同施工单位到物业管理处交纳装修保证金、证件押金等有关费用，领取"房屋装饰装修施工备案登记证"和施工人员"临时出入证"，方可进入现场装修施工。

4. 装修项目与范围规定

4.1 房屋结构

4.1.1 严禁改变建筑主体和承重结构，严禁改动、拆除、损坏承重墙、梁、柱、楼板和基础，严禁在承重墙上穿洞、凿剔或扩大承重墙上原有的门窗尺寸，不得拆除连接阳台的墙体和门窗。

4.1.2 不得过量增加楼面静荷载，包括在室内砌砖墙、超负荷吊顶、安装大型灯具；不得使用厚度大于10毫米的大理石、花岗石铺地面。

4.1.3 地板除凿毛外，不得凿除地板原水泥面层；地板、天花板表面局部开槽深度不得大于15毫米。

4.1.4 房内加气混凝土墙体必须征得物业管理处同意后方可拆除。房内任何墙体移位必须征得原设计单位书面同意，并报物业管理处备案后方可施工。

4.2 厨房及卫生间

4.2.1 不得改变厨房及卫生间的结构和使用功能，禁止将其他房间或阳台改为卫生间、厨房。

4.2.2 禁止擅自改动、暗藏燃气管道设施。确需改动的，应提前书面报燃气公司审批，由燃气公司专业人员施工，并报物业管理处备案。

4.2.3 室内给水暗管位置及走向已予以标识，红色为热水管道，绿色或黑色为冷水管道。施工中禁止在暗管位置及附近区域上撞击、打钉、凿剔，防止损伤预埋暗管。

4.2.4 禁止改变厨房洗菜盆、地漏等污水排入口位置及接口方式；禁止改变卫生间洗手盆、浴缸、马桶、地漏等污水排入口位置及接口方式；禁止将生活污水排入雨水管道。

4.2.5 厨房、卫生间地面及墙面已做了防水层。交楼时，开发商已在厨房、卫生间地面注满水，闭水时间超过48小时，经双方确认防水质量合格。业主装修前，须与装修施工单位进行交验，要求装修单位做好保护措施，避免装修不当或保护不善，给相邻业主造成渗漏和损失。装修竣工验收时，业主须与施工负责人全面检查管道口与地面接合处的防水质量，确认未给楼下住户造成渗漏和管道堵损。闭水试验合格、确认无渗漏现象后方可申报物业管理处备案。

4.2.6 严禁敲打地面或以重力碰撞、震动给排水管，以免造成渗漏现象。

4.2.7 对地面各管道口进行密封保护，禁止将水泥、沙石、灰尘等导入管道，禁止损坏管道口。完工后使用清水试验，确认地漏、管道排水畅通。

4.2.8 禁止扩大预留的抽油烟机排气管孔，不得损坏、堵塞排烟道。安装完抽油烟机排气管后，应使用胶泥等材料密封好排气管与烟道孔间的间隙，避免油烟窜入房间。

4.2.9 双卫生间户型须单独安装燃气热水器，设计上没有预留集中供热水管道。

4.2.10 业主应安装使用强排式燃气热水器，并将废气通过排气管排至室外，排气管伸出外墙长度不得大于10厘米。妥善保存热水器使用说明书、质量合格证、保修卡、保险卡和购买发票等备查。

4.2.11 禁止私自接通燃气管道或燃气用具，私自使用燃气。业主应在装修竣工验收后向燃气公司申报办理开户通气手续，由燃气公司进行全面安全检查和燃气使用安全知识培训后开通点火。

4.2.12 厨房、卫生间须安装吸顶式排气扇，使用排气管将废气从外墙上的专门孔洞排至室外。

4.3 门窗及阳台

4.3.1 禁止改变进户防火防盗门的款式及颜色。允许加装统一样式的不锈钢防盗门，不允许改变进户门洞尺寸，不允许在外墙上包边。

4.3.2 禁止改变铝合金门窗的设计款式及玻璃颜色，除洗手间窗户外，不得在其他门窗玻璃上粘贴玻璃纸。

4.3.3 允许在门窗内侧安装纱窗，但纱窗框颜色必须与现有的窗框颜色一致。

4.3.4 装饰窗户时，不得以重力碰撞或振动铝合金窗框，以免引起窗框塞缝开裂或脱落，造成渗漏水现象。

4.3.5 禁止在阳台上安装防盗网、铝合金玻璃窗，以维护物业整体美观。允许在阳台上安装隐形防盗网。

4.3.6 禁止改变阳台外墙面砖，禁止改换阳台护栏样式和玻璃。

4.3.7 禁止在阳台上安装衣柜、装饰柜、洗手池等有碍观瞻的物品及设施。

4.3.8 采光井内侧各窗，允许在窗内侧安装统一样式的不锈钢防盗窗花。

4.4 管线及设施

住宅室内配备有供电、有线电视、电话、宽频网络、可视对讲、煤气泄漏报警、燃气自动抄表、红外线监控报警、给排水等管线。供电线路又分别为插座电源线、空调电源线和照明电源线，管线种类多，走向复杂，禁止随意改动。装修时确需改动管线，必须由施工单位出具专业管线施工图纸，报物业管理处审核备案后方可改动。

4.5 空调机安装

4.5.1 所有房屋均已配备空调机专用电源插座、空调管穿墙孔、室外空调机安装位和空调水收集暗管插入口，禁止在外墙任何地方打孔。

4.5.2 须聘请专业队伍安装空调，严格按照物业管理处规定位置安装各房间分体空调室外机，确保与上、下楼层安装位置一致，并将百叶窗挡板安回原位。

4.5.3 若设计上个别房间没有安排室外空调机位，住户必须将空调室外机安放在物业管理处统一指定的位置上，确保与上、下楼层安装位置一致。

4.5.4 确保空调滴水管正确插入空调水收集水管口内。

4.5.5 使用胶泥等材料良好密封空调管与穿墙孔内外两侧间隙，防止雨水渗入墙内。

4.6 公共走道

4.6.1 禁止在进户门外墙壁上进行任何装修。

4.6.2 禁止在进户门前加设任何照明灯饰，以免影响走廊观瞻或妨碍邻居。禁止在进户门前走道地面、墙面铺贴其他面砖。

4.6.3 禁止在进户门前走道上设置任何影响公共安全或可能引起他人反感的反光镜、雕塑、神龛、香炉等物件。

5. 装修施工管理规定

5.1 承建资格管理

5.1.1 禁止无承建资格证书、无营业执照、无固定办公地点、无技术人员的"四无"装修队进入小区承揽业务。

5.1.2 施工单位开工时应将"房屋装饰装修施工备案登记证"粘贴在进户门外面正上方，不得遮挡进户门猫眼，便于物业管理处开展装修巡查工作。

5.2 工期及施工时间管理

5.2.1 简单装修工程30天内完工，中档装修工程60天内完工，高档豪华装修工期不得超过90天。

5.2.2 施工作业时间：上午7:00～12:00，下午2:00～7:00。

5.2.3 星期六、星期日及法定节假日施工，不得产生噪声，影响他人休息。

5.2.4 物业管理处将根据小区入住情况，对施工作业时间进行调整，施工队须按调整后的时间进行装修。

5.3 装修现场管理

5.3.1 业主和施工单位必须严格按物业管理处备案登记的项目及范围进行装修，对于未申报备案登记的施工项目，除责令恢复原样外，将按有关规定进行处罚。

5.3.2 装修施工必须在申报登记的单元内进行，不得占用本体共用部位和公共场所（包括天台、楼道）进行加工作业。施工作业期间，进户门必须关闭，防止灰尘、噪声扩散，影响他人。

5.3.3 需在大厦外地面使用水、电切割材料或预制构件的，需填报"临时用水用电申请表"，经物业管理处审批同意后，由物业管理处专业人员接驳水电。严禁私自接驳公用水、电及乱接乱拉电源线。

5.3.4 每日施工完毕，务必关妥所有门窗、水龙头及电闸，并经施工负责人检查后方可离开。不得发生水浸，以免造成他人财产损失或电梯等公共财产损失。

5.4 施工消防管理

5.4.1 业主和施工单位必须严格遵守消防管理规定，作业现场应至少配备2个灭火器，完善防火措施。

5.4.2 施工需要使用明火或烧焊作业时，必须到物业管理处填报"动火作业申报表"，经审批后由施工单位安排持有特种作业操作证的人员，严格按规定程序操作，现场应有完善的防火措施和足够的灭火器材，并落实专人现场监管安全。

5.4.3 禁止施工人员在装修户内使用液化石油气、煤油炉、电炉等做饭，晚上禁止装修工人在小区内留宿。

5.4.4 禁止施工人员在装修现场吸烟。

5.4.5 禁止在装修现场存放天那水、油漆、盐酸等易燃、易爆、剧毒物品。

5.5 材料搬运管理

5.5.1 必须在规定时间内从专用通道搬运装修材料，装修材料不得长时间堆放在公共地方。

5.5.2 水泥、砂、石、白灰等粉粒材料必须袋装后搬运，流质材料必须用容器密封后搬运。及时清除搬运过程中产生的垃圾和污染。

5.5.3 使用电梯搬运材料时，禁止运载超长、超宽、超重物品，材料须均匀摆放在电梯轿厢；不得用纸、木板等物嵌入电梯门缝内，强制使电梯门长时间不能关闭；禁止使用客梯运载装修材料。

5.5.4 不得对电梯、消防楼梯墙面及楼层公共设施造成损坏，违者将承担修复或赔偿责任。

5.5.5 运输装修材料车辆进入小区不得污染环境，对容易产生污染的车辆必须经过清洗后方可进入小区。

5.6 装修垃圾清运管理

5.6.1 装修垃圾必须袋装密封后，才能搬出装修单位，并堆放在物业管理处指定位置。

5.6.2 业主或施工单位，不得在指定地点外任何公共地方堆放装修垃圾，不得将装修垃圾放入生活垃圾桶内。

5.6.3 业主或施工单位必须将装修垃圾按物业管理处规定时间搬运到小区指定地点。搬运过程中，如对电梯、公共通道造成损坏或污染的，必须恢复原状。

5.6.4 物业管理处委托专业单位定期将收集的装修垃圾清运到相关部门指定的填埋场处理。

5.7 竣工备案

5.7.1 装修完工后，业主和施工单位须共同开展装修质量检查验收，形成书面验收意见，双方签名。

5.7.2 业主会同施工单位持书面装修验收意见到物业管理处申报竣工备案。

5.7.3 经物业管理处检查，如有违章装修或渗、漏、堵、损坏等情况，业主和装修单位须按责任修复或赔偿，费用也可从装修保证金中扣除，多退少补；如无违章装修行为，物业管理处竣工备案5个工作日内退还装修保证金。

6. 其他规定

6.1 施工单位从业条件

从事家居装修者，应具备下列条件。

6.1.1 办理了工商、税务注册登记。

6.1.2 有固定的办公地点。

6.1.3 专业技术人员持有市主管部门颁发的上岗证。

6.1.4 持有主管部门颁发的"承建资格证书"，且本年度审验合格。

6.1.5 与业主已签订家居装修施工合同。

6.2 违章处罚

凡违反上述规定的行为均属装修违章。

6.2.1 若发生装修违章，施工单位为第一责任人，业主为第二责任人，两者对装修违章负有共同责任。

6.2.2 对装修违章，物业管理处有权根据情节轻重对责任人做出如下处罚。

（1）责令其限期修复、纠正、恢复原状。

（2）采取扣留、没收工具的方式，责令停工，赔偿经济损失。

（3）对每项装修违章，物业管理处均有权按有关规定从保证金中扣除违约金及赔偿金。

（4）对装修违章情节特别严重的，取消装修队在小区的装修资格，并报请主管部门依法处理或诉诸法律，追究当事人责任。

第二十二章

物业工程维修管理制度规范

一、工程部管理制度

工程部管理制度

1. 目的

规范工程维修人员的服务行为，树立公司良好形象，为客户提供优质服务。

2. 适用范围

适用于物业公司工程维修人员。

3. 工程部行为准则

3.1 关心公司，热爱本职工作，遵守公司各项规章制度和劳动纪律，维护公司利益和荣誉，爱护公司设备设施。

3.2 认真贯彻公司"开源节流"的方针，在工作中厉行节俭，不浪费公司资源。

3.3 从全局出发，树立良好的合作意识，团结、真诚协作，达到顺畅、高效率的工作绩效，切实服从领导的工作安排和调度，如有异议，必须做到"先服从后投诉"。

3.4 对工作中出现的问题不推诿，勇于承担责任，并从中吸取教训，不断提升工作水平。

3.5 未经公司领导授权或批准，不得以公司名义对外开展业务或在外兼任其他工作。

3.6 未获批准，不准将本公司的办公用品、公用工具、设备、设施等擅自赠予、转租、出租、出借、抵押给其他公司、单位或个人。

3.7 工作时间须佩戴工作证，着装整洁，注意形象、仪表。

3.8 严禁向业主索取或收受任何礼品酬金。

3.9 必须将服务意识、服务态度和服务技巧贯彻落实到言行中，语言文明礼貌，对业主提出的质疑要耐心、细致地回答或解释，不得推脱。

3.10 对设备、设施及业主报修项目应及时认真地处理，一般情况由当班员工处理完毕。

3.11 上门服务时应注意业主家内卫生，必须穿鞋套，不得损坏业主物品，如移动物品，需经业主同意，收费时应公平、公正、公开、合理，并经业主签字生效，服务完毕，应将工作场所打扫干净。

4. 工程部日常工作管理规定

4.1 工作规定

4.1.1 按时上下班，11:30和17:30前不能提前下班或吃饭，中午上班不能迟到。

4.1.2 上班时间内无具体工作时，原则上在办公室等候，需外出巡查设备情况时须告知主任，不得办私事。

4.1.3 上班时须佩戴工作证，穿着整齐，不得穿拖鞋。

4.1.4 及时处理维修申请单，不得积压。11:10和17:10以前的维修单，必须及时处理完毕，有些维修如情况紧急或业主有特殊要求的，不管加班与否，都必须在当天处理完毕。当天无法处理的都必须在"维修情况"栏内注明原因，每个维修单处理完毕后须业主与维修人员签名。

4.1.5 上门维修时须带工具袋（箱），必备工具都放在里面，以节省时间，增加工作效率，少跑路，多干活。

4.1.6 服从主管安排，每天上班后先在办公室报到，等候分配一些重点的突出的或需多人合作的工作，如无特殊情况处理，各人分头工作。

4.1.7 紧急情况时工程人员（接到通知）须立即赶到现场，等候分配工作或做应急处理，直到事故处理完毕才能离开。

4.1.8 服务态度作为上门维修服务的一部分，每个工作人员必须提高自身素质，工作时认真负责，树立良好的敬业精神，不断提高业务水平。

4.1.9 工作时必须注意人身安全和设备安全，多商量、不蛮干，配电房、水泵房或高空作业等须严格按照操作规程和相关注意事项工作。

4.1.10 团结务实，努力工作，遵守本部门的制度。

4.1.11 工程部主管每天至少巡查各设备设施一次，检查各班值班巡查情况，每星期不定时抽查不少于1次。

4.1.12 主管综合考虑各种情况（含领导交代事项、机电设备是否已到检修时间等），将当天工作安排下去。

4.1.13 各当班维修人员原则上（除值班人员外）无维修单时应在值班室等候待命。

4.1.14 各当班维修人员出去维修（含有偿服务和公共维修），应注明时间，回来交单时应注明完成时间，并且尽量让业主写上其意见，以备查单考核。

4.1.15 关于机电设备及水电系统等的更换，由主管安排填写维修单，其余工作参照4.1.4来处理。

4.1.16 土建人员的维修工作，主管应以抽查的办法，检查完成的工效。

4.1.17 所有的维修，主管及维修人员应根据事情的轻重缓急来随机处理。

4.2 工程部人员调配流程

4.2.1 日常情况下，按工程部的组织架构图，负责各自的职责范围，完成自身的班组工作。

4.2.2 当发生突发事件时，需要班组之间协助解决，由主管协商调配人力和工具，解决问题。

4.2.3 经理有权根据工作情况，临时调配人力和工具。

4.2.4 当发生危及人身安全、危及设备安全时，工程部的每一位员工应根据自己的能力，首先处理问题，可不顾工种、专业的限制。

5. 设备维修制度

5.1 预防性维护保养

5.1.1 所有设备必须根据维修保养手册及相关规程，进行定期检修及保养，并制订相应年度、季度、月度保养计划及保养项目。

5.1.2 相关工程人员必须认真执行保养计划及保养检修项目，以便尽可能延长系统设备正常使用寿命，并减少紧急维修机会。

5.1.3 保养检修记录及更换零配件记录必须完整、真实，并须由工程部建立设备维修档案，以便分析故障原因，确定责任。

5.1.4 各系统维护保养计划及保养检修项目制订由主管负责，并提交工程部经理审阅；保养检修及更换零配件的记录由领班负责，并提交主管审阅。

5.1.5 进行正常系统维修保养及检修时，如对客户使用产生影响，必须提前三天通知管理处客户服务部，由客户服务部发出通告，确定检修起止日期及时间（须尽可能减少对客户的影响范围），以便使受影响的客户做好充分准备。

5.2 大中修管理制度

5.2.1 设备大修是工作量最大的一种有计划的预防性维修，对设备的全部或大部分解体检查，称为大修。

5.2.2 中修是根据设备的结构特点而定的，对技术状态已达不到使用要求的设备，按实际需要进行有针对性的修理，恢复设备的性能。

5.2.3 对中修以上的设备进行修复前，必须要有书面报告交工程部经理，说明设备安装日期、使用时间、损坏程度及修复费用等。

5.2.4 对设备大修，必须得到公司领导书面批准，专业性、技术性较强的设备或进口设备，应有专业公司出具的鉴定报告及预估的修复费用报告。

5.2.5 对非正常情况下出现的设备大、中修理工作，有关专业主管必须在修理工作实施前，出具详细的分析报告，必要时追究有关人员责任。

5.3 紧急维修

5.3.1 必须进行紧急维修时，须立即通知经理，安排有关人员立即赴现场检查情况，并按实际情况进行处理。

5.3.2 如因紧急维修，必须对客户使用产生影响时，须立即通知管理处客户服务部，并由客户服务部向受影响的客户发出紧急通告，同时，需考虑尽量减少影响范围。

5.3.3 如发生故障的设备在保修期内，应做出适当的应急处理，以尽量减少对客户的影响，并立即通知有关供应商的保修负责人。

5.3.4 紧急维修结束后，须由领班填写维修记录及更换零配件记录，并以书面形式将事故障原因、处理方法，更换零配件名称、规格及数量、品牌，处理结果、事故发生时间、恢复正常时间等向主管报告，并提交经理审阅。此报告由工程助理存入设备维修档案，备查。

5.4 故障处理制度

5.4.1 不需要停止运行进行修理的故障，称一般故障，由主管调查与分析原因，提出修理意见和责任故障原因，吸取教训，记录在案，并向工程部经理汇报。

5.4.2 被迫停止运行必须进行修理的故障，称重大故障，应及时向主管汇报，由主管组织调查分析，提出修理意见报经理批准后实施，并且对故障做到"三不放过"（即故障原因分析不清不放过，责任者没受到教育不放过，没有防范措施不放过），记录在案，对责任者做出处理意见，同时以书面材料汇报物业经理。

6. 报告制度

6.1 基层人员的报告

6.1.1 各系统操作运行人员。

各系统操作运行人员在下列情况下须在运行记录或交接班记录中书面报告专业领班。

（1）所辖设备非正常操作的开停及开停时间。

（2）所辖设备除正常操作外的调整。

（3）所辖设备发生故障或停机检修。

（4）零部件更新、代换或加工修理。

（5）运行人员短时间离岗，须报告离岗时间及去向。

（6）运行人员请假、换班、加班、倒休等。

6.1.2 各系统维修人员

各系统维修人员在下列情况下须以书面形式报告维修领班。

（1）执行维修保养计划时，发现设备存在重大故障隐患。

（2）重要零部件的更换、代替或加工修理。

（3）系统巡检时发现的隐患或故障，必须在巡检记录的备注栏中加以说明。

（4）维修人员请假、加班、倒休等。

6.2 各专业领班的报告事项

各专业领班在下列情况下必须书面报告部门主管。

6.2.1 重点设备除正常操作外的调整。

6.2.2 变更运行方式。

6.2.3 主要设备发生故障或停机检修。

6.2.4 系统故障或正常检修。

6.2.5 零部件更新、改造或加工修理。

6.2.6 领用工具、备件、材料、文具及劳保用品。

6.2.7 加班、换班、倒休、病假、事假等。

6.2.8 须与外班组或外部门、外单位联系。

6.3 主管的报告事项

主管在下列情况下必须以书面形式报告经理。

6.3.1 重点设备发生故障或停机检修。

6.3.2 因正常检修必须停止系统而影响客户使用。

6.3.3 应急抢修及正常检修后的维修总结。

6.3.4 系统运行方式有较大改变。

6.3.5 影响本物业运行（如停电、停水、停空调、停电话等）的任何施工及检修。

6.3.6 重要设备主要零部件的更新、代换或加工维修。

6.3.7 系统及设备的技术改造、移位安装、增改工程及外部施工。

6.3.8 人员调度及班组重大组织结构调整。

6.3.9 所属人员请假、换班、倒休、加班等。

6.3.10 对外部门、外单位联系、协调。

6.3.11 领用工具、备件、材料、文具及劳保用品等。

6.3.12 维修保养计划及工作计划的变更或调整。

6.3.13 月度工作总结报告。

除以上各项外，所有有关工作事项必须口头汇报上级人员。遇有紧急事件发生或发现重大故障及隐患，可以越级汇报。

7. 巡检制度

7.1 巡检工作是及时发现设备缺陷、掌握设备状况、确保安全运行的重要手段，各巡检人员必须按规定的时间、巡视路线、检查项目等认真执行，并认真记录。

7.2 在巡检过程中，如发现设备存在问题，应立即用对讲机通知领班，并在可能的情况下自行消除故障。如条件所限一时不能处理，则必须做好临时补救措施后，报告领班，并将详细情况记入巡检记录备注栏。

7.3 巡检人员在巡视完机房、泵房、配电室、竖井等所有无人值守的设备间后，必须做到随手锁门。

7.4 巡检人员在巡检完设备及其控制箱、动力柜、照明柜、高压柜、低压柜等所有供配电设施后，必须将门锁好。

7.5 各运行、维修领班，必须每天对所辖系统设备进行检查；各主管必须每周巡检一次本系统所有设备，发现问题，书面报告经理，并应立即组织处理。

8. 交接班制度

8.1 接班人员须提前10分钟到达岗位，更换工服，做好接班准备工作。

8.2 接班人员接班时必须检查以下工作。

（1）查看上一班运行记录是否真实可靠，听取上一班值班人员运行情况介绍，交接设备运行记录表。

（2）查看上一班巡检记录表，听取上一班值班人员巡检情况介绍，交接系统设备巡检记录表。

（3）检查所辖设备运行情况是否良好，是否与运行记录、巡检记录相符，如有不符，应记入备注栏，并应要求上一班值班人员签字。

（4）检查仪表及公用工具是否有缺、损，是否清洁，并按原位整齐摆放，如有问题，应要求上一班值班人员进行整理，如有丢失，应记入交接班记录备注栏，并由上一班人员签字。

（5）查看交接班记录中是否有上级领班及主管发布的特别任务或安排，并在交接班记录上签字。

8.3 交班人员在下列情况时不得交班离岗

（1）接班人员未到岗时，应通知上级领班或主管，须在上级安排的接班人员到岗后方可进行交接班。

（2）接班人员有醉酒现象或其他原因造成精神状态不良时，应通知上级领班或主管，须在上级安排的接班人员到岗后方可进行交接班。

（3）所辖设备有故障，影响系统正常运行时，交班人员须加班与接班人员共同排除故障后，方可进行交接班，此时，接班人员必须协助交班人员排除故障。

（4）交接班人员对所辖值班范围的清洁卫生未做清理时，接班人员应要求交班人员做好清洁工作后，方可进行交接班。

9. 值班制度

9.1 值班人员必须坚守岗位，不得擅自离岗、串岗。如有特殊情况，必须向主管或部门经理请假，经准许后方可离开。

9.2 值班电话为工作电话，不得长时间占用电话聊天，不得打私人电话。

9.3 每班必须按规定时间及范围巡检所辖设备，做到腿勤、眼尖、耳灵、手快、脑活，并认真填写设备运行及巡检记录，及时发现并处理设备隐患。

9.4 须按计划及主管的安排做好设备日常保养和维修。如有较大故障，值班人员无力处理时，应立即报告上级领班或主管。

9.5 值班人员用餐时，必须轮换进行，必须保持值班室内24小时有人值班，当班人员严禁饮酒。

9.6 值班人员必须每班打扫值班范围内的卫生，每班2次，清洁地面、窗台、门窗、设备表面等所有产生积尘之处，随时保持值班范围内的清洁卫生。

9.7 非值班人员未经许可不准进入配电室，如有违者，值班人员必须立即制止，否则追究其责任；如有来访者，必须进行登记。

9.8 任何易燃、易爆物品，不准暂放、存放于值班室，违者一切责任由值班人员负责。

10. 材料领取制度

10.1 所有工具、备件、材料必须经过领班或主管批准后方可领取。

10.2 领取工具、材料必须填写领料单。

10.3 材料使用后要在工作单上填写清楚，并经领班或主管确认。

10.4 多余材料必须退回库房。

11. 机房钥匙管理制度

11.1 凡24小时值班机房，除值班人员掌握一套钥匙外，其余钥匙交工程部统一保管。

11.2 任何人不得私自配钥匙。

11.3 非24小时值班机房人员，值班完成后将钥匙交24小时值班机房保管，以备发生紧急情况后，能打开机房门。

11.4 无关人员不得借用机房钥匙。

11.5 遗失钥匙须立即报告。

11.6 无人值班机房借用钥匙需登记。

12. 机电设备房出入管理制度

12.1 工程部机电设备房包括以下范围。

（1）高压配电室。

（2）空调机房。

（3）物业自控机房。

（4）水箱间。

（5）各电梯机房。

12.2 以上机房均为工程部的机电设备运行用房，为了确保本大楼内各机电系统正常运行，非工程部工作人员，未经许可不得进入以上机电设备房。

12.3 本公司内有关上级部门因检查工作，必须要进入这些场所时，应由部门经理或其指定人员陪同，并通知当值领班开门后进入，同时在"设备房出入登记簿"上做好记录。

12.4 凡外单位人员前来参观或有关上级业务部门前来检查工作，必须要进入这些场所时，应由部门经理或主管陪同，通知当值领班开门进入，同时在"设备房出入登记簿"上认真做好记录。

12.5 本部门工作人员需要进入以上地点进行工作时，必须根据工作项目所规定的地点，到当值领班处办理完登记手续后，在当值人员带领下进入以上场所。工作结束后，应及时通知当值人员办理验收离场手续。

12.6 外单位施工和检修人员因工作需要进入这些工作场所时，必须凭事先办理好的有关施工许可证、工作票和有效的临时工作证件，到当值领班处办理许可和登记手续后进入现场，在工作中不得随意操作和触动与自己工作无关的设备。工作结束后，及时通知当值人员办理验收离场手续。

12.7 所有人员进入这些场所后，都应随手关门，并不得随意操作和触动与自己工作无关的设备。

12.8 所有施工和检修人员进入现场后，不得进行与自己工作无关的活动。必须在工作中做到文明施工，并认真做到工完、料尽、场地清。

12.9 所有人员均不得将任何无关杂物带入或储放于机电设备房。

二、标牌、标识管理规定

标牌、标识管理规定

1. 目的

对公共物业标识进行规范管理，增强其可识别性和美观度。

2. 适用范围

适用于本公司内部及所管辖公共物业的标识。

3. 职责

3.1 分管副总经理负责批准标识的制作。

3.2 品质部负责公共物业标识的统一制作，及对标识制作商的控制。

3.3 各部门负责公共物业标识制作的申请及对标识系统的维护管理。

4. 工作程序

4.1 标识范围

4.1.1 对物业管理活动中须进行标识的范围如下。

（1）采购的硬件产品。

（2）设备设施。

（3）物业必要的指示标识。

（4）各项服务过程必要的标识。

4.2 采购硬件产品标识

各管理处对所采购的硬件产品验收入库后，应对每类产品进行标识。

4.3 设备设施标识

4.3.1 各管理处应对下述设备设施进行必要的标识。

（1）消防设备设施。

（2）供配电系统。

（3）给排水系统。

（4）保卫设备设施。

（5）通风空调系统。

（6）电梯设备。

4.3.2　对各类设备设施的标识可使用下述方式进行标识。

（1）标识牌。

（2）涂刷不同颜色。

（3）记录。

4.3.3　在对设备设施使用标识牌进行标识时，应在标识牌中标明设备设施的名称、型号和编号。

4.4　物业指示标识

4.4.1　管理处应根据本管理处物业的具体环境特点，明确物业的指示标识。物业的指示标识一般包括以下内容。

（1）物业名称、编号、楼层、房号标识。

（2）道路交通指引标识。

（3）停车场车位标识。

（4）紧急疏散指示图。

（5）警示标识。

（6）大型物业的平面示意图。

4.4.2　对管理处所设置的指示可通过下述方式进行标识。

（1）设置指示牌。

（2）直接在规定部位做出标识指示。

4.5　服务过程标识

4.5.1　管理处负责对物业管理服务过程进行标识，大致的物业管理服务过程如下。

（1）入伙管理。

（2）环境绿化、清洁卫生管理。

（3）消防管理。

（4）治安管理。

（5）设备设施管理。

（6）车辆管理

（7）顾客服务。

4.5.2　对上述各项服务过程主要通过相关的记录进行标识，在各项管理活动中所必须形成的记录在上述服务过程的书面程序中已进行了明确规定。

4.6　可追溯性要求

4.6.1　本公司的物业管理活动要求在下述方面达到可追溯性。

（1）消防管理活动。

（2）设备运行、设备维护保养及设备故障维修处理。

（3）护卫管理。

（4）车辆管理。

（5）客户服务（维修安装服务）。

（6）客户投诉处理。

4.6.2 对上述活动根据各程序中规定的记录进行追溯。

4.7 标识制作流程

流程图	负责人/部门	过程描述	支持性文件及记录
标识制作申请	各部门管理员	（1）各部门管理员根据本部门的需求情况填写"物品需求计划"交品质部（写明标识名称、规格、色彩、数量、制作用途等） （2）标识的样式尽量采用统一格式（各部门有特殊要求的除外）	"物品采购与管理程序""物品需求计划"
标识制作	品质部	（1）联系标识制作商，根据批准后的"物品采购计划"进行标识制作 （2）建立档案登记，各部门制作标识情况详见"各部门标识制作登记表"	"物品采购计划"
对标识制作商的控制	品质部	（1）固定长期制作商，按"物品采购与管理程序"进行控制 （2）要求临时制作商提供的物品符合质量要求	"物品采购与管理程序"
标识验收（否）	品质部负责人	（1）参见"物品验收规定"（见作业指导书） （2）不合格退货重新制作，两次不合格，取消合格供应商资格	"物品验收规定"
标识的出入库（是）	品质部管理员	（1）标识验收合格，品质部管理员根据"库房管理规定"进行出入库 （2）管理员对入库的标识及时通知申请制作部门领用，相关部门领用详见"库房管理规定"	"库房管理规定"

三、公共物品（工具）管理规定

公共物品（工具）管理规定

1. 目的

规范公共物品（工具）的管理工作，确保公共物品（工具）的完整及各项性能完好。

2. 适用范围

各管理处工程部的公共物品（工具）管理

3. 职责

3.1 工程部负责收集登记和维修设备设施。

3.2 公司工程部经理负责监督各社区物业管理处工程维修职责的履行。

3.3 管理处主任和主任助理负责制定管理处下属各类工程维修人员的岗位职责，并监督其履行。

4. 管理规定

公共物品（工具）是我们正常工作所必备的，保持公共物品（工具）的齐备和正常使用，能提高我们的工作效率，爱护公物是我们每个员工必须具备的品德，为促进公共物品（工具）的管理，特制定如下制度。

4.1 公共物品包括部门公用工具，个人配备工具和劳动保护用品。

4.2 公用工具归工程部共同使用，由主任统一保管，并由仓管员填写"公用工具登记表"，同时指定保管责任人，领用时在"公用工具领用登记表"上签名领用。

4.3 公用工具不得随意外借，确有需要时要经主任同意，并负责追回。

4.4 使用工具时，注意保管爱护，不得乱丢乱扔，不得随意损坏。

4.5 个人随身配备工具由个人保管，领用时须登记签名，如属个人责任丢失或损坏须自行负责赔偿。

4.6 属于个人使用的劳保性用品，如服装等，在限定使用期后以旧换新，离职前须上交。

4.7 个人配备的工具因工作调迁、辞工或解雇时，由主任和仓管员共同进行盘点，如有丢失或损坏，必须照价赔偿。

四、设备设施管理规定

设备设施管理规定

1. 目的

保障所辖物业各系统的设备设施正常使用，满足各项服务要求，尽可能延长设备设施的使用寿命，并节能降耗。

2. 适用范围

适用于公司承接物业范围内设备设施的管理。

3. 职责

3.1 技术委员会主任负责批准《保养检修计划》和《冬检计划》。

3.2 工程部负责建立设备台账，负责设备设施的运行操作、日常养护及定期的检修计划的实施，并监督分包商的保养工作。

3.3 工程部部长负责设备设施巡视维护表以及各种运行、测试记录表的审核。

3.4 技术委员会负责相应设备设施维护检修的技术指导工作。

4. 工作程序

流程图	负责部门/人	过程描述	支持性文件及记录
制定操作规程及巡视维护规定	管理处工程部	1.制定各系统作业指导书《___操作规程》《___巡视维护规定》 2.制定《完好率评定办法》	各《操作规程》《巡视维护规定》《完好率评定办法》
审批 否	审核人/批准人	详见程序文件《文件和资料控制程序》	《文件和资料控制程序》
是 发放	质量管理部	详见程序文件《文件和资料控制程序》	
制订工作计划	管理处工程部	（1）工程部负责人进行责任分工，拟制"责任分工表"，各区域、各系统的维护保养责任到人 （2）拟制周期在每周及以上的《检修保养计划》；计划中要有冬检的时间安排；每年冬季来临前拟制详细的设备设施《冬检计划》 （3）工程部负责人建立《设备台账》及《设备设施清单》，台账单价在500元以上的予以建立 （4）工程部负责人根据各系统的运行情况及用户要求填写"设备设施运行时间安排表"	"责任分工表"《设备设施清单》《检修保养计划》《检修保养实施记录》《设备台账》"设备设施运行时间安排表"《冬检计划》
审批 否 是	部门负责人 技术委员会主任	（1）部门负责人审核《检修保养计划》《冬检计划》《设备台账》《设备设施清单》，审批"责任分工表""设备设施运行时间安排表" （2）技术委员会主任批准《检修保养计划》和《冬检计划》	
制订工作计划	管理处工程部 综合管理部	（1）根据各系统《操作规程》《巡视维护规定》"责任分工表"及"设备设施运行时间安排表"实施各系统的维护保养，发现问题填写《服务工作单》进行维修，并在各系统"巡视维护表"上进行记录 （2）具体的维修工作详见《维修服务管理程序》 （3）综合管理部每月2日前统计上月的设备设施完好率，依据是各系统设备设施的"巡视维护表"及《完好率评定办法》 （4）对计划性的检修工作依据《检修保养计划》由工程部负责人统一组织实施，并记录到《检修保养实施记录》中，检修中的物资使用详见《物品采购与管理程序》，如需停止设备运行，给客户带来工作、生活上的影响时，需提前一天以"通知"形式通知客户做好准备 （5）对分包的设备设施详见《物业服务分包控制程序》 （6）对各设备设施出现紧急情况时，详见《紧急事件处理程序》	《服务工作单》《维修服务管理程序》《完好率评定办法》《物业服务分包控制程序》《紧急事件处理程序》"巡视维护表""通知"（检修通知）《物品采购与管理程序》《检修保养实施记录》
监督检查 否	部门负责人	部门负责人组织工程部部长、综合管理部每月至少检查一次，检查结果填写在各系统的"监督检查记录表"中，并通知责任人及时进行整改	"监督检查记录表"

续表

流程图	负责部门/人	过程描述	支持性文件及记录
是↓ 改进	管理处工程部	根据部门负责人组织的检查结果填写《服务工作单》，对不合格项及时进行改进	
↓ 效果跟踪	管理处综合管理部	综合管理部进行效果跟踪，并把整改结果记录在"监督检查记录表"中，不合格项仍未改进，采取纠正预防措施并执行《纠正和预防措施管理程序》	《纠正和预防措施管理程序》

五、建筑物维护管理规定

房屋维护管理办法

1. 目的

规范各物业服务中心房屋本体及共用设施的维护管理，明确工作要求和标准，规范统一操作流程，通过对房屋本体的巡查、发现、报告及跟踪修缮，保障房屋的正常使用和安全，延长使用寿命。

2. 适用范围

××物业服务有限公司各项目（含案场）工程部。

3. 职责

3.1 公司总经理统筹指导，负责管理制度的审核、审批。

3.2 业务管理中心负责管理体系的建立、修改、报批。

3.3 各项目经理、工程部主管负责配合相关管理制度编写和执行。

4. 方法和过程控制

4.1 程序重点

4.1.1 房屋修缮：是指为了修复和保持由于自然因素、人为因素造成的房屋损坏而采取的各种养护维修活动。房屋修缮主要对房屋本体即房屋共用部分或具有共用性质部分进行局部或全部的更新、修复。

4.1.1 房屋的本体：房屋的承重结构部位（基础、屋面、梁、柱、墙体等）、抗震结构（构造柱、梁、墙等）、外墙面等。

4.2 共用设施

4.2.1 房屋共用设施：护栏、围墙、景观构筑物、标识、沟渠、池、井、盖、道路、路桩、外墙各种外露管道。

4.2.2 室内共用设施：消防通道、公共通道、楼梯扶手、防火门、电梯厅、大堂。

4.2.3 车场共用设施：倒车杆、倒车镜、岗亭、自行（摩托）车库（棚）。

4.2.4 其他共用设施：煤气管道系统、配套公用健身器材、配套公用健身娱乐设施。

4.3 房屋修缮的分类

修缮工程分为小修、中修、大修、翻修和综合维修工程五类。

4.3.1 小修：以保持房屋原来完损等级为目的的预防性养护工程，一般指补漏防水、上下水管道修补、疏通、内外墙、地面抹灰修补等，小修工程主要适用于：

（1）修补屋面、泛水、屋脊等；

（2）钢、木门窗的整修，拆换五金，配玻璃，换窗纱，刷漆等；

（3）修补楼地面面层，抽换个别楞木等；

（4）修补内外墙、抹灰、窗台、腰线等；

（5）拆砌挖补局部墙体、个别拱圈，拆换个别过梁等；

（6）抽换个别木梁，修补木楼梯等；

（7）水卫、电器等设备的故障排除及零部件的修换等；

（8）下水管道的疏通，修补明沟、散水、落水管等；

（9）房屋检查发现的危险构件的临时加固、修缮等。

4.3.2 中修：房屋少量部位损坏、不符合建筑结构要求，须局部维修的工程，一般包括墙体、屋面局部拆除、清洗、粉刷、修补或部分重做面层、楼地面、楼梯等的维修、门窗刷漆等。

4.3.3 大修：主体结构大部分严重损坏、有危险，必须进行大型维修的工程，一般包括对共用设备设施的拆除、改装，如上下水管道、供电线路及对主体进行专项加固的工程。

4.3.4 翻修：指拆除重建。

4.3.5 综合维修：指有计划的成片维修，包括大、中、小修等项目一次性应修尽修的综合性工程。

4.4 巡视要求

4.4.1 巡视项目、周期、要点及质量标准

序号	项目名称	周期	巡视维护要点	质量标准
1	基础及承重结构（柱、梁、板、墙）	每日	（1）检查承重结构有无裂纹、变形和腐蚀 （2）发现问题及时联系有专业维修经验的维修队伍，按全国物业服务考评标准要求对建筑物进行维护	（1）基础沉降在国标允许范围之内 （2）承重结构无大的损伤及变形
		每年	（1）检查基础及承重结构整体的结构性能是否完好 （2）检查基础有无不均匀沉降，勒脚有无破损	
2	屋面、平台	每日	（1）检查屋面及平台地面伸缩缝密封胶有无变硬、疏松开裂、脱落现象 （2）检查地面是否有裂缝、起鼓、空洞，有无渗漏现象	（1）无大面积积水现象 （2）无渗、漏水现象 （3）无起鼓、空洞现象

续表

序号	项目名称	周期	巡视维护要点	质量标准
2	屋面、平台	每年	（1）发现伸缩缝密封胶老化问题后，清除旧胶，重新灌注新密封胶 （2）对地面裂缝，必须请专业维修补漏施工队进行处理	
3	楼地面及楼梯	每日	（1）检查地面瓷砖是否有损坏、空鼓、脱落现象 （2）检查楼梯踢面和踏面有无破损、空鼓、松脱现象 （3）检查楼道扶手有无损坏、锈蚀现象 （4）检查大理石面是否有裂纹、划痕、松动现象	（1）瓷片无松脱，扶手无锈迹、损坏 （2）大理石无污渍、划痕，光洁、平整
		每月	对大理石进行固定、抛光，做晶面处理	
		每年	（1）对楼梯扶手除锈，涂刷一次保护漆 （2）更换或重贴损坏或脱落的瓷砖	
4	内墙面	每日	（1）检查墙面涂料颜色是否一致，有无水渍印 （2）检查墙面是否有裂纹、起鼓、脱落现象 （3）检查大理石、瓷片墙面是否有损坏、脱落、松动现象	（1）瓷片无脱落、污渍 （2）墙面无污渍、水渍及霉变痕迹
		半年	（1）发现墙面涂料及裂纹脱落现象后及时填补和粉刷 （2）对松动脱落的大理石重新装贴	
5	外墙面	每日	（1）检查外墙面是否清洁，有无污渍，玻璃幕墙有无损伤、污渍 （2）检查瓷片有无损坏、脱落 （3）检查大理石墙面有无污渍、损伤及锈渍	（1）外观清洁，无损伤 （2）无渗、漏水
		半年	请专业施工人员进行外墙清洗及修补工作	
6	门、窗	每日	（1）检查门窗有无损坏、松脱现象 （2）检查门窗与墙体缝隙密封材料有无开裂、脱落 （3）检查门窗转动部位是否灵活，转动时有无噪声	（1）门窗、玻璃完好无损，清洁美观，无霉变 （2）门窗关闭灵活，无异响
		每年	（1）维修损坏门窗，更换损坏部件 （2）为转动部位加注润滑油	
7	吊顶天花板	每日	（1）检查吊顶天花板有无损伤、擦痕及裂纹，如有问题应及时更换、修补 （2）检查吊顶天花板有无水渍印和霉变印，发现问题及时清除 （3）检查吊顶天花板有无陷落，若有问题应重新安装或更换	（1）吊顶天花板平整，无污渍 （2）无裂缝及破损

序号	项目名称	周期	巡视维护要点	质量标准
8	道路、广场	每日	（1）检查路面、广场有无塌陷、起壳、地鼓、开裂现象，对出现的问题及时处理 （2）检查广场瓷砖是否损坏、松脱，标志线是否整齐，对有损坏脱落部位及时更换修补 （3）检查广场及道路伸缩缝是否完好无损 （4）检查道路道牙是否完好无损，油漆是否脱落	（1）道路广场整洁，无堆放杂物 （2）地面瓷砖无脱落，路面无塌陷，伸缩缝正常
		半年	更换损坏的路沿石，对路沿石进行一次刷漆	
9	儿童游乐设施	每日	每天检查一次，如上润滑油、紧固等	
		每月	每月保养一次	

4.4.2 日常保养工作由责任人负责每两天巡视责任范围内设施一次，发现问题及时处理，并将巡视情况记录在"设备/设施日常巡查记录表"上。

4.4.3 工程班长每天负责检查监督保养维修工作，发现问题及时处理，并将检查及处理情况记录在"设备/设施日常巡查记录表"上。

4.4.4 工程主管每周应对所管辖区域的设施进行一次全面的检查，发现问题及时安排处理，并将检查及处理情况记录在"设备/设施日常巡查记录表""设备/设施维修保养记录表"上。

4.4.5 对房屋的大缺陷、屋面漏水、外墙开裂等维修后，应随时观察效果，专人定期检查，并做专项记录。

4.4.6 物业服务中心经理至少每月对各类共用设施的状态及其质量记录进行一次检查，发现问题及时在"设备/设施日常巡查记录表"中予以记录，明确整改处理的责任人和完成日期，并进行复查，做好复查记录。

4.5 房屋本体及共用设施维修要求及标准

4.5.1 各服务中心必须在年初制订房屋本体及共用设施维修保养计划，房屋中修要确定工程方案，按程序要求报公司业务管理中心评估审核后由总经理审批。

4.5.2 物业服务中心工程部应按要求建立《设备/设施台账》，同时在可以张贴标识的设施上张贴"设备/设施（工具）卡"或喷涂相应的设施编号，并在"设备/设施保养维修记录表"中记录共用设施检修及重要零部件更换情况。

4.5.3 每季度对单元空调百叶、雨棚、商铺雨棚、岗亭雨棚进行检查，确保设施的安全、防水、防腐等功能正常。

4.5.4 内外墙面、建筑小品外观完好、整洁，空调架安装有序，无生锈、无开焊。室外招牌、广告、霓虹灯整洁、统一、美观，无安全隐患，外墙装饰无破损。

4.5.5 所有钢构、栏杆、井盖等铁制品每半年定期刷漆一次，保证鲜亮，木作的翻新和刷漆应每年进行一次，儿童活动场所和娱乐设施无安全隐患，油漆无脱落，环境清洁，色彩活跃，物品整齐。

4.5.6　各种休闲娱乐设施转动部位灵活，无异响，承重部位无变形，各部位无棱角，操作较复杂或如操作不当会引起伤害或设施损坏的娱乐设施，应设置使用说明，做好相应的安全警示，房屋主体承重结构部位无变形、裂缝、腐蚀现象。

4.5.7　小区内栋号有明显标志，小区入口处和主要路口有总平面图，在大型社区路口、地下停车库要有引路标识图。

4.5.8　活动区域要有开放说明，对小区内的配套公用健身器材、娱乐设施要有设施使用说明和温馨提示，实行定期巡视检查。

4.5.9　屋面排水与地面雨水井通畅，日常每周巡检一次，每年开春后、雨季来临前、第一次大雨后、入冬结冻前，均需进行屋面防水与地面雨水井情况的检查并记录统计。

4.5.10　根据实际季节、气候、时间对景观照明控制开放，室外用电必须保障漏电保护完好，无破损线路，尽量使用安全电压。

4.5.11　共用设备设施维修，小修不过夜，中修1～3天，大修2～5天。

4.5.12　中修工程的计划及方案应经过业主大会会议通过，并按要求向全体业主公布（未成立业主委员会的报公司审批）。

4.5.13　房屋的空调架、防盗网等外观设施应当每三年至少粉刷一次，每年坚持修补一次。

4.5.14　楼梯间的墙面、台阶、扶手等设施应当每五年至少修缮粉刷一次；房屋的屋面和外墙应当每十年至少修缮粉刷一次，木作、铁艺每年检修一次。

4.5.15　法规条例规定的期限届满确实不需要中修（如粉刷和修缮）的，应向业主委员会提交书面报告或进行说明，得到业主委员会的认可。

4.5.6　房屋中修工程所需款项按法规的要求从住宅专项维修资金支付，制定基金使用的明细表，按法规条例的要求履行使用手续，向全体业主公布，并报所在地房地产主管部门备案；未成立业主大会的，中修工程实施前必须经占全体业主总人数及占全体投票权数的2/3以上签字确认，并报所在地房地产主管部门备案。

4.5.17　如有房屋大修、翻修情况，由公司业务管理中心指导项目组织实施。

4.5.18　中修后的房屋，70%以上必须符合基本完好和完好房屋标准的要求。

4.5.19　房屋的综合维修工程参照上述房屋修缮工程的要求进行，并填写"设备/设施保养维修记录表"和"维修工作记录表"。

4.5.20　当各值班人员收到客户对维修后仍存在缺陷的再次投诉时，要立即报告工程部在24小时内安排特殊回访及返修。

4.5.21　房屋维修后由客户服务中心负责维修回访工作，回访可用电话、亲临、书面、或对维修部位的检查等形式进行，对回访结果要做好记录和统计。

4.5.22　各物业服务中心应建立规范的遗留工程处理制度，包括以下内容。

（1）各物业服务中心留存遗留工程统计清单和跟进记录，并形成系统性建议报告公司，避免类似问题再出现。

（2）交房半年内，跟进地产公司对遗留问题的整改处理，对重大遗留工程有解决的方案。

（3）交房1年，已解决的问题占总遗留工程的80%，未解决的问题具体说明并做出本服务中心的意见与方案。

（4）交房2年，全部解决。

（5）新项目接管3个月内做工程后评估，每年12月进行一次系统工程后评估，对施工缺陷、设计缺陷、物业管理新的需求汇总后评估上报，以免新项目再出现类似问。

4.6 各物业服务中心建立图纸、资料台账（包括但不限于以下内容）

4.6.1 收集整理物业接管验收资料，日常巡查、维保、维修、设备运行记录。

4.6.2 各物业服务中心建立图纸资料台账，实行专人责任管理，电子目录上报公司，项目负人为第一责任人，建立资料的收集、整理、保管、借阅等管理机制，保障资料的长期完整。

4.6.3 新项目验收时，地产公司须把完整的图纸资料移交给物业服务中心，否则不予验收，按照总经办的《档案管理作业指导书》执行。

4.7 注意事项

4.7.1 若遇暂时不能修复的公共设施，要在现场张贴"正在维修，停止使用"的温馨提示牌，并做好安全防护措施，避免因维修不及时导致人身伤害。

4.7.2 各物业服务中心应对装修方案严格审核并对装修过程进行监督，严禁对房屋的内、外承重墙、梁、柱、楼板、阳台、天台、屋面及通道进行违章凿拆、搭、占，不得影响相邻房屋的使用或危及其他客户房屋的安全。

4.7.3 发现占用楼梯间、通道、屋面、平台、道路、停车场、自行车房（棚）等共用设施而影响其正常使用功能的，及时通告责任客户并进行清理，如责任客户有抵触、抗拒行为的，应将情况以书面形式上报相关房地产行政主管部门，由政府主管部门牵头实施清理。

4.7.4 专项维修资金的收取和使用，根据国《住宅专项维修资金管理办法》及《城市住房专项维修资金管理暂行办法》，结合项目具体情况实施。

4.7.5 由物业公司代管的维修基金在支出前，应按规定获得批准后执行。没有业主委员会或非物业公司代管的维修基金在支出前，按照相关规定，应取得相关行政主管部门的批准

4.7.6 当地政府无明确使用要求或未成立业主委员会的维修基金使用应至少做到账目清楚，并向业主公开。

4.7.7 接管项目应与委托管理单位签订共用设备设施维修基金管理办法或明确相关管理责任。

六、零星工程申报与施工管理规定

零星工程申报与施工管理规定

1. 适用范围

适用于本公司各物业管理处的零星工程。

2. 管理规定

2.1 各物业管理处所辖范围内零星工程须尽量做到自检自修,在人力或技术方面确有困难时可申请对外委托施工。

2.2 零星工程对外委托施工,须由维修责任人申请,填写对外委托维修申请单,由工程主任组织相关人员现场考查,报经理审批后方可施工。

2.3 所有外委零星工程申报同时须做好材料预算、工期预计、所需人工费用及施工开始日期等。

2.4 对外委施工单位或个人须考察其技术力量和人员素质以保证工程质量和工期。

2.5 施工前工程主任须组织维修责任人及施工方拟定详细施工方案,施工方人员须按所拟订方案进行;施工时对施工地点是否有水、电、气等经过应做详细了解,如进行施工须有明显警示牌,施工完毕后恢复原有水、电、气等标志。

2.6 施工前须对施工人员进行安全防范教育,做到文明施工;如施工中有对行人或车辆等造成安全隐患时,须作相应警示或防护。

2.7 施工期间维修责任人应对施工全过程进行跟踪,工程主任应定时巡查,对施工所用材料须严格发放和保管,杜绝材料损失。

2.8 施工完毕后由施工方申请,由工程部主任组织相关人员验收,填写相关验收报告呈报经理审批。

七、客户报修服务管理规定

客户报修服务管理规定

1. 适用范围

适用各管理处客户报修处理工作。

2. 内容

2.1 工程维修人员从前台接"维修单"或按口头通知接获维修内容。

2.2 由前台或工程人员预约大致上门维修服务时间,非特殊情况不得超过预约时间10分钟;特殊情况须与客户沟通并取得同意。

2.3 工程部主任根据报修内容,安排维修人员的工作。维修人员安排应以本项专长和上门快捷为原则。

2.4 维修人员到达现场后,对报修项目进行确认,并向客户告之收费标准,客户同意后才能开始维修。

2.5 上门维修整个过程应注意文明礼貌、现场清洁卫生;移动室内设施须有业主同意;损坏东西要致歉并按价赔偿。

2.6 维修工作完成后,维修人员应清整工作现场,检查试用。按《维修项目收费标准》,在维修单上注明各项费用金额,并请客户签名认可。

2.7 维修人员在"维修单"中维修情况栏内注明情况,并签上维修人名字,将第一联交客户；第二联交回工程部主任存档；第三联交前台转财务部作为计收服务费用的依据。

2.8 月底对维修内容进行统计，填写"工程部有偿服务登记表"，并对维修内容进行抽查回访，统计零修及时率与合格率。

3. 工程部报修处理程序

工程部报修处理程序如下图所示。

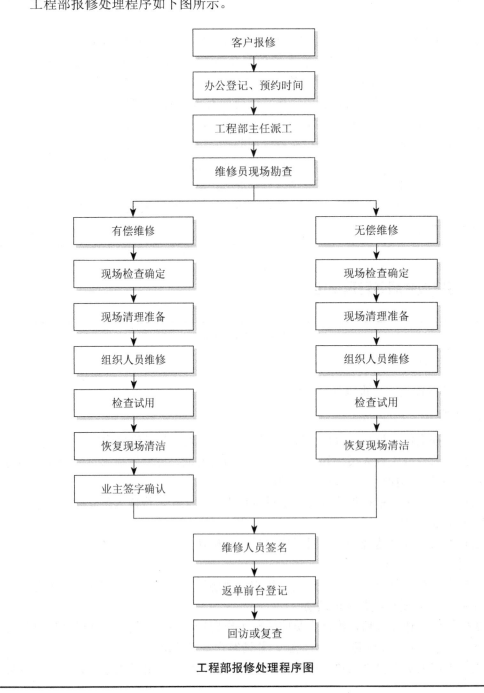

工程部报修处理程序图

八、公共维修程序

公共维修程序

1. 适用范围

各管理处工程部公共维修。

2. 内容

2.1 公共维修由前台统一派单或口头通知。口头通知维修服务在维修完毕后须补单确认。

2.2 工程部主管根据维修内容派人派工，并对维修内容进行规划设计，并做出人工、材料、工期等的预算报经理审批。日常小修可直接由维修人员在仓库领材料修理。

2.3 维修人员做好维修前的准备工作（如工具、材料、安全防范措施等），做好现场清理工作。

2.4 维修过程须认真负责，相关人员要跟踪检查。

2.5 维修结束后要检查试用，恢复现场。

2.6 维修人员应填写好"维修单"并交回工程部及前台备档。

2.7 一定时间内复查。

九、水电管理制度

水电管理制度

1. 适用范围

物业公司各管理处工程部。

2. 总体要求

2.1 所有工程部人员都有责任和义务对本管理处所管水、电进行认真管理。

2.2 所有员工必须以身作则，凡与人串通偷水、偷电者，一经查出将做严肃处理。

2.3 确保水电设备设施正常运行，水电正常、安全供给。

2.4 随时巡查，所有公共用水、用电须装表并有完整记录资料；发现漏水、电现象，应随时维修；节约用水、用电。

2.5 定期检查各用户水、电使用情况，防止偷水、偷电现象发生。

2.6 按时抄送水、电表，并力求抄表正确、准时；每月将水、电使用情况汇总报公司领导。

2.7 严禁私拉乱接、水电线路的更改。水、电表的安装要经主任以上级别人员同意方可。

2.8 随时向各水、电用户讲解水、电使用要求、方法和注意事项，对出现的问题多做解释工作。

2.9 抄表人员施行轮换制，由副主任带队，最少2人抄表，除副主任为固定外，协助人员每月更换，轮流抄表。

3. 停电（水）管理规定

3.1 工程维修人员必须确保管辖范围内的水、电正常平稳供应。

3.2 正常的维修保养应尽量避免停电（水），必须停电（水）时，需按如下步骤操作。

3.2.1 填写停电（水）通知单，注明原因，停电（水）的时间等，报公司领导批准。

3.2.2 将停电（水）的通知提前一天公告各相关部门和用户，以期做好相应准备。

3.2.3 准时开展工作，按时完成任务，随时汇报工作进展。

3.3 常规维保应尽量避开使用高峰期，且不超过半天。

3.4 正常停电（水）时（应急抢修），应迅速判明原因，将情况向领导汇报。及时通过办公室前台和其他公示方式向用户公告解释停电（水）原因，恢复供电（水）的大概时间等。

3.5 市政停电（水）时，如接获通知则应按照3.2.2进行；如未接获通知，工程主任应迅速致电供电（水）部门查询原因，同时按3.2.3进行。

3.6 停电（水）超过8小时，工程部门要组织人员尽量采取补救措施，内部系统应急抢修期间，工程人员须全部参加。恢复供电（水）按"配电房操作管理规程"和"水泵房操作管理规程"进行。

3.7 停电（水）应由值班人员详细记录，故障（内部系统）停电（水）分清责任人，将事故处理结果报告公司领导。

4. 公共用水管理规定

4.1 公共用水以满足需求和节约用水为原则。

4.2 公共用水包括办公用水、卫生清洁用水、绿化用水和其他工程维修用水。

4.3 公共用水设备的维修由工程部门按日常维修和计划养护进行。公共用水的监管由工程部、安管部及物业部巡查人员负责。

4.4 各公共用水的部门负责人须对本部门强调节水意识，制定用水节水方案，掌握节水方法。对浪费水源的直接责任人和部门负责人处以10倍水费的处罚。

4.5 凡非公共用水使用人偷用公共用水的，处以50倍水费的罚款。

4.6 公共用水点全部装设水表，由工程部每月底抄表统计1次，汇报公司领导。

5. 公共用电管理规定

5.1 公共用电以方便业主、有利形象、满足需要和节约用电相结合。

5.2 公共用电由工程部门综合各方面意见，根据不同季节制定适当的开关时间报公司领导批准后执行。

5.3 公共用电的开关需明确责任人1名或2名，责任人由有电工操作证或经过类似培训的人员担任。

5.4 公共用电应装设准确的计量仪表，每月抄表统计1次并向领导汇报。

5.5 临时性的公共用电（如节假日等）须经部门主任同意并向公司领导汇报，同时由值班人员做好记录。

5.6 公共用电设备设施应按维保计划进行维修保养，确保安全。

6. 生活用水管理规定

6.1 生活用水由市政直供和二次加压两种形式供给。生活用水设管理责任人1名，该责任人应具备相应专业知识和卫生知识。

6.2 电工应每周对加压水泵及管道系统检修1次，当日值班员每2小时巡查1次，确保水源供应不间断。市政停水或维修确需停水时须提前24小时以公告形式通知用户做好储水准备。

6.3 整个系统应采取封闭式，以防受到污染，各水池清洗入口须加盖加锁，以确保安全，并防止非管理人员接近水源。各透气管口要采取倒口式并加网，整个系统外围应保持干净整洁，机房每星期清洁1次，水池外部每2星期1次。

6.4 按照市二次供水的有关规定，对各水池进行每年2次定期清洗消毒，由水质检测单位对水质采样化验并出具化验单，资料应齐全，由工程主任妥善保存。

6.5 生活水系统与排水系统及污水系统隔离。

6.6 每年对管道系统进行除锈刷漆1次，生活水系统管内的防锈每年进行1次。

6.7 二次供水由专门管理责任人定期巡查记录，每月底向上级汇报供水系统和水质状况。

7. 消火栓（水）、喷淋系统（水）设施管理规定

7.1 消火栓（水）、喷淋系统（水）为消防专用设施，不得挪作他用。市政消防总阀，在非消防时严禁开启。

7.2 消火栓（水）的使用按如下步骤进行。

（1）使用人填"消防水动用申请单"或"喷淋系统（水）停用审批单"。

（2）安管部门审批。

（3）工程部门审批。

（4）公司领导审核签字。

7.3 安管部门设立消火栓、喷淋系统管理责任人，管理责任人每月至少对其配置设备检查1次，并签名确认，由每日值班的安管巡逻人员每天定时巡检。

7.4 工程部门每星期维保1次，确保消火栓（水）、喷淋系统（水）的正常使用功能。

7.5 工程部应在消火栓、喷淋系统位置设立明显标志，并标明水系统的走向。

十、跑水事故应急处理规定

跑水事故应急处理规定

1. 适用范围

各管理处工程部。

2. 处理规定

2.1 水系统跑水事故为紧急事件，所有工程人员同为参与处理责任人，工程主任为事故现场负责人。

2.2 发现跑水的第一责任人（工程部人员）应立即以最快的方式通知工程部其他人员，并迅速查明跑水原因。

2.3 现场工程人员应在第一时间关闭跑水位置前的阀门，断绝水源。

2.4 如果跑水对机电设备设施造成危险时应将机电设备设施转移到安全位置；如果不能转移则应先采取堵截或疏导水流，使之不影响机电设备安全。

2.5 如果水已进入强电系统，则应先断掉本系统电源，特别注意人身安全，防止触电事故发生。

2.6 处理事件的负责人随时将现场情况向上级领导汇报，以便确定最佳处理方案。

2.7 事故处理完毕，事故责任人、负责人24小时内将整个事件写出总结备案，并上报公司领导。

2.8 跑水事件应急处理人员安排如下图所示。

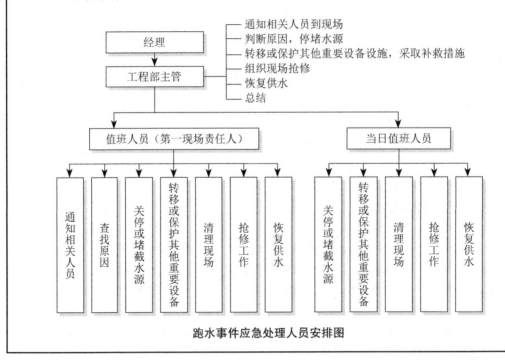

跑水事件应急处理人员安排图

十一、停电应急处理规定

停电应急处理规定

1. 适用范围

物业公司各管理处工程部。

2. 应急处理规程

2.1 值班人员或第一时间发现停电人员应立即用对讲机或其他方式通知其他工程部人员和办公室前台及监控中心，工程部全体人员在得知停电后应立即赶往配电房。

2.2 当日值班人员应迅速判断停电原因（市政停电或机房故障停电），启动应急发电机并网工作，应急发电机常规情况下应处于自动启动和并电位置，同时检查应急发电机各运行参数是否正常，各油、水位等是否正常。

2.3 值班人员以外的其他维修人员应首先启动电梯应急救人程序，救出被困人员，然后协助值班人员检查配电房情况。

2.4 工程部主任接到停电通知后，应立即赶往现场，检查停电和发电情况。判明停电原因，证实电梯困人解救情况，通知监控中心向业主广播停电情况。如果是市政停电，则致电供电部门了解停电原因和恢复供电时间，如果是配电房内故障停电，应立即组织人员抢修，同时将大体情况向领导汇报。

2.5 应急发电机运行期间，值班人员应随时检查发电供电情况，并抄表记录。

2.6 市政（或故障）恢复供电时，值班人员应按照配电房操作规程逐个合闸供电，同时检查应急发电机停机情况并记录停机时间。

2.7 由工程部主任和值班人员同时确认恢复供电各处正常无误后离开现场，填写停电（或故障）处理记录。

3. 停电应急处理人员安排图

停电应急处理人员安排图如下图所示。

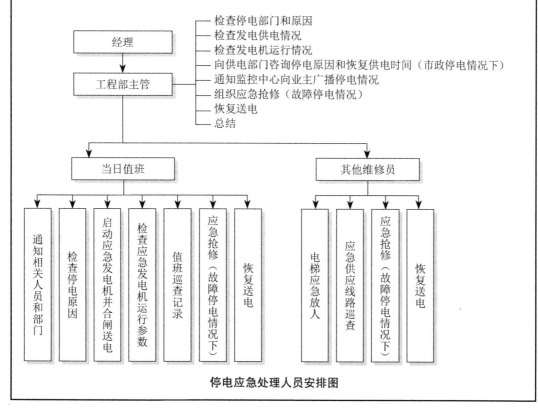

停电应急处理人员安排图

十二、设备事故与应急处理程序

设备事故与应急处理程序

1. 电梯设备紧急故障处理

其具体处理程序如下。

1.1 如果电梯在运行途中突然发生停车故障，停在井道内不能开门时，应先设法通知电梯维修人员，其他人员不得随意处理，以免处理不当发生危险。

1.2 维修人员到达现场后，首先应立即设法救出轿厢内被困人员。若轿厢不在平层开门位置，应以检修方式慢车开动电梯，将轿厢移动到开门处，让乘客离开。当电梯因安全钳动作或其他原因，采取前述措施轿厢仍不能移动时，可将轿厢顶安全窗开启，救出被困人员，经井道退出，但应注意要切断电源。

1.3 如发现水漫进机房井道、井底坑和轿厢，应立即将电源全部切断，以防触电事故及电气设备短路。

1.4 如遇电气设备发生燃烧，应立即把电源切断，采用四氯化碳或干粉灭火器扑救，并立即报告有关部门。

1.5 电梯发生事故，司乘、维修人员必须立即抢救伤员，保护现场。现场须设标志，并及时报告有关部门按照"三不放过原则"采取有效措施。

1.6 若电梯发生严重的冲顶、蹲底，须经有关部门严格检查，修复鉴定后方可启用。

1.7 如果轿厢因超行程或其他原因必须在机房用手轮转动曳引机使轿厢作短程升降时，首先要切断电动电源，然后2～3人配合进行操作，1人使用工具松开刹车，其他人扳动手轮使曳引机转动。操作时应注意安全，防止松开刹车时手轮突转伤人。

1.8 所有事故处理之后，一定要详细记录发生的时间、现象和处理方法，并要及时报告上级。

2. 供电设备事故应急处理

2.1 触电处置

2.1.1 拉开电源开关，拔去插头或熔断器；用干燥的木棒、竹竿移开电线或用绝缘工具（平口钳、斜口钳等）剪断电线。

2.1.2 用干燥的衣服或绝缘塑料布垫住，使触电者脱离电源。

2.1.3 防止触电者在断电后跌倒。如果触电者尚未失去知觉，则必须让其保持安静，并立即请医生进行诊治，密切注意其症状变化。

2.1.4 如果触电者已失去知觉，但呼吸尚存，应使其舒适、安静地仰卧，将上衣与裤带放松，使其容易呼吸；若触电者呼吸困难，有抽筋现象，则应立即进行人工呼吸，并及时送医院救治。

2.1.5 如果触电者的呼吸、脉搏及心跳都已停止，此时不能认为其已死亡，应当立即对其进行人工呼吸。人工呼吸必须连续不断地进行到触电者自行呼吸或医生赶到现场救治为止。

2.2 配电柜自动空气开关跳闸的处置

判断跳闸原因（短路或过载）；查清楚负载种类及分布情况；对可疑处逐个检查，

确认故障部位，报告主管，请求支援解决；如故障已排除，应立即恢复供电。

2.3　变、配电房发生火灾的处置

按《火警、火灾应急处理作业规程》进行。

2.4　变、配电房发生水浸时的处置

视进水情况，拉下总电源开关或高压开关，堵住漏水源；如果漏水较大，应立即通知设备部主管，同时尽力阻滞进水；漏水源堵住后，应立即排水，排干水后，应立即对湿水设备设施进行除湿处理（如用干的干净抹布擦拭、热风吹干、自然通风、更换相关管线等）；确认湿水已消除（如各绝缘电阻达到规定要求），开机试运行；如无异常情况出现，则可以投入正常运行。

2.5　"市电"停时的处置

当值变配电室值班电工应立即启动应急柴油发电机，并进行巡视监控。从"市电"停到发电机开始供电，规定时间不超过5分钟。

3. 给排水设备事故应急处理

3.1　主供水管爆裂的处置

3.1.1　立即关闭相关联的主供水管上的闸阀。

3.1.2　如果关闭了主供水管上相关联的闸阀后仍不能控制住大量泄水，则应关停相应的水泵房。

3.1.3　立即通知客户服务部及设备部主管。

3.1.4　设备部主管联络供水公司进行抢修。

3.1.5　客户服务部负责通知相关的用水单位和业主（用户）关于停水的情况。

3.1.6　在设备部水泵房领班或设备部主管的组织下，尽快开挖出水管爆裂部位。

3.1.7　供水公司修好水管后，应由水泵房管理员开水试压（用正常供水压力试压），看有无漏水或松动现象。

3.1.8　确认一切正常后，回填土方，恢复水管爆裂前的原貌。

3.2　水泵房发生火灾时，按《火警、火灾应急处理作业规程》处置。

3.3　水泵房发生水浸时的处置

3.3.1　视进水情况关闭机房内运行的设备设施并拉下电源开关。

3.3.2　堵住漏水源。如果漏水较严重，应立即通知设备部主管，同时尽力阻滞进水。

3.3.3　漏水源堵住后，应立即排水；排干水后，应立即对设备设施进行除湿处理，如用干的干净抹布擦拭、热风吹干、自然通风、更换相关管线等。

3.3.4　确认湿水已消除、各绝缘电阻符合要求后，开机试运行。

3.3.5　如无异常情况出现则可以投入正常运行。

3.4　"市电"停时的处置

水泵房管理员应立即启动应急柴油发电机，并进行巡视监控。从"市电"停到重新正常供水，规定时间为15分钟。

4. 空调设备事故应急处理

4.1　中央空调发生制冷剂泄漏时的处置

4.1.1　立即关停中央空调主机，关闭相关的阀门。

4.1.2 加强现场通风或用水管喷水淋浇（应注意不要淋在设备上）。

4.1.3 救护人员应身穿防毒衣，头戴防毒面具进入现场，并要求两人为一组，以确保安全。

4.1.4 对于不同情况的中毒者采取不同的方法，对于出现头痛、呕吐、头晕、耳鸣以及脉搏、呼吸加快者应立即转移到通风良好的地方去休息；如中毒者出现痉挛、神志不清、处于昏迷状态，应立即转移到空气新鲜的地方，进行人工呼吸并送医院治疗。

4.1.5 如氟里昂制冷剂溅入眼睛，应用2%的硼酸加消毒食盐水反复清洗眼睛并送医院治疗。

4.1.6 排除泄漏源后，启动中央空调试运行。确认无泄漏后，机组方可投入正常运行。

4.2 中央空调机房发生水浸时的处置

4.2.1 视进水情况关闭中央空调机组，拉下总电源开关。

4.2.2 堵住漏水源。如果漏水较大，应立即通知设备部主管，同时尽力阻滞进水。

4.2.3 漏水源堵住后，应立即排水；排干水后，应立即对设备设施进行除湿处理，如用干的干净抹布擦拭、热风吹干、自然通风或更换相关管线等。

4.2.4 确认湿水已消除，各绝缘电阻符合要求后，开机试运行。

4.2.5 如无异常情况出现，则可以投入正常运行。

4.3 中央空调机房发生火灾时按《火警、火灾应急处理作业规程》处置

5. 消防设备事故应急处理

5.1 当消防主机出现异常情况（如水浸入）时，应立即切断供给消防主机的主电源和备用电源，以免引起相关联动装置启动而造成消防主机部件烧毁。

5.2 当配电箱线路发生短路（过负荷）起火时，立即关闭相关设备的电源，迅速用干粉或其他灭火器扑灭。

第二十三章
安全与应急管理制度规范

一、安全生产管理制度

安全生产管理制度

1. 总则

1.1 为加强公司安全生产管理，防止和减少事故发生，保障职工的生命和财产安

全，促进公司发展，根据《中华人民共和国安全生产法》的规定，制定本制度。

1.2 凡在本公司管理范围内从事与安全生产活动有关的部门和个人，必须遵守本制度。

1.3 安全生产贯穿于设备设施运行、维护、维修、改造的全过程，必须贯彻"安全第一，预防为主"的方针，坚持以部门、项目部、管理处为中心，实行属地化管理，坚持"谁主管、谁负责""谁审批、谁负责"的原则。

1.4 各部门、项目部、管理处必须严格遵守国家有关安全生产的法律、法规，正确处理安全与效益、安全与生产、安全与发展、安全与稳定的关系，努力改善劳动条件，确保安全生产。

1.5 公司董事长、副总经理对安全生产负直接领导责任，各部门、项目部、管理处主任对管辖区域负全面领导责任，是本部门、管理处安全生产的第一责任人。

1.6 各部门、项目部、管理处所属的从业人员有依法获得安全生产保障的权利，并应依法履行安全生产方面的义务。

1.7 各部门、项目部、管理处应当加强对安全生产工作的领导，督促各有关班组或个人认真履行安全生产监督管理职责，对安全生产监督管理中存在的重大问题及时予以协调解决。

1.8 各部门、项目部、管理处应采取各种形式，加强对有关安全生产的法律、法规和安全生产知识的宣传，提高员工的安全生产意识。

1.9 公司鼓励和支持安全技术研究和安全生产先进技术的推广应用，提高安全生产管理水平。

1.10 公司对在提高安全生产管理水平、改善安全生产条件、防止安全事故、参加抢险救护等方面取得显著成绩的项目部和个人给予奖励。

1.11 公司各部门、项目部、管理处是本公司安全生产工作的监督管理部门，依照国家有关安全生产的法律、法规和本制度的规定，对本公司的安全生产工作实施管理。

1.12 本制度依据国家现行的有关安全生产的法律、法规、标准、规范、规程和上级部门对安全生产管理的规定编制。

2. 安全生产管理制度的建立

2.1 本安全生产管理制度的建立结合了××物业公司的特点，以确保安全生产体系具有可操作性。各部门、项目部、管理处日常安全生产工作除按安全生产制度运行外还必须严格遵守国家、行业及地方性安全生产法规。

2.2 公司成立以董事长为组长，负责安全生产工作的分管副总经理和分管各部门、管理处的副总经理为副组长，成员由各部门、管理处负责人组成的"安全生产领导小组"，下设安全管理机构，成立安全生产办公室，配备与安全生产工作相适应的专（兼）职管理人员，对公司内部的安全生产工作进行指导、监督、管理和检查。

3. 安全生产责任制

3.1 安全生产第一责任人（董事长）安全生产责任制

3.1.1 建立健全并落实以安全生产责任制为核心的安全生产规章制度和操作规程。

3.1.2 建立健全与本单位经济活动相适应的安全生产管理机构，配备安全生产管理人员，按照有关规定足额提取安全生产费用，落实安全生产经费。

3.1.3 督促、检查本单位的安全生产工作，按照有关规定开展安全生产标准化建设，组织开展安全生产监督检查、安全隐患排查整治和安全宣传教育培训工作。

3.1.4 将安全生产工作与业务工作紧密结合，一起部署，一起落实，一起检查，一起考核。

3.1.5 将安全设施投资纳入建设项目概算，执行新建、改建、扩建工程项目的安全设施与主体工程同时设计、同时施工、同时投入生产和使用制度。

3.1.6 负责配备符合国家标准或者行业标准的劳动防护用品。

3.1.7 制定并实施生产安全事故应急救援预案。

3.1.8 发生生产安全事故后，应当赶赴现场，组织抢救，保护现场，做好善后工作，执行事故处理决定。

3.2 分管安全生产管理工作副总经理（安全生产直接责任人）的安全生产责任制

3.2.1 负责安全生产日常监督管理工作，督促落实安全生产责任制。

3.2.2 监督检查安全生产标准化建设和安全隐患排查整治工作。

3.2.3 监督检查单位负责人、管理人员和从业人员的安全生产宣传教育培训工作。

3.2.4 督促做好作业场所的劳动保护工作，预防和消除职业危害。

3.2.5 发生生产安全事故后，应当赶赴现场，组织抢救，保护现场，做好善后工作，督促执行事故处理决定。

3.3 管理处安全生产工作副总经理安全生产责任制

3.3.1 负责分管物业管辖区域内的安全生产工作。

3.3.2 定期检查管理处对安全生产各项制度的执行情况，及时纠正失职和违章行为。

3.3.3 负责处理管理处安全、防火工作中存在的重大问题。

3.3.4 负责组织分管物业管辖区域内的定期和不定期的安全、防火检查，对查出的问题落实整改。

3.3.5 负责组织分管物业管辖区域范围内重大事故的调查处理。

3.4 管理处负责人的安全生产责任制

3.4.1 贯彻执行国家安全生产的方针、政策、法规，落实公司的安全生产管理制度，并结合管理处的实际情况制定各种规章制度、操作规范和操作规程，是管理处安全生产第一责任人。

3.4.2 负责对管理处各安全生产环节进行监督管理，并提出预防事故发生的措施，组织开展经常性的安全生产检查，及时整改事故隐患。

3.4.3 建立健全安全生产管理机制，推行安全生产目标管理。

3.4.4 组织开展安全生产宣传、教育，对所属员工和安全管理人员定期组织学习和培训。

3.4.5 在上级主管部门的统一领导下负责管理处员工的日常安全考核和上岗证的管理，以及必要的身体素质检查，严禁带病、疲劳工作。

3.4.6 开展安全生产竞赛活动，对安全生产进行检查、评比、考核，表彰先进，总结和交流经验，推广安全生产先进管理方法。

3.4.7 严格执行事故报告制度，准确、及时地填报安全生产责任事故统计报表。

3.5 管理处安全生产责任制

3.5.1 在管理处负责人的带领下开展安全生产工作。

3.5.2 管理处按照公安部61号令的要求，开展管辖区域的消防安全管理工作，做好日常防火安全检查工作。

3.5.3 积极配合管理处对内对外的消防安全宣传教育，做好群防群治工作。

3.5.4 负责管理处员工的消防安全知识宣传教育，协助管理处负责人制订灭火作战计划，参与每半年组织实施的应急救援演练。

3.5.5 建立健全管辖区域的安全生产档案及各项安检记录，并及时更新完善与安全生产有关的资料。

3.6 班组长安全生产责任制

3.6.1 管理处所属的维修班长、保安班长、保洁班长为其班组的安全生产责任人。

3.6.2 职责是：

（1）对本班组安全生产和员工人身安全、健康负责；

（2）发现事故苗头和事故隐患及时处理及上报；

（3）组织安全检查活动，坚持班前讲安全、防火，班中检查安全、防火，班后总结安全、防火工作；

（4）认真贯彻执行安全规章制度，严格执行操作规程；

（5）发生事故立即报告，并采取积极有效措施，防止事故扩大，组织员工分析事故原因；

（6）对从事有明显危险或严重违反操作规程的职工有权停止操作，并安排好岗位操作人员，报告上级领导；

（7）有权制止未经三级安全教育和安全考核不合格员工独立操作；

（8）做好安全和消防设备设施的检查和维护保养工作，检查员工合理使用劳保用品和正确使用各种消防器材。

3.7 管理处员工安全生产责任制

管理处所有在职员工为所在岗位的安全生产责任人，其职责是：

3.7.1 认真学习上级有关安全生产的指示、规定和安全规程，熟练掌握本岗位操作规程；

3.7.2 上岗操作时必须按规定穿戴好劳动保护用品，正确使用和妥善保管各种防护用品和消防器材；

3.7.3 上班要集中精力做好安全生产，平稳操作，严格遵守劳动纪律和工作流程，认真做好各种记录，不得串岗、脱岗，严禁在岗位上睡觉、打闹和做其他违反纪律的事情，对他人违章操作加以劝阻和制止；

3.7.4 认真执行岗位责任制，有权拒绝一切违章作业指令；

3.7.5 严格执行交接班制度，发生事故时要及时抢救处理，保护好现场，及时如实向领导汇报；

3.7.6 加强巡回检查，及时发现和消除事故隐患，自己不能处理的应立即报告；

3.7.7 积极参加安全活动，提出有关安全生产的合理化建议。

3.7.8 保护事故现场，协调调查事故原因。

4. 安全生产管理制度

4.1 安全生产工作例会制度

4.1.1 为充分发挥公司及管理处安全生产管理的监督管理作用，做好对管理处安全生产状况的研究分析及重大安全生产问题的对策制定，公司实行安全生产例会制度。

4.1.2 公司每半年组织召开一次安全生产工作会议，对公司半年来的安全生产工作进行总结，对下半年度的安全生产规划及安全生产工作进行部署。

4.1.3 管理处每月末组织召开一次安全生产会议，分析、研究本管理处的安全生产形势，落实下个月安全生产管理目标。

4.1.4 公司安全生产办公室每季度组织召开一次安全生产会议，对公司本季度的安全生产形势进行分析，研究、统筹、协调、指导管理处的重大安全生产问题。

4.1.5 管理处必须坚持使安全生产例会制度化，并认真做好会议记录，确保使每次会议都有一定的实质内容，都能解决一定的实质问题。

4.2 安全生产检查制度

4.2.1 为增强职工的安全意识，及时消除事故隐患，确保安全生产，必须加强管理处安全生产检查。

4.2.2 安全生产检查的依据：国家有关安全生产的法律、法规、标准、规范、规程及政府、上级部门和公司有关安全生产的各项规定、制度等。

4.2.3 各级安全生产检查应以查思想、查制度、查措施、查隐患、查教育培训、查安全防护等为主要内容。

4.2.4 公司安全检查应以定期安全检查为主，以查处安全生产隐患为主要内容，每月至少组织进行一次。

4.2.5 公司及所属各单位应定期或不定期地组织对安全问题进行专项、重点检查。

4.2.6 公司及管理处应根据生产实际及综合气候变化，定期或不定期地组织季节性安全检查。

4.2.7 管理处安全检查结束后，要认真、全面、系统地进行分析、总结和评价，要针对检查中发现的问题，制定整改措施，落实整改，并将整改、复查情况及时反馈到公司安全生产办公室。

4.3 安全知识教育、培训制度

4.3.1 每年以创办安全知识宣传栏、开展知识竞赛等多种形式，提高全体员工的消防安全意识。

4.3.2 定期组织员工学习消防法规和各项规章制度，做到依法管理。

4.3.3 管理处应针对岗位特点进行消防安全教育培训。

4.3.4 对消防设施维护保养和使用人员应进行实地演示及培训。

4.3.5 对新员工进行岗前安全知识培训，经考试合格后方可上岗。

4.3.6 因工作需要，员工换岗前必须进行再教育培训。

4.3.7 消控中心等特殊岗位要进行专业培训，经考试合格，持证上岗。

4.4 防火巡查、检查制度

4.4.1 落实逐级消防安全责任制和岗位消防安全责任制，落实巡查检查制度。

4.4.2 安全生产管理职能部门每日对公司进行安全巡查。每月对单位进行一次防火检查并复查追踪改善。

4.4.3 检查中发现火灾隐患，检查人员应填写防火检查记录，并按照规定，要求有关人员在记录上签名。

4.4.4 检查部门应将检查情况及时通知受检管理处，管理处负责人应每日通知消防安全检查情况，若发现本单位存在火灾隐患，应及时整改。

4.4.5 对检查中发现的火灾隐患未按规定时间及时整改的，根据奖惩制度给予处罚。

4.5 安全疏散设施管理制度

4.5.1 单位应保持疏散通道、安全出口畅通，严禁占用疏散通道，严禁在安全出口或疏散通道上安装栅栏等影响疏散的障碍物。

4.5.2 应按规范设置符合国家规定的消防安全疏散指示标志和应急照明设施。

4.5.3 应保持防火门、消防安全疏散指示标志、应急照明、机械排烟送风、火灾事故广播等设施处于正常状态，并定期组织检查、测试、维护和保养。

4.5.4 严禁在办公期间将安全出口上锁。

4.5.5 严禁在办公期间将安全疏散指示标志关闭、遮挡或覆盖。

4.6 消防控制中心管理制度

4.6.1 熟悉并掌握各类消防设施的使用性能，保证扑救火灾过程中操作有序、准确、迅速。

4.6.2 做好消防值班记录和交接班记录，处理消防报警电话。

4.6.3 按时交接班，做好值班记录、设备情况、事故处理等情况的交接手续。无交接班手续，值班人员不得擅自离岗。

4.6.4 发现设备故障时，应及时报告，并通知有关部门及时修复。

4.6.5 非工作所需，不得使用消控中心内线电话，非消防控制中心值班人员禁止进入值班室。

4.6.6 上班时间不准在消控中心抽烟、睡觉、看书报等，离岗应做好交接班手续。

4.6.7 发现火灾时，迅速按灭火作战预案紧急处理，并拨打"119"电话通知公安消防部门并报告部门管。

4.7 消防设施、器材维护管理制度

4.7.1 消防设施日常使用管理由专职管理员负责，专职管理员每日检查消防设施的使用状况，保持设施整洁、卫生、完好。

4.7.2 消防设施及消防设备的技术性能的维修保养和定期技术检测由消防工作管理部门负责，设专职管理员每日按时检查了解消防设备的运行情况。查看运行记录，听取值班人员意见，发现异常应及时安排维修，使设备保持完好的技术状态。

4.7.3 消防设施和消防设备定期测试。

（1）烟、温感报警系统的测试由消防工作管理部门负责组织实施，安保部参加，每个烟、温感探头至少每年轮测一次。

（2）消防水泵、喷淋水泵、水幕水泵每月试开泵一次，检查其是否完整好用。

（3）正压送风、防排烟系统每半年检测一次。

（4）室内消火栓、喷淋泄水测试每季度一次。

（5）其他消防设备的测试，根据不同情况决定测试时间。

4.7.4 消防器材管理。

（1）每年在冬防、夏防期间定期两次对灭火器进行普查换药。

（2）派专人管理，定期巡查消防器材，保证处于完好状态。

（3）对消防器材应经常检查，发现丢失、损坏应立即补充并上报领导。

（4）本辖区的消防器材由管理处负责管理，并指定专人负责。

4.8 火灾隐患整改制度

4.8.1 管理处对存在的火灾隐患应当及时予以消除。

4.8.2 在防火安全检查中，应对所发现的火灾隐患进行逐项登记，并将隐患情况书面下发各班组限期整改，同时要做好隐患整改情况记录。

4.8.3 在火灾隐患未消除前，各班组应当落实防范措施，确保隐患整改期间的消防安全，对确无能力解决的重大火灾隐患应当提出解决方案，及时向单位消防安全责任人报告，并由单位上级主管部门或当地政府报告。

4.8.4 对公安消防机构责令限期改正的火灾隐患，应当在规定的期限内改正并写出隐患整改的复函，报送公安消防机构。

4.9 用火、用电安全管理制度

4.9.1 用电安全管理。

（1）严禁随意拉设电线，严禁超负荷用电。

（2）电气线路、设备安装应由持证电工负责。

（3）管理处下班后，该关闭的电源应予以关闭。

（4）禁止私用电热棒、电炉等大功率电器。

4.9.2 用火安全管理。

（1）严格执行动火审批制度，确需动火作业时，作业单位应按规定向消防工作管理部门申请"动火许可证"。

（2）动火作业前应清除动火点附近5米区域范围内的易燃易爆危险物品或作适当的安全隔离，并向管理处借取适当种类、数量的灭火器材随时备用，结束作业后应即时归还，若有动用应如实报告。

（3）如在作业点就地动火施工，应按规定向作业点所在管理处主管人员申请，申请部门需派人现场监督并不定时派人巡查。离地面2米以上的高架动火作业必须保证有一人在下方专职负责，随时扑灭可能引燃其他物品的火花。

（4）未办理"动火许可证"擅自动火作业者，本单位人员予以记小过两次处分，严重的予以开除。

4.10 易燃易爆危险物品和场所防火防爆制度

4.10.1 易燃易爆危险物品应储存在专用的库房内，配备必要的消防器材设施，仓管人员必须由消防安全培训合格的人员担任。

4.10.2 易燃易爆危险物品应分类、分项储存。化学性质相抵触或灭火方法不同的易燃易爆化学物品，应分库存放。

4.10.3 易燃易爆危险物品入库前应经检验部门检验，出入库应进行登记。

4.10.4 库存物品应当分类、分垛储存，每垛占地面积不宜大于100米^2，垛与垛之间不小于1米，垛与墙间距不小于0.5米，垛与梁、柱的间距不小于0.5米，主要通道的宽度不小于2米。

4.10.5 易燃易爆危险物品存取应按安全操作规程执行，仓库工作人员应坚守岗位，非工作人员不得随意入内。

4.10.6 易燃易爆场所应根据消防规范要求采取防火防爆措施并做好防火防爆设施的维护保养工作。

4.11 义务消防队组织管理制度

4.11.1 义务消防员应在消防工作管理部门领导下开展业务学习和灭火技能训练，各项技术考核应达到规定的指标。

4.11.2 要结合对消防设施、设备、器材维护检查，有计划地对每个义务消防员进行轮训，使每个人都具有实际操作技能。

4.11.3 按照灭火和应急疏散预案每半年进行一次演练，并结合实际不断完善预案。

4.11.4 每年举行一次防火、灭火知识考核，考核优秀给予表彰。

4.11.5 不断总结经验，提高防火灭火自救能力。

4.12 灭火和应急疏散预案演练制度

4.12.1 制定符合本单位实际情况的灭火和应急疏散预案。

4.12.2 组织全员学习及熟悉灭火和应急疏散预案。

4.12.3 每次组织预案演练前应精心开会部署，明确分工。

4.12.4 应按制定的预案，至少每半年进行一次演练。

4.12.5 演练结束后应召开讲评会，认真总结预案演练的情况，发现不足之处应及时修改和完善预案。

4.13 燃气和电气设备的检查及管理制度

4.13.1 应按规定正确安装、使用电气设备，相关人员必须经必要的培训，获得相关部门核发的有效证书方可操作。各类设备均需具备法律、法规规定的有效合格证明并经维修部确认后方可投入使用。电气设备应由持证人员定期进行检查（至少每月一次）。

4.13.2 防雷、防静电设施定期检查、检测，每季度至少检查一次、每年至少检测一次并记录。

4.13.3 电气设备负荷应严格按照标准执行，接头牢固，绝缘良好，保险装置合格、正常，并具备良好的接地，接地电阻应严格按照电气施工要求测试。

4.13.4 各类线路均应以套管加以隔绝，特殊情况下，亦应使用绝缘良好的铅皮或胶皮电缆线。各类电气设备及线路均应定期检修，随时排除因绝缘损坏可能引起的消防安全隐患。

4.13.5 未经批准，严禁擅自加长电线。各部门应积极配合安全小组、维修部人员检查加长电线是否仅供紧急使用、外壳是否完好、是否有维修部人员检测后投入使用。

4.13.6 电气设备、开关箱线路附近按照本单位标准划定黄色区域，严禁堆放易燃易爆物并定期检查、排除隐患。

4.13.7 设备用毕应切断电源。未经试验正式通电的设备，安装、维修人员离开现场时应切断电源。

4.13.8 除已采取防范措施的部门外，工作场所内严禁使用明火。

4.13.9 使用明火的部门应严格遵守各项安全规定和操作流程，做到用火不离人、人离火灭。

4.13.10 场所内严禁吸烟并张贴禁烟标识，每一位员工均有义务提醒其他人员共同遵守公共场所禁烟的规定。

4.14 安全生产工作考评和奖惩制度

4.14.1 对安全生产工作做出成绩的，予以通报表扬或物质奖励。

4.14.2 对造成安全生产事故的责任人，将依据所造成后果的严重性予以不同的处理，除已达到依照国家《治安管理处罚条例》或已够追究刑事责任的事故责任人将依法移送国家有关部门处理外，根据本单位的规定，对下列行为予以处罚。

（1）有下列情形之一的，视损失情况与认识态度除责令赔偿全部或部分损失外，予以口头告诫：

① 使用易燃危险品未严格按照操作程序进行或保管不当而造成火警、火灾，损失不大的；

② 在禁烟场所吸烟或处置烟头不当而引起火警、火灾，损失不大的；

③ 未及时清理区域内易燃物品，而造成火灾隐患的；

④ 未经批准，违规使用加长电线、用电未使用安全保险装置的或擅自增加小负荷电器的；

⑤ 谎报火警；

⑥ 未经批准，玩弄消防设施、器材，未造成不良后果的；

⑦ 对安全小组提出的消防隐患未予以及时整改而无法说明原因的部门管理人员；

⑧ 阻塞消防通道、遮挡安全指示标志等未造成严重后果的。

（2）有下列情形之一的，视情节轻重和认识态度，除责令赔偿全部或部分损失外，予以通报批评：

① 擅自使用易燃、易爆物品的；

② 擅自挪用消防设施、器材的位置或改为他用的；

③ 违反安全管理和操作规程、擅离职守从而导致火警、火灾，损失轻微的；

④ 强迫其他员工违规操作的管理人员；

⑤ 发现火警，未及时依照紧急情况处理程序处理的；

⑥ 对安全小组的检查未予以配合、拒绝整改的管理人员。

（3）对任何事故隐瞒事实，不处理、不追究的或提供虚假信息的，予以解聘。

（4）对违反消防安全管理导致事故发生（损失轻微的），但能主动坦白并积极协助相关部门处理事故、挽回损失的肇事者或责任人可视情况予以减轻或免予处罚。

4.15 综合大楼安全管理制度

4.15.1 保安中队负责所辖大楼内公共区域的治安、消防安全防范工作，严格执行国家治安条例，密切配合公安机关保护业主和商家的生命、财产安全。

4.15.2 安全保卫以固定岗、流动巡逻相结合的形式实行24小时全天候值班制度，对各楼层实行每天不定时两次以上的安全巡查制度，保证消防通道、安全出口的畅通，维护消防指示标识、应急照明等消防设备设施的正常、完好、有效状态。

4.15.3 保安员上岗时必须穿统一保安制服，佩戴工号牌、武装带、警棍、对讲机等，军容严整，热情礼貌，正确回答业主和来访人员的提问，提供力所能及的帮助。

4.15.4 对进出大楼的可疑人员要严格进行检查手续，对装修和施工人员要凭安保部发放的临时出入证方可进出，禁止各类流动闲杂人员混入大厦。

4.15.5 大门岗要做好各种登记工作，对业主单位搬出贵重、大件物品离开大楼，必须有物管服务中心发放的出门条，否则不予放行。

4.15.6 凡在大楼内施工或安装维修设备需要动用明火作业时，施工单位先报请工程部同意，然后由安保部签发"动火许可证"，落实相应的防范措施后方可实施。

4.15.7 消防监控室实行24小时值班制度，随时观察。记录仪器设备的运行情况及处理火警的工作记录，遇有火警，按《火警处置程序》进行处理。

4.16 高层建筑消防安全管理制度

4.16.1 高层建筑所属管理处负责人是主要消防安全责任人，对本单位的消防安全工作负直接责任，贯彻实施消防法律法规和有关制度。

4.16.2 建立消防管理机构，确定防火负责人，配备兼职安全管理人，组建义务消防队，定期进行业务培训，开展自防自救工作。

4.16.3 凡新、改、扩建及内部装修、安装大型壁挂广告，均应将设计图纸（方案、初设、施工图）报消防监督部门审批，经审核同意后方可施工；工程竣工后，必须经消防监督部门验收合格方可使用。

4.16.4 高层建筑内动用明火作业时，必须由经营或使用单位的消防安全负责人和消防监督部门批准，动火单位应严格执行动火制度，采取防火措施，做好灭火准备；

4.16.5 经营或使用单位的职工应掌握消防器材、设施、设备的使用方法，熟悉建筑内外的疏散路线。

4.16.6 建筑物内的走道、楼梯、出口等部位，要保持畅通，严禁堆放物品。疏散标志和应急灯，要保证完整、好用。

4.16.7 建筑物内应按规定和规范配备消防设施、设备、器材及报警电话等设备；消防监控室应设专人每天24小时值班，记录仪器设备的工作情况，及时处理火警信号。

4.16.8 对建筑物内的消防设备设施，应签订维护管理合同并严格维护管理，确保完整、好用；未经单位负责人和公安消防监督部门批准，任何消防设备设施，不得擅自停用或关闭。消防设施、设备、器材的管理人员，要认真履行职责，并建立档案，详细记录有关情况。

4.16.9 高层建筑单位应根据实际需要建立健全消防宣传检查、值班巡逻、用火用电、消防设施管理等制度，落实逐级防火责任制，严格奖罚制度。

4.16.10 开展经常性的防火检查，发现安全隐患和事故必须立即报告并采取相应的措施，不得隐瞒不报或擅离职守。

4.17 室内停车场安全管理制度

4.17.1 停车场所属管理处的负责人对停车场的消防安全工作负直接责任，贯彻实施消防法律法规和有关制度。

4.17.2 建立消防管理机构，确定防火负责人，配备兼职安全管理人，按规定组建义务消防队，定期进行业务培训，开展自防自救工作。

4.17.3 凡新、改、扩建车场，应将设计图纸报消防监督部门审批，经审核同意后方可施工。

4.17.4 工程竣工后，必须经消防监督部门验收合格方可使用。

4.17.5 制定并严格执行用火用电管理制度、值班巡查制度、消防安全宣传检查制度、消防安全逐级责任制度等必要的消防安全制度，制定火灾应急方案，指定专人值班。

4.17.6 对入库车辆应确定专人进行仔细检查，消除安全隐患，车辆应在确定地点存放，不得堵塞通道和影响消防设施的使用。入库的车辆严禁携带易燃易爆物品。

4.17.7 车库的电气装置必须由正式电工按规定安装，电线须穿金属导管或不燃材料管保护，接线处应穿接线盒。车库内不得设置移动照明灯具和碘钨灯，不准使用电炉等家用电器。

4.17.8 车库内严禁动用明火，在醒目的地点设防火标志。确需动用明火时（含电焊、氧焊），必须办理"动火证"，经单位防火负责人批准，并采取严格的安全措施确保安全。

4.17.9 车库内严禁进行车辆维修作业以及其他作业，严禁在通道上停车，严禁超量停车。不得存放其他物品。

4.17.10 车库内应按规定配备消防设施、设备和灭火器材及报警电话，并确定专人负责管理维护，使之完好有效。

4.17.11 开展经常性的防火检查，发现安全隐患和事故必须立即报告，并采取相应的措施，不得隐瞒不报或擅自逃离现场。

5. 安全生产管理目标

5.1 因安全措施不到位，造成的工伤死亡、重伤事故为"零"。

5.2 无因管理失职引起的火灾、爆炸事故。

5.3 因管理责任造成的事故负伤控制在1‰以下。

5.4 无因管理责任造成的设备原因导致的重大安全事故。

6. 安全生产责任追究

6.1 公司对管理处进行安全生产目标考核，年终按目标完成情况实行奖惩。对发生特、重大安全责任事故，造成极坏社会影响并给公司带来重大经济损失的，要追究负责人和当事人的责任。

6.2　公司要对在安全生产工作中做出显著成绩的集体、个人给予表彰、奖励，并与其经济利益挂钩。对因玩忽职守、违反规章制度和管理规定而造成事故，使人们生命财产及企业效益蒙受损失的有关责任人，应根据事故性质、责任大小，分别给予行政处分和经济处罚。对构成犯罪的，移交司法机关处理。

7. 附则

7.1　本制度适用于公司下属的管理处。

7.2　管理处的安全生产、消防安全责任人离任时，应做好安全生产责任制的交接工作，新任安全生产、消防安全负责人应按照其所在岗位的职责履行安全生产责任制。

二、保安员纪律规范

保安员纪律规范

1. 适用范围

适用于管理处保安队。

2. 内容

2.1　遵纪守法、遵守公司的各项管理规定；廉洁奉公、是非分明，勇于同违法犯罪作斗争。

2.2　遵守《保安员仪容仪表、队列要求及礼貌用语规范》，做到精神饱满、文明服务、礼貌执勤。

2.3　严格遵守《交接班制度》《请销假制度》、管理处各项管理制度。

2.4　值班时严禁吸烟、吃东西，不准嬉笑、打闹；不睡岗、不会客、不看书/报、不听广播；不吃有刺激气味的食物、不得在酒精的影响下工作、不做其他与工作无关的事情。

2.5　爱护各种警戒器具装备，不得丢失、损坏、转借或随意携带外出；下班时间不穿制服进入公共场所。

2.6　在工作中因个人行为疏忽所导致公司财产受损，需负赔偿责任。

2.7　禁止利用工作之机敲诈勒索，授受贿赂。

2.8　遵守《员工宿舍管理规定》，不得留宿外来人员。

2.9　禁止在公司管理物业范围内打麻将，不准利用娱乐之便进行赌博或变相赌博。

2.10　未经队长、班长批准，不得私自换班、顶岗；不离岗、脱岗。

2.11　保安员应具有较强的服从意识、服务意识；服从工作指派，不当面顶撞住户、领导。

2.12　保安员除本职工作外，不得从事第二职业或不法行为。

2.13 未经公司授权或批准，不得泄漏公司商业、管理机密。

2.14 加强学习、团结互助，禁止闹纠纷，不做不利团结的事。

三、保安员权限规定

保安员权限规定

1. 适用范围

适用于管理处保安队。

2. 内容

2.1 在执行任务时，对杀人、放火、抢劫、盗窃、强奸等现行违法犯罪嫌疑人员有权抓获并扭送公安机关，但无权实施拘留、关押审讯、没收财产和罚款的权利。

2.2 对发生在本区内的刑事案件或保安案件，有权保护现场、保护证据、维护秩序以及提供情况，但无勘查现场的权利。

2.3 负责小区内的保安秩序维护，制止未经许可的人员、车辆进入保卫区内。

2.4 对于出入小区的可疑人员、车辆及所携带或装载的物品，有权进行验证、检查。

2.5 在值勤时如遇有不法分子反抗甚至行凶报复，可采取正当防卫。

2.6 宣传法制，协助业主、住户做好"四防工作"，落实各项安全防范措施，发现不安全因素即时向业主、住户通知，协助整改。

2.7 对携带匕首、三棱刀等管制刀具和自制火药枪及其他形迹可疑人员，有权进行盘查监视，并报当地公安机关处理。

2.8 对违反小区安全管理的人员，有权劝阻制止、批评教育，但无权处罚。

2.9 对有违法犯罪行为的可疑分子，可以进行监视、检举、报告，但无侦察、扣押、审查权利。

四、保安员形象管理规定

保安员形象管理规定

1. 适用范围

适用于管理处保安队。

2. 内容

2.1 经常注意检查，保持仪表整洁。

2.2 不准蓄胡须，不准留长指甲，不准留长发，发不过耳；蓄发不得露于帽檐外，长发不得超过1.5厘米，鼻毛不得露出鼻孔。

2.3 精神振作，姿态良好，抬头挺胸，不准弯腰驼背、东倒西歪、前倾后靠、伸懒腰，不准袖手、背手、叉腰或将手插入兜中。

2.4　值班时不准吸烟、吃零食，不勾肩搭背，做到站如松，坐如钟，行如风。

2.5　不准在岗位坐、卧、依靠、打盹、闲谈、吹口哨、听收音机、乱写乱画、看书报等。

2.6　当值期间不得挖耳、口、鼻孔，不准跺脚，不准随地吐痰、乱丢杂物，不得敲桌椅或玩弄其他值班物品。

2.7　不得当众整理个人衣物和将任何东西夹于腋下。

2.8　与住户、客户交谈时，要热情大方，不指手画脚。

五、保安队紧急集合作业指导书

保安队紧急集合作业指导书

1. 适用范围

适用于管理处保安队。

2. 内容

2.1　目的与要求：紧急集合规定是应对重大突发事件的紧急行动，保安员得到紧急集合的信号或命令时，应立即着装，迅速到达预定的位置集结待命。为锻炼和提高保安队伍的快速反应能力，在有火灾或保安案件发生时做到处事不惊，采取有效措施迅速制止事态恶化，特制定本方案，本方案的演习至少每月实施一次。

2.2　实施集合的条件：发现辖区内有犯罪分子正在进行违法犯罪活动或公司员工遭到犯罪分子突然袭击时；受到火灾、水灾、台风等自然灾害的威胁与袭击时；上级赋予紧急任务或重大情况发生时。

2.3　着装规定：以距离身体最近或最方便穿着的服装为准（短衣、短裤、拖鞋除外）。

2.4　紧急集合位置：小区管理处办公室前。

2.5　时间要求：5分钟。

2.6　通知方法：用对讲机通知。

2.7　现场指挥与联络方法：管理处经理为第一指挥，由保安队队长负责指挥实施，利用对讲机联络。

六、重大事件报告监控管理作业指导书

重大事件报告监控管理作业指导书

1. 适用范围

适用于管理处保安队。

2. 内容

2.1 重大或突发事件包括：火灾、爆炸、水浸、械斗等破坏行为；刑事案件；客户集体投诉（3家以上）等。

2.2 重大或突发事件，参与事件处理的保安队长应立即赶到现场处理，同时尽快电话或口头向管理处经理报告，并根据事发情节决定是否报公安、消防等机构协助处理。

2.3 参与事件处理的部门当值班负责人在事件处理后，立即填写"特别事件报告表"，于12小时内以书面形式递交管理处经理，详述事件发生的时间、地点、经过，以及事件发生的初起原因和处理经过。

2.4 "特别事件报告表"由保安队长签名后，上报管理处经理，保安如队长不在而事件紧急时，可由当值班长签名上报。

2.5 对于重大事件，参与事件处理的部门应在事件处理完毕后24小时内，填写重大事件总结报告，上报公司领导，如实汇报事件的详细过程及结果，找出事件发生的主要原因，提出避免类似事件发生的预防措施。

七、保安员交接班管理作业指导书

保安员交接班管理作业指导书

1. 适用范围

适用于管理处保安队。

2. 职责范围

2.1 保安队长：负责对保安队的交接班的管理。

2.2 保安班长：负责对本班保安员交接班的工作安排、检查监督、异常情况报告与处理。

2.3 保安员：负责本岗交接班工作。

3. 工作程序

3.1 按时交接班，接班人员应提前30分钟对小区进行班前安全检查（分组、分区），将检查情况报告班长，班长对检查情况进行监督。

3.2 接班人员未到达前，当班人员不能离岗。

3.3 接班班组按指定路线、队列要求进行交接班（交接班或换班时，须敬礼）。

3.4 接班人员要详细了解上一班执勤情况和本班应注意事项，应做到"三明"（上班情况明、本班接办的事情明、物品器械明）。

3.5 交班人在下班前必须填写好"交接班记录表"，应做到"三清"（本班情况清、交接的问题清、物品器械清）。

3.6 当班人员发现的问题要及时处理，不能移交给下班的事情要继续在岗处理，接班人协助完成。

3.7 班前会议：接班前由班长对各岗位队员提出接班要求、工作纪律、安全防范、礼节礼貌、服务意识、事件处理、呈报、人员、物品、车辆的管理及工作流程；传达会议指示，安排工作内容和装修的管理，做到语言文明、行为规范。

3.8 保安班长对"交接班记录表"进行监督。

3.9 保安班长在交接班中的职责。

（1）按指定路线，统一列队到各岗进行交接班，要求队员交接时互相行举手礼。

（2）交接班时，要求队员先看记录后对照检查，做到"三清""三明""一完整"。

（3）要求队员接班完毕后，回报岗位情况。

注明：对已下班的队员，按要求统一集合在指定地点，列队签到并讲评后下班。

八、门岗值班工作指导书

门岗值班工作指导书

1. 适用范围

本规程适用于管理处保安队各门岗的管理。

2. 职责范围

2.1 保安队长：负责对门岗保安员工作的抽查、管理。

2.2 保安班长：负责对门岗保安员工作的日常检查和指导。

2.3 保安员：负责对进出车辆、行人的管理及物品的查验、管理。

3. 工作程序

3.1 车辆管理

（1）车辆进小区时

① 发现有车辆驶近道闸栏杆前时，应立即走近车辆，向驾驶员立正敬礼。

② 当驾驶员开启车窗时，对于办理本小区月卡的车辆（车窗前贴有月卡标志），发放停车卡；对于未办理本小区月卡的车辆（车窗前未贴有月卡标志），及时填写"车辆进出卡"（填写内容为：车辆车牌号、进入时间及发卡人姓名），并发卡，此外，还应填写"车辆进出登记表"进行登记。

③ 发卡完毕后，应立即将道闸开启放行，并提示行驶路线或停车位置，若后面有跟进车辆排队时，应示意其停下，并致歉："对不起，让您久等了"，然后写卡、发卡。

④ 车辆安全进入小区后方可放下道闸，确保道闸不损坏车辆。

⑤ 当遇到公安、政府部门执行公务的车辆要进入时，查证后放行，并做好车牌号等记录。

⑥ 对送货、送材料或货车类的车辆，应严格进行检查，防止违禁品及易燃易爆物品进入小区。

（2）车辆出小区时

① 发现有车辆驶近道闸栏杆前时，应立即上前向驾驶员敬礼并说："先生（女士）您好，请您出示停车卡"，并验卡，核对车牌号及车辆类型。

② 对于月卡车辆，禁止一卡多用，收取停车卡并验卡后，不收费用，开启道闸放行，并说："谢谢"。

③ 对于临时停放车辆，进场时间如未超过半小时（免费时限另有规定的从其规定，下同），则不收费并开启道闸放行；如超过半小时则按标准收取停车费，随手给发票并写明日期、时间，同时说："谢谢"，收费手续完毕后及时开启道闸放行，并填写"车辆进出登记表"进行登记。

④ 若属免费类车辆（政府执行公务、军警、公安、金融押运、车管检查、紧急抢修等车辆），验证记录后由客户签名，并报告班长同意后放行。

⑤ 对送货、送材料或货车类的车辆，按入口岗所报事项进行检查、核对后放行；对装运有大件物品（如材料、家私、电器等物品）的车辆，应凭"物品放行条"并核对后方可放行，没有办理放行手续的不予放行。

⑥ 禁止无证车辆驶出，对丢失停车卡的车辆，当值保安员应立即报告班长，班长须请示队长并经同意后，班长对驾驶员及车辆核对并登记"三证"（身份证、驾驶证、行驶证），收取工本费及停车费方可给予放行；同时，值班保安员应填写"遗失车卡登记表"并由当事人签名。

（3）注意事项

① 车辆出入完毕后应及时放下道闸，以防车辆冲卡。

② 放下道闸时应格外小心，防止道闸碰伤车辆和行人。

③ 注意使用服务礼貌用语。

④ 收费保安员不得收钱不给票或少给票，每班收取的停车费由班长统一保管或上交管理处财务室。

3.2 物品出入管理

（1）业主、住户及外来人员进入小区随身携带或使用车辆搬运有易燃、易爆、剧毒等危险物品时，当值保安员进行检查确认后，严禁将此类物品带入小区内。

（2）业主、住户及其他人员携带或通过车辆搬运大件物品（主要是搬家）或贵重物品（贵重电器、计算机等）离开小区时，当值保安员应检查有无"物品放行条"，若末开具"物品放行条"或可疑时，值班员应首先通知班长或巡逻人员到场，进行核实并及时与管理处联系或要求其到管理处补办相关手续后才允许放行，必要时用电话确认业主并进行登记后方可放行。

（3）"物品放行条"由管理处开出，必须如实填写内容，对出租户搬出较多及贵重物品时必须经业主签名。

（4）查验"物品放行条"上所列的物品时，应仔细核实所列物品是否相符，若相符，值班员签字放行；若不符应要求客户停止搬迁并由班长上报管理处查明原因。

（5）每班下班前，当值保安员应将所有"物品放行条"交班长，每月由队长交管理处统一保管，"物品放行条"保存期为3年。

3.3　外来人员管理

（1）对外来人员、非本小区居住人员进行询问、登记，问明去处后方可放行。

（2）对无法回答所去房屋、所找人员时，拒绝进入小区。

（3）对无关人员拒绝进入小区。

（4）对外来人员进入小区进行登记的，应填写"来访登记表"，登记清楚姓名、性别、身份证号、来访时间及访问人员情况等，然后才可放行。

九、保安监控室作业指导书

保安监控室作业指导书

1. 适用范围

适用于管理处保安队的监控室值班工作。

2. 职责范围

2.1　保安队长：对监控室工作进行监督、指导。

2.2　保安班长：对监控室工作进行监督、检查。

2.3　监控岗保安员：负责监控室的值班。

2.4　维修工：负责对监控室各种设备的定期维护及保养（如外包则由承包单位负责）。

3. 工作程序

3.1　值班人员要熟练掌握监控室内各设备的工作原理、性能和常规的维护保养工作。

3.2　负责监控室24小时值班、运行操作、监控、记录，通过监控图像密切注视监视屏的运行情况，发现异常情况立即通知值班班长或巡逻人员前往查看。

3.3　如实记录值班期间的各种异常情况，并记录于"值班记录本"上。

3.4　谢绝无关人员进入本监控室。

3.5　监控室保持清洁，不得堆放杂物。

3.6　监控室内值班人员不得看书、看报以及聊天、睡觉等，不得做与值班无关的事情。

3.7　监控录像不得随便向无关人员提供查看，要查看的，须得到派出所的委托及管理处保安队长的同意。

3.8　监控设备出现故障时，值班人员须及时与维修人员联系处理。

十、保安队监控管理作业指导书

保安队监控管理作业指导书

1. 适用范围

适用于公司各管理处。

2. 职责范围

2.1 保安班长：负责本班组日常业务操作监督和落实、实施。

2.2 保安队长：负责对部门安全管理工作的全面监控和指导。

2.3 管理处经理：负责安全管理工作的监控和指导。

2.4 品质部：负责各管理处安全管理工作的业务指导、检查、考核。

3. 程序内容

3.1 保安班长监控要求

（1）严格履行交接班制度，带队进行交接班，督促各岗位人员履行交接手续；负责本班保安员进行班前点名，落实班"前有要求、班后有讲评"的交接班制度；对本班的工作状况提出改进要求。

（2）上班前对本班所用设施、设备性能完好情况进行检查，以保证当值期间的正常使用。

（3）当班期间至少对当值班各岗位的质量记录进行一次全面检查，对不合格的质量记录及时纠正。

（4）检查各岗位人员的在岗值勤、纪律情况，发现问题记录在"交接班记录表"上。

（5）对夜班期间工作状态进行全面监控，至少每小时用对讲机呼叫各岗位一次，如有异常应及时做出处理和报告。

（6）监督本班保安员在辖区内的形象，对违章者应及时纠正。

（7）控制消防培训、训练，根据实际情况向上级汇报并及时改进培训、训练内容及方法。

（8）每月量化考核前，须对各岗位的质量记录进行全面检查，并与月度考核挂钩。

（9）控制内务管理状况，严格执行内务管理规定，对不合格者要求限期改正，并予以记录。

3.2 保安队长监控要求

（1）每周对本部门的安全、消防管理情况全面巡查至少2次，并将有关情况予以记录。

（2）每周至少进行1次夜间突击查岗，对夜间保安员工作状态、质量记录、装备使用进行抽查，并予以记录。

（3）每周召开1次安全管理队业务会议，总结上周工作，分析安全状况，提出整改意见。

（4）检查本部门安全管理制度、工作规程执行情况，发现问题及时处理解决。

（5）每周对保安员的质量记录进行1次全面检查，并予以记录。

（6）每季度至少组织1次夜间紧急集合，以保持保安员的战斗力。

（7）每季度根据各管理处辖区保安防范的要求和特点，对巡逻路线、巡逻时间进行1次评估，并将修订的巡逻路线图报管理处经理审核。

3.3 管理处经理监控要求

（1）每月对本部门的保安、停车场、消防管理工作进行1次全面检查，并予以记录，就有关问题提出指导意见。

（2）监督保安队长、班长的工作落实状况，必要时及时调整安全管理队工作业务的组织架构，不断完善监督机制。

（3）通过与业主、住户的沟通或回访，及时掌握保安员的职业道德、沟通能力及服务水平，并给予有效的培训和指导。

（4）及时检查核实安排工作的落实情况，跟进重大事项的处理结果。

（5）每季度对保安巡查工作组织进行评估，确保无保安盲点或隐患。

（6）掌握保安员的培训情况，关心保安员的业余文体生活，及时调解内部矛盾，确保建立一支精诚团结的保安员队伍。

3.4　公司品质部监控要求

（1）采取不定期的方式抽查管理处安全管理工作情况，分析保安、消防管理隐患，及时提出整改意见。

（2）必要时每季度组织监督部门模拟处理紧急事件的演习，如反盗窃、反绑架等，并对演习情况做出评述，提出改进意见。

3.5　夜间工作监控要求

（1）督促保安员在夜间加强防范意识，监控保安员的夜间工作情况，提高安全管理防范能力。

（2）夜间查岗按照计划制订和人员配置情况分别为"A级检查""B级检查""C级检查"三种，A、B级检查事先必须制订年度检查计划，为保证查岗情况的真实性，须对制订的检查计划设立相应的保密范围。

①"A级检查"计划时间的安排由公司品质部于每年12月31日前制定完成，报总经理审批，由经理级以上人员查岗，每年至少6次。

②"B级检查"是以管理处为单位的内部检查，计划由保安队长于每年12月31日前制订完成，报管理处经理审批，由保安队长及以上人员担任查岗人员，每月至少进行1次。

③"C级检查"是无计划不定时的临时性突击检查，通常在特殊情况下进行，由品质部或保安队长临时决定检查范围、查岗人员和查岗时间。

（3）查岗必须包括以下内容。

①保安员夜间工作情况：包括精神状态、反应灵敏度、安全意识等。

②通信设备使用情况：包括各类通信设备的使用状态，紧急状态下通信设备使用是否具备合理性。

③保安员装备佩戴情况：包括保安员的应急装备能否起到于紧急状态下正常使用。

④交接班记录：包括检查、各类质量记录的填写是否齐全、清晰，格式是否规范，有无乱撕、写、画等现象。

⑤查岗人根据检查情况填写"查岗记录表"，并由接受检查的当值人员签名确认。

3.6　紧急预案演练监控要求

（1）检测保安员对各类突发事件的临场反应处置能力，以保证保安员日常工作中的责任感和警惕性，防止各类紧急事件的发生，并通过不断的演练，提高保安员处理各类突发事件的综合素质，保障安全管理工作的有效实施。

（2）保安队长须根据本部门实际情况和具体环境及突发事件处理程序制定消防、保安、交通等紧急事件处理预案；合理安排各岗位；紧急预案须由管理处经理审核，报品质部审批。

（3）在紧急预案完成过程中，各参加人员必须严肃认真，积极参与。

（4）部门应制订每年紧急预案演练计划，并须经过管理处经理审批。

（5）每季度至少进行一次紧急事件演练，并做好相关的记录。

3.7 质量记录监控

（1）登记本不得撕毁、乱画或写与上班无关的文字，用完后由每日早班当值班保安班长交给管理处存档。

（2）当值班保安班长每天检查1次质量记录并做好检查记录。

（3）保安队长每周对安全现场质量记录及班组培训记录进行全面检查并做好检查记录。

（4）停车场票据由保安班长负责定期领用和发放。

（5）质量记录每月由保安队长负责收回整理并交本部门主管，审核后由部门主管交管理处资料员存档。

十一、消防演习工作规程

消防演习工作规程

1. 适用范围

适用于各管理处的消防演习管理。

2. 职责范围

2.1 管理处经理：负责消防演习计划和方案的审核以及消防效果的评估。

2.2 保安（消防）队长：负责制订《年度消防演习计划》和具体的消防演习预案，并负责对消防演习项目的具体组织实施和现场指挥。

2.3 保安队（义务消防员）全体员工：负责具体执行消防演习。

2.4 机电维修组：负责保障消防供水，供电。

2.5 客服中心：负责消防演习的各项支持与配合。

3. 程序内容

3.1 年度消防演习计划的制订

3.1.1 保安队长于每年年底前制订出下一年度的消防演习计划，报管理处经理审批。

3.1.2 制订《年度消防演习计划》的注意事项。

（1）结合各管理处消防管理中心器材装备情况和消防设备设施的具体状况。

（2）有具体的组织实施时间。

（3）有标准的《消防演习方案》内容。

（4）有具体的消防演习经费预算。

（5）有每次消防演习的责任人。

3.1.3《消防演习方案》的内容应包括：

（1）演习的目的；

（2）演习的时间；

（3）演习的地点；

（4）演习的总要求；

（5）参加演习的人员及职责；

（6）演习的项目。

3.2 消防演习的步骤

3.2.1 保安队长把制定好的《消防演习方案》报管理处经理审批。

3.2.2 保安队长根据批准后的《消防演习方案》的内容确定适当的时间、地点。

3.2.3 准备消防演习所需的器材：

（1）模拟着火源（如油桶等）；

（2）水带、水枪、分水器；

（3）水源、灭火器（含干粉、泡沫、二氧化碳等）；

（4）液化气瓶等易燃物质；

（5）战斗服、安全带、头盔、防火服；

（6）安全绳、保险钩、空气呼吸器；

（7）根据消防演习项目需要再增加的消防器材。

3.2.4 由管理处经理向配合参加演习的部门发出演习通知。

3.2.5 演习前保安队长组织举办一次防火安全知识宣传教育和消防集训。

3.2.6 演习前管理处组织一次消防设备检查，确保管理区内现有消防设备的正常使用。

3.2.7 确定演习日期和时间后，管理处提前一周向小区内的业主、住户发出消防演习通知。

3.3 具体演习

3.3.1 保安队长组织布置现场，演习准备就绪，其他配合部门和观摩人员列队入场，主持人宣读要求与纪律，管理处经理下达演习开始的命令。

3.3.2 保安队长按照演习方案的步骤，负责具体的组织指挥。

3.3.3 各岗位人员按照演习方案规定的职责和分工行动。

3.3.4 消防演习过程控制：

（1）报警与验证；

（2）紧急集合与灭火器材的携带；

（3）灭火抢险（水带、水枪的抛掷与连接、灭火器的使用操作）；

（4）疏散人员；

（5）安全警戒；

（6）试验消防设施（启动消防栓等）；

（7）救助伤员。

3.3.5 消防演习结束。

演习结束后安全员负责迅速将灭火器材整理好，然后整队集合。

3.4 消防演习总结

3.4.1 管理处经理对整个演习效果进行总结。

3.4.2 保安队长对演习效果进行评估。

3.4.3 保安队长负责填写"消防演习记录表"存档，并将总结报告上报公司品质部。

十二、火警、火灾应急处理作业指导书

火警、火灾应急处理作业指导书

1. 适用范围

适用于各管理处的消防灭火工作。

2. 职责范围

2.1 管理处经理：负责火灾的最高指挥。

2.2 保安队长（义务消防队长）：负责现场的灭火指挥。

2.3 保安员（义务消防员）：负责现场的消防灭火。

2.4 工程部维修主管、维修工：负责提供设备设施及供水、供电的保障与配合。

2.5 客服中心：担任各种后勤保障、伤员救护、人员疏散等工作。

3. 程序内容

3.1 消防报警信号的处理与火警的识别人员报警：正常情况下一般视为真火警。

3.2 火警阶段划分：初期、发展期、猛烈阶段、扑灭期。

初期火警：指火情发生时的最初3分钟，为灭火的最佳时期。

发展期：火情发生后3～7分钟，此时应立即进入灭火作战阶段。

猛烈阶段：火势猛烈发展阶段。

扑灭期：扑灭火灾，并配合消防部门调查事故原因、责任及火灾善后工作。

3.3 人员分组及职责

人员分组及职责如下表。

序号	人员分组	职责
1	消防总指挥	由管理处经理担任，负责全面组织及指挥（管理处经理不在时由现场最高职位负责人担任）
2	消防副总指挥	由保安队长担任，协助总指挥负责现场的灭火组织工作
3	指挥部成员	由各部门主管担任，协助总指挥做好现场的灭火组织，有关方面的紧急联络（"120"急救、"110"等），负责指挥抢修工作和协调、监督设备的运行情况

序号	人员分组	职责
4	监控室值班保安员	负责接收报警信息，并进行报告或报警
5	灭火组长	由总指挥或副总指挥现场指定（一般为保安班长或骨干以上的人员），组合一切力量灭火，并及时向消防监控中心和总指挥报告火情
6	灭火成员	由未当值班保安员组成，听从组长的安排，利用一切灭火器材全力灭火
7	疏散组长	由未当班的保安班长或客服主管担任，负责组织一切力量对受火灾威胁的人员、物质、车辆的等向外疏散指挥
8	疏散成员	由未当班或巡逻保安员、清洁员、客户中心人员组成，并听从组长的安排，负责引导和疏散受火灾威胁的人员，抢救受伤人员、车辆
9	警戒组长	由各当值保安班长担任，阻止无关人员、车辆进入火场，并派专人引导消防、急救车的进入，同时做好外围人员疏散的接应
10	警戒成员	由各出入口岗当值安全管理员组成，阻止人员进入和接外围人员疏散，并指引消防车进入
11	抢修组	由工程部维修人员担任，负责保证设备的正常使用
12	后勤保障救护组	由管理处客户中心管理员等组成，负责为伤员进行现场包扎和转送医院。协助准备、运输、分发消防器材及消防工具和有关灭火、救护的应急用品
13	联络组	由现场副总指挥、消防监控中心以及其他各分工组组长组成，每隔1分钟向总指挥汇报1次现场火情，进行人员疏散、抢救等

3.4 灭火程序

3.4.1 火灾的发布与处理

当发现火警和接到报警时（现场确认后），首先保持镇静，不可惊慌失措，立即将火情利用对讲机向班长和队长以及管理处经理报告。

3.4.2 安全疏散与自救

当小区突发各类火灾时，扑救火灾工作是在火势蔓延快、人员多、火场情况复杂的情况下进行的。在组织指挥灭火自救的工作中，应保持"先救人，后救火；先隔离火源，后灭火"的原则，及时疏散，控制事故层火势向上蔓延，消除火势对人员、物资的威胁，保护着火层以上的人员疏散到安全区，将火灾损失降低到最小范围。具体做好火警通报、疏散抢救、组织灭火、防烟、排烟、防爆、现场救护、通信联络、安全警戒九件事。

3.4.2.1 报警通报

（1）接到报警信号后，通知值班员立即到现场确认。

（2）接到火警后，应通知保安队长、管理处经理（火场指挥）和义务消防员，并拨打火警"110"报警和"120"医疗急救电话。

（3）火场第一指挥根据火场现场情况，决定火场灭火工作。

（4）根据指挥命令向需要疏散层发出通知。

3.4.2.2 疏散抢救。发生火灾时组织指挥疏散与抢救着火层以上人员，是火场指挥必须考虑的首要问题，原因如下。

（1）着火层越低，则要疏散的人员越多。

（2）一般人遇见烟火，容易产生恐惧、争先、乱闯、盲目等反常心理状态，更容易造成伤亡事故。

（3）业主、住户中的老弱病残、儿童、孕妇等行动不便者，需要护送。

（4）酒醉、被烟熏倒在房间的住户，需要营救。

（5）楼梯狭窄，自然通风不好，容易产生伤人事故。

3.4.2.3 组织灭火

房间火势发展蔓延过程是从下至上，遇到阻挡将向水平方向发展，再从门窗、孔、洞等开口部位，向上下、左右蔓延，因此灭火扑救时，首先要控制火势蔓延，把火势控制在房间内予以扑灭。

（1）就近寻找并接好消防栓，铺设好水带，做好灭火准备。

（2）派出义务消防员，携带灭火工具，到着火层和上下层的房间查看是否有火势蔓延，并及时扑灭火焰。

（3）根据不同的燃烧采用不同的灭火方法，电器、灶具、油类等火灾可用干粉、泡沫灭火器扑灭。

（4）使用水流灭火时，要正确操作水枪射水，一般先窗后内，先上后下，先角后前，从临窗的房顶部呈"之"字形摆动喷射，向后移动至角处，把房顶和开口处的火势扑灭，再设向起火的部位。

3.4.2.4 排风排烟

（1）启动疏散通道的自然通风窗。

（2）使用湿毛巾捂住口鼻、匍匐前行排烟法。

3.4.2.5 注意防爆

扑救建筑防爆问题：一是防止易燃物品受热产生的爆炸；二是防止产生轰燃。因此扑救时要注意以下几点。

（1）关闭发生事故的液化气罐。

（2）打开着火房间的房门时，要站在房门开门开启的另一侧，并缓慢开启房门，同时使用喷雾水流做掩护。

（3）扑救房间火灾，要坚持正确的喷射方法。

3.4.2.6 现场救护

扑救建筑火灾，为防止扩大人员伤亡事故，应组织医务人员及时对伤员进行护理，然后送医院救治。

3.4.2.7 安全警戒

为保证扑救火灾，疏散与抢救人员的工作有秩序的顺利进行，必须对楼外围、首层出口、着火层、下一层设置警戒队员，其任务如下。

（1）外围警戒人员疏散围观群众，保障消防通道的畅通，指引消防车进入。

（2）首层出入口，不准无关人员进入楼内，指挥疏散人员到安全地带，看管好从着火楼层疏散下来的物资，保证消防通畅，指引消防车进入。

（3）着火层及下一层，不要让住户、业主再返回着火层，以防现场趁火打劫、偷盗制造混乱，应指导疏散人流向下一层地面有序地撤离。

（4）重要物品、首饰、珠宝、材料、现金必须有专人保管。

3.4.2.8 通信联络

无线电信号的畅通，是关系到扑救火灾的关键因素。因此火场指挥、消防中心、着火层以及灭火战斗分队和工程部的无线电联络要保持在统一频道。

3.4.2.9 后勤保障

（1）保证水、电供应不间断。

（2）保证灭火器材和运送力量。

（3）其他部门协助灭火小组，提供支援项目，保障器材的供应。

十三、突发事件处理作业指导书

突发事件处理作业指导书

1. 适用范围

适用于管理处所管理范围内发生的盗窃、抢劫、斗殴等各类突发保安事件。

2. 职责范围

2.1 管理处经理：负责在突发事件发生时现场的指挥。

2.2 保安队长：负责对突发事件的培训，以及突发事件发生时协助管理处经理对现场的指挥。

2.3 保安班长：负责对突发事件的报告、现场控制。

2.4 保安员：负责对突发事件的现场处理。

3. 工作程序

3.1 车辆被盗／被损坏的处理

（1）当车管员发现停车场里的车辆被盗或被损坏时，车管员应立即报告班长和管理处，并通知车主。

（2）属撞车事故的，车管员不得放行造成事故的车辆，应保护好现场。

（3）属楼上抛物砸车辆事故的，保安员应立即制止，并通知肇事者对造成的事故进行确认。

（4）保安员认真填写"交接班记录"，如实写明车辆进场时间，停放地点、发生事故的时间以及发现后报告有关人员的情况。

（5）车辆在停车场被盗，由管理处确认后协同车主向当地公安机关报案。

（6）发生事故后，被保险人（车主、停车场）双方应立即通知保险公司。

（7）保安员、管理处、车主应配合公安机关和保险公司做好调查处理。

3.2 发生斗殴的处理

（1）耐心劝阻斗殴双方离开现场，缓解矛盾，如势态严重，有违反保安管理行为甚至犯罪倾向，应将行为人扭送公安机关处理。

（2）提高警惕，防止坏人利用混乱偷拿财物。

（3）说服围观群众离开，保证小区内的正常保安秩序。

（4）协助公安人员勘查打斗现场，收缴各类打斗凶器，辨认为首分子。

3.3 盗窃的处理

（1）发现嫌疑人正在作案，应立即当场抓获，报告公安机关，连同证物送公安机关处理。

（2）保护案发现场，不能擅自让他人触摸现场痕迹和移动现场的遗留物品。

（3）对重大可疑案发现场，可将事主和目击者反映的情况，向公安机关做出详细报告。

（4）对可疑作案人员，可采取暗中监视或设法约束，并报告或移交公安机关处理。

3.4 发生刑事案件和恶性事故的处理

（1）值班员迅速向管理处报告和向公安机关报案，如有伤员，迅速送附近医院救治，如受侵害的财物已投保险的，由被保人通知承担的保险公司。

（2）保护案发现场，禁止无关人员进入现场，以免破坏现场遗留的痕迹、物证，影响公安人员勘查现场，收集证物和线索。

（3）登记发现人和事主的情况，抓紧时机向发现人或周围群众了解案件、事故发生发现经过，收集群众的反映议论，了解情况并做好记录。

（4）向到达现场的公安机关人员认真汇报案情，协助破案。

3.5 发现醉酒闹事者或精神病人等应急处理方案

（1）醉酒者或精神病人失去正常的理智，处于不能自控的状态下，易对自身或其他人员造成伤害，保安员应及时对其采取控制和监管措施。

（2）及时通知醉酒者或精神病人的家属，让其派人领回。

（3）若醉酒者或精神病人有危害社会公共秩序的行为，可上报主管将其强制移送到公安部门处理。

3.6 遇急症病人的应急处理方案

（1）第一时间赶到病人所在现场。

（2）立即通知主管领导。

（3）通知客户的单位及家属。

十四、台风等突发自然灾害事件处理作业指导书

台风等突发自然灾害事件处理作业指导书

1. 适用范围

适用于管理处所管理范围内发生的台风、水浸等各类突发自然灾害事件。

2. 职责范围

2.1 管理处经理：负责在突发事件发生时现场的指挥。

2.2 保安队长：负责对突发事件的培训，以及突发事件发生时协助管理处经理对现场的指挥。

2.3 保安班长：负责对突发事件的报告、现场控制。

2.4 保安员：负责对突发事件的现场处理。

3. 工作程序

3.1 台风暴雨袭击的应急处理方案

（1）检查应急工具并确定其性能良好。

（2）通知小区业主、住户搬离各种室外可移动物件，检查小区公共部位下水道、雨水口及各沟渠确保其通畅。

（3）通知小区业主、住户紧闭所有门窗，属管理处的保安岗亭及垃圾房等处的门窗也要紧闭，并做好防水措施。

（4）加固所有易倒伏树木，将盆栽移至低处或隐蔽角落。

（5）留意电台、电视台及网站播放的有关暴雨、风暴进展消息，及时由客户服务中心接待人员通过电话向业主、住户答复台风的进展情况。

（6）当值人员须与管理处经理或本部门主管保持联络，听候指示。

（7）如风暴持续昼夜不停，员工需轮流值班。

（8）员工参加抢险工作时，要注意人身安全，不能单独行动，采取适当的安全措施，并保持与其他工作人员的联系，同时，避免逗留在空旷地方。

（9）台风来临后，当值、当班人员要认真负起责任，勤于检查，善于发现问题，及时做好现场督导工作，真正做到"三个关键"，即：在关键时候，出现在关键的地方，解决关键的问题。同时，加强与各部门的联系和沟通，做好协调配合工作。

第二十四章

物业客户服务管理制度规范

一、业主（用户）资料登记、管理工作规程

业主（用户）资料登记、管理工作规程

1. 目的

及时掌握业主（用户）相关资料，便于与业主（用户）进行及时有效的沟通和联系。

2. 适用范围

本规程适用于各物业公司业主（用户）资料的登记与管理。

3. 职责

3.1 客服主管：负责对业主（用户）资料登记、管理工作的指导与监督。

3.2 物业管理员：负责对业主（用户）资料进行登记、收集、整理及归档等工作。

4. 工作内容

4.1 业主资料。

4.1.1 业主资料来源：由居委会提供及客服人员的登记。

4.1.2 业主资料内容包括：业主的姓名、性别、出生日期、户籍地址、现居住地址、身份证号码、联系电话、照片、家庭成员、车辆及其他情况。

4.1.3 如果业主资料不完整（或不准确）时，可对业主资料进行核对，核对方法包括：通过电话了解、上门走访以及其他方式等。

4.1.4 业主资料的管理：业主资料登记在"业主登记表"或"业主统计表"上，并由各物业公司的档案资料管理员统一归档管理。

4.2 住户资料。

4.2.1 住户资料来源：由客服人员向业主收集、走访登记、电话登记或以其他方式收集。

4.2.2 住户资料内容：住户的姓名、性别、出生日期、户籍地址、暂住地址、身份证号码、联系电话、照片、工作单位等。

4.2.3 住户资料的核对、变更：由客服人员不定期对收集到的住户资料进行核对、变更，确保其真实性与有效性。

4.2.4 住户资料的管理：住户资料登记于"租住人员信息登记表"上，并由各物业公司的档案资料管理员进行统归档管理。

二、档案资料建立管理工作规程

档案资料建立管理工作规程

1. 目的

规范并指导物业公司档案资料的建立、管理。

2. 适用范围

本规程适用于物业公司物业档案资料和客户资料的建立与管理。

3. 职责

3.1 客服主管：负责物业公司各类档案资料的统一管理。

3.2 物业管理员：负责客户资料、物业管理档案资料及其他资料档案的建立与管理。

4. 工作内容

4.1 档案的接收。

4.1.1 物业接管后，负责接收各类物业原始档案资料与建立、收集并完善各类物业管理档案，包括：

（1）小区平面图；

（2）业主资料；

（3）租户信息；

（4）各类物业管理常用档案资料。

4.2 登记建档。

4.2.1 对档案进行分类并按类别编制"档案文件清单"。

4.2.2 每个月对资料进行一次整理归档。

4.3 档案资料的使用。

4.3.1 档案仅供物业公司员工因工作需要时查阅或借出使用，非工作原因或非物业公司员工未经物业公司经理批准不得查阅或借出档案。

4.3.2 客户资料、员工个人资料及其他有保密要求的文件和资料的管理要求：

（1）无关人员不可查阅；

（2）不可复印或带离档案室；

（3）不可传播其内容。

4.3.3 档案借出时应进行登记，填写"文件借阅登记表"，由借阅人签字。

（1）借阅时间不得超过7天，超过7天须经物业公司经理在"文件借阅登记表"上签字批准方可借阅。

（2）存档案的磁盘、光盘和涉及客户及员工个人的档案资料一律不得借出。

4.4 档案资料的变更。

档案变更时应变更"档案文件清单"。

4.5 档案资料的保存。

4.5.1 档案资料须分类放置，收集在档案盒里，整齐摆放在档案柜中，并填写"存档文件目录表"。

4.5.2 档案室应保持：环境清洁；档案架、档案柜、箱、盒等完好；适当的温度和湿度；配备干燥器、灭火器。

4.5.3 资料的保管措施应能达到：防止档案损毁、散失；确保档案内容、信息的完整与安全；泄密等目的。

4.5.4 档案资料的保管期限见相关文件管理规定。

4.6 档案的销毁。

4.6.1 超过保存期或经鉴定确认无保存价值的档案资料，由物业管理员填写"过期文件处理登记表"报客服主管审核，物业公司经理批准后予以销毁。

4.6.2 销毁档案时，应有两人以上在场，监销人应复核销毁内容。

三、客户沟通管理规定

客户沟通管理规定

1. 目的

加强客服中心与业主、客户之间的沟通，为广大业主、客户提供无微不至的服务，树立良好的企业形象。

2. 适用范围

适用于客服中心与业主、客户之间沟通的全过程。

3. 职责

3.1 在日常客户服务接待工作中，做好与广大业主、客户的沟通工作，充分了解他们的需求和意愿，为他们提供热情周到的服务。

3.2 客服中心负责组织、实施对业主、客户的回访。

4. 管理规定

4.1 实施程序。

4.1.1 通过日常的事务性接触，为广大客户提供热情周到的服务，加深与客户的沟通，提高客户的满意度。

4.1.2 深入地与客户进行沟通，充分了解客户的需求。做好客户的需求记录，并保证良好的跟踪服务。

4.1.3 日常管理中及时与客户沟通，并通过日常的来往和适时的回访等多种方式，听取客户的意见和建议，了解他们的住用情况。主动采取有效的措施，满足客户的合理要求，为客户排忧解难。

4.2 质量要求。

4.2.1 加强与业主、客户之间的沟通，创造融洽、友好、信任的服务环境，进而提高服务的效率和质量。

4.2.2 在沟通工作中，树立良好的公司形象，使公司的利益与业主、客户的利益达到双赢。

4.3 督促管理。

物业公司对客户沟通的过程和效果进行督促管理。

4.4 分析改进。

4.4.1 物业公司根据与客户沟通所遇到的问题，对沟通的程序、方法等提出改进措施。

4.4.2 物业公司对客户提出的意见和建议加以分析，提出物业改进、管理、服务等的改进措施。

四、楼宇巡查管理标准作业规程

楼宇巡查管理标准作业规程

1. 目的

规范楼宇巡查工作，保障小区正常的工作和生活秩序。

2. 适用范围

适用于客服中心的楼宇巡查工作。

3. 职责

3.1 客服主管负责楼宇巡查的组织、管理工作。

3.2 客服中心客服专员负责依照本规程实施楼宇巡查工作。

4. 程序要点

4.1 客服主管应于每月月底制定下月的巡查楼宇工作方案，内容应包括责任区域的巡查安排及巡查的内容等。

4.2 楼宇巡查的内容如下。

4.2.1 治安隐患的巡查。

4.2.2 公共设备设施安全完好状况的巡查。

4.2.3 清洁卫生状况的巡查。

4.2.4 园林绿化维护状况的巡查。

4.2.5 装修违章的巡查。

4.2.6 消防违章的巡查。

4.2.7 利用巡查机会与住户沟通。

4.3 楼宇巡查的方法应包括"看""听""摸""调查了解"等。

4.3.1 "看"：通过观察来发现楼宇管理服务中存在的问题。

4.3.2 "听"：从设备设施运行时的声音判断是否有故障。

4.3.3 "摸"：通过用手触摸感觉设备设施的使用情况。

4.3.4 "调查了解"：向住户或员工调查楼宇及公共设备设施的使用状况。

4.4 房屋本体巡查的工作要领。

4.4.1 检查水电表。检查水、电表是否处于正常工作状态，记录损坏的水、电表情况。当水表在无人居住的情况下运转时应关上该单位闸阀，预防水浸事故，并在该单位门口贴上相关告示；当发现电表异常运转（如倒转、有盗电嫌疑）时，应在"巡查登记表"中予以记录并及时报告客服主管。

4.4.2 巡查楼梯间。

（1）检查走廊灯、楼梯灯是否正常，门、窗是否处于完好状态。

（2）检查梯间墙身、天花板面层是否出现剥落、脱漆，墙、地面瓷片是否完整无损。

（3）检查消火栓是否标志完好、配件齐全；灭火器是否有漏气或过期、失效现象；防火门是否关闭；消防安全疏散指示灯是否完好；消防疏散通道是否堵塞；防盗预警设施及消防报警设施是否完好。

（4）检查卫生状况是否良好。

4.4.3 巡查逃生天台。

（1）检查逃生天台门是否能随时打开（严禁上锁）。

（2）检查天台护栏是否完好；避雷针、电视天线、隔热层是否完好。

（3）检查有无违章占用逃生天台现象。

（4）检查雨水管是否通畅。

（5）检查卫生状况是否良好。

4.4.4 巡查电梯。

（1）检查电梯的运行是否平稳，是否有异常响动。

（2）检查安全标志和电梯按钮等配件是否完好。

（3）检查照明灯及安全监控设备是否完好。

（4）检查卫生状况是否良好。

4.4.5 巡查大堂、门厅、走廊。

（1）检查各类安全标志是否完好。

（2）检查公共设施和照明灯及垃圾箱是否完好。

（3）检查卫生状况是否良好。

4.4.6 巡查中发现梯间弥漫异常气味、焦味时应立即对相关单位进行调查，当原因不明时应立即告知安全护卫部进行检查。

4.5 公共设备设施巡查的工作要领。

4.5.1 巡查水、电、气、通信设施。

（1）检查室外设施有无破损现象；各种管线有无渗、漏、冒现象。

（2）检查室外设施有无生锈、脱漆现象，标志是否完好。

（3）检查室外消防设施是否配件齐全，标志完好。

4.5.2 巡查公共文体设施。

（1）检查雕塑小品是否完好，是否有安全隐患。

（2）检查儿童游乐设施是否完好，有无安全隐患。

（3）检查绿地、绿篱、乔灌木是否有枯死、霉病和黄土裸露现象，长势是否良好。

4.5.3 巡查道路、广场、公共集散地。

（1）检查设备设施是否完好，是否有违章占用现象。

（2）检查标志牌、路牌、警示牌是否完好。

（3）检查各类雨水、污水井盖是否完好，照明灯、装饰灯是否齐全。

（4）检查卫生状况是否完好。

4.5.4 巡查停车库、停车场、单车棚、摩托车场。

（1）检查防盗设施是否完好。

（2）检查停放的车辆是否有损伤现象。

（3）检查各类标志是否完好无损。

（4）检查卫生状况是否良好。

4.6 巡查周边环境。

4.6.1 检查小区内是否有乱张贴、乱拉线等现象。

4.6.2 检查是否有损坏公共设施、违章制造噪声、污染环境、高空抛物现象。

4.6.3 检查是否有违章饲养家禽、家畜等现象。

4.6.4 检查卫生状况是否良好。

4.7 巡查违章装修。

略

4.8 巡查空置房。

略

4.9 对巡查中发现问题的处理要领。

4.9.1 客服专员巡查时发现有上述问题出现时，如本人能进行规劝、阻止、处理的，应予以立即解决，否则及时将问题记录在"巡查记录表"中，巡查回来后报告客服主管解决。

4.9.2 客服主管视情况按下列情况进行处理。

（1）属公共设备设施破损丢失的，按《报修管理标准作业规程》处理。

（2）属物业公司其他部门员工工作不力造成的，应通知其他相关部门主管前往处理。巡查中发现的问题一般情况下应在一周内解决，特殊情况需经物业公司经理同意后适当延长。

（3）属住户违章造成的问题，应按《住户违章处理标准作业规程》处理。

4.9.3 对巡查中发现问题处理完毕后，客服中心客服专员应现场验证，处理的过程和验证的结果均应有完整的记录，并经相关人员签字认可。

4.10 本规程执行情况作为物业公司/客服中心相关人员绩效考评的依据之一。

五、报修处理标准作业规程

报修处理标准作业规程

1. 目的

规范住户报修及公共设备设施报修处理工作，保证维修工作得到及时有效的处理。

2. 适用范围

适用于各管理辖区内住户家庭及各类设备设施的报修处理工作。

3. 职责

3.1 工程部主管负责维修工作的组织、监督以及对公司制定的《维修项目收费标准》以外的报修内容进行收费评审。

3.2 客服中心人员负责具体记录报修内容，及时传达至工程部，并跟踪、督促维修工作按时完成。

3.3 工程部维修人员负责报修内容的确认及维修工作。

4. 程序要点

4.1 业主（用户）报修。

4.1.1 客服中心人员在接到住户报修要求时，应立即将情况登记在"来电来访记录表"中。

4.1.2 客服中心人员在5分钟内将记录的报修内容（包括：住户姓名、地址、联系电话、报修内容、预约维修时间等）填入"服务派工单"（一式两联）相应栏目，并在2分钟内通知工程部主管或其他指定人员前来领取服务单，工程部领单人在"来电来访记录表"上签收，将"服务派工单"（第一、二联）领回工程部。

4.1.3 工程部主管/领单人按照报修内容，填写"维修接单记录表"，安排维修人员接收提供服务。

（1）如住户报修内容属《维修项目收费标准》中的项目，住户要求尽快前去维修的，应安排维修人员在接单后15分钟内带齐工具、备件，持"服务派工单"到达维修现场。

（2）报修内容属《维修项目收费标准》中的项目，住户另有预约维修时间的，维修人员应按预约的维修时间到达维修现场。

（3）对于不属于《维修项目收费标准》中的报修项目，由工程部主管在接单后15分钟内对维修可行性和维修费用做出评审，回复住户是否可以维修，经征得住户对维修费用的认可及同意维修后，再按上述时效和维修要求安排维修人员前往维修。

4.1.4 工程部维修人员到达维修现场，应遵循岗位礼仪规范进入住户房间、提供服务。

4.1.5 工程部维修人员维修时应首先对报修项目进行对比确认，不相同的，在"服务派工单"上如实填写实际的维修项目及收费标准。

4.1.6 维修人员向住户出示收费标准，住户同意后开始维修，如住户不同意应提醒住户考虑，同意后再行报修，并及时返回工程部向工程部主管说明情况，与工程部主管一同在"服务派工单"上注明原因并签名确认后交还客服中心备案。

4.1.7 如果维修材料是住户提供的，由维修人员对材料质量进行验证，并将验证结果（合格、不合格、质量不佳等）填写在备注栏内。对于验证不合格的材料，维修人员应主动提示住户使用不当材料的结果，但应注意尊重住户的选择。

4.1.8 维修工作完成后，维修人员应按《维修项目收费标准》在"服务派工单"上注明应收的各项费用金额。并请住户试用或检查合格后，在"服务派工单"上签名确认。

4.1.9 维修人员将"服务派工单"（第一、二联）交回工程部主管，确认后将"服务派工单"（第一联）交回客服中心作为计收服务费用及回访的依据。

4.2 公共设备设施的报修处理。

4.2.1 客服中心人员接到住户直接反映的公共设备设施报修信息后，应立即在"来电来访记录表"上填写住户反映的内容，并在3分钟内将报修内容填入"内部工作联系单"（一式两联），在5分钟内通知工程部前来领单。

4.2.2 客服中心人员接到其他部门人员反映的公共设备设施报修信息后，应立即在"内部转呈问题记录表"上填写人员反映的内容，并在3分钟内将报修内容填入"内部工作联系单"（一式两联），在5分钟内通知工程部前来领单。

4.2.3 客服中心人员将"内部工作联系单"（第一、二联）交给工程部主管或其他指定人员，接单人应在"来电来访记录表"或"内部转呈问题记录表"上签收。

4.2.4 工程部主管/领单人按照报修内容，填写"维修接单记录表"，安排维修人员带齐维修工具、备件于10分钟内赶到现场进行维修。

4.2.5　完成维修工作后，维修人员应在"内部工作联系单"上详细注明维修有关事项。

4.2.6　维修人员将已签名确认的"内部工作联系单"（第一、二联）交工程部主管。

4.2.7　工程主管再对维修员的维修情况进行现场确认，在"内部工作联系单"上签名确认后将"内部工作联系单"（第一联）返还客服中心存档。

4.3　费用结算。

4.3.1　对于业主家庭有要求的，维修要采取月底统一结算的形式进行扣款，并在"服务派工单"上"客户付款方式"栏说明，对于无特别要求的业主家庭和租户家庭，应在维修工作完成后的当日（最迟不超过第二天）收款。

4.3.2　客服中心综合管理员在收费完毕后，应在"服务派工单"中"收款说明"栏内签字确认。

4.3.3　客服中心综合管理员于每月月底前将当月"服务派工单"及"内部工作联系单"涉及费用的分别将费用予以统计。

4.4　资料保存："来电来访记录表""服务派工单""内部转呈问题记录表""内部工作联系单"由客服中心负责保存，保存期为两年。

4.5　本规程执行情况作为物业公司相关人员绩效考评的依据之一。

六、社区文化活动工作规程

社区文化活动工作规程

1. 目的

寓教育于社区文化活动之中，创建高品位的人文环境，促进社区关系和谐，提升公司品牌。

2. 适用范围

适用于物业公司各管理处。

3. 职责

3.1　总经理负责批准社区文化活动计划。

3.2　物业公司经理负责审核社区文化活动计划，监督实施过程。

3.3　物业公司客服主管负责编制社区文化活动计划，并提出具体实施方案。

3.4　全体员工有责任配合社区文化活动顺利开展，配合社区文化管理员的工作顺利进行。

4. 工作程序

4.1　社区文化活动。

4.1.1 每年年底物业公司客服主管根据物业公司具体情况，拟定下一年度社区文化活动计划，报物业公司经理审核、批准。在实施过程中可根据实际情况在物业公司经理批准后对计划进行适当调整。

4.1.2 根据年度社区文化计划的安排，在每次活动开展前，社区文化管理员应拟定活动的策划方案，填写"文化活动安排与审批表"，报物业公司经理审核、批准。

4.1.3 根据活动方案，采购人员负责组织采购所需物品和奖品，并至少提前三天发出本次活动的通知。

4.1.4 客服主管及时向物业公司经理汇报活动的准备情况。

4.1.5 活动当天，提前布置好活动现场，并组织人员做好安全、消防防范工作。

4.1.6 活动结束后，及时清理现场。

4.1.7 活动结束后，客服主管对本次活动的实施情况进行总结，填写"社区文化活动工作报告"，并整理相关资料及摄影相片存档保存。

4.2 社区宣传活动。

4.2.1 每年年末社区客服主管根据时政热点、年度节日安排及物业管理方面的发展动态制订下年度社区宣传栏出版计划，报物业公司经理审核、批准。在实际实施过程中可根据实际情况在物业公司经理批准后对计划做适当调整。

4.2.2 物业公司订购报纸、杂志、中外名著等书籍存放阅览室，供业主（用户）借阅。

4.2.3 物业公司在每个大堂电梯厅安装小宣传板，用于张贴物业公司有关通知、物业管理法律、法规及管理知识。

4.2.4 对意义重大的活动、会议制作专门的宣传牌、横幅。

4.2.5 在小区电梯内制作宣传牌，作为物业公司多项服务的宣传。

4.2.6 各种宣传资料内容由物业公司经理负责审批，客服中心专员负责对每次宣传资料、照片及分期装订存档。

4.3 社区文化活动内容。

4.3.1 结合小区实际情况，制定广大居民乐于参加的系列活动。

4.3.2 可组织棋艺、球类、健身等丰富多彩的文体活动。

4.3.3 重要节假日，组织开展多种形式的联欢和庆祝活动。

4.3.4 由业主（用户）自发组织的健康性文体活动，物业公司应给予大力支持与配合，在物业公司权利范围内提供活动所需的必要场地和设备条件。

4.3.5 通过开展社区活动，配合做好有关宣传工作。

4.4 社区文化活动标准。

4.4.1 内容丰富多彩，健康高雅。

4.4.2 形式生动活泼，推陈出新。

4.4.3 场面欢快热烈，井然有序。

4.4.4 控制活动成本，开源节流。

4.4.5 控制活动噪声，勿扰他人。

4.5 注意事项。

4.5.1 注意场地的大小是否能容纳活动人员和观众。

4.5.2 注意做好安全消防防范工作，保持通道畅通，防止发生意外事故。

七、客户走访工作规程

客户走访工作规程

1. 目的

本规程是为了加强物业公司与客户保持密切关系，及时听取客户意见与建议，改进物业管理服务工作。

2. 适用范围

本规程适用于物业公司对客户的不定期走访。

3. 职责

3.1 物业公司经理：不定期地亲自参与对客户的走访并负责对其他人员走访的效果检查。

3.2 客服中心：负责对客户走访并进行记录有关意见与建议。

4. 工作程序

4.1 客服中心结合进行其他工作时，对客户进行走访。

4.2 走访内容：与物业管理服务工作有关的治安、清洁绿化、公共设备设施、物业服务费等有关事项的建议与意见。

4.3 走访人员应注意礼仪礼貌，对于有关意见与建议详细记录在"走访情况记录表"上。

4.4 收集的客户意见与建议。

4.4.1 对于一般意见与建议，当场进行回复。

4.4.2 对于有关投诉事项，经分析有效后按照《客户投诉接待处理工作规程》处理。

4.5 客服主管定期将走访意见与建议收集汇总后向物业公司经理报告。

4.6 物业公司经理每月至少参与一次对部分客户的走访。

八、客户意见征询工作规程

客户意见征询工作规程

1. 目的

收集、听取客户意见与建议，改进物业管理服务工作。

2. 适用范围

本规程适用于物业公司对客户定期进行的意见征询。

3. 职责

3.1 物业公司经理：负责对客户意见征询工作的指导。

3.2 客服中心：负责对客户意见征询工作的开展。

4. 工作程序

4.1 物业公司每半年进行一次客户意见征询，征询的内容有治安、车辆、清洁、绿化、公共设备设施、社区文化活动、便民服务等，物业公司可视实际情况选择每次征询的主题（内容），征询方式一般为问卷调查。

4.2 物业公司客服主管制订《客户意见征询计划》及"客户意见征询表"，由物业公司经理审核后由客服中心人员负责执行。

4.3 物业公司征询户数按小区总户数（或总栋数）的10%为标准，且问卷回收率应不低于70%，若低于70%则按每低5个百分点，满意率相应下降1个百分点计。

4.4 物业公司对征询和结果按治安、车辆、清洁、绿化、公共设备设施、社区活动、便民服务等进行分类统计，出具《客户意见征询分析报告》，对未达到质量目标和客户普遍反映的问题，根据其程度采取相应的纠正、预防措施和改进方法。

4.5 问卷发放应采用随机的原则和二次重点抽样（即对上次调查中有抱怨或投诉或平时有投诉的客户等应在抽样时被覆盖到）。

4.6 客户满意率不得低于质量目标的要求。

4.7 物业公司经理负责将调查的结果进行汇总分析，并提出对服务工作的改进建议，呈交品质部决定。对调查结果进行分析时应采用一定的统计技术。

4.8 征询的客户意见由客服中心安排人员统一进行回访，并填写"客户意见回访记录表"。

九、客户意见调查与分析制度

客户意见调查与分析制度

1. 目的

与客户进行有效沟通，及时处理客户的意见，消除潜在的不合格因素，并且采取纠正预防措施，规范意见调查过程，确保物业管理服务质量。

2. 适用范围

物业公司所辖范围内的物业管理服务。

3. 职责

3.1 物业公司负责拟订《客户意见调查计划》，组织物业公司客服中心等各部门实施客户意见调查，对客户意见调查结果进行统计、分析。

3.2 品质部负责监督各物业公司客户意见调查和分析工作的开展情况。

4. 工作程序

4.1 日常客户意见征询。

4.1.1 物业公司与客户（客户、业主委员会或委托方）就相关事项不定期进行意见沟通（如发放调查表、召开会议等），需召开会议的，由客服中心拟制会议通知，盖物业公司印章后发给每位参会客户，通知要求写明会议召开日期、地点、与会人员、内容等情况；调查表等直接交客户。

4.1.2 客服中心管理员进行会议记录，最后整理形成文件后，经物业公司领导确认后存档；对于发放调查表等调查的，由客服中心负责回收调查表。

4.1.3 会议中形成的决议事项由责任部门付诸实施，会议、调查表回复中提出的意见由物业公司按本制度4.2条款执行。

4.2 集中客户意见征询：原则上意见调查每半年进行一次，必要时可增加次数。

4.2.1 评分方式：客户总体满意度项目及比例如下。

（1）客户满意度调查表：60%（总分为60分），由物业公司客服中心进行调查。

（2）月度质量检查合格率：10%（总分为10分），由品质部进行统计。

（3）回访满意度分析：10%（总分为10分），由物业公司客服中心进行统计。

（4）维修合格率：10%（总分为10分），由物业公司工程维修部汇总统计。

（5）客户索赔抱怨：10%（总分为10分），由物业公司工程维修部、物业公司财务室汇总统计。

4.2.2 评分要求如下。

（1）客户业主满意度：满意度调查表分数累加÷实际客户数×60%，即为满意度调查表分数。

（2）月度质量检查合格率：80%≤合格率≤90%即为5分；合格率≥95%即为10分。

（3）回访满意度分析：对日常回访的业主确认的"回访记录表"进行统计，80%≤合格率≤90%即为5分；合格率≥95%即为10分。

（4）维修合格率：对报修合格率依据"维修单"进行统计，80%≤合格率≤90%即为5分；合格率≥95%即为10分。

（5）客户索赔抱怨：每月有效投诉≥3次以上该项即为0分，未有即为10分。

（6）满意度分数＝客户调查表满意度分数＋月度质量检查合格率分析分数＋回访满意度分析分数＋维修合格率分析分数＋客户索赔抱怨分数。

（7）统计要求如下。

① 调查表满意度分数×60%，其分数若低于45分，应针对调查表项目进行检讨。

② 月度质量检查合格率、回访满意度分析、维修合格率、客户索赔抱怨方面有扣分，应由管理者代表召开会议进行检讨。

4.2.3 调查报告：物业公司客服中心于"客户意见调查表"收回一星期内作成《客户满意度调查分析总结报告》，呈报经理核准，以便公司及时了解客户的需求。

十、物业公司与业主委员会沟通、协调规定

物业公司与业主委员会沟通、协调规定

1. 目的

为规范物业公司与业主委员会沟通、协调工作，确保物业管理工作的顺利开展，特制定本规定。

2. 适用范围

适用于物业公司在日常的管理服务工作中与业主委员会的正常工作往来。

3. 职责

3.1 物业公司经理负责与业主委员会的沟通、协调。

3.2 物业公司客服部负责依照本规定实施与业主委员会的正常工作往来。

4. 程序要点

4.1 与业主委员会的沟通、协调方式。

4.1.1 工作协调、沟通会议。

物业公司应当每季度至少与业主委员会进行一次例行工作沟通会议，会议的主要内容是向业主委员会通报一个季度的财务支出状况和工作简况，解决需经业主委员会协助支持方能完成的问题。

4.1.2 专题解决问题会议。

在遇到需经业主委员会同意后方能进行的工作时，物业公司经理要提前与业主委员会协商，请业主委员会召开专题业主委员会会议，协商解决专项问题。

4.1.3 每年6月底和12月底，物业公司应会同公司领导一同拜访业主委员会，召开专题工作茶话会，向业主委员会汇报全面的年度、半年度工作。

4.1.4 定时工作沟通制度。

（1）每月5日前向业主委员会报送物业公司财务损益表。

（2）每月10～15日期间接受业主、业主委员会的质询、审计。

（3）每季度的第一个月向业主委员会报送社区文化报纸、宣传品。

4.2 下列物业管理工作应当及时向业主委员会申报，请求支持。

4.2.1 计划使用本体维修基金对楼宇本体进行大、中修时。

4.2.2 计划使用公用设施专项维修基金更新公用设施时。

4.2.3 物业管理服务工作涉及部分业主利益，需业主委员会出面协调时。

4.2.4 物业公司制定了新的管理措施需要业主委员会支持工作时。

4.2.5 其他需向业主委员会请示、寻求支持的工作。

4.3 下列情况出现时，物业公司应当及时通报业主委员会。

4.3.1 新的物业管理法规颁布执行时。

4.3.2 所管理的物业出现了重大变故或发生重大事件时。

4.3.3 业主委员会的个别委员与物业公司有重大的工作分歧无法解决时。

4.3.4 有重要的活动（如创优迎检）时。

4.3.5 物业公司对个别业主执行违约金处罚时。

4.3.6 其他应当向业主委员会通报的情况发生时。

4.4 物业公司向业主委员会申报工作应当提前15日进行，通报情况应当在事实发生（决定）后的3个工作日内进行。

4.5 物业公司向业主委员会申报工作、通报情况均应以书面形式送达。

4.6 对业主委员会的质疑、建议、要求的处理要求。

4.6.1 对业主委员会的质疑、建议、要求，物业公司经理应认真倾听、记录。

4.6.2 合理的质疑、建议、要求，应当在3个工作日内答复、解决。

4.6.3 对不合理、不合法的质疑、建议、要求，物业公司经理应当耐心解释，无论如何不允许不耐烦或言语失礼；对解决不了的问题，应当记录后迅速上报物业公司经理，由物业公司经理寻求解决方案。

4.7 物业公司与业主委员会来往工作的信函、记录、决议，一律在物业公司归档，长期保存。

第二十五章

物业保洁管理制度规范

一、保洁工作检验标准

保洁工作检验标准

1. 适用范围

公司所有管理处的保洁工作。

2. 内容

范围		保洁项目	标准
标准层	门厅、首层电梯厅	（1）地面	目视地面无烟头、碎纸、果皮等垃圾 大理石地面：光亮，可映出照明灯轮廓 瓷砖地面：干净，无明显污迹、黑印，无积水
		（2）墙面	瓷砖墙面：目视无污迹，无尘，无乱张贴；用白纸巾擦拭表面50厘米，纸巾不被明显污染 大理石面：墙面0.5米之内可影出人体轮廓
		（3）公告栏	玻璃目视无灰尘，无水珠，不锈钢光亮，无尘
		（4）公共防盗门	目视光亮，无尘，表面无明显划痕

续表

范围		保洁项目	标准
标准层	门厅、首层电梯厅	（5）信报箱	箱顶无尘，用白纸巾擦拭50厘米，白纸巾不被明显污染，不锈钢面光亮
		（6）烟箱	目视无痰迹，无污迹，周围地面无碎纸、烟头
	楼道走廊	（1）地面	瓷砖地面：目视无垃圾、杂物，无污迹，无积水，有光泽 水磨石、水泥地面：目视无垃圾、杂物，无明显油污等
		（2）墙面	瓷砖墙面：目视干净，无污迹、无尘，用白纸巾擦拭表面50厘米，纸巾不被明显污染 抹灰、喷涂墙面：墙面凹凸处无明显可见的积尘，无蛛网
		（3）照明灯罩	目视灯罩表面干净，内部无积灰
		（4）消火栓（及附件）	玻璃明亮，目视无尘，无水珠 箱顶及侧面无尘，用白纸巾擦拭30厘米不被明显污染 警铃目视无明显积尘 消防管道阀门无明显可见的灰尘
		（5）防火门	门上无乱涂划，把手光亮，用白纸巾擦拭门板50厘米，门上冒头30厘米，纸巾不被明显污染
		（6）玻璃窗	玻璃目视无灰尘、污迹，无水珠 如为水泥窗台，目视无明显积尘；如为贴瓷片，用白纸擦拭30厘米不被明显污染
		（7）疏散灯罩、标语牌、百叶窗、电表箱盖等公共设施	目视无尘，用白纸擦拭30厘米，没有明显变色
		（8）天棚角落、管线、煤气管等	目视无蛛网，无积尘
		（9）关闭照明灯	早上7:00以后责任区内路灯没关的不超过2盏（故障除外）
		（10）垃圾桶	垃圾桶摆放在指定位置，套上黑色塑料袋，桶壁干净，无垃圾和黏附物
	楼梯	（1）扶手	无尘，用白纸巾擦拭50厘米，纸巾不被明显污染
		（2）梯级	目视干净，无垃圾，无杂物，无明显污迹（油污、黑印等）
	电梯		电梯内无异味；地面干净，无垃圾，无沙子，无积水，无明显污迹；轿厢四壁无乱涂划，无乱张贴；电梯门不锈钢面光亮
	雨台天面		无垃圾、杂物，无积水，无青苔，无杂草 如铺设有瓷片，无明显的污迹
地面部分	（1）小区道路（含停车场）		地面无杂物，无垃圾，无杂草，无明显积水
	（2）各种指示牌，路灯		目视灯罩上无明显积尘；指示牌上无水珠，无明显污迹，若为不锈钢面应保持光亮
	（3）垃圾车，池		垃圾车每日冲洗，车壁无明显附着物，垃圾池周围无积水、污渍
	（4）绿化带		草坪上目视干净，无明显废纸、塑料袋、瓶罐等垃圾，无砖头、大石子
	（5）宣传栏		玻璃明亮，目视无尘，无水珠，不锈钢面光亮，宣传栏内无明显可见的积尘

续表

范围	保洁项目	标准
地面部分	（6）花池	瓷贴片干净，无明显污迹、水垢
	（7）地面其他公共设施	无乱张贴、乱涂划
	（8）雨水井	井内无明显垃圾、杂物用泥沙
	（9）地砖	目视干净，无杂物，无明显污迹，条缝清晰
地下室	（1）地面	干净，无垃圾、杂物；无积水，无尘土
	（2）自行车棚架，地面停车杆	目视无明显污迹，无积尘
	（3）反光镜	明亮，映人效果好
	（4）交通标识牌	无污迹，目视无积尘
	（5）楼梯、消火栓、防火门、管道、阀门、指示灯罩等	要求同标准层

二、保洁工作操作规程

保洁工作操作规程

1. 目的

规范各项保洁操作程序，使保洁工作标准化、规范化。

2. 适用范围

适用于本公司下属物业项目的保洁工作。

3. 清洁保养操作标准

3.1 灯具清洁保养操作标准

3.1.1 保养范围：小区内的路灯、楼道灯、走廊灯、办公室的灯具。

3.1.2 作业程序。

（1）准备梯子、螺丝刀、抹布、胶桶等工具。

（2）关闭电源，架好梯子，人站在梯子上，一手托起灯罩，一手拿螺丝刀，拧松灯罩的固定螺钉，取下灯罩。

（3）先用湿抹布擦抹掉灯罩内外的污迹和虫子，再用干抹布抹干水分。

（4）将抹干净的灯罩装回原位，并用螺丝刀拧紧固定螺钉。

（5）清洁日光灯具时，应先将电源关闭，再取下盖板，取下灯管，然后用抹布分别擦抹灯管和灯具及盖板，重新装好。

3.1.3 清洁保养标准：清洁后的灯具、灯管无灰尘，灯具内无蚊虫，灯盖、灯罩明亮清洁。

3.1.4 安全注意事项。

（1）在梯子上作业时应注意安全，防止摔伤。

（2）清洁前应首先关闭灯具电源，以防触电。

（3）人在梯子上作业时，应注意防止灯具和工具掉下砸伤他人。

（4）用螺丝刀拧紧螺钉、固定灯罩时，应将螺钉固定到位，但不要用力过大，防止损坏灯罩

3.2 公共卫生间清洁操作标准

3.2.1 清洁范围：客用卫生间及物管卫生间。

3.2.2 清洁作业程序。

（1）每天的6:30～8:30，13:30～14:00分两次重点清理公用卫生间。

（2）用水冲洗大、小便器，用夹子夹出小便器内的烟头等杂物。

（3）清扫地面垃圾，清倒垃圾篓，换新垃圾袋后放回原位。

（4）将洁厕水倒入水勺内，用厕刷蘸洁厕水刷洗大、小便器，然后用清水冲净。

（5）用湿毛巾和洗洁精擦洗面盆、大理石台面、墙面、门窗标牌。

（6）先将湿毛巾拧干擦镜面，然后用干毛巾擦净。

（7）用湿拖把拖干净地面，然后用干拖把拖干。

（8）喷适量香水或空气清新剂，小便斗内放入樟脑丸。

（9）每15分钟进行保洁1次，清理地面垃圾、积水等。

（10）每周用干毛巾擦灯具1次，清扫天花板1次。

3.2.3 清洁标准。

（1）天花板、墙角、灯具目视无灰尘、蜘蛛网。

（2）目视墙壁干净，便器洁净，无黄渍。

（3）室内无异味、臭味。

（4）地面无烟头、污渍、积水、纸屑、果皮。

3.2.4 工作过程中应注意的事项。

（1）禁止使用碱性清洁剂，以免损伤瓷面。

（2）用洁厕水时，应戴橡胶手套，防止损伤皮肤。

（3）下水道如有堵塞现象，及时疏通。

3.3 房屋天面、雨棚清洁操作标准

3.3.1 清洁范围：小区内房屋的天面、平台、雨棚。

3.3.2 清洁作业标准。

（1）备梯子1个，编织袋1个，扫把、垃圾铲各1把，铁杆1条。

（2）将梯子放稳，人沿梯子爬上雨棚，先将雨棚或天面的垃圾打扫干净并装入编织袋，再将袋提下倒入垃圾车内，将较大的杂物一并搬运上垃圾车。

（3）用铁杆将雨棚、天面的排水口（管）疏通，使之不积水。

3.3.3 清洁标准。

（1）每周清扫1次。

（2）目视天面、雨棚：无垃圾，无积水，无青苔，无杂物，无花盆（组合艺术盆景和屋顶花园除外）。

3.3.4　安全事项。

（1）梯子必须放稳，清洁人员上下时应注意安全。

（2）杂物、垃圾袋和工具不要往下扔，以免砸伤行人，损坏工具。

3.4　大堂清洁操作标准

3.4.1　清洁范围：大堂的地面、墙面、台阶、天棚、宣传牌、信报箱、垃圾筒、消防设施、风口、灯具、装饰柱、门口不锈钢宣传栏。

3.4.2　清洁作业程序。

（1）每天6:30和13:00分2次重点清理大堂，平时每半小时保洁1次，重点清理地面的垃圾杂物。

（2）用扫把清扫大堂地面垃圾，用长柄刷蘸洗洁精清除掉污渍、口香糖。

（3）清倒不锈钢垃圾筒，洗净后放回原处。

（4）用尘拖或拖把拖掉大堂地面尘土和污迹后，将垃圾运至垃圾屋。

（5）用干毛巾轻抹大堂内各种不锈钢制品，包括门柱、镶字、宣传栏、电梯厅门、轿厢。

（6）用湿毛巾拧干后，擦抹大堂门窗框、防火门、消防栓柜、指示牌、信报箱、内墙面等公共设施。

（7）先用湿拖把拖2遍台阶，将干净的湿拖把用力拧干后再拖1遍。

（8）用干净毛巾擦拭玻璃门，并每周清刮1次，

（9）出入口的台阶每周用洗洁精冲刷1次。

（10）每月擦抹灯具、风口、烟感器、消防指示灯1次。

（11）每2个月对大理石地面打蜡1次，每周抛光1次；地砖地面和水磨地面，每月用去污粉、长柄手刷彻底刷洗1次。

3.4.3　清洁标准。

（1）地面无烟头、纸屑、果皮等杂物，无污渍，大理石地面墙身有光泽。

（2）公共设施表面用纸巾擦拭，无明显灰尘。

（3）不锈钢表面光亮，无污迹。

（4）玻璃门无水迹、手印、污迹。

（5）天棚、风口目视无污迹、灰尘。

3.4.5　安全及注意事项。

（1）擦拭电器开关、灯具要用干毛巾以防触电。

（2）大理石打蜡抛光由班长组织会操作人员统一进行操作。

（3）拖地时不要弄湿电梯厅门，以免腐蚀。

3.5　地毯吸尘清洁操作标准

3.5.1　所需清洁用具。

（1）吸尘器与配件。

（2）地毯用硬刷。

（3）手提刷子和簸箕。

（4）刮刀。

（5）告示牌。

3.5.2 清洁方法与步骤。

（1）将所需用具备齐，同时检查用具是否完好。检查吸尘器电插头、电线和储尘袋。

（2）将告示牌放置在显眼的地方。

（3）用刮刀将地毯上的口香糖、粘纸等去除。

（4）将地毯上较大件的尖硬物体（如夹子等）取起。

（5）调整吸尘器的刷毛高度，若用桶形吸尘器，应装上适当的配件。

（6）工作须有次序，注意行走频率较高的地方，如角头和墙边。

（7）吸尘器所不能吸的地方，如家具底等，则用手提刷子和畚斗将灰尘除去。

（8）用硬刷刷去较顽固的污迹。

（9）将所有用具收齐，清理后放回储存室。

3.5.3 安全注意事项。

（1）检查吸尘器电插头、电线和储尘袋。

（2）将吸尘器的各个配件装好后，才能将电源插头插入插座。

3.5.4 用具保养。

（1）用后清除吸尘器内的灰尘，储尘袋装满后须更换或清洗。

（2）将刷子和畚斗抹干净。

3.6 喷水池清洁操作标准

3.6.1 清洁范围。

物业管辖区内的喷水池。

3.6.2 作业程序。

（1）平时保养：地面清洁工每天用捞筛对喷水池水面漂浮物进行打捞保洁。

（2）定期清洁。

① 打开喷水池排水阀门放水。

② 待池水放去1/3时，清洁工入池清洁。

③ 用长柄手刷加适量的清洁剂由上而下刷洗水池瓷砖。

④ 用毛巾抹洗池内的灯饰、水泵、水管、喷头及电线表层的青苔、污垢。

⑤ 排尽池内污水并对池底进行拖抹。

⑥ 注入新水，投入适量的硫酸铜以净化水质，并清洗水池周围地面污迹。

3.6.3 清洁标准。

眼看水池清澈见底，水面无杂物，池底洗净后无沉淀物，池边无污迹。

3.6.4 安全注意事项。

（1）清洗时应断开电源。

（2）擦洗电线、灯饰不可用力过大，以免损坏。

（3）清洁时，不要摆动喷头，以免影响喷水观赏效果。

（4）注意防滑，小心跌倒。

3.7 地下雨、污水管井疏通操作标准

3.7.1 工作范围。

物业管辖区内所有地下雨、污水管道和检查井。

3.7.2 作业程序。

（1）用铁钩打开检查井盖，人下到管段两边检查井的井底。

（2）用长竹片捅捣管内的黏附物。

（3）用压力水枪冲刷管道内壁。

（4）用铁铲把粘在检查井内壁的杂物清理干净。

（5）用捞筛捞起检查井内的悬浮物，防止其下流时造成堵塞。

（6）把垃圾用竹筐或桶清运至垃圾中转站。

（7）放回检查井盖，用水冲洗地面。

（8）雨、污水检查井每月清理1次。

（9）雨、污水管道每半年彻底疏通清理1次。

3.7.3 清洁标准。

清理后，眼看检查井内壁无黏附物，井底无沉淀物，水流畅通，井盖上无污渍、污物。

3.7.4 安全注意事项。

（1）掀开井盖后，地面要竖警示牌，并有专人负责监护以防行人跌入。

（2）掀开或盖上井盖时应注意防止用于减振的自行车轮胎掉入井内。

（3）如发现管道堵塞、污水外溢时，应立即组织人员进行疏通。

（4）作业时穿全身防护的服装，戴橡胶手套。

3.8 垃圾中转站清洁操作标准

3.8.1 工作范围：物业管辖区内的垃圾中转站。

3.8.2 作业程序。

（1）时间：每天上午9:30和下午18:00开始清运工作，将垃圾运至垃圾中转站，清倒垃圾。

（2）两人配合将手推车推上作业平台，将垃圾倒入垃圾压缩车内，然后就地冲洗垃圾车。

（3）清扫散落在地面上的垃圾并装回垃圾压缩车。

（4）用洗洁精冲洗垃圾中转站内的地面和墙面。

（5）每周用喷雾器喷"敌敌畏"药水，对垃圾中转站周围5米内消杀1次。

3.8.3 清洁标准。

（1）目视垃圾站内无杂物、污水、污垢。

（2）垃圾站内无臭味。

（3）垃圾日产日清。

（4）垃圾车外无垃圾黏附物，垃圾车停用时摆放整齐。

3.9 化粪池清洁

3.9.1 租用一部吸粪车及长竹竿一根，并放警示牌。

3.9.2 用铁钩打开化粪池的盖板，敞开20分钟，让沼气散发后再用竹竿搅化粪池内杂物结块层。

3.9.3 把吸粪车开到工作现场。

3.9.4 把吸粪管放入池内与车连接，开动机器。

3.9.5 直到池内结块吸干净后，用铁钩把化粪池盖盖好。

3.9.6 用干净水把化粪池盖洗刷干净。

3.10 玻璃、镜面清洁

3.10.1 发现玻璃沾有污迹时，用玻璃铲刀铲除污物。

3.10.2 把清洁毛头套在伸缩杆上。

3.10.3 按比例兑好玻璃水（1∶30）。

3.10.4 将毛头浸入玻璃水中。

3.10.5 将浸有玻璃水的毛头按在玻璃上来回推擦。

3.10.6 用伸缩杆套好玻璃刮，从上至下刮去玻璃上的水迹。

3.10.7 最后用干毛巾抹去玻璃脚上和玻璃上的水迹。

3.11 梯、地面的清洁

3.11.1 清扫地面与阶梯上的杂物，倒入垃圾箱内。

3.11.2 在待清洁地板上放置告示牌"工作进行中"。

3.11.3 按比例正确配制地面清洁剂（1∶100），将配制好的清洁剂均匀洒在地面、阶梯上，用拖布拖一遍，较脏处应反复清洁至干净。

3.11.4 用清水冲洗阶梯、地面，并排尽污水。

3.11.5 用干净拖布拖地面、阶梯至干净无渣。

3.11.6 收回告示牌，收拾好工具及未用完的清洁剂。

3.12 垃圾桶的清洁

3.12.1 把垃圾桶放上推车运至垃圾集中点。

3.12.2 取下桶盖，倒出垃圾，用刷子刷出污物，用清水洗净。

3.12.3 用抹布醮洗洁剂把外部盖子擦拭干净，无污迹。

3.12.4 用清水把外部盖子冲洗干净，直至现本色。

3.12.5 把垃圾桶放回原处，盖好盖子，做好收尾工作。

三、保洁员质量检查作业规程

保洁员质量检查作业规程

1. 目的

规范清洁工作质量检查标准，确保小区环境清洁卫生，对清洁工作质量做出客观评价。

2. 适用范围

适用于公司各项目物业管理中心的保洁工作质量检查。

3. 职责

3.1 保洁主管、班长负责依照本规程对清洁工作进行质量检查、卫生评比工作。

3.2 保洁员负责依照本规程进行清洁卫生的自查。

4. 作业规程

4.1 室外公共区域的检查方法与质量标准

室外公共区域的检查方法与质量标准

序号	项目	检查方法	质量标准
1	道路	每区抽查3处，目视检查，取平均值	无明显泥沙、污垢，每100米^{2}内烟头、纸屑平均不超过2个，无直径1厘米以上的石子
2	绿化带	每区抽查3处，目视检查，取平均值	（1）无明显大片树叶、纸屑、垃圾胶袋等物，地上无直径3厘米以上石子 （2）房屋阳台下每100米^{2}内烟头或棉签等杂物在5个以内，其他绿化带每100米^{2}内杂物在1个以内
3	排水沟	抽查两栋房屋的排水沟，目视检查，取平均值	无明显泥沙、污垢，每100米^{2}内烟头、棉签或纸屑在2个以内
4	垃圾箱垃圾中转站	每责任区抽查1个，清洁后全面检查	地面无散落垃圾，无污水，无明显污迹
5	地面墙面	每天清洁后目视检查	（1）地面无黏附物、无明显污迹 （2）墙面无黏附物、无明显污迹
6	果皮箱	每责任区抽查2个，全面检查	内部垃圾及时清理，外表无污迹、黏附物
7	标识宣传牌、雕塑	全面检查	目视表面无明显积尘，无污迹，无乱张贴
8	沙井和污、雨水井	每责任区抽查3个，目视检查	底部无沉淀物，内壁无黏附物，井盖无污迹
9	游乐场	目视检查	目视地面无垃圾、纸屑，设施完好无污迹
10	化粪池	目视检查	进排畅通，无污水外溢
11	喷水池	目视检查	目视无纸屑、杂物、青苔，水无变色或有异味
12	天台、雨棚	每责任区抽查1栋楼宇，目视检查	无杂物、垃圾、纸屑，排水口畅通，水沟无污垢

4.2 室内公共区域的检查方法与质量标准。

室内公共区域的检查方法与质量标准

序号	项目	检查方法	质量标准
1	地面	每责任区抽查5处，目视检查	（1）无垃圾、杂物，无泥沙、污渍 （2）大理石地面打蜡、抛光后光泽均匀 （3）地毯无明显灰尘，无污渍
2	墙面	每责任区抽查5处，全面检查	（1）大理石、瓷片、喷涂等墙面用纸巾擦拭100厘米，无明显灰尘 （2）乳胶漆墙面无污渍，目视无明显灰尘 （3）墙面、墙纸干净，无污渍

续表

序号	项目	检查方法	质量标准
3	楼道梯间、走廊地面	目视检查，每责任区抽查2个单元，50米²走廊3处	目视无纸屑、杂物、污迹，每个单元梯级烟头不超过2个，走廊100米²内烟头不超过1个，目视天花板无明显灰尘、蜘蛛网
4	墙面、窗、扶手、电子门、消防栓管、电表箱、信报箱、宣传栏、楼道灯开关等	每责任区抽查2处，全面检查	无张贴广告、蜘蛛网，无痰迹、积尘，用纸巾擦拭100厘米，无明显污染
5	电梯	全面检查	电梯轿厢四壁干净无尘，无污迹、手印，电梯门轨槽、显示屏干净、无尘，轿厢干净无杂物、污渍
6	办公室	全面检查	整洁、无杂物，墙面无灰尘、蜘蛛网，地面无污迹；桌椅、沙发、柜无灰尘，空气清新
7	公用卫生间	全面检查	（1）地面干净，无异味，无积水，无污渍，无杂物 （2）墙面瓷片、门、窗用纸巾擦拭无明显灰尘，便器无污渍，墙上无涂画 （3）设施完好、用品齐全 （4）天花板、灯具目视无明显灰尘 （5）玻璃、镜面无灰尘，无污迹，无手印
8	灯罩、烟感器、出风口、指示灯	每责任区抽查3处，目视检查	目视无明显灰尘，无污迹
9	玻璃门窗、镜面	每责任区抽查3处，全面检查	玻璃表面无污迹、手印，清刮后用纸巾擦拭无明显灰尘
10	地下室、地下车库	每责任区抽查3处，目视检查	（1）地下室地面无垃圾、杂物，无积水、泥沙、油迹 （2）车库、地下室墙面目视无污渍，无明显灰尘 （3）车库的标识牌、消防栓、公用门等设施目视无污渍，无明显灰尘

4.3 保洁主管会同班长等管理人员对各责任区域进行卫生评比检查，每周进行1次，并将检查情况记录在"卫生检查评分表"中。该表由相关部门归档保存1年，评比结果作为个人绩效考评的依据之一。

四、卫生消杀管理标准作业规程

卫生消杀管理标准作业规程

1. 目的

规范卫生消杀工作程序，净化小区环境。

2. 适用范围

适用于物业公司各小区卫生消杀工作的管理。

3. 职责

3.1 保洁部主管负责卫生消杀工作计划的制订，并组织实施和进行质量监控。

3.2 保洁部领班负责协助主管组织实施、检查卫生消杀工作。

3.3 清洁工（消杀工作人员）负责依照本规程进行具体卫生消杀工作。

4. 程序要点

4.1 卫生消杀工作计划的制订

4.1.1 保洁部主管应根据季节的变化制订出卫生消杀工作计划。

4.1.2 消杀工作计划应包括以下内容。

（1）消杀对象。

（2）消杀区域。

（3）消杀方式选择与药物计划。

（4）消杀费用预算。

4.2 灭蚊、蝇、蟑螂工作

4.2.1 每年的 1 ～ 4 月、11 ～ 12 月中，每天应进行一次灭虫消杀工作。其他月份具体参照各标准作业规程的要求进行消杀。

4.2.2 消杀区域。

（1）各楼宇的梯口、梯间及楼宇周围。

（2）别墅住宅的四周。

（3）会所及配套的娱乐场所。

（4）各部门办公室。

（5）公厕、沙井、化粪池、垃圾箱、垃圾周转箱等室外公共区域。

（6）员工宿舍和食堂。

4.2.3 消杀药物一般用敌敌畏、灭害灵、敌百虫、菊酯类药喷洒剂等。

4.2.4 消杀方式以喷药触杀为主。

4.2.5 喷杀操作要点。

（1）穿戴好防护衣帽。

（2）将喷杀药品按要求进行稀释并注入喷雾器里。

（3）对上述区域进行喷杀。

4.2.6 喷杀时应注意以下几点。

（1）梯间喷杀时不要将药液喷在扶手或住户的门面上。

（2）员工宿舍喷杀时不要将药液喷在餐具及生活用品上。

（3）食堂喷杀时不要将药液喷在食品和器具上。

（4）不要在客户出入高峰期喷药。

4.2.7 办公室、会所娱乐配套设施应在下班或营业结束后进行，并注意以下两点。

（1）关闭门窗。

（2）将药液喷在墙角、桌下或壁面上，禁止喷在桌面、食品和器具上。

4.3 灭鼠

4.3.1 灭鼠工作每月应进行两次。

4.3.2 灭鼠区域。

（1）别墅、楼宇四周。

（2）员工宿舍内。

（3）食堂和会所的娱乐配套设施。

（4）小区中常有老鼠出没的区域。

4.3.3 灭鼠方法主要采取投放拌有鼠药的饵料和粘鼠胶。

4.3.4 饵料的制作。

（1）将米或碾碎的油炸花生米等放在专用容器内。

（2）将鼠药按说明剂量均匀撒在饵料上。

（3）制作饵料时作业人员必须戴上口罩、橡胶手套，禁止裸手作业。

4.3.5 在灭鼠区域投放饵料应注意以下几点。

（1）先放一张写有"灭鼠专用"的纸片。

（2）将鼠药呈堆状放在纸片上。

（3）尽量放在隐蔽处或角落、小孩拿不到的地方。

（4）禁止成片或随意撒放。

4.3.6 投放鼠药必须在保证安全的前提下进行，必要时挂上明显的标识。

4.3.7 一周后，撤回饵料，期间注意捡拾死鼠，并将数量记录在"消杀服务记录表"中。

4.4 消杀作业完毕，应将器具、药具统一清洗保管

4.5 消杀工作标准

4.5.1 检查仓库或地下室，目视无明显蚊虫在飞。

4.5.2 检查商场、酒楼和办公室，目视无苍蝇滋生地。

4.5.3 检查室内和污雨井，每处蟑螂数不超过5只。

4.5.4 抽检楼道、住户家无明显鼠迹，用布粉法检查老鼠密度，不超过1%，鼠洞每2×10^4米^{2}不超过1个。

4.6 消杀工作的管理与检查

4.6.1 消杀工作前，保洁部主管必须详尽地告诉作业人员应注意的安全事项。

4.6.2 保洁部主管应每次检查消杀工作的进行情况并将工作情况记录于每天工作日记中。

4.6.3 保洁部领班现场跟踪检查，确保操作正确。

4.6.4 保洁部主管应每月会同有关人员对消杀工作按检验方法和标准进行检查，并填写在"消杀服务质量检验表"。上述资料由部门归档保存1年。

4.6.5 本规程执行情况作为保洁部相关员工绩效考评的依据之一。

第二十六章
物业绿化管理制度规范

一、绿化管理程序

绿化管理程序

1. 适用范围

各管理处绿化管养工作的控制。

2. 职责范围

2.1 绿化班长对管理处绿化实施全面管理。负责管理处绿化管养方案的实施，并对绿化工的操作进行监督检查，向上级领导汇报工作进度及发展构想等。

2.2 绿化班长负责员工的后勤保障工作，仓库的管理，对绿化工作的监督检查，以及负责宿舍的管理。

2.3 绿化技术员负责提供小区绿化管养或改造的方案，制定操作与定额标准，协助绿化班长的监督检查工作，以及员工的培训与学习。

2.4 绿化养护工负责执行具体的绿化养护工作，把绿化养护工作落实到位。

2.5 管理处对绿化工作的实施及其结果进行监督检查。

3. 工作程序

3.1 合同的签订

绿化班长与各管理处经理签订绿化养护合同，负责各管理处的绿化管养工作。

3.2 工作计划的制订

绿化班长根据绿化养护合同的事项与各管理处绿地具体情况，制订工作计划，填写"_____年_____月工作计划及考核表"。

3.3 绿化工作的实施

（1）绿化工根据工作计划，对各管理处实施绿化管养工作。

（2）绿化工在班长的指导下，按照"施工工序流程图"的流程事项，组织绿化养护工进行施工改造工作。重大节日前，绿化班应根据管理处要求重新设计、改造。

（3）绿化班长安排日常绿化工作，技术员负责区内绿化及造型方案设计，并对绿化工作实行分区划片包干作业管理，做到员工之间任务划定清楚，责任明确。

（4）绿化养护工在日常绿化管养工作中，要严格遵守《绿化养护工工作制度》。在绿化养护操作时要严格按照《绿化管理标准》与《操作规程》《养护工工时定额表》的标准办事。

3.4 仓库的管理

绿化班应指定一名人员抓好仓库的管理工作，对工具的借出与肥料、农药的使用量要做好登记工作。具体按《绿化、消杀工作手册》执行。

3.5 培训

（1）员工的培训工作主要由技术员负责授课。

（2）培训内容主要是学习科学的养护方法，掌握专业绿化知识和园艺造型技艺，提高绿化管养水平。

3.6 工作的检查与考核

（1）绿化班长对全体员工工作进行监督与检查，对于表现显著者给予相应的奖励，对于违纪行为，立即制止，并给予相应的惩罚。

（2）绿化班长对绿化工进行月考核工作，并把情况填写到"绿化工月考核表"当中，出勤情况记录到"考勤表"中。

（3）绿化班长对绿化工作进行检查，做好"绿化、消杀工作周检表"。检查时遇到的问题，要及时汇报给绿化班长，讨论后采取相应的措施解决。

（4）管理处对绿化养护工工作情况进行月检查，并将检查情况记录到"绿化管养月反馈表"报公司品质督导部，绿化班长对管理处所反馈的问题要及时进行整改，管理处对绿化整改结果进行确认。

3.7 绿化活动中的环境和安全管理

绿化班及管理处在绿化活动中，应充分考虑环境和安全问题，如控制割草机的噪声，加强农药的管理，以防中毒等。

二、绿化养护工工作制度

绿化养护工工作制度

1. 适用范围

适用于各管理处的绿化养护工。

2. 管理规定

2.1 按照国家和市政府规定，确保各管理处达到各自所规定的绿化指标，绿化完好率达99%以上，管理处以此项指标考核绿化工工作。

2.2 积极培养各种花卉苗木，满足各管理处绿地的补植、更新和用花需要，不断学习，研究新技术，积极引进和培育新品种。

2.3 根据季节、天气和花卉品种确定浇水量，选用不同浇水工具，保证花木不受干旱。

2.4 除草及时，保持草坪、花圃清洁，结合除草进行松土、施肥；施肥应贯彻"勤施、薄施"的原则，避免肥料浓度过高造成肥害。

2.5　草坪要经常修剪，草高度控制在5厘米以下。

2.6　绿篱根据实际情况经常修剪，使绿化带整齐美观。

2.7　发现花木有病虫害要及时防治，贯彻"预防为主，综合防治"的方针，尽量选用无公害农药。

2.8　台风前对花木做好立支柱，疏剪枝叶的防风工作；台风后清除花木折断的枝条落叶，扶正培植倒斜的花木。

2.9　要有敬业精神，养成严格按操作规程作业的工作作风，加强业务学习，力争成为一专多能的骨干力量。

2.10　爱护各种机械器具，操作时严格按照操作规程作业，操作完后妥善保管，未经绿化中心同意不得外借。

三、绿化工作管理办法

绿化工作管理办法

1. 目的

加强小区绿化管理工作，保护和改善小区生态环境，促进小区绿地养护与管理工作的规范化、制度化，提高小区绿化水平。

2. 适用范围

适用于在本物业公司（以下简称公司）所管辖的小区内从事绿化规划、建设、保护和管理的单位及个人。

3. 管理职责与权限

3.1　物业管理部

3.1.1　负责对物业分公司、绿化专业公司、物业管理处的日常管理工作进行指导帮助、监督管理与考核。

3.1.2　负责制定绿化管理工作的规章制度、工作标准和工作记录。

3.1.3　负责小区绿化养护计划的审批工作。

3.1.4　负责小区绿化管理工作中重大问题的协调工作。

3.1.5　负责新增绿化项目方案的评审、设计和验收工作。

3.1.6　参与新建、改造绿化项目的设计、评审、验收和签证；参与绿化合格供方的推荐、评审和管理工作。

3.1.7　负责绿化工作责任事故的调查工作。

3.1.8　遇有重大事宜应及时向公司领导汇报。

3.2　经营计划部

3.2.1　负责小区绿化工作的招标工作。

3.2.2　负责绿化合同的制定、审批与管理工作。

3.2.3　负责绿化合格供方的评审工作。

3.2.4 负责绿化资金计划的落实工作。

3.3 财务资产部

依据合同规定及管理部门考核结果支付绿化费用。

3.4 工程维修部

负责新建、改造绿化项目方案的评审、设计、监理、现场管理和验收工作。

3.5 物业管理分公司

3.5.1 负责对物业管理处绿化管理工作进行指导帮助、监督管理与考核，及时解决管理职责内绿化工作存在的问题。

3.5.2 负责上报绿化工作周报、月报。

3.5.3 负责物业管理处绿化用水的统计分析工作。

3.5.4 负责统计上报小区绿化养护计划的实施和承包单位工作质量评价情况。

3.5.5 参与绿化合格供方的评审工作；参与新建、改造绿化项目的评审、验收和签证工作；参与新增绿化项目方案的评审、现场管理和验收工作。

3.5.6 遇有重大事宜应及时向物业管理部汇报。

3.6 物业管理处

3.6.1 负责建立健全小区绿化基础工作记录；每日对小区内的绿地、绿化设施进行检查。

3.6.2 依据绿化合同、相关标准和绿化养护计划的要求进行现场管理与检查验收，及时解决管理职责内绿化工作存在的问题，及时制止小区内发生的违章和违法行为，每周向物业管理分公司汇报小区绿化工作情况。

3.6.3 负责小区内绿化用水的计量、统计分析和管理工作。

3.6.4 负责矿区物业管理信息系统中有关绿化工作的数据录入和维护工作。

3.6.5 负责对承包单位的绿化养护工作质量进行评价。

3.6.6 负责绿化管网维修后的验收签证工作；参与新建、改造绿化项目的验收和签证工作；参与新增绿化项目方案的评审、现场管理和验收工作。

3.6.7 遇有重大事宜应及时向分公司汇报。

3.7 绿化公司

3.7.1 负责对小区绿化工作的技术指导、培训和监管工作；参与公司有关绿化规章制度和工作标准的制定工作。

3.7.2 负责审核承包单位制定的各项工作计划与方案，并对承包单位的工作计划进行分解、汇总，及时上报物管科审批。

3.7.3 对承包单位出现浪费绿化用水的行为，依据合同条款进行处理。

3.7.4 参与绿化合同的制定和评审工作；参与新建、改造绿化项目的设计、评审、验收和签证工作；参与绿化养护合格供方的评审工作；参与新增绿化项目方案的评审、现场管理和验收工作。

3.7.5 负责绿化用水的计量、统计分析和管理工作。

3.7.6 遇有重大事宜应及时向物业管理部汇报。

3.8 维修公司

负责绿化管网的维修工作。

4. 管理规定

4.1　规划建设与保护管理

4.1.1　小区公共绿地面积和绿化覆盖率等规划指标，应符合本市《城市绿化管理办法》的相关规定。应当根据当地的特点，利用原有的地形、地貌、水体、植被和历史文化遗址等自然、人文条件，以方便群众为原则，合理设置公共绿地、居住区绿地、防护绿地和风景林地等。

4.1.2　新建绿化工程的设计，应当委托持有相应资格证书的设计单位承担。工程建设项目的附属绿化工程设计方案，按照基本建设程序审批时，必须有市人民政府绿化行政主管部门参加审查。

（1）绿化面积在1000米^{2}以上或者绿化费用在5万元以上的绿化工程设计，应当委托持有相应资格证书的单位承担。

（2）绿化工程面积在2000米^{2}以上或者绿化费用在10万元以上的设计方案，应经市绿化行政主管部门审批，其中对建设有重要影响的绿化工程须报上级绿化行政主管部门审批。

（3）建设单位应按照批准的设计方案进行建设，设计方案需要改变时须经原批准机关审批。

（4）绿化用地面积在1000米^{2}以上或者绿化工程费用在3万元以上的绿化工程竣工后，须报请市绿化行政主管部门验收合格后，方可交付使用。

4.1.3　新区建设和旧区改造绿地不得低于下列标准。

（1）新建区的绿化用地，应不低于总用地面积的30%。

（2）公共绿地中绿化用地所占比率不低于总用地比率70%。

（3）旧区改造的绿化面积，可按前款（1）项规定的指标降低5%。

4.1.4　任何单位和个人都不得擅自改变小区绿化规划用地性质或者破坏绿化规划用地的地形、地貌、水体和植被。

4.1.5　任何单位及个人都不得擅自占用绿化用地。因建设或者其他特殊需要临时占用绿地的，应当经绿化行政主管部门审查同意，并按有关规定办理临时用地手续。占用期满后，占用单位应当恢复原状。

经批准永久性占用绿地的，该土地使用者应向公司交纳相应的绿化损失费。

4.1.6　禁止任何单位和个人擅自砍伐、移植、损毁小区树木、绿篱。确需砍伐、移植小区树木、绿篱的，应当按下列规定办理审批手续。

（1）一次砍伐或者移植乔木5株、灌木5丛、绿篱50米以下的，由市绿化行政主管部门审批。

（2）超过前款限定的，由市绿化行政主管部门审核，报市人民政府批准。经批准砍伐树木的，应当在市绿化行政主管部门指定的区域内补植同类树木。补植树木的胸径一般不小于5厘米，补植树木胸径面积之和为砍伐树木所围胸径面积之和的2～10倍。

如当时补植有困难，应向公司交纳相应的绿化补植费。

4.1.7 各级管理人员或承包单位对于小区绿地内的植物应妥善保护与管理，如发现有本市《城市绿化管理办法》和《城市绿化管理实施细则》中所不允许的行为，应依据这两个办法的要求对其进行劝阻，不听劝阻的，报请执法部门或城市绿化行政主管部门处理。

4.1.8 树木生长影响管线安全或者交通设施正常使用确需修剪的，经绿化行政主管部门批准，按照兼顾管线、交通设施使用和树木正常生长的原则进行修剪。修剪费用除市人民政府已有明确规定外，可按下列原则分担：先有树木，后建管线、设施的，费用由管线、设施管理单位承担；先有管线设施，后植树木的，费用由树木所有人承担；树木和管线、设施分不清先后的双方平均承担。

4.1.9 小区内绿化地下管网、阀井由公司新建、维修和管理，地面管网由承包单位新建、维修和管理。严禁任何单位和个人擅自拆除、堵塞、填埋绿化用水的管线和阀井，不得损坏阀门和随意接阀门。

4.1.10 公司各级管理部门或单位严格按照《小区施工恢复工作管理办法》的要求，加强对影响绿化工作的施工行为的管理。

4.2 小区绿化交接工作的管理

4.2.1 物业管理部组织物业分公司、物业管理处、绿化公司、原承包单位、新承包单位的交接工作，现场交接人员应具备签字认可的权力。交接内容包括：小区植被生长情况、地面设施、地下设施、阀井、水表、水表计量数据、乔灌木数量、花卉数量、藤本植物数量、草坪面积、养护工作记录、小区绿化管网图、小区绿化分布图等。

4.2.2 原承包单位应根据当时接管小区绿化的情况准备好交接前的各项工作，与原来接管不相符的应及时整改、恢复；新承包单位在承包期结束后不再承包时，也应保持接管时的状况和各项资料。对原承包单位拒不按要求执行的，公司从养护回访费中扣除损失，并安排恢复工作。

4.2.3 参与交接工作的单位检查核实所交接的内容无误，在交接记录上签字后，物业管理分公司安排物业管理处正式接管该小区的绿化管理工作，新承包单位正式接管该小区的养护工作。各项交接资料一式五份，物业管理部、物业分公司、物业管理处、绿化公司、新承包单位各留存一份。

4.2.4 现场交接存在争议时，由物业管理部组织相关单位共同商议解决方案。原承包单位与新承包单位不服从安排的，可以通过其他途径解决。

4.3 绿化养护计划

4.3.1 每月25日前，绿化公司通知承包单位提前制订下一个月的绿化养护月计划和周计划，审核后上报物业管理部；物业管理部将批准后的养护计划于每月28日下发物业管理分公司；物业管理分公司应及时将养护计划下发至物业管理处。

4.3.2 物业管理部、绿化公司监督计划执行情况，计划需要变更时，应及时调整。

4.4 春季绿化养护与管理

4.4.1 春季气温回升，地表层无冻土，绿化公司及时安排承包单位对绿化管网进行试水。发现管网破损，及时通知相关单位处理。

4.4.2　绿化公司在确认气温不会降至5摄氏度以下，通知承包单位安装地面节水灌溉设施。在未安装前由承包单位用地面软管浇水，确保春灌工作顺利进行。

4.4.3　绿化公司应及时安排承包单位的春季修剪、树木涂白和闸阀保养工作，并要求绿化养护人员开始上午到物业管理处报到，下午到物业管理处汇报当天的工作情况。

4.4.4　绿化公司、物业管理处、承包单位开始监控小区绿化病虫害的情况，做到"早发现、早控制、早治理"。打药人员应严格按照相关安全工作的要求打药，并做好打药现场的安全防护和小区居民人身安全工作。

4.5　日常绿化养护与管理

4.5.1　物业管理处根据养护计划对承包单位的绿化养护工作进行现场检查验收，及时处理发现的问题，每周将工作情况上报物业管理分公司，并录入辖区物业管理信息系统。

4.5.2　物业管理分公司每周统计汇总各物业管理处的工作情况，报物业管理部；物业管理部统计汇总后在公司简报上公布。

4.6　秋冬季绿化养护与管理

4.6.1　养护单位按照养护计划认真做好树木涂白、病虫害防治、冬灌、闸阀保养、管网排空扫线工作，工作结束后应及时将地面管线回收保管。绿化公司、物业管理分公司、物业管理处对上述工作进行检查验收。

4.6.2　物业管理处冬季也应对小区内的绿地、绿化设施进行巡检，发现问题及时处理。

4.7　小区绿地认养的养护与管理

4.7.1　公司制定小区绿地认养协议，有意认养小区绿地的居民可到物业管理分公司办理手续，并根据协议的要求进行养护。物业管理处指导帮助、监督检查小区居民的养护工作，及时发现、制止超出养护协议范围的行为。

4.7.2　公司制作统一的小区绿地认养公示牌，安放在小区绿地。

4.8　考核

公司管理部门或单位依据养护合同条款和相关标准对承包单位进行考核，依据公司绿化工作考核办法对内部绿化管理工作进行考核。

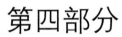

第四部分

物业管理表格规范

第二十七章

市场拓展业务管理表格规范

一、物业市场情况调查表

物业市场情况调查表

一、项目情况

开发商			
坐落位置			
占地面积		建筑面积	
开盘时间		入伙时间	
项目荣誉			
开发商在当地的其他项目：			

二、当地物业市场情况调查

	多层		高层	
当地管理费标准	写字楼（含空调）			
	当地"五类"文件（请协助提供复印件）			
当地其他物业公司概况	本地公司：			
	外来公司：			

二、物业管理项目调查表

物业管理项目调查表

物业项目名称：

坐落位置			
开发商			
公司其他情况			
物业类型			
总建筑面积/米²		一期（　　）米²　　二期（　　）米² 三期（　　）米²　　四期（　　）米²	
占地面积/米²			
开工时间		拟开盘时间	
住宅面积/米²		多层（　　）栋	
户数		小高层（　　）栋 高层（　　）栋	
写字楼	（　　）米² （　　）栋	商业面积 /米²	
停车位			
拟入伙时间		竣工时间	
委托物业管理方式	全权委托□　　顾问管理□　　其他□		
管理期限			
需要常驻的顾问人员	驻场经理_____名　　机电顾问_____名 安保顾问_____名　　不派人员□		
管理目标： 			
对人员培训的要求（针对顾问管理方式）： （1）派骨干人员来本公司接受培训 （2）派教员去现场培训			
其他情况 			
联系人		联系电话	

敬请您填写此表后，传真至××物业管理有限公司市场部收。

传真号码：　　　　　　　　　　　　　　　电话号码：

三、物业项目（在建/新建）信息搜集表

物业项目（在建/新建）信息搜集表

日期	开发商	项目名称	地址	联系人	联系电话	结果

四、物业项目信息搜集表

物业项目信息搜集表

日期	发展商	项目名称	地址	联系人	联系电话	结果

五、项目跟踪调研表

项目跟踪调研表

物业名称				
发展商				
地址				
联系人		联系电话		传真号码
总建筑面积		物业类型		竣工时间
业务意向		竞争对手		联系时间
调研情况：				
备注				

六、项目有效联络与洽谈记录表

项目有效联络与洽谈记录表

项目名称：　　　　　　　　　　　　　　　　项目负责人：

项目概况								
发展商			联系人			联系电话		
建筑面积			物业类型			坐落位置		
开工时间		竣工时间		开盘时间			入伙时间	
项目来源								
情况备注								
合同/方案评审	序号	时间	内容		序号	时间	内容	
	1				3			
	2				4			
有效洽谈记录								
次数/日期	洽谈内容（包括洽谈方式，双方参与者，主题、问题/、进展、结果，下次安排，新问题/信息等）							

七、物业管理项目招标公告信息登记表

物业管理项目招标公告信息登记表

项目名称		招标地址	
招标人			
联系人		联系方式	
招标项目基本情况			
管理期限		投标人资质要求	
招投标保证金		招标报名时间	
投标截止时间		开标时间	
开标地点			
招标文件获取要求	时间：　　　　　　　　　　　　　　标书购买价： 需携带的资料：		
申请人需具备的条件			
报名时需提供的材料			

八、物业项目跟踪联系表

物业项目跟踪联系表

物业名称					
开发商					
地址					
联系人		联系电话		传真	
总建筑面积		物业类型		物业性质	
开工时间		竣工时间		入伙时间	
业务意向		竞争对手		联系时间	
项目进度与跟踪计划：					
备注					

九、物业基本情况分析表

物业基本情况分析表

招标物业名称：　　　　　　　　　　　　　　　　招标时间：

物业性质：	物业类型：
建筑规模	
投资规格	
使用周期	
建筑设计规划	
配套设备设施	
物业的功能、形象和市场定位	
物业所在地域的人文、经济和政治环境	
物业的建设周期和进度	
物业现有条件对实施物业管理服务的利弊（现有规划设计及建筑施工中是否存在不符合物业管理要求的问题）	
如属于商业类型物业，则应了解商业物业的使用功能和规模：	
若为公用事业类型物业，则还应了解现有规划或已配置的设施中是否具备预防及应对紧急事件的条件等：	

十、招标物业条件分析表

招标物业条件分析表

招标物业名称：   招标公告发布时间：

物业性质	□高档住宅　□普通住宅　□高档写字楼　□政府办公楼　□商住综合物业 □厂房　□其他
特殊服务要求	
物业招标背景	

十一、新建物业前期服务招标项目分析表

新建物业前期服务招标项目分析表

物业项目名称：

开发商名称		地址	
资金实力			
技术力量			
商业信誉			
以往所承建物业	物业类型	物业质量	与物业公司的合作情况
1.			
2.			
3.			
4.			
结论			

十二、本公司××物业项目投标条件分析表

本公司××物业项目投标条件分析表

项目名称		位置	
开标时间			
招标基本要求			

本公司投标条件分析	
是否具备投标资格（如是否达到招标的基本资质要求）	
以往类似的物业管理经验	
人力资源优势	
技术优势	
财务管理优势	
劣势分析	
分析结论	
若决定投标，拟采取的投标策略和管理方案	

制表人：　　　　　　　　　　　　　　　　时间：

十三、××物业项目投标竞争对手分析表

××物业项目投标竞争对手分析表

项目名称：　　　　　　　　　　　　　　　　投标时间：

竞争对手名称 分析内容	A	B	C
规模（注册资金）			
所管物业类型			
所管物业项目数量与规模			
与招标方是否存在背景联系			
物业招标前双方是否存在关联交易			
对招标项目是否具有绝对优势			
常用投标策略			
竞争心理和市场方向			
近期的公司发展方向、关注重点			
本项目上的投标价格和可承受底线			
本项目可能采取的投标策略			

十四、招标文件研读备忘录

招标文件研读备忘录

招标人		项目名称	
招标地址			
招标项目基本情况			
管理期限			
开标时间		定标时间	
投标保证书			
招标方资格预审的要求			
管理服务标准、要求和范围			
合同的附加条件			
有无特邀某企业竞标			
招标公告中的一些特殊要求			
前后文不一致的地方			
内容不清晰的情况			
招标前须由业主明确答复的问题			

十五、项目考察人员申请表

项目考察人员申请表

物业项目名称		地点	
考察时间			
部门经理审批:			

相关专业	相关部门负责人选派人员	相关部门负责人签字
管理运作		
土建		
机电		
弱电		
电梯		
安保		
清洁		
绿化		

十六、物业项目实地考察记录表

物业项目实地考察记录表

招标项目	
坐落地址	
招标项目基本情况	
现场考察的情况及问题描述	
土建	
机电	
弱电	
电梯	
安保	
清洁	
绿化	
主要业主的情况：	
当地的气候、地质、地理条件：	

十七、全委项目合同（草案）评审记录

全委项目合同（草案）评审记录

合同名称						
总建筑面积		住宅		商业		写字楼	
物业类型			坐落位置			

评审依据：
(1) 市住宅局要求使用的标准委托管理合同
(2) 市住宅局物业管理条例
(3) 建设部33号令
(4) ××市物业管理条例细则

注：因住宅局要求使用由其拟定的合同文本，故本合同除根据此具体项目提出的一些牵涉本公司能力和利益的具体事项评审外，其余均按标准合同要求拟定，在此不做评审，需评审内容见下

评审项目	一、物业管理方式：	
	二、管理期限：	
	三、管理用房：	
	四、管理目标：	
	五、管理服务费标准、空置费及开办费：	
评审人签字		
	签字	评审时间
部门经理		
主管领导		
财务审计部		

十八、顾问项目合同（草案）评审记录

顾问项目合同（草案）评审记录

合同名称						
总建筑面积/米²		住宅		写字楼		商业
坐落位置			物业类型			

评审依据：
（1）市住宅局要求使用的标准委托管理合同
（2）市住宅局物业管理条例
（3）建设部33号令
（4）××市物业管理条例细则

注：
（1）因住宅局要求使用由其拟定的合同文本，故本合同除根据此具体项所提出的一些牵涉本公司能力和利益的具体事项评审外，其余均按标准合同要求拟定，在此不做评审，需评内容见下
（2）对合同中要求甲方积极配合乙方施行工作的相关条款在此一同进行评审
（3）对合同中所涉及本公司能力和利益的问题在此一同进行评审

评审项目	

评审人签字		
部门/人员	签字	评审时间
主管领导		
部门经理		
财务审计部		

十九、对外经济合同会签单

对外经济合同会签单

签约部门合同编号：　　　　　　　　　　　　　　　　　公司统一合同编号：

合同名称		合同总额	
我方签约部门		对方名称	
我方合同主谈人		对方联系人	
合同起草人		对方联系电话	
签约部门意见			
主管部门意见			
财务审计部意见			
主管助总意见			
总会计师意见			
主管副总意见			
总经理意见			

注：1.签约部门应完整填写会签单，并对合同内容进行初审，确保合同条款与合同双方协商内容一致。部门、子公司的合同不需填写主管部门意见。

2.凡与对方单位第一次签约的，签约部门应负责核查对方单位法定代表人营业执照、法定代表人身份证明及授权委托书，并附复印件一并会签。

3.签约部门填写本部门合同编号，财务审计部填写公司统一编号。

二十、签约项目工作交接函（全委项目发展商）

签约项目工作交接函（全委项目发展商）

关于_____全委项目工作的交接函（全委项目发展商）

_____：

　　本公司已于_____年___月___日完成了与贵公司签订_____事宜，双方物管合作将进入前期管理阶段，本合同的具体执行由本公司全委项目主管领导负责，执行本合同过程中的有关协调、沟通事宜请与本公司我司全委项目主管领导联系。

　　另提供本公司银行账号及财务审计部联络方式，以方便贵公司依合同约定按时支付顾问费用。

　　全委项目主管领导：×××
　　联系电话：××××××××
　　履约负责人：×××
　　联系电话：××××××××
　　财务审计部负责人：×××
　　联系电话：××××××××

特此函告

××物业管理有限公司
市场部
_____年___月___日

二十一、签约项目工作交接函（顾问项目发展商）

签约项目工作交接函（顾问项目发展商）

关于_____顾问项目工作交接的函（顾问项目发展商）

_____：

  本公司已于_____年___月___日完成了与贵公司签订_____
事宜，双方物管合作将进入前期管理阶段，本合同的具体执行由本公司顾问管理部负责，执行本合同过程中的有关协调、沟通事宜请与本公司顾问管理部联系。

  另提供本公司银行账号及财务审计部联络方式，以方便贵公司依合同约定按时支付顾问费用。

  顾问管理部负责人：×××
  联系电话：×××××××
  履约负责人：×××
  联系电话：×××××××
  财务审计部负责人：×××
  联系电话：×××××××

特此函告

××物业管理有限公司
市场部
_____年___月___日

二十二、签约项目资料移交记录

签约项目资料移交记录

合同名称					
签约时间				移交资料	
开发商主要联系人		职务		电话	
		职务		电话	
备注：					

接收单位	接收人	时间
主管领导		
办公室		
全委项目主管领导		
顾问管理部		
财务审计部		
质量管理部		

二十三、签约项目资料移交存档记录

签约项目资料移交存档记录

项目名称：　　　　　　方式：　　　　　　　　项目负责人：＿＿＿＿＿＿

序号	文件名称		归档	移交人签名/时间	页数	管档人签名/时间	备注
*1	对外经济合同会签单						
*2	物业管理合同原件（含附件）						
*3	（1）开发商营业执照（复印件）						
	（2）法人代表证明书						
	（3）法人代表授权委托书						
*4	项目有效联络与洽谈记录						
*5	物业情况调查表						
6	管理方案/标书						
7	各种往来函	（1）传真来往函					
		（2）前期管理费用测算表					
		（3）全委开办费用测算表					
		（4）物业管理成本明细表（管理费测算表）					
		（5）顾问服务费用测算表					
8	标书评审记录						
*9	合同评审记录						
*10	工作交接函	（1）开发商					
		（2）项目交接会议记录					
		（3）签约资料移交记录					
11	（1）发展商相关人员名片						
	（2）项目楼书、图纸广告						

注：1.对于各自负责的项目，请各负责人将资料及上表按要求装订并签名后转交。

2.序号7中"各种往来函"按时间顺序排列并装订成册。

3.以上带"*"的各项为存档必需资料。

第二十八章

物业前期介入管理表格规范

一、新项目关键点设计情况调查表

新项目关键点设计情况调查表

为了使地产新项目的规划设计与物业公司日后项目管理服务对硬件的要求相吻合，物业在新项目规划设计前向地产设计部提供本调查表，请填写后及时反馈给物业业务管理部，物业以调查表为依据，进行具体跟进（在设计情况栏内相应的下划线上打钩，范围以外的请加添说明）。

序号	项目	设计情况		物业建议
1	小区围墙	别墅类	高度：2米以下__；2～2.5米__；3米__	
			墙体：通透__；实心__	
		公寓类	高度：1.5米以下__；1.5～2米__；2米以上__	
			墙体：通透__；实心__	
			材料：砖砌体__ 栏杆：铸铁__、实心铁管__、空心方钢__ 栏杆防腐：镀锌加高耐候性面漆__、防锈底漆加调和面漆__	
		其他	围墙内侧留有宽度为0.8～1米的公共安全巡逻通道：有__；无__	
			小区封闭方式：全开放__；全封闭__；半开放__	
2	小区出入口及门岗设置	小区出入口数量 车辆：1个__；2个__；3个__ 人行：1个__；2个__；3个__		
		人车分流：分流__；不分流__		
		人行出入口：设置刷卡门禁__；不设刷卡门禁__		
		主出入口保安岗亭是否设置简易卫生间、空调：设置__；不设置__		
		机动车出入门岗位置：设于中间，两侧为车行通道__；设于单侧，一侧为车行进出通道__		
3	物业管理用房	管理用房面积以10×10⁴米²为基准：服务中心≥150米²，保安/清洁/绿化等其他作业用房为200～250米²；每增加10×10⁴米²管理面积，总管理用房面积按150～200米²递增 达到和超过上述配置__；低于上述配置__		
		服务中心办公用房位置：地下或半地下__；地面一层__；住宅区中央地带__；略靠住宅区边缘__；小区边缘__		

续表

序号	项目	设计情况	物业建议
4	地下、半地下车库及车位	机动车位配置是否满足地方政府规定：满足__；不满足__	
		机动车地下车库出入口的通行方式：单项__；双向__ 出入口车道形式：直道__；弯道__ 双向出入的弯道半径是否满足车辆通行：满足__；不满足__	
		非机动车位配置是否满足地方政府规定：满足__；不满足__ 至地下车库的机动车与非机动车通道和提车库是否独立设置：是__；否__ 非机动车停车库是否设置有充电电源：有__；无__	
		地面机动车位的设置是否有紧邻住宅阳台、庭院出入口、燃气管道等情况：有__；无__	
		机动车停车位车挡材料：混凝土车挡__；钢管车挡__；其他材料__	
		临近住宅的地库出入口是否采取隔音、防噪声措施：是__；非__	
		临近住宅处是否有地库通风系统的风口：有__；无__ 地库通风系统临近住宅的风口是否采取隔音、防噪声措施：是__；非__	
		地库排水沟盖板材料：铸铁__；镀锌铁栏栅__；塑料类其他材质__ 地库排水沟盖板下是否垫有橡胶垫块：是__；非__ 地库排水沟集水井盖板材料：镀锌铁栏栅__；水泥混凝土板__；大块铁板__	
		地库内明装电源控制箱的种类：控制按钮在箱盖外__；控制按钮在箱体内__；另外加装安全防护罩盖__	
		地库人行通道是否设置有残疾人专用通道：有__；无__	
		地库照明是否采取间隔分路控制：是__；非__	
		地库是否设有保洁取水点：有__；无__	
5	道路	主要道路是否人车分流：是__；非__	
		主干道路面材料：沥青__；彩色沥青__；混凝土__；其他__	
		侧石：大理石__；水泥混凝土块__ 窨井：侧排窨井__；平铺窨井__ 侧窨井井盖能否开启：能__；不能__	
		减速坡材料：细石混凝土类减速坡__；橡胶成品减速条__	
		是否有用木质材料铺制的宅间路、园路及平台：有__；无__	
6	会所及其设施	产权：属地产__；属全体业主__	
		经营性质：仅对本小区业主开放__；兼对外开放__	
		会所安防：独立门户与住宅区不相通，分设门禁安防__；独立门户但与住宅区相通__	
		主要配置：接待区__；健身房__；跳操室__；棋牌室__；乒乓室__；桌球室__；更衣室__；淋浴室__；阅览室__；影音室__；网球场__；羽毛球馆__；篮球馆__；游泳池__；办公室__；仓库__	
7	垃圾房	位置：边缘隐蔽部位，不影响业户__；略近住宅，对业户有一定影响__	
		运输车通道：经小区内部道路运输__；垃圾房在围墙开门，不进入小区__	
		垃圾收集方式：有害、有机、无机垃圾分类收集__；不分类收集__	
		是否采用垃圾压缩处理技术：采用__；不采用__	
		垃圾房是否设有明沟、冲洗水池，墙地面铺贴墙地砖：有__；无__	

序号	项目	设计情况		物业建议
8	商铺及其设施		商铺位置是否独立于住宅区：与住宅区分开__；与住宅区混合__	
			商铺水表、电表：每户商铺单独设表，抄表到户__；共用总表，只抄总表__	
			是否有易污染、扰民的商业经营项目：有__；无__	
			餐饮业商铺是否有隔油池等餐饮业基础设施的设计要求：有__；无__ 餐饮业商铺的排污管道是否单独设置：是__；非__	
			商铺广告牌、灯箱是否统一设计制作：统一__；不统一__	
9	设备房	生活消防水泵房	位置：地下层，上无住宅__；地面独立建筑__；上一层是住宅__	
			地下泵房是否配有防潮设备：有风机通风系统__；配有除湿机__；无__；排风口与回风口位置相距5米以上__；5米以下__	
			水泵种类：潜水泵__；立式调频泵__	
			是否有防小动物进入的纱窗的设计要求：有__；无__	
			地面是否有铺地砖或刷油漆的要求：有__；无__ 水泵基座是否进行防尘处理：有__；无__	
			是否有高低水位、超水位、缺水自动保护报警并连通监控中心的要求：有__；无__	
			水泵房动力、照明是否有双电源供电的要求：有__；无__	
			两个蓄水箱供水的，水泵进水管是否连通：连通__；不连通__	
			给排水管道与电缆线槽交叉时，电源线槽在上：是__；非__。两者保持充足的维修间距1米以上__；0.5～1米__；0.5米以下__	
			给水管颜色识别：绿色或银灰色__；黑色__ 管道表面标有水流方向：有__；无__	
			水泵及泵房四周设总排水沟的要求：有__；无__	
			排水泵一用一备，并设有液位自控：有__；无__	
		水箱	水位显示仪（玻璃管）：有__；无__	
			溢流口加装防虫网：有__；无__	
		高压变、配电站（用户站）	门的材料：采用防火门__；铝合金玻璃门__	
			配置绝缘地垫：有__；无__	
			防小动物措施：有__；无__。地面刷油漆：有__；无__	
			是否有给排水管道通过：有__；无__	
			配备模拟操作屏：有__；无__	
			临时限电终端的报警器应接至：室外__；室内__	
			电缆沟是否有排水设施：有__；无__	
			电缆沟盖板是否设有拉手：有__；无__	
		其他	设备房窗户是否安装有保护网罩：有__；无__	
			设备房门是否采用明挂锁且门向外开启：是__；非__	

序号	项目	设计情况	物业建议
10	电气控制箱（柜）	公用部位的控制电气柜（箱）的控制开关、按钮是否设置在柜（箱）内：是__；非__	
		电气控制柜前是否有绝缘毯：有__；无__	
		电气控制柜（箱）基础高度是否大于20厘米：有__；无__	
		电气控制柜（箱）是否接地：有__；无__	
11	公共照明	照明灯选用：节能__；不节能__ 室外照明灯具设置位置是否靠近住宅：靠近__；不靠近__ 室外是否设置地灯：是__；非__	
		开关是否带漏电保护器：有__；无__ 灯具是否带有熔断器：有__；无__	
		灯具外壳及框架是否接地：有__；无__	
		有无时钟控制：有__；无__ 有无分路控制：有__；无__ 楼道照明控制方式：声控__；声、光控__；光控__	
		电网运行系统：单独敷设保护零线（TN-S系统）__；单独敷设保护接地线（TT系统）__；两者皆无__；其他__	
12	电梯	是否选用同一品牌：是__；非__ 所选电梯品牌：广日__；通力__；三菱__；其他__	
		是否配有空调及考虑了内外机位、空调洞、电源：有__；无__；已预留__	
		电梯基坑有无排水设施：有__；无__	
		电梯基坑是否设有照明：有__；无__	
		电梯基坑是否设有垂直爬梯：有__；无__	
		机房是否双电源供电：是__；非__	
		机房地面是否有刷油漆的要求：有__；无__	
		紧邻卧室的电梯有无隔声措施：有__；无__	
13	消防设施	消防紧急照明、疏散指示灯：有__；无__	
		消防管色标：红色__；灰色__；其他__	
		消防泵和外围设备：联动__；非联动__	
		消防楼道是否配备有灭火器：有__；无__	
		公共场所是否配备有消防箱：有__；无__	
		公共区域是否设置消火栓：有__；无__	
		消火栓箱内报警信号是否接入监控中心：是__；非__	
		消防泵启动按钮是否接入了监控中心：是__；非__	
14	游乐设施	娱乐设施有无设置告示牌：有__；无__	
		儿童娱乐设施上的螺栓是否配有安全螺母：有__；无__	

序号	项目	设计情况		物业建议
15	水景		水景是否经过防渗漏处理：有__；无__	
			是否有水质处理措施：有__；无__	
			水下照明电压等级：12伏__；24伏__；220伏__	
			循环水泵设置位置：水下__；地面上__	
			水景类型：喷泉__；生态水塘__；硬化水池__；溪流__；其他__	
			堤岸结构：生态（软底）__；硬化__；卵石__；木桩__；兼有__	
16	垃圾桶		草坪上放置垃圾桶是否有水泥基板：有__；无__	
17	休闲椅		休闲椅材料：铁制__；木制__；水泥__；其他__	
			休闲椅位置：直接放于草坪上__；水泥基础__；其他__	
18	室外窨井、阀门、电气箱位置		设置位置：在业主庭院内__；在庭院墙脚__；在庭院外__；其他__ 窨井材料：塑钢__；铸铁__；塑料__；其他__	
19	智能化系统	闭路电视监控系统	设置位置：小区出入口__；车库出入口__	
			设置位置：组团出入口__；小区围墙__；单元楼出入口__；电梯轿厢__；车库内部__；小区主干道__；公共区域__；室外停车场__；物业服务中心前台__；投诉接待室__；监控中心__；小区商铺沿线__；销售案场__	
			视频信号保存时间：15天以上__；15天以下__	
		周界防范报警系统	封闭式小区安装区域：围墙__；栅栏__；河道__；其他__	
			前端设备选用：主动红外对射探测器__；周界脉冲电子围栏__；无__	
			红外探测器是否与摄像机联动：是__；非__	
			防区长度：红外探测器40米以内__；脉冲电子围栏100米以内__	
			报警显示：计算机显示屏__；报警控制器__；电子地图__	
		巡更	设置类型：离线式__；在线式__；无__	
		楼宇访客对讲	对讲系统与安防系统是否分开两路总线进行联网：是__；否__	
			是否实现对讲分机电控开锁功能：是__；否__	
			设置位置：小区人行出入口__；监控中心__；单元楼门口__；住户室内__	
			设置位置：组团出入口__；别墅住户门口__；庭院门口__；住户跃层室内__	
		家庭安全防范系统	住宅一、二层是否安装居家防盗入侵探测器：是__；否__	
			住宅顶层是否安装居家防盗入侵探测器：是__；否__	
			探测器范围是否能覆盖卧室、客厅、厨房、卫生间等与外界相通的门窗：是__；否__	

序号	项目	设计情况		物业建议
19	智能化系统	家庭安全防范系统	所有住宅的主卧室和客厅内是否配置紧急报警按钮：是__；否__	
			在小区商铺内是否预留安防报警系统接口：是__；否__	
		门禁管理系统	设置位置：小区人行出入口__；单元楼门口__	
			设置位置：组团人行出入口__；地下车库通往单元楼人行出入口__；地面通往地下车库人行出入口__	
			门禁使用锁具：磁力锁__；电控锁__；电插锁__；其他__	
			门禁使用闭门器：电动液压__；地弹簧__；机械滑杆式闭门器__；其他__	
		车辆管理系统	设置位置：小区出入口__；组团出入口__；车库出入口__	
			小区/车库出入口是否配置车辆图像对比系统：是__；非__	
			小区/车库出入口是否配置车辆收费系统：是__；非__	
			刷卡形式：IC卡__；ID卡__；其他__	
		公共广播系统	小区是否配置公共广播系统：是__；非__	
			设置位置是否远离住宅楼：是__；非__	
		电子屏	小区是否配置电子公告系统：是__；非__	
		电梯三方通话系统	小区是否配置电梯三方通话系统：是__；非__	
		监控中心机房	机房面积：40米²以下__；40~80米²__；80米²以上__	
			设置位置：地下一层__；地上一层__；地上一层以上__ 与服务中心在一起__；临近物业服务中心__；远离物业服务中心__	
			消防监控设备是否设于监控中心机房：是__；非__	
			监控中心机房是否配置UPS备电系统：是__；非__	
		防雷接地系统	是否配置防雷接地系统：是__；非__	
		BA系统	是否有BA系统：有__；无__	
20	公共绿化	架空层种植绿化种类：耐荫植物__；不耐荫植物__；不种植物__		
		绿地种植宿根花卉的面积：大面积种植__；小面积种植__		
		小区主干道两侧、车位周围是否种植含羞草亚科植物：种植__；不种植__		
		小区是否种植有招引虫害的植物：有种植__；不种植__		
		草坪铺设的品种：冷季型草坪__；暖季型草坪__；混合型草坪__		
		种植的植物移栽成活难度：较高__；较低__		
		景观设计时对落叶树、常绿树、色叶树搭配比例：已作考虑__；未考虑__		

序号	项目	设计情况	物业建议
20	公共绿化	水生植物的种植：圈种＿；不圈种＿	
		小区围墙周围种植的植物是否对周界安防有影响：有＿；无＿	
		人流密集的景观区域及儿童游戏场所是否种有带刺或可能伤害人身健康的植物：有＿；无＿	
		屋顶花园种植植物：已考虑防水承重＿；未考虑防水承重＿	
		景观河道防土墙是否考虑：已考虑并加固＿；未考虑＿	
		绿化、保洁取水点：已考虑＿；未考虑＿ 取水点设置距离：小于100米＿；大于100米＿	
21	住宅单体	业主屋顶花园、底层庭院的产权归属和今后维保修费用支付：已明确＿；未明确＿	
		顶层业户：露台卫生间排气管、烟道井，有＿；设有＿ 露台排气管、烟道井：高于屋檐＿；低于屋檐＿ 露台排气管、烟道井：远离门窗＿；临近门窗＿	
		上屋面门是否配置锁具：配置＿；不配置＿；配置但钥匙孔在屋面一边＿	
		公共部位的强弱电井、水表井是否统一钥匙：是＿；非＿	
		顶层业户特别是跃层与屋面同层的户型是否考虑防攀爬、翻越措施：已考虑＿；未考虑＿	
		通过单元门洞顶便于攀入住户阳台的楼道休息平台外窗是否做栏栅或限位安全措施：窗栅栏＿；窗限位＿；无安全措施＿	
		是否存在两户间南北阳台便于攀越的户型：存在＿；存在，但采取了安全防范措施＿；不存在＿	
		外墙面材料：外墙涂料＿；非透水性面砖＿；透水性面砖＿	
		外窗特别是转角凸窗或大面积玻璃幕墙式外窗、楼道窗是否存在无法清洁的死角立面：存在＿；不存在＿	
		阳台门是否存在3/4固定扇，1/4开启扇的情况：存在＿；不存在＿	
		顶层雨棚：未设置＿；玻璃雨棚＿；雨棚偏小＿	
		工字窗、落地窗下口导墙，外门窗周边，外墙保温方面的防渗漏措施：有具体设计工艺、材料要求＿；粗略的设计要求＿	
		主卧、客厅相通阳台中间（儿童房或书房）的窗开启形式：外开＿；平移＿；	
		阳台内设置空调外机位 面积：已扣除＿；未扣除＿ 外机位隔断：独立隔开＿；不独立隔开＿ 排风影响：对本户和相邻户有影响＿；无影响＿	
		空调外机位排水（冷凝水、隔霜水）：有组织排水＿；自由排水＿	
		空调外机位尺寸能否满足常规机型：能满足＿；不能满足＿	
		空调外机位内是否设有雨、污水立管影响外机放置：有雨、污水立管有影响＿；有雨、污水立管但不影响＿；无雨、污水立管＿	
		空调外机挡板是否影响排风散热：有影响＿；不影响＿ 空调外机挡板类型是否存在易于攀爬缺陷：存在＿；不存在＿	

序号	项目	设计情况		物业建议
21	住宅单体	空调外机挡板固定形式：螺栓固定__；铰链插销固定__		
		空调洞：挂壁机，管中距地2.1～2.2米__；柜机，管中距地0.2～0.25米__ 空调洞离内机位距离：0.5米__；1米__；1米以上__		
		是否存在空调内外机连接管需要穿越卫生间等后到外机，冷凝水管置于墙体内的情况：存在__；不存在__		
		顶层跃层卫生间错位布置的房型是否存在污水管道明布于下层房间、厨房、餐厅的情况：存在__；不存在__		
		是否存在底层变异房型房间内有明布的上层阳台连通下来的雨水立管、地漏管道：存在__；不存在__		
		平屋面小高层、高层楼栋顶上两层室内填充墙采用的砌体材料（包括上层为露台、屋面的别墅房型）：黏土砖__；水泥空心砌块__；加气轻质砌块__		
		户内给水管：明布__；暗埋__ 给水管入户点：厨卫间__；客餐厅__ 客、餐厅明布给水管是否影响日后业主装修：影响__；不影响__		
		底层南北阳台是否设置地漏及有组织排水设施：设置__；不设置__		
		业户庭院内是否设有公共雨污水井、上水管总阀井等设施：有__；没有__		
		近临市政干线住宅单体是否已考虑建筑降噪措施：已考虑__；未考虑__		
		是否已考虑箱式变电站位置对住宅的影响：已考虑__；未考虑__ 销售资料中是否已明确：已明确__；未明确__		
		落地窗下槛标高是否已考虑装修铺地板的预留高度：已考虑__；未考虑__		
		露、阳台铝合金门是否设计门吸等固定门扇的设施：已设计__；未设计__		
		业主铝合金门窗是否存在同时开启相碰的情况：存在__；不存在__		
		顶层楼道灯、玻璃雨棚阳台灯的安装位置是否已考虑维修可能性：已考虑__；未考虑__		
		屋面管道井、烟道风帽、钢架雨棚、别墅屋面的中央空调外机是否设置避雷带：已设置__；未设置__		
22	生活配套	交通	附近是否有市政配套交通：有__；无__ 是否承诺有班车：是__；非__ 小区班车是否收费：收__；不收__	
		医疗	附近是否有医疗机构：有__；无__	
		教育	附近是否有教育机构：有__；无__	
		商业、集贸市场	附近是否有商业、集贸市场：有__；无__	
		公共事业收费	水、电、煤、有线电视等是否终端收费：是__；非__	
		移动通信信号	移动通信覆盖强还是弱：强__；弱__	
23	红线外管理	开发商是否要求物业对红线外的绿地管理：是__；非__ 开发商是否要求物业对红线外的公共休闲空间的管理：是__；非__		

二、住宅物业项目调查表（项目基础数据）

住宅物业项目调查表（项目基础数据）

调查人：　　　　　　　　调查时间：　　　　　　　　审核人：

1. 基本情况			
项目名称		区域	
售楼电话		位置	
土地年期	70年，自____年起计	开发商	
建筑设计		环境设计	
策划代理		物管公司	
内部认购日期	____年___月___日	开盘日期	____年___月___日
入住日期	____年___月___日		

2. 项目指标				
项目分期	共分____期，现为____期 共___栋___户 本期___栋___户		楼宇类型	高层：____层栋 小高层：____层栋 多层：____层栋 别墅：____栋
占地面积	米²	建筑面积	米²	住宅面积　米² 商业面积　米²
容积率		绿化率	%	覆盖率　%
层高		实用率		
车位数量		预计物业管理费		
项目概况	（包括住宅层数以及办公、住宅综合楼的分层情况等）			
商业裙楼	位置		租售价格	
	层数		经营业态	
	层高		单铺面积	
设备	□直饮水　□闭路电视监控　□可视对讲　□IC门禁系统 □自动报警系统　□保安24小时巡更　□远程抄表　□其他			

3. 分楼栋信息				
楼栋名称	最高层数	单元数	电梯占用率 （每单元*电梯*户）	实用率 /%

三、住宅物业项目调查表（规划设计特点）

住宅物业项目调查表（规划设计特点）

调查人：　　　　　　　　　　调查时间：　　　　　　　　　　审核人：

序号	调查内容	调查结果
1	总体规划	
2	建筑设计/风格	
3	装修标准 （内、外部装修）	
4	附属设施	
5	物业管理	
6	区域环境 （区域发展、市政配 套、交通动线）	

四、住宅物业项目调查表（动态营销数据）

住宅物业项目调查表（动态营销数据）

调查人：　　　　　　　　　　调查时间：　　　　　　　　　　审核人：

1.工程形象进度				
工程进度	（　）结构第____层　　（　）封顶　　　（　）外装修 （　）接近完工　　　（　）已入伙　　（　）其他			
交房标准	（　）毛坯　　（　）装修套餐　　（　）厨卫装修　　（　）精装修			
2.户型比例与价格				
起价	_____元/米²	最高价	_____元/米²	
均价	_____元/米²	折扣	□一次性付款____折　□按揭____折	
朝向差	最大_____	楼层差	□低段____　□高段____　□平均____	
销售率				
户型比例	户型结构	面积/米²	套数	套数比	已销售

跑盘计价	栋-单元-房号	户型	朝向	面积	最终计价（优惠率）
3.营销特色					
户型点评亮点					
形象定位与推广语					
现场围墙/导示/展板/挂幅售楼处					
营销手法					
主打卖点/项目优势					
主要难点/项目劣势					
客户群					
畅销/滞销原因					
备注					

五、施工质量问题及设计缺陷问题（专业版）

施工质量问题及设计缺陷问题（专业版）

编制人：　　　　　　　　编制时间：_____年___月___日　　　　　　　编号：

工程名称	
类别	□建筑　□结构　□装修　□景观　□绿化　□配套　□材料　□其他
事件描述及背景说明（图片）	
形成原因分析	
后期提示（经验总结）	

注：本表单适用于事例性案例、对过程管理方面的案例。

六、施工质量问题及设计缺陷问题案例模板（通用版）

施工质量问题及设计缺陷问题案例模板（通用版）

编制人：　　　　　　编制时间：＿＿＿＿年＿＿月＿＿日　　　　　　编号：

类别	□建筑　□结构　□装修　□景观　□绿化　□配套　□材料　□其他		
缺陷部位		涉及范围	（产品系列或项目名称）
情况描述	（图片）		（文字描述）
形成原因			
改进措施	（文字）		（样板图片适用样板）
备注			

七、细部检查日期安排表

细部检查日期安排表

序号	项目	建筑面积 ×10^4米^2	第一遍检查		第二遍复查		综合检查	
			开始时间	完成时间	开始时间	完成时间	开始时间	完成时间
1								
2								
3								
4								
5								
6								
7								
8	智能化安防工程		根据工程进度实际情况另定					
9	室外总体硬景观		根据工程进度实际情况另定					
10	绿化		根据工程进度实际情况另定					

注：各组团进场检查1周内制定完成相关楼栋各分项的检查计划时间表。根据各楼栋实际施工进度，半月一次调整计划报项目部。

八、质量问题通知单

质量问题通知单

工程名称：   编号：

_____工程部：

经检查，_____施工单位在_____号（楼、单元）至_____号（楼、单元）的_____分项工程施工上存在一些质量问题。详见附页，质量问题记录表编号（____）共____页____项问题。

请通知施工单位于_____年____月____日之前完成整改，经自查合格后及时报验。

备注：

　　　　　　　　　　　××物业公司质量检查组××公司　　　　____工程部

　　　　　　　　　　　签发人：　　　　　　　　　　　　　　签收人：

　　　　　　　　　　　日期：　　　　　　　　　　　　　　　日期：

附页：质量问题记录表（略）

九、整改报验不合格通知单

整改报验不合格通知单

工程名称：   工程编号：

××公司工程部：

施工单位根据编号"质量问题通知单"整改后于_____年____月____日提交了报验单，经我检查组复查验收，所报验的_____号（楼、单元）的_____分项工程仍存部分不合格或未整改质量问题。详见附页，质量问题记录表编号（____）共____页____项问题。

请通知该单位继续整改，于_____年____月____日之前完成，经自查合格后及时报验。

根据_____年____月____日贵部召集的物业、监理、施工四方细部质量检查专题会议的约定，将对报验复验不合格项目做相应罚款处理。

备注：

　　　　　　　　　　　××物业公司质量检查组××公司　　　　____工程部

　　　　　　　　　　　签发人：　　　　　　　　　　　　　　签收人：

　　　　　　　　　　　日期：　　　　　　　　　　　　　　　日期：

附页：质量问题记录表（略）

十、报验单

报验单

工程名称：

××公司工程部：

根据编号为：____质量问题通知单的要求，我部已完成该"通知单"所附质量问题的整改，经自查，整改项目已达到细部质量标准的要求（原始"质量问题通知单"和"质量问题记录表"共____页附后），现

续表

报请复查。 　　备注： 施工单位：_____年___月___日
监理抽查意见： 　　经抽查___项，其中合格___项，不合格___项（详见附页），合格率：___%。同意（不同意）报验。 　　　　　　　　　　　　　　　　转发××地产公司___工程部 签章：_____年___月___日
××工程部意见（在相应方框上打钩）。 　　1.请物业检查组复查。□ 　　2.不同意报验，退回。□ 　　3.退回，并罚款元。□ 　　　　　　　　　　　　　　　　　　　　项目工程师： 　　　　　　　　　　　　　　　　　　　　_____年___月___日

十一、罚款建议书

罚款建议书

编号：

××公司___工程部： 　　_____施工单位_____年___月___日根据编号为_____的"质量问题通知单"整改后提交的报验单，经复查验收，所报验的___号（楼、单元）的___分项工程仍有项不合格或未做整改。 　　现根据_____年___月___日贵部召集的物业、监理、施工四方细部质量检查专题会议的约定：第___次报验复查不合格按每项_____元罚款。建议对施工单位罚款人民币_____元，大写___元整。 　　报请项目部审核，给予书面回复 　　　　　　　　　××物业公司细部质量检查组　　　　××地产公司工程部 　　　　　　　　　签发人：　　　　　　　　　　　　签收人： 　　　　　　　　　_____年___月___日　　　　　　_____年___月___日 ···   **罚款建议回复单** 编号： ××物业公司细部质量检查组： 　　根据编号为___罚款建议书的建议，经我部审核，因情况［属实□　略有出入□　其他非施工单位原因□（在□内打√）］，属施工单位责任报验复查不合格或未整改的共有___项。现决定按每项_____元，罚款人民币_____元，大写_____元整。将在该单位工程款中直接扣除。 　　特此回复 　　　　　　　　　　　　　　　　　　××地产公司工程部 　　　　　　　　　　　　　　　　　　签发人：　　　_____年___月___日

十二、质量问题记录表

质量问题记录表

工程名称：　　　　　　　　　　　楼号：　　　　　　　　　单元号：

检查人：　　　　　　　　　　　　日期：　　　　　　　　　表号：

序号	单元室号	位置	检查情况

十三、督导监察记录单

督导监察记录单

编号：

督导人/日期	受监表单号	原检测人	监察表单号	督导地点	监察内容及结果

　　注：1.每周不定期督导监察一次，由督导人负责检查并填写。督导人完成监察后，当天把本表交质量工程师备案。

　　2.受监表单为：随机抽取的质量检查表单原始记录。监察表单为：督导人监察时记录，与受监表单相对应的"抽查记录表"。

十四、质量抽查记录表

质量抽查记录表

工程名称：　　　　　　　　　　　　　　　　　　　　序号：

单元室号：	抽查内容：	抽查日期：
存在问题： 被检查人确认：		
抽查人对检查质量评价： 抽查人：		

第二十九章
物业项目入伙管理表格规范

一、管理处主要组成人员资审表

管理处主要组成人员资审表

姓名		近五年主要工作业绩及担任职务
专业工龄		
职务		
职称		
物业管理上岗证编号		
专业、学历		
联系电话		
拟在本项目承担工作		

二、管理处物资清单

管理处物资清单

序号	物资类别	名称	需要数量	计划到货日期	实际到货日期	备注

三、物业项目交楼工作计划及跟进表

物业项目交楼工作计划及跟进表

序号	工作内容	主办单位	协办部门	计划完成时间	存在问题	解决方案	实际情况
			准备阶段				
1	制作（业主资料卡）	物业公司					
2	楼牌号申请报批	开发中心					
3	制作（住户证申请表）	物业公司	开发商				
4	制作（房屋使用维修管理公约）	物业公司					
5	制作（装修保证书）	物业公司	开发商				
6	制作（装修申请表）	物业公司	开发商				
7	制作（业主手册）	物业公司	开发商				
8	制作（装修管理规定）	物业公司	开发商				
9	制作（收楼物品移交清单）	物业公司	开发商				
10	制作（装修人员出入证申请表）	物业公司	开发商				
11	制作（空调机安装申请表）	物业公司	开发商				
12	制作（业主、住宅室内装修工程完工通知书）	物业公司	开发商				
13	楼牌号批复完成	开发中心					
14	物业办公室装修完成，办公区投入使用	项目工程	物业公司				
15	报装物业公司电话	物业公司	电话局				
16	建立工程返修流程	物业公司	开发商相关单位				
17	制作（业主、住户入住合约）	物业公司	开发商				
18	物业公司人员到岗	行政人力资源部	物业公司				
			验收阶段				
19	施工单位提交竣工报告	项目工程部	施工单位				
20	监理提交工程质量评估报告	项目工程部	监理单位				
21	设计提交工程质量评估报告	工程设计中心	设计单位				
22	地勘提交工程质量评估报告	项目工程部	勘察单位				
23	申领备案登记表	开发中心					
24	地基、基础、结构验收记录	项目工程部	施工单位				
25	环保部门验收	开发中心					
26	雨、污水工程	项目工程部	相关单位				
27	天然气工程	项目工程部	相关单位				

续表

序号	工作内容	主办单位	协办部门	计划完成时间	存在问题	解决方案	实际情况
28	电力工程	项目工程部	相关单位				
29	电视工程	项目工程部	相关单位				
30	电话工程	项目工程部	相关单位				
31	网络工程	项目工程部	相关单位				
32	建设单位按合同规定支付工程款证明	项目工程部	施工单位				
33	户内表检测	项目工程部	水电公司				
34	与××签订工程保修合同	项目工程部					
35	成立物业接管验收小组	物业公司					
36	建立小区设备、设施台账	物业公司	项目工程部				
37	整理施工、安装合同及联系电话	项目工程部	物业公司				
38	工程、设备竣工图纸资料移交	项目工程部	物业公司				
39	交楼套餐培训	物业公司					
40	办理通邮手续	开发商	物业公司				
41	建立业主档案	物业公司	销售、客服				
42	实测建筑面积与预交管理面积制表输入	物业公司	项目工程部				
43	设计交楼文件印刷完成（表格内容设计和整理）	物业公司	策划部				
44	完成各类表格、交楼文件印刷（印刷制作）	物业公司	策划部				
45	室内电、给排水工程完工	项目工程部	相关单位				
46	室外墙面整改工程	项目工程部	相关单位				
47	室内装修整改工程	项目工程部	相关单位				
48	有线电视	项目工程部	项目工程部				
49	防雷（避雷检测）	项目工程部	相关单位				
50	宽带、电话	中国电信	项目工程部				
51	生活水泵站	项目工程部	相关单位				
52	停车场交费系统	项目工程部	相关单位				
53	分项工程完工验收						
54	总包单位完成配套工程	项目工程部	相关单位				
55	分包单位完成安装调试	项目工程部	相关单位				
56	消防检测、整改、复验、合格检测报告	开发中心	相关单位				
57	市消防局验收、整改、复验、领取（消防验收意见书）	开发中心	相关单位				

序号	工作内容	主办单位	协办部门	计划完成时间	存在问题	解决方案	实际情况
58	项目公司组织交楼初验	项目工程部	相关单位				
59	检查出问题并进行整改、复查	项目工程部	施工单位				
60	项目公司组织交楼复验	项目工程部	相关单位				
61	基建资料的整理	项目工程部	施工单位				
62	竣工资料的整理（含各分包资料归集）	项目工程部	施工单位				
63	环境评估报告批复	开发部	项目工程部				
64	整理备案资料，办理备案、工程竣工	项目工程部	相关单位				
65	整楼验收单	项目工程部					
66	专项工程验收						
67	区防疫站水质检测	项目工程部	相关单位				
68	单项工程验收	项目工程部	相关单位				
69	小区交楼区域的围闭完成，保安进入封闭管理	项目工程部	相关单位				
70	有资质单位进行室内环境检测，出具空气检测报告	项目工程部	相关单位				
71	质量监督站验收	项目工程部	开发部				
移交阶段							
72	项目公司交楼给物业公司	项目工程部	物业公司				
73	道路铺沥青工程	项目工程部	相关单位				
74	园建、绿化整改工程	项目工程部	相关单位				
75	房屋工程	项目工程部	相关单位				
76	小区围墙整改、加护栏	项目工程部	相关单位				
77	安防工程	项目工程部	相关单位				
78	邮政信报箱验收	项目工程部	物业公司				
79	小区路灯验收	项目工程部	相关单位				
80	交通标识（划线等）	项目工程部					
收楼阶段							
81	成立返修队	物业公司	相关单位				
82	组织召开交楼协调会	开发商	相关部门				
83	制作（入住通知书）	客服/财务	法律室				
84	制作（交楼业主资料）	物业公司	客服中心				
85	制作（房屋交接单）	物业公司	客服中心				
86	制作（入住流程）	物业公司	客服中心				

序号	工作内容	主办单位	协办部门	计划完成时间	存在问题	解决方案	实际情况
87	制定开荒保洁方案工作	物业公司					
88	制作（房屋问题维修单）	物业公司	客服中心				
89	开荒及日常保洁招标	审核部/	物业公司				
90	一期交楼楼宇进行初验	物业公司	项目工程部				
91	设备房、设备进行初验	物业公司	项目工程部				
92	开荒及日常保洁招标	审核部/工程部	物业公司				
93	签订一期开荒及日常保洁合同	物业公司	相关部门				
94	一期交楼楼宇进行复验	物业公司	项目工程部				
95	设备房、设备进行复验	物业公司	项目工程部				
96	确定小区临时垃圾站位置	开发商	物业公司				
97	签订一期开荒及日常保洁合同	物业公司	相关部门				
98	业主收楼顺序排定	营销中心					
99	交楼现场选址、确定	策划	开发商物业				
100	核对面积与价格	项目财务	营销、开发、工程				
101	制作业主尾款催费书	项目财务	营销				
102	制作交楼现场公示政府批验文件	物业公司	项目工程部				
103	制作（物业收费明细表）及收费依据	物业公司					
104	落实小区施工区域与生活区域的围挡	营销中心	物业公司				
105	制作（入住缴纳费用项目清单）	物业公司	项目财务				
106	楼牌、户门牌及各类标识牌垃圾箱制作到位	物业公司	开发商营销策划				
107	小区道路、广场、绿化、照明全部完工	项目工程部	相关单位				
108	竣工建筑面积测量						
109	建筑工程总平面图（竣工图）	开发部	项目工程部				
110	房屋建筑设计平面图（竣工图）	开发部	项目工程部				
111	房屋公共部分使用情况说明	开发部	项目工程部				
112	房屋建筑面积测估书	开发部	项目工程部				
113	楼宇、设备接管验收	物业公司	项目公司				
114	监控中心投入使用	项目工程部	相关单位				
115	监控中心投入使用，值班人员到位	物业公司	物业公司				
116	完成小区的标识招标、安装工程	项目工程部	物业公司				

序号	工作内容	主办单位	协办部门	计划完成时间	存在问题	解决方案	实际情况
117	制定钥匙使用、保管流程	物业公司					
118	成立交楼突发事件的安全、保卫小组	物业公司	物业护卫部				
119	成立交楼小组	开发商	营销、工程、物业				
120	规划验收认可文件	开发部	开发部				
121	水电、燃气、有线电视、宽带、电话、暖气的开通手续	项目工程部开发部	物业公司				
122	各类标识牌安装到位	项目工程部	物业公司				
123	交楼费用方面的预算制定（饭费、文具）	开发商					
124	交楼礼品的准备（礼袋、钥匙扣、礼品等）	开发商					
125	核对移交楼单元的各类表号与房号准确无误	销售/工程	物业公司				
126	完成开荒保洁工作	开发商	物业公司				
127	小区垃圾桶制作安装到位	物业公司/营销策划	办公室				
128	签订化粪池清掏单位	审核部	物业公司				
129	办理小区临时车辆出入证	物业公司					
130	落实交楼现场联合咨询处人员	开发商	工程、法律、营销				
131	成立突发事件处理小组	开发商	客服、营销				
132	法律诉讼小组	法律室					
133	谈判、协调小组	开发商	营销、法律、工程				
134	小区临时垃圾处理站建成使用	项目工程部	相关单位				
135	交楼人员进行交楼培训	开发商	各部门				
136	交楼人员进行现场模拟、彩排	物业公司	开发商				
137	发交楼通知书	营销策划	办公室、物业				
138	业主收楼						
后期阶段							
139	监督各部门工作完成情况并汇总	开发商	相关单位				
140	物业公司财务安装交楼现场收款机	物业公司	公司财务				
141	小区财务收费系统安装调试	物业公司	公司财务				

续表

序号	工作内容	主办单位	协办部门	计划完成时间	存在问题	解决方案	实际情况
142	项目公司财务安装交楼现场收款机	项目财务	开发商				
143	跟踪处理已交楼业主返修问题	物业公司	客服				
144	汇总问题报领导批示传×××整改	客服	客服				
145	商品房面积实测技术报告	开发部	工程				

交楼小组组长：

交楼领导小组成员：

制表时间：_____年___月___日

四、业主登记表（个人用户）

业主登记表（个人用户）

部门： 编号：

适用类别：个人客户

所住区域/栋/单元/房号				
户主姓名		贴相片处	配偶姓名		贴相片处
出生年月			出生年月		
文化程度			文化程度		
性别					
籍贯					
户口所在地					
身份证号码					
暂住证号码					
联系电话					
特长（爱好）					
入伙日期		户型		建筑面积	
使用类型	自用□　出租□				
家庭成员					
姓名					
与户主关系					
性别					
出生年月					
户口所在地					
身份证号码					

续表

特长（爱好）				
退伙日期				
附件	《购房合同书》、身份证或营业执照复印件，签订的《业主公约》，入伙通知书或代理入伙委托证明书原件、《房屋交接验收单》			
备注	本表适用于个人客户			

登记人：

五、业主登记表（单位用户）

业主登记表（单位用户）

部门：　　　　　　　　　　　　　　　　　　　　　　　编号：

适用类别：单位客户

单位名称			部门名称	
所住区域/栋/单元/房号			入住时间	
总人数		联系人	联系电话	
负责人		房号	联系电话	
人员登记/变更记录				
序号	姓名	职务	变更记录	序号 姓名 职务 变更记录

登记人：

六、钥匙收（发）登记表

钥匙收（发）登记表

部门：　　　　　　　　　　　　　　　　　　　　　　　编号：

类别：发放□　回收□

序号	房号	钥匙数量	客户签名	收（发）人签名	收（发）日期	备注

归档：　　　　　　　　　　　　　　　　　　　　　　　日期：

七、房屋交接验收单

房屋交接验收单

部门：　　　　　　　　　　　　　　　　　　　　　　　　　　　编号：

类别：入伙□　退伙□

所住区域/栋/单元/房号							
验收项目		验收结果（符合验收规范的打"√"，不符合的打"×"，无此项目的不填）				问题说明	
建筑工程	顶棚			窗			
	墙面			防盗网			
	地面			晾衣架			
	门			其他			
	门锁						
电器工程	电视插座			电话插座			
	各类灯具			其他插座			
	开关			对讲机			
	电箱			其他电器			
	门铃						
	电表						
给排水工程	地漏	厨房	卫生间	洗手盆	洗衣机	阳台	
	给水管道			排水管道			
	厕所坐便			厕所水箱			
	洗手盆			水阀			
	水表			洗涤盆			
	花洒			水泵			
燃气工程	煤气阀门		三表底数	电表			
	煤气管道			煤气表			
	煤气表			水表底			
其他项目							
验收意见							
接收单位意见：				移交单位意见：			
签名：日期：				签名：日期：			
备注							

归档：　　　　　　　　　　　　　　　　　　　　　　　日期：

八、退伙申请表

退伙申请表

编号：

户主姓名			房号	
工作单位			联系电话	
入伙日期		户型		建筑面积	
退伙原因				
管理处意见				
费用情况				
附件	《房屋交接验收单》"钥匙收（发）登记表"			

归档：　　　　　　　　　　　　　　　　　　日期：

九、业主（使用人）装修施工申请表

业主（使用人）装修施工申请表

装修地址：　　　　　　　　　　　　　　　　填报时间：

业主姓名		联系电话	
装修公司名称		装修公司联系电话	
装修负责人姓名		其他联系方式	
申请装修内容（包括装修项目、范围、标准、时间及施工图纸等）			
地面做法			
墙面做法			
室内门窗			
天花板做法			
厨房做法			
卫生间做法			
阳台做法			
给水管路做法			
电线管路做法			
暖气			
用电设备			

设备名称	功率/千瓦	数量	合计功率/千瓦
		总功率	

续表

说明	（1）装修增、改项目需另行申报，经物业公司工程部负责人对其设计施工方案批准后方可施工 （2）本业主（使用人）和装修公司保证装修内容不超过以上范围、标准，并按期完成 （3）申请时如资料未备齐，限3日内备齐，否则该表自动失效 （4）物业公司负责现场验收，如各系统管道无"跑、冒、滴、漏"现象，各排水管道及地漏排泄通畅，无堵塞现象，并无违章现象，则退证后方可退还装修责任保证金 （5）本表复印后一式三份，物业公司执原件，复印件分别由业主、装修公各执一份
业主填报时间		装修公司填报时间	
业主签名		装修公司负责人签名	
备注：			

十、装修审批单

装修审批单

编号：

				装修资料			
	用户名称：			序号	资料名称	数量	收到
客服中心	房号		建筑面积		1	装修协议书	3份	
	业主： 联系电话：			2	业主（使用人）装修施工申请表	1份	
				3	装修施工全套图纸	2套	
	施工单位： 负责人： 联系电话： 施工人数：			4	装修公司营业执照副本复印件（加公章）	1份	
				5	装修公司企业资质证明复印件（加公章）	1份	
				6	二次装修工程区域治安、消防承诺书	1份	
				7	装修公司与业主的装修合同复印件	1份	
	开始施工时间： 完成施工时间：			8	施工人员身份证复印件（或暂住证）	1套	
				9	施工人员1寸照片各2张	2套	
工程部	收件时间： 相关资料：□《装修审批单》 □"业主（使用人）装修施工申请表" □装修施工图纸 □其他 工程部经理：						
护卫部	收件时间： 相关资料：□《装修审批单》 □"业主（使用人）装修施工申请表" □装修施工图纸 　　　　　□《二次装修工程区域治安、消防承诺书》 □施工人员身份证复印件、照片 护卫部经理：						
经理	 　　　　　　　　　　　　　　　　　　　　　_____年___月___日						

注：第一联交工程部；第二联交施工单位；第三联交客服中心；第四联交护卫部；第五联交业主。

十一、装修期间加班申请表

装修期间加班申请表

装修期间加班申请表

业主名称：_____　　楼层/房间：_____

事由：_____

_____

加班时间：由_____年___月___日至_____年___月___日

　　　　　由_____时至_____时

装修公司/业户签署及盖章：_____

以下由物业公司填写

....

客服中心：

不批准/批准：

原因：_____

审批人（签字）：_____　　日期：_____年___月___日

护卫部：

不批准/批准：

原因：_____

审批人（签字）：_____　　日期：_____年___月___日

经理意见及签字：_____

　　　　　　　　　　　　　　　　　　日期：_____年___月___日

注：一切装修加班申请须24小时前向物业公司递交申请表，经物业公司书面批准后方可进行。

十二、装修施工变更单

装修施工变更单

施工单位：□工程部施工　　□外委单位施工　　□用户装修施工

单位名称：_____　　负责人：_____

施工性质：□施工延期　　□施工整改　　□公司内部施工

施工时间：_____年___月___日___时___分开始至_____年___月___日___时___分结束

　　　　　□连续施工

办理证件：□许可证：编号_____　　□施工证：人数_____

影响范围：_____

审批：施工方：_____　　客服中心：_____

　　　护卫部：_____　　工程部：_____

注：本变更单一式一联，由客服中心留存。

十三、装修验收申请表

装修验收申请表

装修验收申请表
兹于＿＿＿年＿＿月＿＿日受理＿＿＿座＿＿＿号的装修验收申请。 资料： □业主书面验收合格证明，并留存复印件。 申请验收人：＿＿＿＿＿＿＿＿＿＿＿＿＿＿＿＿＿＿＿＿　日期：＿＿＿＿年＿＿月＿＿日 客服中心经办人：＿＿＿＿＿＿＿＿＿＿＿＿＿＿＿＿＿　日期：＿＿＿＿年＿＿月＿＿日 ＊ ＊ ＊ ＊ ＊ ＊ ＊ ＊ ＊ ＊ ＊ ＊ ＊ ＊ ＊ ＊ ＊ ＊ ＊ （以下内容为验收后的通知记录） 物业公司于＿＿＿＿年＿＿月＿＿日通知＿＿＿座＿＿＿号装修验收：□合格　□不合格 业主联系人：＿＿＿＿＿＿＿先生／女士 施工方联系人：＿＿＿＿＿＿先生／女士 客服中心经办人：＿＿＿＿＿＿＿＿　日期：＿＿＿年＿＿＿月＿＿日
验收申请回执
物业公司兹于＿＿＿＿年＿＿月＿＿日受理＿＿＿座＿＿＿号的装修验收申请，将于三日后通知业主及施工单位验收结果。 申请验收人：＿＿＿＿＿＿＿＿＿＿＿＿＿＿＿＿　日期：＿＿＿＿年＿＿月＿＿日 客服中心经办人：＿＿＿＿＿＿＿＿＿＿＿＿＿＿＿　日期：＿＿＿＿年＿＿月＿＿日

十四、二次装修巡查记录表

二次装修巡查记录表

巡查日期：＿＿＿＿＿年＿＿＿月＿＿＿日

序号	装修单元	到达时间	离开时间	巡查内容																其他	改善通知书号
				消防批文	装修许可证	装修审批单	灭火器	动火证	动火情况	动火防预措施	施工人员证件	施工现场负责人	现场人数	施工场地秩序	现场卫生	现场烟头	内部公共设施情况	公共区域设施情况	公共区域清洁情况	整体状况		
1																						
2																						
3																						
4																						

检查人员：　　　　主管审核及签字：　　　　经理审阅及签字：　　　　总经理意见及签字：

记录识别：有√　无×　妥当○　良好A　合格B　不合格C　极差D　过期E　有损坏G（并备明）　不需要H，数量为数字记录。

十五、二次装修施工用电申请表

二次装修施工用电申请表

装修地址：　　　　　　　　　　　　　　　　　　　填报时间：

业主名称		用电负责人		电话	
施工单位名称		联系人		电话	
施工期限					
配电箱表底数					
电动工具名称	数量	额定功率	额定电压	备注	

物业主管：　　　　　　　　　　　　　　　　　　申请人：

十六、装修缴款通知单

装修缴款通知单

编号：　　　　　　　　　　　　　财务部：

　　兹有_____（房号），装修施工单位_____现办理装修缴款手续，明细如下，请予以办理。

房号		业主		联系电话			
装修保证金			装修垃圾清运费				
施工人员出入证押金			施工人员出入证工本费				
施工车辆出入证押金			施工车辆出入证工本费				
装修施工许可证工本费							
费用合计	人民币（大写）：				小写：		
开单人签名		部门经理签名			日期	___年___月___日	
缴款人签名		财务主管签名			日期	___年___月___日	
收款人签名					日期	___年___月___日	

十七、装修退款通知单

装修退款通知单

财务部：

　　兹有_____（房号），装修施工单位_____装修施工已完成，现办理押金退款手续，明细如下，请予以办理。

房号		业主		联系电话				
装修保证金				施工人员出入证押金				
施工车辆出入证押金				其他				
费用合计	人民币（大写）：				小写：			
开单人签名		部门经理签名			日期		____年___月___日	
财务部主管		总经理签名			日期		____年___月___日	
财务部出纳		收款人签名			日期		____年___月___日	

第三十章
工程设施与设备管理表格规范

一、设备巡视签到表

设备巡视签到表

日期	早班			中班			夜班				系统工程师	
	签名	时间	设备情况	签名	时间	设备情况	签名	时间	设备情况	卫生情况	签名	时间

二、空调系统巡视维护表

空调系统巡视维护表

周期及时间	巡视人	巡视时段	巡视项目							
			主机	水泵	冷却塔	新风机	管道阀门	盘管风机	膨胀水箱	风管
冷却水处理	□		处理单位：			日期：			备注：	
冷冻水处理	□		处理单位：			日期：			备注：	
备注	（1）巡视项目正常的画"√"，存在问题的画"×" （2）巡视发现问题除在对应的栏内画"×"外，还应在下面注明日期及处理单据									

审核：　　　　　　日期：　　　　　　　　　　归档：　　　　　　日期：

三、电梯系统巡视维护表

电梯系统巡视维护表

_____年____月

周期及时间	巡视人	巡视时段	巡视项目			
			轿厢及前室	机房及设备	厢顶设施	井底设施
备注	（1）巡视项目正常的画"√"，存在问题的画"×" （2）巡视发现问题除在对应的栏内画"×"外，还应在下面注明日期及处理单据					

审核：　　　　　　日期：　　　　　　　　　　归档：　　　　　　日期：

四、消防报警系统巡视维护表

消防报警系统巡视维护表

_____年___月

周期及时间	巡视人	巡视时段	巡视项目				
			消防主机	联动柜	烟、温感知器	……	湿式报警系统
备注	（1）巡视项目包括消防主机，联动柜，烟、温感知器，无源界面，有源界面，警铃，手动报警器，排烟阀，排烟风机，正压风机，消防广播电话，紧急疏散灯，水泵，水流开关，喷淋头，消防箱，电接点压力表，湿式报警系统。实际作表时要将以上项目加到表里 （2）巡视项目正常的画"√"，存在问题的画"×" （3）巡视发现问题除在对应的栏内画"×"外，还应在下面注明日期及处理单据							

审核：　　　　　　　　日期：　　　　　　　　归档：　　　　　　　　日期：

五、气体消防系统巡视维护表

气体消防系统巡视维护表

_____年___月

周期及时间	巡视人	巡视时段	巡视项目		
			七氟丙烷气体消防	二氧化碳气体消防	干粉灭火器避雷网
备注	（1）巡视项目正常的画"√"，存在问题的画"×" （2）巡视发现问题除在对应的栏内画"×"外，还应在下面注明日期及处理单据				

审核：　　　　　　　　日期：　　　　　　　　归档：　　　　　　　　日期：

六、供配电系统巡视维护表

供配电系统巡视维护表

_____年____月

周期及时间	巡视人	巡视时段	巡视项目				
			高压环网柜	变压器	低压配电系统	……	大厅照明
备注	（1）巡视项目包括高压环网柜、变压器、低压配电系统、电缆沟、竖井、发电机组、UPS、母线槽插接箱、低压配电柜、强电自动切换柜、室内照明、公共照明、大厅照明。实际作表时要将以上项目加到表里 （2）巡视项目正常的画"√"，存在问题的画"×" （3）巡视发现问题除在对应的栏内画"×"外，还应在下面注明日期及处理单据						

审核：　　　　　　　　日期：　　　　　　　　归档：　　　　　　　　日期：

七、供水系统巡视维护表

供水系统巡视维护表

_____年____月

周期及时间	巡视人	巡视时段	巡视项目			
			生活泵 消防泵 喷淋泵 稳压泵	供水管道	水管辅件	水池、水箱
备注	（1）巡视项目正常的画"√"，存在问题的画"×" （2）巡视发现问题除在对应的栏内画"×"外，还应在下面注明日期及处理单据					

审核：　　　　　　　　日期：　　　　　　　　归档：　　　　　　　　日期：

八、排水系统巡视维护表

排水系统巡视维护表

_____年___月

周期及时间	巡视人	巡视时段	巡视项目		
			排污泵	雨水排放系统	生活污水系统
备注	（1）巡视项目正常的画"√"，存在问题的画"×" （2）巡视发现问题除在对应的栏内画"×"外，还应在下面注明日期及处理单据				

审核： 日期： 归档： 日期：

九、监控系统巡视维护表

监控系统巡视维护表

_____年___月

周期及时间	巡视人	巡视时段	巡视项目								
			云台控制器	矩阵主机	画面分割器	操作键盘	录像机	显示器	摄像头	红外线监控装置	监控计算机
备注	（1）巡视项目正常的画"√"，存在问题的画"×" （2）巡视发现问题除在对应的栏内画"×"外，还应在下面注明日期及处理单据										

审核： 日期： 归档： 日期：

十、避雷系统巡视维护表

避雷系统巡视维护表

_____年___月

周期及时间	巡视人	巡视时段	巡视项目			
			避雷带	引下线	接地线	避雷网
备注	（1）巡视项目正常的画"√"，存在问题的画"×" （2）巡视发现问题除在对应的栏内画"×"外，还应在下面注明日期及处理单据					

审核：　　　　　　日期：　　　　　　　　归档：　　　　　　日期：

十一、停车场管理系统巡视维护表

停车场管理系统巡视维护表

_____年___月

周期及时间	巡视人	巡视时段	巡视项目		
			主机	道闸机构	读卡器
备注	（1）巡视项目正常的画"√"，存在问题的画"×" （2）巡视发现问题除在对应的栏内画"×"外，还应在下面注明日期及处理单据				

审核：　　　　　　日期：　　　　　　　　归档：　　　　　　日期：

十二、楼宇自控系统巡视维护表

楼宇自控系统巡视维护表

_____年____月

周期及时间	巡视人	巡视时段	巡视项目	
			主机	现场直接控制箱
备注	（1）巡视项目正常的画"√"，存在问题的画"×" （2）巡视发现问题除在对应的栏内画"×"外，还应在下面注明日期及处理单据			

审核：　　　　　　　　日期：　　　　　　　　归档：　　　　　　　　日期：

十三、巡查问题处理表

巡查问题处理表

No.：

巡查日期		位置		巡查人	
存在问题记录					
处理意见： 主管签名： 日期：					
管理处主任意见： 主任签名： 日期：					
处理结果记录： 签名： 日期：					
备注：					

第三十一章

物业安全应急管理表格规范

一、危险源调查表

危险源调查表

部门：

序号	活动/工序/部位	危险源	可能导致的事故	时态/状态	涉及相关方	现有控制措施	备注

二、小区外来人员"临时出入证"样本

小区外来人员"临时出入证"样本

编号：

姓名		工种		
施工单位				照片
装修住户地址				物业管理处 签章
有效期	_____年____月___日至_____年___月___日			

发证日期：_____年___月___日

三、小区来访人员登记表

小区来访人员登记表

日期	来访人姓名	性别	所持证件类别	证件号码	事由	人数	进入时间	被访人楼座、房号	记录人签字	备注

四、物资搬运放行条

物资搬运放行条

业主（用户）姓名		搬离原因	□装修完成　□承租期满 □另行居住　□其他		
业主（用户）房号					
搬运日期		证件号码		房屋性质	
申办人				□租用	□自用
序号	物品名称	数量	规格、型号	备注	
搬运车辆资料					
车牌号码		车型		颜色	
驾驶证号		档案编号			
发证机关		其他证号		保安员	
备注					

五、巡逻员值班记录表

巡逻员值班记录表

班次	序号	时间	巡视路线	巡视情况记录	日常抽查签字
早班 至					
中班 至					
晚班 至					

值班重要问题记录	

交接班签字	早班	交接人： 接班人：	中班	交接人： 接班人：	晚班	交接人： 接班人：

主管部门月检查记录		检查人签字：	日期：

注：1. 日常抽查签字栏是供各级领导检查工作后的签字之便。

2. 检查人员签字位置按时间段栏签字，如检查人员不能直接签字，则由值班护管员将检查人员的名字填写在"日常抽查签字"栏。

六、保安巡逻签到卡

保安巡逻签到卡

岗位：   区域：

时间	签名	时间	签名	时间	签名
巡视记录（楼管员填写）：					

七、停车场巡查记录表

停车场巡查记录表

日期	班/次	检查时间	车辆停放数	机动车辆检查情况				消防设施检查情况			值班员	备注
				车牌号	外观损坏	门窗未关	其他	消火栓	灭火器	其他		
说明	（1）每班对停车场的全面巡查至少4次 （2）发现车辆有损坏、门窗未锁闭、车内有箱包等情况时，应立即填写"停车场车辆检查处理记录表" （3）发现消防设施有异常情况应立即填写"故障通知单"，管理处立即做出处理 （4）实行首接责任制，本班发现的问题由本班负责跟进 （5）要求统计准确，记录完整。											

八、小区巡逻记录表

小区巡逻记录表

单位：　　　　　　　　　　　　　　　　　　　　　　　　年　　月　　日

班次：	当班时间：	值班员：	例巡时间：
检查内容			检查情况
1	是否有可疑情况或可疑人徘徊、窥视		
2	是否有机动车停在绿地、人行道、路口		
3	是否有业主（住户）在室外动土施工、搭建和牵拉电线		
4	是否有未按规定的时间、要求进行装修的		
5	是否有乱摆卖现象		
6	业主（住户）有无意见、建议		
7	是否有收捡破烂、乞讨等"三无"人员		
8	是否有乱堆放装修垃圾和生活垃圾的；是否有高空抛物的现象		
9	是否有人践踏绿地或在绿地踢球、砍伐树木、占用绿地等破坏绿化的现象		
10	是否有在绿地或树木上挂晒衣物的现象		
11	是否有漏水、漏电、漏气等现象		
12	是否有污雨水井或化粪池堵塞、冒水的现象		
13	房屋本体内楼道灯、电子门、消防栓、公共门窗等设施的完好情况		
14	小区内道路、路灯、污雨水井盖、游乐设施、消防路桩、路墩待设施有无损坏		
15	其他		

注：1.没有发现问题的在检查情况栏内打"√"，有问题的则记载下来。

2.发现紧急情况，马上报告，对于大量渗漏、冒水、设施严重损坏和违章等一时难以处理的问题，由班长立即报告上级。

九、空置房巡查记录表

空置房巡查记录表

保安　　　班巡查人：　　　　　　　　　　　巡查日期：　　　　　年　　月　　日

序号	阁/楼/座	房号	巡查项目										异常情况记载	处理措施及结果	班长签字	保安队长签字
			门	锁	水	电	气	电器	地板	窗户	家具	房屋本体				

注：1.空置房屋的巡查周期为每班每10天一次。

2.巡查项目中，如属正常，须在对应方格内划"√"，异常的划"×"，并填写"异常情况记载"。

3."处理措施及结果"由保安班长填写。

4.在异常情况处理完成后2日内，保安班长须将本表交保安队长需对结果进行签字确认。

十、监控录像带使用保管记录表

监控录像带使用保管记录表

值班员						保安主管							
带号	地点	起止时间	有无重要情况	重要情况时段	签名	是否浏览	重要情况是否确认	是否保留	签名	重要情况处理完成时间	是否复制	可否转入重复使用	签名

注：1.凡有重要情况记录的录像带，均按《监控录像带管理规定》程序处理。

2.重要情况记录，是指现场摄制的已经发生或有迹象表明有可能发生的治安事故、刑事案件，包括发现的可疑的人或事，并对事后分析事故（案件）发生的起因、过程、结果和涉及的人员，以及对处理事故（案件）能够提供帮助的实况录像。

十一、监控录像机使用保管记录表

监控录像机使用保管记录表

值班员							值班班长签名	保安主管签名
起止时间	运行情况	故障			磁头清洗时间	签名		
		发生时间	原因	排除时间				

注：1.当值人员须将录像机运行情况按要求填写，班长在交接班时签字认可。

2.保安主管可同"监控录像带使用保管记录表"一道签字认可。

十二、营业性车场无卡车辆离场登记表

营业性车场无卡车辆离场登记表

值班员填写						车辆驾驶员填写					备注
离场时间	车主姓名	行驶证号	驾驶员姓名	身份证号码	值班员签名	车辆号码	车型	颜色	未带卡原因	驾驶员签名	

注：1.非业主、住户驾驶无卡车辆外出须先到管理处办理放行手续。

2.值班员须根据驾驶员提供的有关证件填写。

3."备注"可填写驾驶员外貌特征等。

4.不得漏登、错登。

十三、机动车停车场出入登记表

机动车停车场出入登记表

进场		车牌号码	车型	颜色	出入登记卡号	值班员	离场		收费金额	免费停车驾驶员签名	值班员	保安主管签名确认	备注
日期	时间						日期	时间					

注：1.值班车管员必须认真填写各栏目。

2.符合免费停车条件的车辆，其驾驶员必须签字。

3.每班下班后，保安主管必须到场核实未收费情况并签字认可。

4."备注"一栏填写入场车辆的外观损坏和缺少的主要附件情况。

十四、临时动火作业申请表

临时动火作业申请表

单位		地址		动火负责人	
动火作业 起止时间			动火部位		
动火作业安全措施：					
施工单位负责人意见：					
消防执行人意见：					
管理处主任意见：					
巡查记录：					

十五、消防控制中心值班记录表

消防控制中心值班记录表

单位：　　　　　　　　　值班人：　　　　　　　　　　　_____年___月___日

值班时间			短离岗时间 及事由						
消防监控 中心观察 情况	火灾报警 系统		消火栓 系统	喷淋系统		防排烟 系统	对讲系统	消防电梯	事故电源
报警记录		序号	报警 类别	报警 时间	发生 地点	实际情况	处理过程及结论		验证人 签名

续表

异常现象描述					
中间交接班记录			交班人		接班人	
备注：					

十六、消防器材检查表

消防器材检查表

单位：　　　　　　　　　　　　　　　　检查人：

名称	型号、规格	数量	检查情况	备注

十七、消防设备巡查表

消防设备巡查表

日期		班次		巡查员	
项目	区域	位置	存在问题		单位
消火栓					
手动按钮					
排烟口					
防火门					
探测器					
喷淋头					
疏散楼梯					
安全通道					
可燃物堆放					

续表

项目	区域	位置	存在问题	单位
消防电梯				
安全出口灯				
疏散指示灯				
灭火器				
施工动火				
卷帘门				
有无危险品				
逃生通道				
其他				

十八、消防电梯检查表

消防电梯检查表

检查日期：　　　　　　　　　　　　　　　　　　　　　检查人：

电梯号	电梯状态			消防开关	信号灯					对讲电话	备注
	返回首层	自动开门	声音提示	返回首层	上	下	编号	故障	门开启	通话	
说明											

注：正常打"√"，不正常打"×"。

十九、疏散灯消防检查表

疏散灯消防检查表

检查日期：　　　　　　　　　　　　　　　　　　　　　检查人：

楼层	紧急出口灯			走向灯			检查结果	备注
	数量	电路	灯管	数量	电路	灯管		

二十、消防巡查异常情况记录表

消防巡查异常情况记录表

班次：　　　　　　　　　　　_____年___月___日

时间	地点	异常情况记录	处理措施	备注

主管：　　　　　　　　　　　　　　　　巡查员：

二十一、消防检查整改通知书

消防检查整改通知书

_____年___月___日

收件单位		房号		联系人		电话	
发件单位		房号		联系人		电话	
消防检查异常 情况描述	检查人：						
整改期限	检查人：						
整改要求	整改人：						
整改验收	验收人：						

二十二、消防隐患整改月度汇总表

消防隐患整改月度汇总表

月份：　　　　　　　　　　　　　　　制表人：

整改通知书编号	整改通知下达时间	隐患部位	隐患摘要	消防责任人	整改完成时间	检查人	检查结果

审核：　　　　　　　　　　　　　　　制表：

二十三、应急预案演练记录

应急预案演练记录

					演练地点	
预案名称					演练地点	
组织部门			总指挥		演练时间	
参加部门和单位						
演练类别	□实际演练　□桌面演练　□提问讨论式演练 □全部预案　□部分预案				实际演练部分： 灭火器及抢险器材使用，初期火灾扑灭	
物资准备和人员培训情况						
演练过程描述						
预案适宜性充分性评审	适宜性：□全部能够执行　□执行过程不够顺利　□明显不适宜 充分性：□完全满足应急要求　□基本满足需要完善　□不充分，必须修改					
演练效果评审	人员到位情况	□迅速准确　□基本按时到位　□个别人员不到位　□重点部位人员不到位 □职责明确，操作熟练　□职责明确，操作不够熟练　□职责不明，操作不熟练				
	物资到位情况	现场物资：□现场物资充分，全部有效　□现场准备不充分　□现场物资严重缺乏 个人防护：□全部人员防护到位　□个别人员防护不到位　□大部分人员防护不到位				
	协调组织情况	整体组织：□准确、高效　□协调基本顺利，能满足要求　□效率低，有待改进 抢险组分工：□合理、高效　□基本合理，能完成任务　□效率低，没有完成任务				
	实战效果评价	□达到预期目标　□基本达到目的，部分环节有待改进　□没有达到目标，须重新演练				
	外部支援部门和协作有效性	报告上级： 消防部门： 医疗救援部门： 周边政府撤离配合：		□报告及时　□联系不上 □按要求协作　□行动迟缓 □按要求协作　□行动迟缓 □按要求配合　□不配合		
存在问题和改进措施						

记录人：　　　　　　　　　评审负责人：　　　　　　　　　时间：

二十四、重大事件报告表

重大事件报告表

报告单位			报告人	
报告时间			案（事）件性质	
报告内容： （内容未完可加附页）				
安全部意见				
领导批示				
处理结果				

第三十二章

物业客户服务管理表格规范

一、业主信息统计表

业主信息统计表

序号	房屋地址	业主姓名	联系电话	层数	占地面积 /米²	建筑面积 /米²	备注
1							
2							
3							
4							
5							
6							
7							

二、租住人员信息登记表

租住人员信息登记表

填表单位：　　　　　　　　　　　　填表人：

填表日期：＿＿＿年＿＿月＿＿日　　管理员：

暂住地址：

姓名			别名			照片
性别		出生年月				
民族		婚姻				
文化程度		职称				
身份证号			政治面貌			
户籍地址						
户口类型			户籍地址类型			
服务单位			单位所属派出所			
单位地址						
联系电话			所属派出所			
行业			职业		职务	
来本地日期			暂住事由			
住所类别			居住证生效日期		＿＿＿年＿＿月＿＿日	
入住日期			离开日期			
租住方式			出租屋综合管理责任书			
计划生育情况						
房主	姓名			联系电话		
	身份证号					
备注						

三、产权清册

产权清册

编号：　　　　　　　　　　　　＿＿＿＿年＿＿月＿＿日

序号	产权人	地址	房屋类型	建筑面积/米^2	使用情况		附属设施情况	车位租用情况	非机动车库使用情况
					入伙日期	入住日期			

四、租赁清册

租赁清册

编号：　　　　　　　　　　　　　　　　　　　　　　年　　月　　日

序号	产权人	地址	房屋类型	建筑面积/米²	租赁使用情况				
					入租日期	退租日期	租用人	租用人相关证件	备注

五、客户沟通记录表

客户沟通记录表

编号：

客户姓名		联系电话	□客户保密
客户地址		沟通方式	□面谈　□电话　□信函　□其他
沟通时间		沟通类型	□建议　□咨询　□质疑
详细内容	记录人：时间：		
处理过程描述	记录人：时间：		
反馈情况	记录人：时间：		
领导审阅	领导签名：时间：		

注：客服主管每周抽查，各级领导每季抽查。

六、客户请修登记表

客户请修登记表

日期	受理时间	客户姓名、联系电话及地址	请修内容	预约时间	流程单号	完成时间	维修结果	回访时间	回访结果

七、客户请修流程单

客户请修流程单

_____年___月___日　　　　　　　　　　　　　　　　编号：

客户服务中心填写	客户姓名		维修地址		联系电话			
	维修内容	预约时间		预约费用： 是否含材料费用　□是　□否				
工程组填写	派工人		维修材料		数量	单价	小计	
	作业人员							
	到达维修处时间							
	完工时间							
客户填写	维修评价	质量：□满意　□一般　□差 及时：□满意　□一般　□差 收费：□满意　□一般　□差						
	付款方式	金额为_____元　□现金收据单号：_____（号码由客服中心填写） □签单兹同意物业公司在本人银行账户中托付维修费 客户签名：　　　　　　　　日期：						

八、住户搬出/入登记表

住户搬出/入登记表

业主姓名	住址	拟搬时间	搬运人	搬运人证件号	搬运人联系电话	有无欠费情况	业主意见	放行条号

九、IC卡领取登记表

IC卡领取登记表

房间号	业主姓名	门禁卡号	业主签字	签收日期

十、专用货梯使用申请表

专用货梯使用申请表

申请人		身份证号码		联系电话	
房号					
申请日期	___月___日		使用地点	___栋由___层至___层	
使用时间	___月___日，上/下午___时___分至___时___分				
运送情况	□搬入　□搬出		公司盖章		
运送物品名称					
电梯使用批条					
批准使用电梯编号			交接地点		

批准人		批准时间	
批准意见			
控梯员		用户实际 使用时间	＿＿时＿＿分至＿＿时＿＿分

注：1.用户在使用电梯过程中，须做好电梯使用保护措施，不得损坏电梯内的设备，使用完毕后由大厦管理员验收，如有损坏，须赔偿所造成的损失。

2.凡搬出大件物品而使用货梯时，使用前须到物业公司客服中心办理手续。

3.用户搬运物品时，应服从大厦管理人员管理，不得运送危险物品、超长物（2米以上）或超载（1000千克以上），搬货物时不得拖行。

4.用软物包好货物的尖角；用软物垫好沉重货物；用容器装好液体货物；用密封袋装好粉状、粒状货物。

十一、社区文化活动方案审批表

社区文化活动方案审批表

记录号：

策划部门		策划负责人		经费来源	
活动内容、计划及经费估算（可附页）：					
客服部主管 意见	＿＿＿＿年＿＿月＿＿日				
物业监管部 意见	＿＿＿＿年＿＿月＿＿日				
物业公司经理 审批	＿＿＿＿年＿＿月＿＿日				

十二、社区文化活动场所使用申请表

社区文化活动场所使用申请表

部门：　　　　　　　　　　　　　　　　　　　　　　编号：

活动名称			
活动时间		活动地点	
组织单位/人			
参加单位/人			
申请 要求		申请人：　　　　日期：	

审批意见			
		签名：	日期：
备注			

归档：　　　　　　　　　　　　　　　　　　　　日期：

十三、社区文化积极分子名单

社区文化积极分子名单

序号	姓名	爱好或特长	房号	联系电话	备注

十四、社区文化活动记录表

社区文化活动记录表

部门：　　　　　　　　　　　　　　　　　　　　编号：

活动名称		活动地点	
活动时间		组织单位/人	
参加单位/人			
活动举办情况：			
		记录人：	日期：
效果评估			
		评估人：	日期：
备注			

归档：　　　　　　　　　　　　　　　　　　　　日期：

十五、社区宣传记录表

社区宣传记录表

物业公司：

主题		时间	
张贴位置		组织人	
主要内容： 记录人： 时间：			
检查		审核	

注：如有图片可用另外形式记录。

十六、服务及回访记录表（客户）

服务及回访记录表（客户）

_____年___月___日   编号：

房号		客户			电话	
服务内容						
序号	材料名称	单位	数量	金额		备注

材料费/元		服务费/元		合计/元	
完成时间		维修人		客户确认	
回访时间		回访人		回访方式	上门回访□　电话回访□
客户意见 与满意度				满意度	
				签名	

复核：   日期：

注：1.采用"电话"回访方式，客户不用签名。

2.满意度：A满意；B比较满意；C不满意。

十七、客户走访情况登记表

客户走访情况登记表

日期：_____年___月___日

栋号/房号		客户姓名/联系电话		访问人	
走访内容					
客户建议（意见）					
处理情况				回访日期	
	日期：				

十八、维修回访年度统计表

维修回访年度统计表

单位：

月份	维修总数	及时宗数	及时率/%	合格宗数	合格率/%
1月					
2月					
3月					
4月					
5月					
6月					
7月					
8月					
9月					
10月					
11月					
12月					

年终统计：
分析说明：
备注： （1）在客户预约时间内（允许15分钟偏差）上门视为及时，否则为不及时 （2）同一宗维修项目在3天内没有进行返修则视为合格，否则为不合格

编制：	审核：

十九、客户意见征询表

客户意见征询表

尊敬的业主（用户）：

　　您好！为您提供周到、完美的优质服务，不断提高您的生活质量，是我们作为物业管理人义不容辞的责任。为了听取您的意见和建议，请您填好本调查表，然后交给岗亭值班护卫回收，以便我们今后根据您的意见或建议改进我们的工作，将服务工作做得更好，把小区建设成更加文明、温馨、美丽的家园。谢谢！

姓名			房号		联系电话	
评价项目	满意	较满意	不满意	建议与意见		
服务态度						
服务质量						
投诉处理						
清洁卫生						
园林绿化						
治安管理						
车辆管理						
社区文化						
尊敬的业主，请在此谈谈您对物业项目经理及物业公司整体服务质量等方面的评价。如果您有好的意见和建议，也请在此提出，谢谢！ 业主（用户）签名：						
物业管理有限公司 ＿＿＿年＿＿月＿＿日						

二十、客户满意度调查问卷

客户满意度调查问卷

客户满意度调查问卷

尊敬的业主（用户）：

您好！

为了更好地服务于业主（用户），特请您对我们的服务工作进行测评。请在下表中您认为合适的"□"内打"√"。

一、您的基本情况

1. 您的姓名：_____　性别：□男　　□女

年龄：□20～30岁　□31～40岁　□41～50岁　□51～60岁　□61岁以上

联系电话：

2. 您所居住的物业名称_____；物业公司_____

物业属性：□商品房　□售后公房　□租用公房　□其他

物业类型：□高层　□小高层　□多层　□别墅　□其他

入住时间：

二、物业管理各类服务项目满意度测评

A. 满意；B. 较满意；C. 一般；D. 较不满意；E. 不满意

1. 护卫服务

（1）保安员岗位规范服务（仪表仪容、挂牌上岗、举止文明、环境熟悉、秩序维护、防范到位、服务态度等）　　　　A B C D E

（2）24小时保安立岗、巡岗安全服务　　　　A B C D E

（3）外来、访客、闲杂人员、物品的进出管理　　　　A B C D E

（4）机动车辆管理（车辆登记、停车证发/收、车辆指挥、收费等）　　　　A B C D E

（5）停车场（露天、地下）、自行车库进出管理（场地清洁、车辆停放有序、道路畅通、标志清楚等）　　　　A B C D E

（6）消防及安全设施管理（消火栓、灭火器、防盗门、电子对讲门禁系统、监控等）　　　　A B C D E

2. 保洁服务

（1）清洁人员的岗位规范服务（仪表仪容、举止文明、服务态度等）　　　　A B C D E

（2）室内公用部位清洁服务（门厅、大堂、楼梯、扶手、台阶、楼道走廊墙面、天花板、玻璃窗、公共设备与设施、标志与装饰物等）　　　　A B C D E

（3）室外公用区域清洁服务（道路、广场、雕塑、公共设备与设施、标志与装饰物等）　A B C D E

（4）生活垃圾袋装化，日产日清，垃圾筒、垃圾箱房定期卫生杀虫　　　　A B C D E

（5）建筑垃圾的清运与管理　　　　A B C D E

3. 绿化养护服务

（1）绿化养护现状（花草树木长势、修剪状况、补种换苗等）　　　　A B C D E

（2）绿化养护情况（浇灌、施肥、病虫害防治等）　　　　A B C D E

（3）绿化区域内环境卫生　　　　A B C D E

4. 客户接待服务

（1）物业接待办公场所的环境与布置　　　　A B C D E

（2）服务接待人员的岗位规范服务（仪表仪容、挂牌上岗、举止行为、文明用语、服务态度等）　　　　A B C D E

（3）全年365天的客户服务　　　　A B C D E

（4）公开办事制度、公开办事纪律、公开收费项目与标准　　　　A B C D E

（5）各类（电话、书信、来访）日常管理、投诉事项处理（处理时限、处理绩效、反馈与回访等）　　　　A B C D E

（6）装修管理（图纸审批、合约签订、施工人员管理、装修现场监控与管理、违章处理、验收）　　　　A B C D E

（7）与客户的交流与沟通、协调　　　　A B C D E

（8）严禁向业主（用户）"吃、拿、卡、要"等行为的执行情况　　　　A B C D E

5. 维修服务	
（1）维修人员的岗位规范服务（仪表仪容、挂牌上岗、举止行为、文明用语、服务态度等）	
	A B C D E
（2）全年365天24小时报修项目的受理	A B C D E
（3）各类报修项目的维修情况（维修时限、维修质量、验收签字、维修回访等）	A B C D E
（4）严禁向客户"吃、拿、卡、要"等行为的执行情况	A B C D E
6. 房屋设备设施运行管理	
（1）小区正常供水、供电情况	A B C D E
（2）电梯正常运转情况（轿厢清洁、日常运行、保养运作等）	A B C D E
（3）小区楼内公共照明与道路照明运行	A B C D E
（4）水箱清洗情况	A B C D E
7. 综合管理与服务评价	
（1）您对公司整体管理与服务水准评价	A B C D E
（2）您对本物业各类管理服务收费的合理性评价	A B C D E
（3）您对本物业内所开展的各类服务（有偿服务、无偿服务、特约服务等）评价	A B C D E
（4）您对本物业内所开展的各类社区活动的评价	A B C D E

二十一、"开展满意度问卷"调查的通知

"开展满意度问卷"调查的通知

"开展满意度问卷"调查的通知

尊敬的业主（用户）：

　　为了更好地为您服务，我们将在本月进行客户满意度的调查工作。请您完整填写由我公司发放的满意度调查问卷，并为我们的各项工作打分及多提宝贵意见。为感谢您对我们工作的支持，我们拟在所有有效回收的问卷内抽奖，详情请见调查问卷。

　　调查问卷的发放形式：主要通过物业公司服务人员上门发放；您也可直接到客服中心领取。

　　调查问卷的发放时间：

　　填好的调查问卷交回时间：

　　详情垂询：

　　非常感谢您的支持！

××物业公司管理处
客服中心
_____年___月___日

二十二、意见调查表发放/回收情况一览表

意见调查表发放/回收情况一览表

部门：　　　　　　　　　　□年　□半年　　　　　　　　编号：

序号	发放部门	发放份数	发放人/日期	接收人	回收份数	回收人/日期	备注
总计							

归档：　　　　　　　　　　　　　　　　　　　日期：

二十三、意见调查表发放/回收率统计表

意见调查表发放/回收率统计表

部门：　　　　　　　　　　　□年　□半年　　　　　　　　编号：

客户总数		调查表发放份数		调查表回收份数	
$发放率=\dfrac{发放份数}{客户总数}=\underline{\qquad\qquad}\times100\%=\qquad\%$					
$回收率=\dfrac{回收份数}{发放份数}=\underline{\qquad\qquad}\times100\%=\qquad\%$					
备注					

二十四、满意度调查问卷统计表

满意度调查问卷统计表

项目	非常满意	比较满意	一般	不满意	非常不满意	发放问卷份数	回收问卷份数	满意度
客户服务工作								
客服人员的服务态度和礼仪								
信息处理反馈及时								
针对客服工作投诉处理是否及时								
本项小计								
处理报修问题工作人员的服务态度								
维修人员入户维修质量								
对小区内电梯消防设备的维护工作								
对小区内公共设施的维护工作								
本项小计								
小区的秩序维护工作								
秩序维护人员的服务态度								
秩序维护人员的仪容仪表								
针对秩序维护工作投诉处理的是否及时								
本项小计								
小区楼道保洁工作								
小区道路及绿化带内保洁工作								
保洁人员服务态度								
针对保洁工作的投诉处理								

续表

项目	非常满意	比较满意	一般	不满意	非常不满意	发放问卷份数	回收问卷份数	满意度
对小区内绿地的养护工作								
本项小计								
小区内的机动车管理								
小区的治安管理								
物业公司对业主的告知工作								
物业接待人员的工作态度								
物业在小区内组织的活动								
本项小计								
总计								

统计人： 　　审核人： 　　监督人： 　　统计日期：

备注：
1.物业工作有何其他方面的意见或建议？

2.入住以来，您觉得小区和家里的物业服务哪些需要改进？

二十五、客户满意率统计表

客户满意率统计表

部门： 　　　　　　　　　　　　　　　　　　　　日期：

项目	回收总数/份①	满意率			满意率/%⑤
		满意②	较满意③	不满意④	
服务态度					
服务质量					
投诉处理					
清洁卫生					
园林绿化					
治安管理					
车辆管理					
社区文化					
总体满意率⑥					

总户数		发放份数		发放比例	
		回收份数		回收比例	

续表

业主意见（集中或突出问题）：
未达标项：
原因分析及改进措施：
管理处经理签字：　　　　　　　　　　　　　　　　　　日期：

注：单项满意率⑤＝（②÷①×100%）＋（③/①×95%）；总体满意率⑥＝各单项满意率总和÷8。

二十六、客户满意度调查分析报告

客户满意度调查分析报告

部门：　　　　　　　　　　　□年　□半年　　　　　　　　编号：

质量管理部：　　　　　　　　　部门负责人：

序号	项目名称	各项满意率统计	备注
1	供电	(＿＿＿＿＿＿/总数＿＿＿＿)×100%=	
2	供水	(＿＿＿＿＿＿/总数＿＿＿＿)×100%=	
3	投诉接待	(＿＿＿＿＿＿/总数＿＿＿＿)×100%=	
4	维修速度	(＿＿＿＿＿＿/总数＿＿＿＿)×100%=	
5	维修质量	(＿＿＿＿＿＿/总数＿＿＿＿)×100%=	
6	服务态度	(＿＿＿＿＿＿/总数＿＿＿＿)×100%=	
7	公共卫生	(＿＿＿＿＿＿/总数＿＿＿＿)×100%=	
8	公共设施	(＿＿＿＿＿＿/总数＿＿＿＿)×100%=	
9	社区文化	(＿＿＿＿＿＿/总数＿＿＿＿)×100%=	
10	护卫执勤	(＿＿＿＿＿＿/总数＿＿＿＿)×100%=	
11	园林绿化	(＿＿＿＿＿＿/总数＿＿＿＿)×100%=	
12	空调管理	(＿＿＿＿＿＿/总数＿＿＿＿)×100%=	
13	电梯管理	(＿＿＿＿＿＿/总数＿＿＿＿)×100%=	
统计分析方法： 调查表共有（　　）项调查内容，每项有＿＿＿＿种答复。统计分析计算每项及综合满意率（各项计算公式为：该项＿＿＿＿满意数÷回收的调查表总数×100%=该项满意率）。根据各分项满意率进行总结分析			
分析结果（附统计表，本页不够填写时可另附页）： 分析人：　　　　　　　　　　　　　　日期：			

质量管理部：　　　　　　　　　　　　　部门负责人：

日期：　　　　　　　　　　　　　　　　日期：

第三十三章

物业保洁管理表格规范

一、保洁人员（各物业项目）编制表

保洁人员（各物业项目）编制表

保洁区域	工作时间	人员岗位设置	
		保洁员	领班
			1人（男）
合计总编制：人			

二、主要清洁设备设施表

主要清洁设备设施表

设备设施名称	数量	单价	专/共用	使用年限

三、主要清洁材料（月用量）记录表

主要清洁材料（月用量）记录表

一、主要清洁剂

清洁剂名称	包装规格	月用量

二、主要清洁耗材

耗材名称	规格	数量

四、垃圾（固体废弃物）清运登记表

垃圾（固体废弃物）清运登记表

部门：＿＿＿＿＿＿＿＿＿＿＿＿＿＿年＿＿＿月

日期	清运时间		固体废弃物清运数量/车			清运合计	清运效果	检查人	备注
	早上	下午	一般垃圾	可回收垃圾	有害垃圾				

五、工具、药品领用登记表

工具、药品领用登记表

工具/药品名称	领用人	领用日期	领用人签名	备注

六、消杀服务记录表

消杀服务记录表

_____年____月____日

项目 记录 地点	灭蚊蝇、蟑螂		灭鼠		死鼠数量	消杀人	监督人	备注
	喷药	投药	放药	堵洞				
垃圾池								
垃圾中转站								
污雨水井								
化粪池内								
管道、管井								
沉沙井								
绿地								
楼道								
车库								
食堂、宿舍								
地下室								
设备房								
仓库								
商业网点								
会所								

制表：

七、消杀服务质量检验表

消杀服务质量检验表

_____年____月____日

项目 地点	灭蚊	灭蝇	灭鼠	灭蟑螂	不合格处理结果
垃圾池					
垃圾中转站					
污雨水井					
化粪池内					
管道、管井					
沉沙井					

项目 地点	灭蚊	灭蝇	灭鼠	灭蟑螂	不合格处理结果
绿地					
楼道					
车库					
食堂、宿舍					
地下室					
设备房					
仓库					
商业网点					
会所					

审核：　　　　　　　　　　　　　　　　　制表：

八、保洁员质量检查表

保洁员质量检查表

检查项目	检查细则	等级			
		优	良	中	差
服务规格	1.对进入大厦的客人是否问候、表示欢迎？				
	2.迎接客人是否使用敬语？				
	3.使用敬语时是否点头致意？				
	4.在通行道上行走是否妨碍客人？				
	5.回答客户提问是否清脆、流利、悦耳？				
	6.与宾客讲话是否先说："对不起，麻烦您了"？				
	7.发生疏忽或不妥时，是否向宾客道歉？				
	8.客人跟你讲话时，是否仔细聆听并复述？				
	9.能否正确解释客人提问？				
	10.招呼领导或客人时，是否站立问候或点头致意？				
	11.在工作时，是否发生过大声响？				
	12.是否及时、正确地更换烟灰缸？				
	13.是否检查会所桌椅和大堂桌椅及地面有无客人失落的物件？				
	14.与客人谈话是否点头行礼？				
	15.各岗位人员工作时的站立、行走、操作等服务姿态是否合乎规程？				

检查项目	检查细则	等级			
		优	良	中	差
卫生环境	1.玻璃门窗及镜面是否清洁、无灰尘、无裂痕？				
	2.窗框、工作台、桌椅有无灰尘和污斑？				
	3.地面有无碎屑及污痕？				
	4.墙面有无污痕或破损？				
	5.盆景、花卉有无枯萎、带灰尘现象？				
	6.墙面装饰物有无破损？				
	7.天花板有无破损、漏水现象？				
	8.天花板是否清洁，通风是否正常？				
	9.通风口是否清洁，通风是否正常？				
	10.灯泡、灯管、灯罩有无脱落、破损、污痕？				
	11.吊顶是否照明正常，是否完整无损？				
	12.各种通道有无障碍物？				
	13.所有桌椅是否无破损、无灰尘、无污痕？				
	14.广告宣传品有无破损、灰尘及污痕？				
	15.总的卫生环境是否能吸引客人？				
仪表仪容	1.保洁员是否按规定着装并穿戴整齐？				
	2.工作服是否合体、清洁，无破损油污？				
	3.工作牌是否端正地挂于在左胸前？				
	4.保洁员打扮是否过分？				
	5.保洁员是否留有怪异发型？				
	6.男保洁员是否蓄胡顺、留大鬓角？				
	7.女保洁员头发是否清洁、清爽？				
	8.外衣是否烫平、挺括，无污边皱褶？				
	9.指甲是否修剪整齐，不露出指头之外？				
	10.牙齿是否清洁？				
	11.口中是否发出异味？				
	12.衣裤兜中是否放有杂物？				
	13.女保洁员是否涂有彩色指甲油？				
	14.女保洁员发（式）样是否过于花哨？				

检查项目	检查细则	等级			
		优	良	中	差
仪表仪容	15.除手表、戒指外，是否还戴有其他首饰？				
	16.是否有浓妆艳抹现象？				
	17.使用香水是否过浓？				
	18.衬衫领口是否清洁并扣好？				
	19.男保洁员是否穿深色鞋袜？				
	20.女保洁员是否穿肉色袜？				
工作纪律	1.工作时间是否相聚闲谈或窃窃私语？				
	2.工作时间是否大声喧哗？				
	3.是否有人放下手中工作？				
	4.是否有人上班打私人电话？				
	5.是否在别的岗位（串岗）随意走动？				
	6.有无交手抱臂或手插入口袋的现象？				
	7.有无在工作区吸烟、喝水、吃东西的现象？				
	8.有无在上班时看书、干私事的行为？				
	9.有无在客人面前打哈欠、伸懒腰的行为？				
	10.上班时是否倚、靠、趴在工作台或工具上？				
	11.有无随背景音乐哼唱现象？				
	12.有无对宾客指指点点的动作？				
	13.有无嘲笑客人失慎的现象？				
	14.有无在宾客投诉时作辩解的？				
	15.有无不理会客人访问的？				
	16.有无在态度上、动作上向客人撒气？				
	17.有无对客人过分亲热的现象？				
	18.有无对熟客过分随便的现象？				
	19.对客人能否做到既一视同仁，同时又开展个性化服务？				
	20.有没有对老、幼、残顾客提供服务或对特殊情况提供针对性服务？				
备注：					

第三十四章
物业绿化管理表格规范

一、绿化养护作业记录

绿化养护作业记录

时间	地点	作业项目（工作内容）	签字	备注
___月___日至___月___日				
___月___日至___月___日				
___月___日至___月___日				
___月___日至___月___日				
___月___日至___月___日				
___月___日至___月___日				
___月___日至___月___日				
___月___日至___月___日				
___月___日至___月___日				
___月___日至___月___日				
___月___日至___月___日				

二、绿化现场工作周记录表

绿化现场工作周记录表

管理处：　　　　　　　　岗位责任人：　　　　　　　　岗位范围：

检查项目		日期 ＿月＿日	＿月＿日	＿月＿日	＿月＿日	＿月＿日	＿月＿日
绿化工工作（此格由绿化班长填写绿化每天工作，无绿化班长的由绿化工填写）							
绿化工着装整洁，符合要求							
草坪	修剪平整，在2～8厘米							
	无黄土裸露							
	无杂草、病虫和枯黄							

检查项目 \ 日期		__月__日	__月__日	__月__日	__月__日	__月__日	__月__日
乔灌木	无枯枝残叶和死株						
	修剪整齐，有造型						
	无明显病虫和粉尘污染						
绿篱	无断层缺株现象						
	修剪整齐，有造型						
	无明显病虫和粉尘污染						
花卉	无病虫						
	无杂草，花期花开正常						
	修剪整齐						
藤本	枝蔓无黄叶，长势良好						
	蔓叶分布均匀						
	无明显病虫和粉尘污染						
浇水施肥	是否及时						
	方法是否正确						
	有无浪费现象						
	是否按时查病虫						
园艺设施	护栏、护树架、水管、龙头是否良好						
	供水设施、喷灌等是否完好						
	园艺设施维修是否及时						
绿化药剂是否符合标准							
作业过程是否佩戴安全防护用具							
是否通知住户并做相应标志							
管理处环境组							
管理处经理							
其他各级督导							

注：1.此表使用完后由管理处环境组负责更换保存，填写管理处名称、岗位责任人、岗位范围及日期。

2.各级督导发现无不合格在格内打"√"，发现不合格在格内打"×"，并在相应位置签名。

三、绿化工作周、月检查表

绿化工作周、月检查表

检查人：　　　　　　　　　　　____年___月___日　　　　　　　　　　编号：

检查项目	不合格原因	责任人	处理结果	备注
除杂草				
松土				

续表

检查项目	不合格原因	责任人	处理结果	备注
清理枯枝落叶				
清理绿地石块				
树木草地浇水				
叶面清洁度				
树木施肥				
乔木整枝				
灌木整枝				
绿篱修缮				
防寒工作				
防台工作				
草坪修整				
草坪补缺				
草坪填平				

四、绿化养护春季检查表

绿化养护春季检查表

管理处：

检查项目	内容	评分标准/分	评分要求	扣分部位	得分	整改后得分
冬季翻土春季平整	翻土的深度应在20厘米以上，春季平整	20	发现翻土的深度不在20厘米以上，每米^{2}扣1分；绿地平整分好、较好、一般、差四级，分别扣0～10分			
草坪养护	草坪加土护根	10	草坪加土护根分好、较好、一般、差四级，分别扣0～10分			
	草坪挑草	10	发现草坪上有大型野草，每米^{2}扣1分			
乔、灌木	乔、灌木清除枯枝烂头	10	发现乔、灌木有枯枝烂头，每棵扣1分			
修剪	乔、灌木整形修剪	20	乔、灌木整形修剪，质量分好、较好、一般、差四级，分别扣0～20分			
病虫害防治	清除树上的蛀虫	10	发现树上有虫害，每棵扣1分			
保洁	树坛、中心绿地保持整齐	10	保洁工作分好、较好、一般、差四级，分别扣0～10分			
树木调整	根据园林布置要求进行调整	10	调整及时完成得10分，未完成扣10分			
合计得分		100				

检查人：　　　　　　　　　　　　　　检查时间：＿＿＿＿年＿＿月＿＿日

五、绿化养护夏季检查表

绿化养护夏季检查表

管理处：

考核项目	内容	评分标准/分	评分要求	扣分部位	得分	整改后得分
修剪	剪除冬春季干枯的枝条	10	发现树上有枯枝，每棵扣1分			
	修剪常绿树篱（绿篱），修剪时要注意绿篱表面的平整	10	发现未修剪绿篱，扣0.05分/米；修剪不符合要求，每米扣0.02分			
中耕除草	及时消灭树下的杂草，草高应控制在10厘米以下	20	发现绿地草高超过10厘米，扣0.05分/米²			
病虫害防治	做好病虫害的防治工作，及时消灭树上的害虫	10	发现树上有虫害，每棵扣1分			
草坪	做好草坪的挑草工作，使草坪无大型杂草	10	发现草坪有大型杂草，扣0.05分/米²			
养护	做好草坪的割草工作，草高一般保持在6～10厘米	10	发现草高在10厘米以上，扣0.05分/米²			
保洁工作	做好绿地内的保洁工作，保持绿地内的整洁	10	绿地内的整洁分好、较好、一般、差四级，分别扣0～10分			
做好排涝工作	做好排涝的准备工作	10	排涝准备工作分好、较好、一般、差四级，分别扣0～10分			
树木调整	根据园林布置要求进行调整	10	调整及时完成得10分，未完成扣10分			
合计得分		100				

检查人：　　　　　　　　　　　　　　检查时间：＿＿＿＿年＿＿月＿＿日

六、绿化养护秋季检查表

绿化养护秋季检查表

管理处：

考核项目	内容	评分标准/分	评分幅度	扣分部位	得分	整改后得分
修剪	对乔、灌木进行修剪，同时剪除所有树木上的枯枝条	10	发现乔、灌木未修剪，每棵扣0.05分			
	修剪常绿树篱（绿篱）、球类，修剪时要注意绿篱、球类表面的平整	10	发现未修剪绿篱，每米扣0.05分；修剪不符合要求，扣0.02分/米			

考核项目	内容	评分标准/分	评分幅度	扣分部位	得分	整改后得分
草坪养护	做好草坪的挑草工作，使草坪无大型杂草	10	发现草坪有大型杂草，扣0.05分/米^2			
	做好草坪的割草工作，草高一般保持在6～10厘米	10	发现草高在10cm以上，扣0.05分/米^2			
中耕除草	在10月1日前，应消灭绿地内所有杂草	15	发现绿地草高超过10厘米以上，扣0.05分/米^2			
病虫害防治	做好病虫害的防治工作，及时消灭树上的害虫	15	发现树上有虫害，每棵扣1分			
保洁工作	清除绿地内的垃圾杂物，保持绿地内的整洁	10	绿地内的整洁分好、较好、一般、差四级，分别扣0～10分			
做好抗旱排涝工作	做好抗旱、排涝工作的准备，随时对绿地进行抗旱或排涝	10	抗旱、排涝工作分好、较好、一般、差四级，分别扣0～10分			
做好防台、防汛工作	对树木进行检查，发现险情及时处理	10	防台、防汛工作分好、较好、一般、差四级，分别扣0～10分			
合计得分		100				

检查人：　　　　　　　　　　　　　　检查时间：＿＿＿＿年＿＿月＿＿日

七、绿化养护冬季检查表

绿化养护冬季检查表

管理处：

考核项目	内容	评分标准/分	评分幅度	扣分部位	得分	整改后得分
修剪	对落叶乔、灌木进行整形、修剪，剪除树木上的枯枝、病虫枝和过密枝	10	发现树木未修剪，每棵扣1分；如发现树上有枯枝、病虫枝，每棵扣0.5分			
草坪养护	对草坪低洼处进行覆土，使草坪不积水	10	发现草坪有明显低洼处，扣0.05分/米^2			
	彻底清除草坪上的杂草	10	发现草坪有杂草，扣0.05分/米^2			
	草坪割草，草高保持在6～10厘米	10	发现草高在10厘米以上，扣0.05分/米^2			
中耕除草	在12月31日前，应消灭绿地内所有杂草	10	发现绿地草高超过10厘米，扣0.05分/米^2			
病虫害防治	消灭越冬病虫害	10	发现树上有虫害，每棵扣1分			

考核项目	内容	评分标准/分	评分幅度	扣分部位	得分	整改后得分
保洁工作	做好绿地保洁工作，使绿地内保持整洁	10	绿地内的整洁分好、较好、一般、差四级，分别扣0～10分			
树木调整	根据小区绿地需要，做好小区树木移植工作	10	移植工作完成分好、较好、一般、差四级，分别扣0～10分			
翻土	做好绿地翻土工作，土深要求在20厘米以上	10	绿地深翻工作分好、较好、一般、差四级，分别扣0～10分			
清除死树	做好对死树的挖掘工作	10	每发现一棵死树扣1分			
合计得分		100				

检查人：　　　　　　　　　　　　　　　检查时间：_____年___月___日

八、园艺现场工作记录

园艺现场工作记录

管理处：　　　　　　　岗位责任人：　　　　　　　岗位范围：

检查项目		日期	__月__日	__月__日	__月__日	__月__日	__月__日	__月__日
园艺工工作（此格由园艺班长填写园艺每天工作，无园艺班长的由园艺工填写）								
园艺工着装整洁，符合要求								
草坪	修剪平整，草高在8～2厘米							
	无黄土裸露							
	无杂草、病虫和枯黄							
乔灌木	无枯枝残叶和死株							
	修剪整齐，有造型							
	无明显病虫和粉尘污染							
绿篱	无断层缺株现象							
	修剪整齐有造型							
	无明显病虫和粉尘污染							
花卉	无病虫							
	无杂草，花期花开正常							
	修剪整齐							

检查项目	日期	__月__日	__月__日	__月__日	__月__日	__月__日	__月__日
藤本	枝蔓无黄叶、长势良好						
	蔓叶分布均匀						
	无明显病虫和粉尘污染						
浇水施肥	是否及时						
	方法是否正确						
	有无浪费现象						
	是否按时查病虫						
园艺设施	护栏、护树架、水管龙头是否良好						
	供水设施、喷灌等是否完好						
	园艺设施维修是否及时						
绿化药剂是否符合标准							
作业过程是否佩戴安全防护用具							
是否通知住户并做相应标志							
管理处环境组							
管理处经理							
其他各级督导							

注：1.此表使用完后由管理处环境组负责更换保存，填写管理处名称、岗位责任人、岗位范围及日期。

2.各级督导发现无不合格在格内打"√"，发现不合格在格内打"×"，并在相应位置签名。